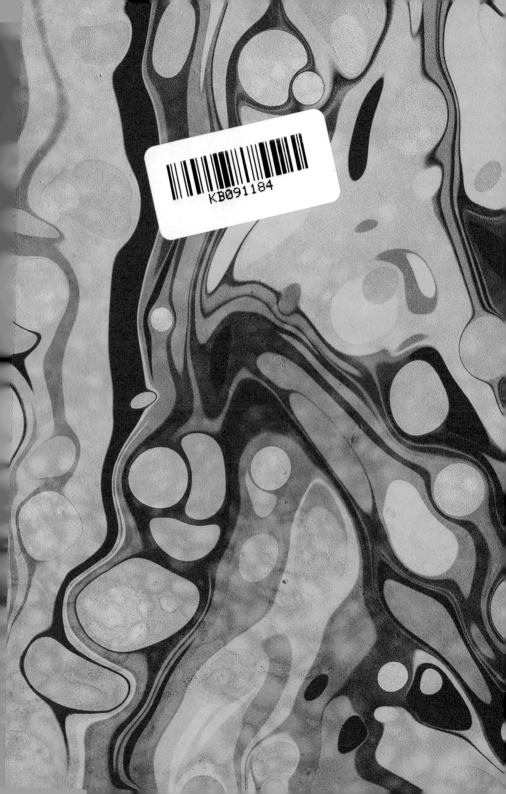

KB091184

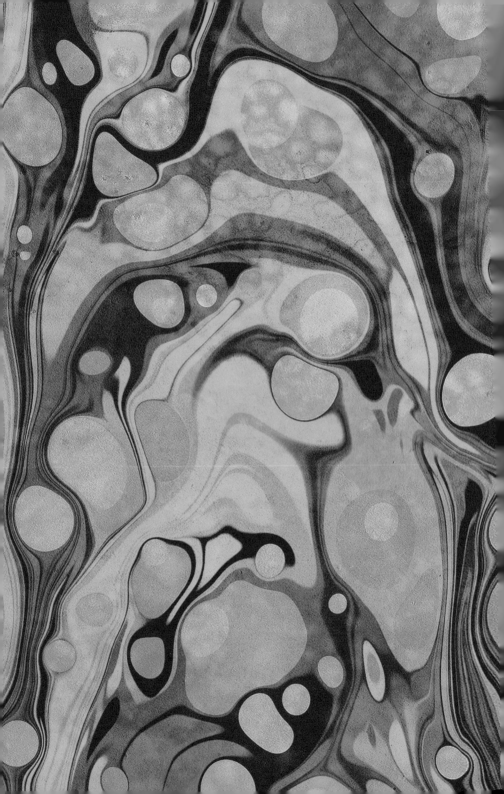

휘말린 날들
: HIV, 감염 그리고 질병과 함께 미래 짓기

서보경 지음

반비

휘말린 날들

HIV, 감염 그리고 질병과 함께 미래 짓기

서보경 지음

이 책의 마지막 장을 넘기고 나서 추천사를 쓰기까지 한참을
고민했다. 나에게 주어진 분량으로는, 수차례 책장의 앞뒤를 오가며
읽고 또 읽었던 문장들의 감동을 차마 다 전할 수가 없기 때문이다.

HIV에 대한 대응이 오랫동안 막연한 두려움과 성적 낙인을
통해 이루어진 탓에, 한국 사회는 HIV와 이를 먼저 경험하며
살아가고 있는 이들에 대해 심각하게 무지하고 무관심했다. 이
책은 두려움과 낙인을 이용한 감염 통제 방식이 얼마나 심각한
정치경제적 부정으로 이루어져 왔는지, 그 과정에서 서로의
경험을 통해 감염에 대응하는 공동체의 역량과 돌봄을 무시하며
누군가의 삶을 방치해온 시간들이 어떻게 존재해왔는지를 차근차근
보여준다.

저자는 '감염됨'이 아닌 '감염한다'는 개념을 제안하며
바이러스가 관계와 공동체를 통해 연결되고, 감염으로부터의 회복
또한 관계와 공동체를 통해 이루어진다는 사실을 일깨워준다.
감염이 '처음과 끝'의 과정이 아닌 '휘말려' 연결된 관계를 통해
이어지는 과정임을 이해할 때, 우리는 막연한 두려움과 누군가를
향한 낙인 대신 취약성을 야기하는 조건들을 향해 관심을 돌릴 수
있을 것이다.

코로나바이러스로 인한 팬데믹을 겪으며 많은 이들이
처음으로 강력하게 감염에 '휘말리는' 감각을 경험했던 시간을
떠올려본다. 1번 환자, 2번 환자…… 순서대로 번호를 붙여 사생활의
동선을 온 국민에게 공개했던 시간 동안 우리를 잠식한 것은
질병에 대한 공포보다 낙인찍히고 비난당하며 공동체로부터 격리될
수 있다는 두려움이었다. 이 책은 두려움에 대한 기억의 자리에,
연결을 통해 변화를 만들어낼 용기를 전해주는 책이다. 책장을
덮으며 내 마음속에 뭉클하게 차오른 고마운 휘말림의 감각을
부디 많은 이들이 함께 느낄 수 있기를 바란다. —나영(성적권리와
재생산정의를 위한 센터 SHARE 대표)

HIV/AIDS를 둘러싼 진부한 서사들은 자본과 식민화, 법제도와 의료윤리, 다양한 신체와 성적 실천에 대한 한국사회의 무지와 무관심을 드러낸다. 이에 맞서 저자는 페미니즘과 퀴어, 그리고 불구의 언어로 '감염'이 개인이 아니라 공동체의 일임을 끈질기게 설득한다. "더 많은 사람들이 HIV에 휘말리기를 바란다."는 이 책의 제언을 읽고, 나는 비로소 내가 수없이 발음해온 '퀴어', '연대', '책임', '자긍심'의 의미를 완전히 다시 생각해보게 되었다. — 오혜진(문학평론가)

비로소 '한국 에이즈 이야기' 책이 나왔다. 서보경은 'HIV에 먼저 휘말린 사람'의 자리에서 한국 에이즈 이야기를 시작한다. 에이즈 운동을 하는 동안 나는 자주 망망해졌고, 길을 잃었나 의심했다. 에이즈는 지구상의 갖은 문제들과 맞닿아 있었다. 이 책은 새로운 감염병 대응을 넘어서는 이야기이다. 배제된 사람을 더 쉽게 배제하는 구조와 힘에 맞서 같이 살기 위한 책임과 희망을 품게 만든다. — 권미란(전 에이즈 활동가, 정보공유연대 IPLeft 활동가)

일러두기

- 내용과 관련 있는 주석은 *로 표시해 각주로, 문헌 관련 주석은
  번호로 표시해 후주로 달았다.
- 인용자가 이해를 돕기 위해 덧붙인 내용에는 모두
  대괄호([ ])를 사용했다.
- 본문에 언급된 단행본은 한국에서 번역 출간된 경우
  국내에 소개된 제목을 따랐다. 원제는 국내에 출간되지 않은
  경우에만 병기했다.

차례

서문: 앞줄에서 알려드립니다

우리는 그저 앞줄에서 먼저 바이러스를 만난 것
뿐입니다. 그래서 뒷줄에 서 계신 당신들께 알려드립니
다. 우리가 먼저 경험한 것들을, 느끼는 것들을, 필요한
것들을 말이지요.

'한국청소년·청년감염인커뮤니티 알'의 활동가
들은 코로나19코로나바이러스감염증-19 범유행의 첫해인
2020년 7월 '후천성면역결핍증acquired immune deficiency
syndrome, AIDS, 에이즈 예방법'의 개정을 요구하는 단
체 의견서 초안에 이와 같이 썼다.[1] 이 문장들은 의
견서를 수정해나가는 과정에서 그 흐름이 조금 달라
졌지만, 나는 여기에 아주 깊은 진실이 있다는 걸 알
게 되었다. 신종 호흡기 감염병이 대유행하는 와중에
HIVhuman immunodeficiency virus, 사람면역결핍바이러스/AIDS
인권 활동가들은 자신과 동료 감염인들을 앞줄에 선
사람으로, SARS-CoV-2라는 새로운 바이러스와 마주
쳐 크게 놀란 사람들을 뒷줄에 선 사람으로 부른다.
앞줄에 선 사람들은 어떤 표정을 짓고 있을까? 뒷줄
의 사람들은 앞줄의 사람들이 어떤 얼굴을 하고 있는
지 보일까? 여기서 앞줄과 뒷줄의 구분은 단순히 바
이러스 감염 여부에서 비롯하지 않는다. 나는 감염이

라는 우연한 계기로 앞줄에 서게 된 사람들의 얼굴을 그려보며, 경계에 대해서 다시 생각하게 되었다. 한 공간에 있는 '우리'를 나누어 구별하는 선, 함께 있어서는 안 된다는 금지가 어떻게 감염을 계기로 선명하게 생겨나고 이렇게 오래 유지될 수 있는지가 다시금 생경하게 느껴졌다.

　　HIV에 감염했을 때 나타날 수 있는 결과는 시대와 장소에 따라 크게 달라져왔다. 1980년대 미국을 시작으로 이 새로운 바이러스가 전 세계적으로 확산되어갈 때, HIV 감염은 생명을 위협하는 여러 심각한 병을 일으켰다. 후천성면역결핍증은 하나의 증상으로 나타나지 않으며, HIV 감염 이후 장기간 치료를 받지 못할 경우 나타날 수 있는 특유의 여러 질환을 묶어서 부르는 말이다. 1987년 HIV 치료에 활용할 수 있는 약제가 처음 파악되었고, 이후 여러 치료 약제가 개발되었다. 1990년대 후반에는 여러 항바이러스제를 동시에 사용하는 효과적인 치료 방식이 자리 잡으면서 HIV 감염이 불러일으킬 수 있는 결과가 크게 달라졌다. 바이러스의 증식을 억제하는 효과적인 약물 치료를 받으면, HIV 감염은 더 이상 면역 기능 저하와 그에 따른 심각한 감염성 질환 및 암의 발병으로 이어지지 않기 때문이다. 현재 의학적으로 HIV와 AIDS는 더 이상 HIV/AIDS라고 꼭 붙여 쓸 필요가 없을 만큼 서로 거리가 멀어졌다. 감염과 발병 사이의 연결선을 완전히 끊을 수 있게 된 것이다.

그러나 HIV 감염이 돌이킬 수 없는 치명적인 훼손으로 오인(誤認)될 때, 먼저 감염한 사람들은 이미 스러진 사람이자 아직 감염하지 않은 사람들에게 불행을 전파할 위험한 존재가 된다. '오인', 즉 어떤 사물이나 사실의 본래 속성을 다른 것으로 착각하는 일은 지식의 부족이나 의도하지 않은 실수로 일어나는 듯 보이지만 사실은 한 사회의 상징 구조를 통해 강제되는 일에 더 가깝다. 바이러스가 야기할 수 있는 질병의 속성이 크게 달라졌지만, 여전히 많은 사람들은 HIV를 위반에 대한 경고로, 두려움을 느끼라는 강력한 신호로 읽는다. 이 낡은 상징 구조에 기대어 만들어진 감염한 인간에 대한 가장 대중적이면서도 잔혹한 상상은 아마 좀비일 것이다. 많은 좀비 영화가 바로 이 앞줄과 뒷줄의 차이를 극명하게 보여주며 시작한다. 갑작스럽게 무언가가 사람들을 덮치고, 뒷줄에 있던 사람 중의 하나가 결국에는 좀비와 맞서 싸우는 주인공이 된다. 주인공은 혼란의 한가운데에 있지만,

자기 앞의 사람들이 먼저 공격을 당하는 사이에 상황을 모면하고 탈출할 겨를을 얻는다. 앞줄에 있던 사람들, 낯선 그 무언가에 먼저 휘말린 사람들은 이제 장면에서 사라질 차례이다.

　　운 좋게 뒤에서 도망칠 수 있었던 사람이 아니라 우연히 앞에 서 있었던 사람의 시점에서 상황은 매우 다르게 펼쳐진다. 누군가는 결국 앞에 서게 될 수밖에 없는데, 앞과 뒤의 구분이 미리 정해져 있는 것이 아니다. 지은 죄가 많아서, 경솔하기 때문에, 무언가를 잘못해서 앞줄에 서 있는 게 아니다. 새로운 사건이 발생했을 때, 여기에 가장 먼저 휘말리는 사람들이 바로 경계의 시작 선, 이전과 이후를 나누는 프런티어에 서게 된다. 좀비 아포칼립스라는 장르는 감염의 우발성을 인간과 비인간을 나누는 새로운 기준으로 만들고, 감염한 존재에게는 들여다보고 의미를 읽어내야 할 표정을 허락하지 않는다. 그것의 얼굴은 인체의 특징을 유지하기는 하나 오로지 두려운 것, 더럽고 추한 것이지 표정을 가진 누군가의 얼굴은 될 수 없다. 얼굴에 표정을 부여하는 순간, 말의 가능성, 소통의 가능성이 생겨나기 때문이다.* 좀비와 같이 위험한 존재를 만들어내는 그 무엇은 감염성이

* 그러므로 좀비에게 이름을 붙여주고 표정을 부여하는 「웜 바디스」 같은 영화는 좀비 아포칼립스 장르로 분류할 수 없을 것이다.

있는communicable 것으로 여겨지지만 동시에 감염한 존재는 커뮤니케이션communication을 할 수 없는, 즉 소통능력을 상실한 사물로 전환된다. 그래야만 이미 감염했다고 특정된 존재를 회피하거나 제거해야 하는 대상으로 삼을 수 있기 때문이다.

    HIV/AIDS 인권 활동가들이 앞줄과 뒷줄을 구분할 때의 위치 감각은 바로 이 새로운 출현이 동반하는 우발성과 경계 짓기의 폭력 속에서 사물화되어야 했던, 그래서 얼굴을 잃어야 했던 집합적 경험에서 나온다. 낙인의 작동 방식이 바로 이러하다. HIV라는 바이러스를 먼저 만났다는 이유로 한국의 감염인들은 정상성의 규범에서 벗어난 존재이자 질병 확산의 원인으로 지목되어 사회적 비난의 대상이 되었다. 문란하고 위험한 일탈자라는 낙인을 부여받았다. 이 차별의 인장은 그 무늬가 겹치는 여러 다른 종류의 성적 낙인들과 이어져 있다. 낙인烙印은 쇠붙이를 불에 달구어 찍는 도장을 뜻하는데, 영어 스티그마stigma 역시 비슷한 어원에서 유래한다. 고대 그리스 로마에서 죄인의 몸에 지울 수 없는 인장을 찍는 행위는 특히 누구나 알아볼 수 있도록 주로 얼굴에 행해졌다고 한다.[2] 얼굴에 낙인이 찍힌다는 것은 결국 인간으로서 얼굴을 잃는다는 것을 뜻한다. 누구도 그의 얼굴에서 표정을 읽으려 하지 않고 죄인의 표식만을 볼 때, 낙인은 얼굴의 고유함을 지워버린다. 낙인의 대상이 된다는 것은 인간성과 개인성을 언제든 빼앗길 수 있다는 뜻이다. 결국 이러한 비인간화의 폭력으로부터 스스로를 보호하기 위해서는 인장이 새겨진 얼굴을 숨기는 수밖에 없다.

먼저 감염하면 세상 모두가 알아볼 표식이 찍힐 거라는 두려운 예감은 더 이상 소수의 것이 아니다. 코로나19 범유행의 초기 상황에서 이미 여러 사람들이 관내 몇 번째 확진자라는 행정적 숫자가 죄인의 표식처럼 붙는 경험을 했다. 숫자가 커질수록 그 무게가 줄어들긴 했지만, 더 중요한 점은 한국 사회가 '1호가 될 순 없어' 같은 가벼운 말로, 낙인의 폭력에 맞서기보다는 무섬증을 적당히 감춰왔다는 사실이다. 내가 먼저 감염해서는 안 된다는 불안은 단순히 새로운 질병에 대한 걱정이나 타인에게 폐를 끼치고 싶지 않다는 염려에 그치지 않았다. '1호'가 되었을 때 어떤 일이 벌어질지 충분히 예상되기 때문에 그런 상황을 두려워해야 했다. 감염 사실은 곧 규칙을 어긴 일탈의 증거로 여겨질 것이고, 나의 존재는 "건전

하게 평범한 인격체에서 더럽혀지고 무시되는 인격
체로 전락"하고 말 거라는 예감을 공동체가 공유하고
있었다.[3] 결국 감염은 개인의 문제가 되었고, 개인들
은 방어 태세를 먼저 갖추어야 했다.

'나는 아직 감염하지 않았다'는 증명이 방역 지
침을 성실히 이행한 좋은 시민이라는 유일한 증거처
럼 작동하는 사회에서 '나는 먼저 감염했을 뿐이다.'
라는 선언은 방어적 웅크림과는 전혀 다른 몸의 자세
를 요구한다. 더 이상 감염한 것을 죄스럽거나 부끄
럽게 여기지 않겠다는, 수치심을 강요당하지 않겠다
는 자긍의 선언이 여기에 포함되어 있다. 지금을 직시
하고 다음을 예비하겠다는 용기가 여기에 있다. 감염
인으로서 자신이 이 새로운 듯 보이지만 사실은 오래
된 재난의 맨 앞줄에 서 있다는 선언은 한국 사회에
서 HIV를 휘감아온 낙인의 사슬에 이미 큰 금이 가
고 있다는 걸 드러낸다. 프란츠 파농Frantz Fanon은 『대
지의 저주받은 사람들』의 첫 장에서 비인간화의 폭
력에서 벗어나 새로운 언어와 새로운 인간성이 생겨
나는 때를 마태복음의 유명한 구절을 인용해 "꼴찌가
첫째가 되고"야 마는 순간이라고 부른다.[4] 여기서 식
민화와 낙인화의 공통성을 깨달을 수 있다. 양자 모두

인간성에 대한 탄압에 근거하고 있는 것이다.

'내가 지금 맨 앞줄에 있다.'라는 HIV 감염인의 선언에는 번져가는 재난 앞에서 인간을 인간답지 못하게 하는 차별과 배제의 힘에 대항하겠다는 새로운 연대성의 기획이 자리해 있다. 앞줄의 사람들은 바삐 숨거나 도망쳐야 하는 존재가 아니라 외려 뒷줄의 사람들에게 전해줄 말이 있는 이들이다. 해줄 이야기가 있다는 마음에는 두려움에 휩싸여 끝없이 달아나려는 탈주의 욕망으로는 상상할 수 없는 용기가 있다. 전할 이야기가 있을 때, 앞줄은 버려진 사람들의 자리가 아니라 먼저 겪은 사람들의 자리, 다음 사람이 홀로 고통받게 내버려두지 않겠다는 다짐을 하는 사람들의 자리이다. 경계선이 결정하는 운명을 바꾸고, 함께 있을 장소를 찾는 사람들의 자리이다.

한국의 여러 HIV 감염인 단체 그리고 그들과 함께해온 인권운동은 바로 이 앞줄의 자리에서 뒷줄의 사람들에게 끊임없이 말을 걸어왔다. 자신은 HIV/AIDS 같은 낯설고 무섭게 느껴지는 감염병과는 아무 관계도 없다고 여기는 사람들, 혹은 재난으로 간주되는 어떤 사건을 먼저 맞이하지 않았다는 사실에 안도를 느끼며 그저 멀찍이 떨어져 있고 싶은 사람들, 나아가 앞줄에 서야 했던 사람들을 죄인이자 패배자라고 비난하며 자신은 승리자라고 여기는 사람들에게도 알려줄 것이 있다고 말이다. 이들이 해온 이야기에는 불의에 대한 깊은 분노와 날카로운 비판 의식이, 숨겨진 상실과 함께 나누지 못한 애도의 기억이, 그리고 어떻게 다른 세상을 열어갈 것인가에 대한 대담한 통찰이 있다. 이 책은 HIV에 휘말린 사람들이 앞줄에서 어떤 얼굴을 하고서 무얼 알려주려고 하는지에 관한 것이다.

**
*

나 역시 앞줄에 먼저 선 사람들에게 휘말리면서 직업으로서 인류학자가 되었다. 먼저 인류학자가 되고 HIV 낙인에 관한 연구를 한 게 아니라, HIV 감염을 인권의 언어로 말하고자 하는 사람들과 만나면서 인류학에 더 깊숙이 이끌려 들어갔다. 나는 2000년대 중반에 인류학 전공으로 석사 과정을 시작하면서 'HIV/AIDS인권연대나누리+[이하 나누리+]'라는 단체에서 활동하게 되었다. 당시에는 몰랐지만, 지금에 와서 돌아보니 이 두 경로의 겹침에는 더 큰 합류의 흐름이 있었다. 1990년대 HIV에 대한 인류학적 연구가 세계적으로 크게 늘어나기 시작했는데, 특히 질병 경험에 영향을 끼치는 젠더, 계급, 인종 및 종족성에 따른 불평등의 문제에 비판적으로 접근하는 연구가 주를 이루었다. 한국은 대규모의 HIV/AIDS 유행을 경험하지 않았고 이에 대한 인류학적, 사회과학적 관심역시 크지 않았지만, 한국의 성소수자 운동은 액트업 ACT UP, AIDS Coalition to Unleash Power 같은 단체들의 활동을 통해 에이즈 위기 속에서 퀴어 정치와 불평등의 문제를 급진적으로 연결했던 큰 흐름에 간접적으로나마 영향을 받고 있었다. 나는 한국 사회에서 HIV 감염인의 권리를 성소수자 정치의 중요한 쟁점으로 만들고자 했던 동료들을 통해 나누리+에 연결되었고, HIV와 건강 불평등에 대한 의료인류학 연구들이 한국에서 막 생겨나려는 운동들의 여러 의제와 공명할수 있다는 점을 어렴풋이 느낄 수 있었다. 석사 과정 재학 시절에 학교에서 받은 지원금으로 뉴욕에서 두 달 정도 지낼 수 있었는데, 브루클린의 레즈비언허스토리아카이브Lesbian Herstory Archives 같은 곳에서 액트업의 예전 활동 자료를 찾아보면서 1980년대 페미니스트 논의와 퀴어 정치의 연결선들을 처음 접했고,

당시 활동했던 몇몇 액트업 활동가들을 직접 만나기도 했다. 돌이켜보면 서툰 영어로 질문만 많았던 나에게 이미 노년에 접어든 액트업 활동가들은 격의 없이 운동의 경험을 나누어주었다.

또한 내가 석사 논문을 준비하면서 나누리+ 활동을 시작한 2006년은 한국에서 차별금지법 제정에 대한 논의가 처음으로 시작된 동시에, 미국과의 자유무역협정 체결을 앞두고 사회적 갈등이 분출하던 때였다. HIV 감염인의 권리는 당시 논의의 중심 의제는 아니었지만, 시대의 핵심적 질문들과 깊이 결부되어 있었다. 성소수자 정치가 어떤 권리의 확장을 요구하는지, 차이에 기반한 인권 개념은 어떻게 상상될 수 있는지, 의약품 특허권자에게 더 큰 독점력을 부여하는 지적재산권 제도의 전 지구적 확산이 자본주의 경제체제에 어떤 근본적인 변화를 야기하는지에 대한 질문들이 마구 뒤엉키고 있었다.[5] 한편 전 세계 여러 국가에서는 2000년대 초반부터 필수 의약품인 HIV 치료제에 대한 특허권의 독점적 보호를 제한하고, 이를 통해 복제의약품의 생산을 허용해 약의 가격을 낮추고 공급을 확대하고자 하는 시도가 나타났다. 이런 물결 속에서 나는 나누리+의 동료들과 함께 후천성면역결핍증 예방법의 개정을 요구하고, 푸제온이라는 HIV 치료제에 대한 특허권 강제실시 청구를 준비하는 활동에 연루되었다. 석사 논문으로는 태국에서 감염인들이 주축이 된 의약품 접근권 운동이 어떻게 거대 다국적 제약 회사의 특허 독점을 부분적으로나마 무너트렸는지에 대해서 썼다. 처음 해외에서 단기간이나마 본격적인 현장연구를 할 수 있었던 것도 태국의 감염인 단체와 국제 연대 활동을 해온 권미란, 변진옥 등 나누리+의 활동가들 덕분이었다.

    나누리+는 사무실도 없고, 상근자도 없다는 게 단체에 대한 가장 중요한 설명일 정도로 느슨한 형태를 유지해왔으며, 다양한 배경의 활동가들과 연구자들이 각기 다른 강도로 모였다 헤어져왔다. 나 역시 2006년부터 지금까지 나누리+가 연루된 사건들에 끌어당겨졌다 밀려나기를 반복했다. 다른 나라에서는 HIV에 관해 어떤 법을 제정하는지 조사하거나, 해외 단체에게 보내는 성명서를 어설픈 영어로 급조했다. 가격을 낮추느니 차라리 팔지 않겠다며 동료 활동가가 꼭 먹어야 하는 HIV 치료제를 한국에 공급하기를 거부하는 다국적 제약 회사 앞에서는 시위 준비조로 화장실에 숨어 있다가 계단 출입구가 막히지 않게 문을 여는 역할을 맡기도 했고, 세계 에이즈의 날을 기념하는 행사장에서 지금 필요한 건 인사치레가 아니라 감염인 인권 증진이라고 항의 행동을 하다가 끌려나가기도 했다. 신나게 잘 싸웠다고 기억하고픈 몇몇 날들도 있기는 하지만, 많은 경우 직접행동과 연구 사이에서 어중간하게 있었다. 연구 보조원으로 문헌 조사나 보고서 작성의 일부를 맡거나 당장 쓸 수 있는 근거 자료가 없을 때 외국 문헌을 번역하는 게 나의 주된 기능이었다.

나의 소중한 퀴어성은 나를 정체성과 연구, 운동이 뒤섞이는 혼잡한 경로에 들어서게 했다. 한국에서 HIV 감염은 남성 동성애자의 문제로 규정되어왔지만, HIV 권리운동을 주도한 큰 축은 여성 활동가들이었으며, 트랜스젠더 활동가를 비롯하여 이 복잡한 운동에 연루된 여러 사람들을 통해 퀴어 페미니즘의 넓은 지향을 어림해볼 수 있었다. 또 사회운동의 급변하는 흐름 속에서 인류학적 연구 방법과 이론의 쓸모를 시험해볼 기회를 가졌다. 학생 연구자일때는 뭐든 인류학적으로 연구 가능하다고 순진하게 믿었고, 학위 소지자가 된 이후에는 전문가주의가 허용하는 틈새에서 어떤 다른 일을 할 수 있을지에 더 관심이 많았다. HIV에 관련된 활동을 오래 이어오기는 했지만, 한국의 상황을 인류학자의 자세로 연구했다고 생각한 기간은 사실 그리 길지 않다. 이 책은 내가 지난 6년간 나누리+의 활동가이자 인류학 연구자로서 집중해온 몇 가지 사안들과 질문들에 대한 것이다. 대학에 취직한 이후 나는 꽤나 기회주의적으로 어느 자리에서는 자신을 나누리+ 소속으로 소개하고, 다른 자리에서는 직장 이름을 먼저 대기도 했다. 그렇다고 내가 자기소개에 늘 충실했던 것도 아니다. 연구와 활동이 잘 구분되지 않는 때가 더 흔했고, 어디에 더 큰 비중을 둘지를 내가 결정할 수 없는 경우가 더 많았다. 상황에 따라 어떤 역할을 해야 하는지 잘 가늠하려고 애써볼 따름이었다.

    이 책의 비뚤비뚤함은 그간 내가 헤쳐온 길의 굴곡을 반영한다. 한국의 HIV 인권운동은 다중의 억압과 배제, 차별에 맞서왔다. 이 책은 HIV를 다중 쟁점 정치의 구심점으로 살펴보는 동시에, 그 다중성을 다루기 위해서는 각기 다른 종류의 지식과 이론, 개념과 태도가 서로 연합해야 한다고 주장한다. 감염병은 의과학과 공중 보건의 사안이자, 바로 그렇기에 인류학과 역사학, 철학과 퀴어 이론의 개입을 반드시 필요로 한다. 여기서 사회과학적이라고 분류될 계열의 지식은 단지 자연과학적이라고 분류될 지식에 대한 비평이나 해설에 머무르지 않는다. 인간의 삶 속에서 HIV와 에이즈가 무엇인지 알기 위해서는 의과학과 인류학이, 생물학과 퀴어 이론이 서로를 깊이 파고드는 친연성을 구축해야 한다. 지식과 실천을 구별하는 입장에서 볼 때는 쉽사리 상상하기 어려운 형태의 관계 맺기를 시도해야 한다. 따라서 이 책이 만들어내고자 하는 연합의 지형은 깔끔하게 구획되어 있지도 않고, 익숙한 경로를 따라가지도 않는다. 이 책의 우선적인 목적은 HIV 감염에 대해 익히 알려져 있는 지식과 익숙한 사고의 틀을 부수고 혼란을 일으키는 데 있다. 질병과 감염, 섹스와 정치에 대해 함께 말해지지 않은 것들을 말하고, 이전의 구별로는 알 수 없었던 것들을 알아가고, 그래서 현실적인 변화를 일으킬 여지를 찾고자 한다. 또한 감염이라는 생명의 작용에 대한 깊은 이해가 타자성에 대한, 경계의 구성과 교류에 대한, 변혁에 대한 새로운 이해와 맞닿아 있다는 것을 설득하고자 한다.

**

　감염은 내가 아닌 것에 물들면서, 휘말리면서
시작된다. 감염을 오염으로 여기게 하는 낙인의 표
식은 자아와 타자, 깨끗한 것과 더러운 것, 정상적인
것과 비정상적인 것 사이의 경계를 공고히 유지하려
는 시도이지만, 동시에 바로 그 경계의 기준선이 이
미 흐트러지고 있다는 증거이기도 하다. 여기에 중요
한 가능성이 있다. 존재를 옥죄는 낙인의 어둡고 갑갑
한 힘은 한번 발휘되면 절대 다시 되돌릴 수 없는 영
구적인 것이 아니다. 살갗에 새겨진 문신의 생생한 색
이 이미 달라질 것을 약속하듯이, 낙인의 표식은 아직
다른 무언가로 변화하지 않은 잠재성potentiality의 증거
이기도 하다.[6] 앞줄에 선 사람에게 부여된 낙인은 결
코 지울 수 없는 흉이 아니다. 아직 다른 무언가가 되
지 않은 것이자 새롭게 도래할 그 무언가를 가리킨다.
　감염하여 오염된다는 것은 기존의 질서가 흐트
러진다는 것, 이전에는 없던, 아직 모르는 무언가가
번져들고 뒤섞여 이전과 동일한 상태가 될 수 없다는
것을 뜻한다. 이 책에서 나는 HIV 감염이 야기하는
신체적 변화와 사회적 변화를 휘말림의 양태로 개념

화하고자 한다. 이 휘말림의 전全 과정은 축복도 저주
도 아니다. 생명이라는 존재 형식의 생동성vitality이다.
나는 이 책을 통해 더 많은 사람들이 HIV에 휘말리
기를 바란다. 감염이 야기하는 난제를 삶에서 직면하
기 바란다. 이는 HIV에 더 많은 사람들이 노출되기
를 바란다는 의미가 아니다. 순수성이 강요하는 본질
주의, 몸의 불멸성에 대한 거짓된 환상, 통제와 박멸
의 욕망이 아니라 열림과 취약성 그리고 상호 연루의
책임성 속에서 몸의 온전함을 다시 생각해보자고 청
하고자 한다.

　　감염을 휘말린 상태로 이해하려는 시도는 두
개의 이분법을 넘어서기 위해 도입되었다. 먼저, 감
염과 면역의 과정을 침입과 자기방어의 논리로 단순
화하지 않고, 질병 경험을 생물사회적biosocial 현상으
로 이해하기 위해서이다. 인간에게 질병은 유기체에
부여된 규칙생물학적인 것에 따른 것이자 사회적 질서 속
에서만 경험되는 것이다. HIV를 비롯하여 다종의 바
이러스와 미생물이 인체에 증식하는 양상은 언제나
자연과 문화의 뒤얽힘 속에서 일어난다. 또한 이 얽
힘은 감염을 가해와 피해, 적극적 발동과 수동적 당
함의 구도로 설명하는 데 중대한 한계가 있다는 것을

뜻한다. '감염시키다', '감염되다' 같은 표현은 바이러스 증식 과정이 마치 바이러스의 공격적 의지로 인해 일어나거나 혹은 이미 감염한 사람으로부터 피해를 '당한' 것처럼 상정하게 한다. 그런데 이러한 언어적 틀에서는 바이러스가 인간과는 다른 방식으로 고유의 영향력을 발휘하고, 동시에 인간에게서 영향을 입기도 한다는 점을 충분히 파악할 수 없다. 나는 이 책에서 '감염'을 타자로부터 당하는 것이나 혹은 타자에게 강제로 시키는 것이 아니라 서로 다른 생명 형식이 영향력을 주고받으며 변형하는 과정으로 바라볼 때, 감염의 어법과 의미, 그에 대한 대응이 어떻게 달라질 수 있는지를 탐구한다. 인간은 바이러스에 '감염한다'. HIV는 인체 내의 수많은 세포 중에 주로 세포 표면에 CD4 단백질이 있는 T 세포에 '감염한다'. 서로 휘말린다. 감염은 인간과 바이러스 모두의 속성이자 양자가 함께 겪는 일이다.

　'휘말림'이라는 우리말은 특히 '하다'의 능동성과 '당하다'의 수동성으로 나뉘지 않는 중동中動의 상태를 파악하는 데 유용하다. 사전적으로 '휘말리다'는 '휘말다'의 피동형으로 분류되지만, 말의 쓰임에서 이 단어는 외려 동사의 주체가 어떤 과정 중에 있음을 나타낸다. 휘말린 상태는 '하다'와 '당하다'로 명확히 구별되지 않는다. 예를 들어 싸움을 거는 것과 싸움에 휘말리는 것은 다르다. 내가 싸움을 시작하거나 싸울 의지를 가진 건 아니지만 그렇다고 싸움을 하지 않은 것도 아니다. 싸움을 할 수밖에 없는 상황에 놓인 것이다. 사랑에 혹은 분노에 휘말리는 것 역시 비슷하다. 그 감정을 내가 택한 것도 누가 강요한 것도 아니지만, 결국 이 강렬한 감정을 느끼지 않을 수 없는 상태에 이르게 된 자신을 발견하는 것이다. 즉 '휘말린' 상태는 주체가 능동적으로 모든 걸 선택하여 야기한 상황도 아니고, 무엇을 하도록 혹은 느끼도록 직접적으로 강요당한 상황도 아니다.

나는 감염이라는 생물사회적 사건을 이처럼 휘말린 상태로 사고함으로써, 이 현상을 '하다'와 '당하다'의 구도로 단순화하는 낡고 폭력적인 사고 체계의 밖으로 나아가고자 한다. 휘말림이 일어나는 중동태의 행위론 안에서 책임성을 말하는 다른 방법을 함께 찾고자 한다. 이를 통해 감염을 오로지 손해로 상정하는 확률적 위험 개념을 넘어서서, 질병이 야기하는 여러 어려움과 고통을 더 깊이 나눌 수 있는 여지를 찾으려 한다. 감염이 야기하는 여러 차원의 부정성

과 위기를 단절과 고립, 차별과 배제가 아니라 연결
과 관계의 가능성으로 다룰 수 있는 사회, 서로 이어
져 있기에 서로 응답하는 감염의 정치적 윤리를 새롭
게 만들자고 제안한다.

*
* *

이 책에서는 자신의 HIV 감염 사실을 알고 있
는 사람을 지칭할 때는 'HIV에 감염한 사람' 혹은
'HIV 감염인'이라는 표현을 주로 사용하며, 감염 이
후 에이즈의 정의에 해당하는 질병이 발병한 경우에
만 환자라는 표현을 사용한다. 영어권의 HIV/AIDS
인권운동에서는 'HIV와 함께 살아가는 사람들people
living with HIV'이라는 표현을 쓰기도 하고, 한국에서
는 이것을 줄여서 PL이라고 쓰기도 한다. 이 표현은
1983년 미국 덴버에서 열린 제5회 게이레즈비언보
건콘퍼런스Gay and Lesbian Health Conference에 참여한 활동
가들이 발표한 인권 선언에서 기원한다. 덴버 원칙the
Denver Principles은 '에이즈 피해자'나 '에이즈 환자' 같은
표현에 내포된 수동성을 거부하고, '에이즈와 함께하
는 사람들people with AIDS'의 존엄하게 살고 죽을 권리

를 강조한다. HIV 감염인이라는 표현은 한 사람의 복잡한 정체성을 감염 여부로 축소하는 것은 물론, 특히 법적 규정으로 활용될 경우 감염 상태에 기초하여 일종의 사회적 신분을 부여한다는 점에서 문제적일 수 있다.* 그러나 한국의 인권운동 지형에서 'HIV 감염인'은 단순히 감염 상태를 지칭하기보다는 'HIV 감염인으로서 우리를 드러내고, 우리의 권리를 실현하자'는 의미에서 정치적 정체성을 드러내는 표현으로 사용되어왔다. 이 책에서 나는 HIV 감염인이 어떤 목적과 목표 아래 하나의 집단으로 호명되는지에 주의를 기울이며, 이 표현을 사용하고자 한다. 또한 '에이즈'라는 음차音借로 HIV 감염에 의해 발생할 수 있는 여러 질환을 지칭하는 동시에 그것에 관한 사회문화적, 정치적 관념과 실천을 통칭한다. 에이즈는 HIV 감염이 일으킬 수 있는 여러 질환이기도 하지만 일종의 총체적 사회적 사실total social fact로서 구성원 전체에게 영향을 끼쳐왔다.

　　이 책에서 나는 에이즈를 다룬 다양한 인류학적, 사회학적, 역사학적 연구에 의지해 한국에서 에이즈가 그려온 고유한 궤적을 그려내고자 한다. 또 이 책의 상당 부분은 내가 연구 활동가로 휘말린 여러

* 보다 구체적인 내용은 5장에 서술되어 있다.

순간들에 대한 기록에 기반하고 있으며, 몇몇 장은 보다 구체적인 목표에 따라 설계된 심층 면담과 현장 연구에 기초하고 있기도 하다. 책에 제시된 인명은 모두 가명이며, 활동가인 경우에만 실명 혹은 공적으로 알려진 이름을 밝혔다. 큰따옴표로 제시하는 대화 중 상당 부분은 녹취한 내용을 그대로 옮겨 와 편집한 것이고, 나머지는 수기 기록과 기억을 바탕으로 재구성한 것이다. 또한 나는 공동 연구물, 정책 보고서, 성명서, 토론회 자료, 판결문, 회고록, 문학작품, 미술과 비디오 작업 등을 활용하기도 한다. 각 장에서 일관된 기술 방식을 유지하기보다는 쓰는 방식의 변화를 통해 현상의 다층성을 강조하려 했고, 이러한 접근 방식이 문화기술지ethnography 쓰기라는 인류학의 오랜 전통에 부합하는 동시에 그 외연을 넓힐 수 있다고 생각한다.

　　다양한 형식의 자료와 기록을 통해 내가 그러모으고자 한 것은 지금이라도 마주하려고 애쓰지 않으면 영영 다시 찾지 못할 것만 같은 사람들의 흔적이다. 나는 에이즈를 인권의 언어로 말하고자 한 사람들의 계보를 잇는 동시에, 계보를 가질 수 없었던 사람들이 흩어지지 않도록 하기 위해 이 흔적들을 그러모았다. 실존적 경험으로서 질병은 모두 사람들을 맨 앞줄에 서게 한다. 언제 일어나든, 겪는 사람 각각에게는 처음 일어나는 일이다. 그러나 지금의 처음이라는 자리 앞에는, 이미 그 자리를 경험한 사람들이 있다. 처음을 먼저, 힘껏 살아낸 사람들이 우리 앞에, 우리 옆에, 우리 뒤에, 사방에 있어왔다. 에이즈의 역사를 이 살아낸 사람들의 경험을 통해 다시 익힐 때, 너무 일찍 잊힌 과거를 지켜내고, 아직 살아보지 못한 미래로 나아갈 수 있다. HIV에 관한 이야기에는 온갖 차이를 가로질러 각기 다른 상황에 처한 사람들을 서로 연결하는 힘이 있다. 이 이야기들은 숨겨지고 숨어들 수밖에 없었던 사람들의 고난과 슬픔을 들려주는 동시에 더 이상 숨지 않겠다고 다짐하는, 이제 숨지 말고, 홀로 사라지지 말고, 함께 있자고 청하는 사람들의 용기와 기쁨을 전하고 있기 때문이다. 감염은 서로 다른 것들이 마주 닿아 번지는 일이며, 그에 관한 이야기들 역시 자아의 좁은 틀을 벗어나서 타자에게 나아가는 감염력이 있다.

　이 책에서 에이즈는 시대를 관통하는 질문이자, 정체성의 소중한 토대이자, 의료의 당면 과제이자, 일상적 성적 실천의 현실적 일부이자, 새로운 이론적

기획의 돌파구로 구체화된다. 그 시작은 HIV의 처음
을 다시 쓰는 것이다. 1장과 2장은 에이즈 유행의 초
창기 역사를 되짚어본다면 어떤 지점들을 새롭게 들
여다볼 수 있을지를 탐구한다. 1장에서는 글로벌 에
이즈 유행의 기원을 말할 때 가장 먼저 등장하는 존
재인 남성 동성애자와 그들의 성적 문란에 관한 서
사 틀을 재검토하고, 여기서 잊힌 역사는 무엇인지를
다시 살핀다. 2장에서는 한국에서 에이즈 유행의 시
작에 설 수밖에 없었던 사람들이 과연 누구인지를 살
펴보며, 한국식 에이즈 패닉을 일으키는 데 중요하게
기여한 당대의 의과학적, 보건학적 담론의 전개 양상
을 추적한다. 특히 한국의 에이즈 유행 초창기에 성노
동자 여성이 위험 집단으로 지목되는 양상에 주목한
다. 과연 어떤 이들이 왜 사회의 중대한 위협으로 호
명되었는지를 살피고, 이들이 겪은 곤경의 의미를 복
구할 방법을 모색한다.

　　3장과 4장은 HIV 치료의 보편화에도 불구하
고 HIV 감염을 근거로 한 사회적 배제가 지속될 때,
어떤 가혹한 어긋남이 발생하는지를 주로 의료 영역
에 초점을 맞추어 다룬다. HIV 감염의 만성질환화는
HIV 감염이 더 이상 생명의 중대한 위협이 아니라

일상의 일부로 충분히 녹아들 수 있다는 것을 뜻한다. 그럼에도 한국 사회에서 HIV 감염은 질병의 예후를 넘어 여러 사람의 삶에 중대한 위기를 일으켜왔다. 대다수의 HIV 감염인은 자신의 감염 여부를 드러낼 필요 없이, 그 누구와도 다를 바 없이 일상을 살아갈 수 있으며 또 살아가고 있다. 그러나 감염 사실이 자신의 의지와 관계없이 밝혀지거나 그것을 밝힐 수밖에 없는 상황에 놓일 때, 일상을 지키는 힘이 크게 흔들리기도 한다. 갑자기 크게 아프거나 응급 수술이 필요한 경우, 가족에게 혹은 직장에 자신의 의사와 상관없이 HIV 감염 사실이 알려진 경우, 요양병원에서 입원 치료가 필요한 경우 HIV 감염은 삶의 지속을 위태롭게 하는 중대한 사태로 급변한다.

3장에서는 HIV 감염을 계기로 크게 앓게 된 이들의 생애사와 그들의 가족 및 친족의 경험을 중심으로 이제는 쉽게 관리 가능하다고 여겨지는 질병이 어떤 이유로 이들에게 극도의 위기로 격화되는지를 살펴본다. 그리고 이들의 경험을 통해 현대 한국 사회를 관통하는 생명정치의 박탈적 속성을 구체화해본다. 4장에서는 입원 거부를 비롯한 의료 영역에서의 차별에 대응하기 위해 어떤 사회적 움직임들이 만들어졌는지를 살펴본다. 한국의 의료기관에서 HIV 감염을 이유로 진료와 수술, 입원을 거부하는 관행은 의학적 근거를 결여하며, 환자에게는 큰 고통을 안겨준다. 여기서 가장 중요한 점은 이 문제를 풀 해결책이 이미 예전에 나왔다는 것이다. 표준주의 지침, 즉 모든 의료 현장에서 반드시 지키도록 되어 있는 주의 지침을 지키면 된다. HIV 감염인에게 특수한 조치를 취해야 하는 것이 아니라 위험으로부터 모두를 보호할 수 있도록 고안된 규칙을 잘 따르면 된다. 그럼에도 한국의 의료 현장에서 표준주의를 비롯한 차별 금지 원칙이 제대로 지켜지지 않는 이유를 따져보고, 이를 교정하기 위한 다양한 움직임을 소개한다. 낙인은 낙인찍힌 사람을 고립시킬 때 가장 잔혹한 힘을 발휘하지만, 한국의 HIV 감염인들은 서로의 삶을 지탱하는 상호부조와 돌봄의 연결선을 가장 어려운 곳에서부터 만들어오고 있다. 특히 HIV 감염과 장애의 정치를 이으려는 시도들은 '퀴어'와 '불구'의 의미를 갱신하고 있다.

　　5장은 HIV 감염의 부정성을 구성하는 핵심적인 요소인 법의 문제를 살핀다. 후천성면역결핍증 예방법의 전파매개행위 금지 조항을 중심으로 성적 낙인이 법에 기반한 금지를 통해 존속되어온 양상을 추적한다. HIV 감염을 일종의 죄로 상정하여, 감염한 사람의 정상성을 끊임없이 심문하게 하는 법적 구조는 불평등한 성적 위계를 공고히 하는 데 핵심적으로 기여해왔다. 이 장에서는 수치심의 경험에 내포되어 있는 변형적 에너지를 탐색하고, 이를 통해 모욕을 받아냄으로써 모욕을 깨뜨리고 나가는 방법을 모색하고자 한다. 6장에서는 HIV 감염을 말할 때 기본적으로 상정하는 인식의 틀을 검토한다. 이 책 전체를 관통하는 중심 개념인 휘말림을 중동태라는 문법적 범주를 통해 보다 자세히 소개하고, 감염이라는 생명의 작용이 필연적으로 의미화를 동반한다는 점을 이론적으로 보다 명확히 하고자 한다. 또 감염과 쌍을 이루는 면역을 개별적인 생물학적 특성이 아닌 공동성과 취약성의 문제, 즉 정치의 영역으로 사고해야 하는 이유를 제시한다. 감염에 대한 인식론을 갱신할 때만 과거의 유행이 남긴 과제가 무엇인지를 정확히 알고, 무엇이 될지 아직 모르는 새로운 유행의 출렁임을 맞이할 수 있다. 마지막 7장은 HIV와 함께하는 미래를 상상하는 방식에 대한 것이다. 이 모든 이야기들은 HIV와 에이즈에 대한 것이자, 사실은 그에

대한 것만은 아니다. 바로 그 이유 때문에 수많은 사
람들이 휘말렸고, 나 역시 그러했다. 그리고 바로 그
이유 때문에 이 이야기들은 당신이 누구든, 어떤 처
지에 있든, 온갖 기회를 엿보며 당신에게 닿을 테다.
HIV가 사람이라면 누구에게나 감염할 수 있듯이.

첫 사람의
자리에서

1

발견과 픽션

'처음'이라고 말할 때, 여기에는 이제까지 몰랐던 것을 알게 되었다는 자각과 함께 새로운 시작을 공언하고자 하는 의도가 포함되어 있다. '처음'이라고 말하는 순간, 긴 이야기가 펼쳐진다. 과학과 의학의 영역에서 첫 발견은 이전에는 알지 못했던 대상의 실체를 규명했다는 점에서 하나의 완결된 사실fact로 제시된다. 그러나 처음에 대한 말하기는 아직 그 형태가 완전히 굳어지지 않은, 어떻게 끝날지 알 수 없는 긴 이야기의 시작일 뿐이다. 처음에 어떤 의미를 부여하는지에 따라 뒤이어 이어질 이야기의 흐름과 내용이 달라진다. 따라서 첫 발견은 이미 완결된 사건이 아니라, 진행형이라는 의미에서 지어내기, 즉 픽션fiction에 더 가깝다. 도나 해러웨이Donna Haraway는 팩트와 픽션이라는 두 영어 단어의 어원을 살피면서 이야기 짓기, 즉 스토리텔링이 과학적 사실 진술과 서로 반대되지 않는다고 말한다.* 사실과 이야기의 경계에서 새로운 지식이 만들어지며, 지식을 이야기하는 방식이 지식의 성격과 영향력을 결정짓기 때문이다. 따라서 과학적 발견이 픽션의 성격을 지닌다는 것은 그것이 반드

* 팩트와 픽션은 모두 '~을 하다, 만들다, 일으키다'라는 의미의 라틴어 *facere*에 뿌리를 두고 있는데, 해러웨이는 이 두 단어가 각기 다른 품사와 시제에서 유래하며, 그에 따라 두 말의 의미가 서로 비슷하면서도 다르다는 점에 주목한다.
Haraway, Donna, *The Companion Species Manifesto: Dogs, People, and Significant Otherness*(Chicago: Prickly Paradigm Press, 2003), pp. 19-20.

시 날조된 거짓이라는 의미가 아니다. 첫 발견은 뒤이은 다른 발견으로 그 의미가 언제든 뒤집힐 수 있는 잠정적 사실이며, 동시에 새롭게 발견된 것이 무엇이고 무엇이어야 하는지를 "만들어내고, 구성하며, 발명해내는 행위"이다.[1]

감염병의 역사에서 첫 발견은 단순히 시작을 뜻하지 않는다. 새로운 질병이 과연 무엇인지를 밝혀내는 과정에서 누가 이 질병의 첫 환자로 알려지는지가 엄청나게 중요한 역할을 해왔기 때문이다. 누군가 새롭게 등장한 병의 첫 환자로 '보고'되었다는 사실이 결코 그 환자로부터 질병이 비롯했다는 것을 뜻하지 않는다. 그러나 처음 세상에 알려진 환자에 대한 '사실'을 둘러싸고 새로운 질병에 대한 온갖 추측과 상상이 이어진다. 감염병의 기원에 관한 이야기가 과학적 탐구의 영역이자 소문과 설화, 신화의 영역인 이유가 여기에 있다. 첫 환자가 발생하는 순간을 특정 짓고 의미를 부여하려는 모든 노력은 병의 기원을 추적하는 과정이자, 역사적 기원을 짓는 과정이다.

따라서 감염병이 발생하고 확산되는 원인을 찾으려는 시도는 병원체의 고유한 특성이 무엇인지를 파악하는 데서 그칠 수 없다. 이와 마주한 사람과 사회에 대한 해석을 필요로 한다. 이때 흥미롭게도 감염원의 첫 발견에 관한 이야기는 흔히 미스터리 형식으로 재창조된다. 코로나19 범유행의 여파로 감염에 대한 각종 출판물과 기사가 쏟아져 나왔는데, 삽화로 돋보기를 든 탐정이 종종 등장했다. 추리 소설 같은 형식의 이야기에서 발견은 곧 발각이다. 범인은 자취를 감추고, 증거를 숨기기 위해 갖은 노력을 벌이지만 결국 체포된다. 탐정과 범인의 형상으로 탐구하는 과학자와 탐구의 대상인 병원체의 관계를 그릴 때, 그 사이에 놓인 감염한 사람은 어느새 비밀과 의심, 은신과 추적, 죄와 벌에 대한 도덕적 드라마 속으로 깊이 끌려 들어간다. 에이즈의 역사에서는 종종 발견이 발각으로 여겨졌고, 환자는 죄인으로 몰렸다. 이로 인해 어떤 처음은 다행스러운 소식으로 다가왔지만, 어떤 처음은 두려운 선고가 되기도 했다.

원인 모를 병을 처음으로 앓게 된 사람들, 혹은 아프다는 자각도 없이 자신의 몸에 무언가가 있다는 걸 처음으로 알게 된 사람들이 있다. 발견자의 역할을 맡은 사람들에게 첫 발견은 역사에 이름을 남기는 영예로운 순간으로 기억되어야 마땅할지 모른다. 그런데 첫 환자로 세상에 널리 알려졌던 사람들에게, '보

균자'로 '전파자'로 지목당한 사람들에게, 처음의 자리
는 어떻게 다가왔을까? 에이즈의 역사를 이들의 자리
에서 다시 쓴다면, 이 질병에 대해 우리는 어떤 다른
이야기를 쓸 수 있을까?

"활동성을 보이는 호모섹슈얼"로부터

　　현대 의학사에서 전 세계적인 에이즈 유행의
시작에 관한 이야기는 대체로 다음과 같이 전해진다.
에이즈 유행을 짐작할 수 있는 최초의 공식적인 보고
가 미국의 질병통제예방센터^{CDC}에서 발간하는 《질
병과 사망 주간 보고서*Morbidity and Mortality Weekly Report*》
에 등장했다.[2] 이 보고서는 미국 내외에서 발견된 여
러 감염병의 유행 상황에 대한 정보와 분석을 제공
하는데, 1981년 6월 5일 자에 발간된 보고서에 따르
면 1980년 10월부터 1981년 5월까지 로스앤젤레스
에서 20~30대 남성 다섯 명에게서 폐포자충 폐렴이
발생했다. 보고서에는 이 다섯 명 모두 "[성적] 활동성
을 보이는 호모섹슈얼들^{active homosexuals}"로 두 명은 이
미 사망했다고 기재되어 있다.* 이 사례 보고가 이목

* 1990년대
중반까지 해당
보고서를 인용한
한국의 의학
논문들은 homosexual
male을 동성애남성
혹은 동성연애자로
번역하고 있다.
동성연애자라는
표현은 한국에서
성소수자 인권에
대한 논의가
본격화되기 이전에
주로 쓰였는데,
이성애 중심적
사고의 위계 속에서
동성 간의 관계는
사랑에 미치지 못하는 것, 즉 성적 관계에 한정되거나 장기간 지속될 수
없는 종류의 감정과 실천이라는 격하를 드러낸다. 근대 한국 사회에서
'호모섹슈얼'의 줄임말인 '호모'가 경멸과 비하의 뜻으로 공공연하게
쓰이는데, 여기에는 에이즈의 의학적 발견과 관련된 역사가 결부되어
있다.

을 끈 것은 무엇보다 성인에게서 폐포자충에 의한 폐
렴 발생이 흔치 않기 때문이었다. 폐포자충은 어디서
나 발견되는 아주 흔한 진균으로 면역억제제를 투여
하거나 방사선에 장기간 노출되는 것처럼 특수한 상
태에서가 아니라면 폐렴에 이를 정도의 심각한 감염
을 일으키지 않는다. 따라서 면역 결핍을 일으킬 질
병 이력이 없는 젊은 남성들에게서 폐포자충 폐렴이
발생했다는 점은 매우 특기할 만한 일이었다. 이 보고
서에는 환자 다섯 명의 병력과 치료 양상이 요약되어
있으며, 특히 B형 간염과 같이 성 접촉을 통해 감염
될 수 있는 질병 이력이 부각되어 있다. 해당 보고서
는 이들 모든 환자가 "호모섹슈얼"이라는 점을 고려
할 때 "호모섹슈얼의 생활 습관의 일정 측면 혹은 성
적 접촉을 통한 감염"이 특이성 폐렴의 발병과 상관
관계가 있을 수 있다고 추정한다.[3]

　　폐포자충 폐렴 발생에 대한 공식 보고가 있었
던 같은 해 7월 3일 자《뉴욕 타임스*The New York Times*》에
는「41명의 호모섹슈얼에게 희귀암 발생」이라는 기
사가 실린다.[4] 최근 뉴욕과 캘리포니아의 병원에서
매우 희귀하고 치명적인 형태의 암에 걸린 남성 환자
가 41명이나 되며, 이 중 8명은 진단 이후 2년 이내에

사망했다고 전한다. 이 기사는 이후 에이즈를 게이가
걸리는 특이한 암gay cancer으로 여기게 하는 데 중요한
영향을 끼쳤다. 이 기사에서 묘사된 질병은 카포시 육
종Kaposi's sarcoma이다. 이 병은 19세기에 헝가리의 피부
과 의사인 모리츠 카포시Moritz Kaposi에 의해 처음 알려
지게 된 악성 종양으로 주로 피부에 발생한다. 카포
시 육종은 미국에서 연간 발생률이 1000만 명당 수
명에 불과한 매우 드문 병이었는데, 비교적 젊은 나이
의 환자들에게서 발생 빈도가 늘어나는 추세를 보이
기 시작했던 것이다.

　　1981년의 《뉴욕 타임스》 기사는 문진을 통해
41명이 모두 "호모섹슈얼"이라는 점이 드러났고, 대
부분이 다수의 파트너와 빈번하게 성관계를 하며 "하
루 최대 10번의 성행위를 하는 경우부터 한 주에 4번
을 하는 경우까지" 있었다고 보도한다. 환자들이 호
모섹슈얼로 특정된 순간부터, 초미의 관심사는 이미
그들이 섹스를 얼마나 하는지에 집중되어 있었다. 그
러면서 암은 전염되지 않지만 동일 집단에서의 발생
을 설명하기 위해서는 바이러스나 환경적 요소를 고
려해야 한다고 전한다. 그리고 기사 마지막에는 의사
의 의견을 빌려 동성애자가 아닌 경우에는 전염을 걱

정할 필요가 없다고 덧붙인다. 약 1년 후인 1982년 5월 11일 자 《뉴욕 타임스》에 실린 「새로운 호모섹슈얼 증후군에 대한 보건 당국의 우려 커져」라는 기사에서는 처음으로 "게이면역결핍gay-related immune deficiency, GRID"이라는 용어가 사용된다.[5] 이 용어는 곧 사라졌지만, 미국의 에이즈 유행 초기 에이즈가 게이 암, 게이 돌림병이라는 표현과 함께 사용된 역사를 입증한다.

　　미국 CDC는 연구 팀을 결성하여 1980년 이전의 카포시 육종 발생률을 조사하는 한편 폐포자충 폐렴 치료제의 사용 증가 추세를 조사했다. 그리고 이전에는 없던 새로운 증후군이 유행하고 있다는 결론에 이르렀다. 이때까지만 해도 이 새로운 증후군의 원인 인자가 정확히 무엇인지 알 수 없었다. 환자 사례의 공통적인 특질을 바탕으로 "최소한 세포 매개 면역의 어떤 결함을 예측할 수 있으며 그 질병에 대한 저항력의 감소 원인을 가지고 있지 않은 사람에게 발생하는 질병, 즉 정상 면역 기능을 가진 사람에게는 발생하지 않는 질환이 어떤 이유로 면역 기능에 이상이 생겨 발생하는 질환"이라고 새로운 질병을 정의 내렸다.[6] 그리고 이 정의에 부합하는 질환을 가진 사람들을 보건 당국에 보고하도록 했다. 이후 남성 동성애자뿐 아니라 혈우병 환자, 여성, 영아, 수혈을 받은 사람 등에서 사례 보고가 이어졌지만, 남성 동성애자를 제외한 다른 사례들에 대한 학술적, 대중적 관심은 매우 적었다.* 1982년 미국 CDC는 에이즈의 정의를 확정하면서 남성 동성애, 정맥용 마약 사용, 아이티 출신, 혈우병을 에이즈의 '주요 위험 인자'로 제시했다. 이는 모두 HIV라는 새로운 바이러스의 존재와 그 기전을 충분히 알기 이전에 보고된 환자의 유형화를 통해 제시된 것으로, 이주민과 범죄자, 성적 소수자에 대한 사회적 불안을 반영하고 있었다. HIV 감염에 특별히 더 취약한 집단이 있다는 인식은 이후 에이즈를 일탈 집단의 질병으로 보는 편견을 더욱 강화했다.

　　이 시작점의 이야기들은 남성 동성애자들이 에이즈가 무엇인지를 규명하는 첫 단계에서 어떻게 중심에 서게 되었는지를 잘 보여준다. 초창기 보건 당국의 관심을 끈 환자들이 모두 남성 동성애자였다는 '발견'이 곧 그들로부터 이 새로운 유행이 시작되었다는 것을 뜻하지는 않는다. 여기서 남성 동성애자들이 한 결정적인 기여는 남성 동성애자라는 집단적 정체성에 대한 강조된 인식이 새로운 유행을 식별 가능하게 만들었다는 것이다. '호모섹슈얼'이 동일성을 담보

* 정맥용 마약 사용자 사이에서 HIV 유행이 일찍이 광범위하게 시작되었을 가능성이 있지만, 의료 서비스에 더 높은 접근성을 가진 중산층 남성 동성애자들의 질병 상태가 먼저 감지되면서 유행의 규모가 드러나기 시작했으며, 이로 인해 마치 이들이 유행을 주도한 듯 보이게 되었다. Epstein, Steven, *Impure Science: AIDS, Activism, and the Politics of Knowledge*(Berkeley: University of California Press, 1996), pp. 49-50.

한 인구 집단으로 규정되었으며, 따라서 이들의 상태는 추적 가능한 것이자 추적해야 하는 것으로 여겨졌다. 1980년대 미국에서 에이즈의 유행은 남성 동성애자의 집단적 몸을 통해서만 발견될 수 있었다. 에이즈 유행에 대한 과학적 지식이 축적되는 과정은 남성 동성애자가 동일성을 담지한 인구 집단으로, 특히 성병 연구에서 주목해야 하는 분류 체계로 자리 잡는 과정과 긴밀하게 연결되어 있다.*

대유행의 첫 기록으로 알려진 1981년의 《질병과 사망 주간 보고서》에는 폐포자충 폐렴에 대한 보고와 함께 카리브해의 미국인 여행자 사이에 뎅기열이 발생했다는 소식, 지난 20주간의 미국 내 홍역 발생 현황, 어린이 납중독 현황, 전 세계의 콜레라 및 황열병 발생 상황에 대한 정보들이 함께 실려 있다.[7] 이 보고서에서는 폐포자충 폐렴에 걸린 환자들이 모두 "[성적] 활동성을 보이는 호모섹슈얼"이라는 점이 마치 미국 국적의 여행객이나 어린이 환자를 지칭할 때처럼 별다른 설명이나 증명이 필요하지 않은 정보로 제시되지만, 이 호명은 결코 자명한 것이 아니다. 동성애는 국적이나 연령처럼 자신의 의도나 바람과 무관하게 주어지는 것이 아니다. 성적 실천의 차이가

* 미국에서는 1950년 이후부터 성병 관련 연구에서 남성 동성애자의 성 행태에 주목하는 역사적 흐름이 생겨났는데, 특히 CDC 성병 분과의 매독 추적 연구 경험이 초창기 에이즈 관련 연구에 중요한 영향을 끼쳤다. McKay, Richard, *Patient Zero and the Making of the AIDS Epidemic*(Chicago: The University of Chicago Press, 2017), pp. 87-94.

뜻하는 바가 무엇인지, 이것을 개별 행위자가 어떻게 인식하고 있는지, 그 인식이 어떻게 공유된 정체성으로 인정되고 고정되는지에 관하여 지식과 권력의 문제가 복잡하게 얽혀 있다.

　　동성애는 이미 19세기 중반의 성과학 담론에서부터 자연적 성, 정상적 성으로 이성애를 구축하기 위해 의학적 탐구의 대상으로 정교화되어왔다. 보고서에 사용된 "호모섹슈얼"이라는 표현은 동성 간 성행위를 비자연적이고 도착적인 것으로 규정하고, 동성애자를 병리적 인간 유형의 하나로 본질화하려는 근대적 의학 권력의 실천을 통해 자연화된 개념이라고 할 수 있다.[8] 1980년대 미국에서 일어난 중요한 전환은 동성애가 더 이상 개인의 정신적, 심리적 이상異常이나 신체적 특질의 측면이 아니라 공중 보건과 역학의 차원, 즉 인구군 전반을 위해 고려되어야 하는 요소로 자리 잡았다는 것이다.[9] 특이 폐렴에 감염한 사람들의 공통성에서 가장 중요한 요소로, 희귀 암에 걸린 사람들의 경험에서 가장 특기할 만한 사항으로 이들의 '동성애'와 '과다한' 성교를 지목하게 하는 인식과 관념에서부터 후천성면역결핍증이라는 새로운 감염성 질환의 구체적인 형체가 만들어졌다.

미국에서 최초로 에이즈 환자로 보고된 이들
은 남성 동성애자들이었다. 여기서부터 길고 복잡한
이야기들이 시작된다. 정체성과 성적 낙인에 대한 이
야기들, 문란함에 대한 비난과 신이 내린 천벌에 관
한 이야기들, 존재에 수치를 부여하고 오명을 씌우는
이야기들이 남성 동성애자에게로 쏟아졌다. 바로 이
때문에 '정상적인' 여성에게서는 에이즈가 발병할 수
없다는 편견에 기반한 협소한 진단 체계가 생겨났다.
이것을 뜯어고치고 여성을 위한 예방 정책과 치료 지
원을 요구하는 대항적 싸움이 생겨나야 했다. '에이즈
는 남성 동성애자만의 병이 아니다.'라는 명제를 증
명하고, 에이즈를 남성 동성애자만의 병으로 만들 때
발생하는 부조리를 드러내고, 이 질병의 고통이 누구
에게 어떻게 부당하게 부과되고 있는지를 밝혀내는
긴 싸움이 미국은 물론 세계 곳곳에서 생겨나야 했다.
이 긴 싸움은 한국에서도 여전히 이어지고 있다.

최초에 대한 오해와 비난의 상징 구조

에이즈의 원인 인자로 HIV라는 병원체가 밝혀

지고, 유행의 규모가 전 세계적으로 확대되면서 '에이
즈=동성애'라는 등식이 성립될 수 없다는 점은 더욱
분명해졌다. HIV 감염은 성적 지향이나 정체성과 관
계없이 누구에게나 일어날 수 있다. 그러나 수십 년이
지난 현재에도 여전히 많은 사람이 HIV 감염은 남성
동성애자의 문제라고 생각한다. 전 세계 HIV 감염인
중 남성 동성애자의 비율은 크게 낮아졌지만, 한국의
감염인 대다수는 여전히 남성이며, 그들 중 상당수는
남성 동성애자이다. 한국에서 HIV 감염과 관련된 모
든 논쟁은 결국 이 사실로 되돌아간다. 에이즈는 동성
애와, 성적 문란함과, '정상적' 성적 욕구에서 벗어난
'변태적' 성향과 결코 무관할 수 없다. 에이즈는 '문란
한' 동성애의 결과이다.

이 끝없는 돌림 노래는 동성애 혐오가 더욱 크
게 울려 퍼지게 한다. 그러나 동성애자의 죄를 꾸짖
는 준열한 음률에는 다른 노랫소리가 숨겨져 있다.
이 묻힌 선율을 찾아내려면 처음의 자리에서 들리던
목소리의 흔적을 뒤쫓아야 한다. 우리는 "미국에서
최초로 에이즈 환자로 보고된 이들은 남성 동성애자
들이었다."라는 문장으로 되돌아갈 필요가 있다. '보
고되었다.' 보고는 일어난 사실을 알리는 행위이다.

당시 새로운 질병이 생겨났다고 알린 사람들이 있었
다. 자의든 타의든 간에 그들이 겪은 몸의 고통이, 그
들의 죽음이 새로운 유행의 존재를 드러냈다. 이전에
없던 새로운 세계를 출현시켰다.

　　그러나 오랜 시간 초점은 오직 '최초'에 맞추어
져 있었다. 미국에서 에이즈 유행은 추적을 강조하는
역학적 접근을 기반으로 감염병의 전파 양상을 기호
화하고 숫자화하여 연결시키는 인식 체계를 통해 형
상화되었다. 여기서 숫자는 확산의 규모를 드러내는
기호 역할을 한다. 그러나 이 과정에서 사람들에게 붙
여진 숫자는 예상치 못한 방식으로 엄청난 영향력을
발휘하게 되었다. 앞서 살펴본《질병과 사망 주간 보
고서》로 돌아가보면, 보고서에 등장하는 다섯 명의
환자에게는 모두 번호가 붙어 있다. 이처럼 각 환자에
게 번호를 매기는 것은 사례 연구에서 흔히 사용하는
방법으로, 이를 통해 환자에게 익명성을 부여하고 개
별 환자의 경험을 독립적인 발생례로 분석할 수 있다.

　　코로나19 범유행의 초기에 우리는 1번 환자를
시작으로 환자가 늘어날 때마다 해당 환자의 동선을
파악하고, 접촉자를 분류하는 과정을 생중계로 지켜
본 바 있다. 2020년 당시 질병관리본부는 확진 사례

에 낱낱이 번호를 붙인 목록을 누구나 열람할 수 있
도록 공개적으로 제공하기도 했다. 이 숫자들은 분류
를 위한 번호에 불과하지만, 흥미롭게도 수가 커질수
록 구별 기호 이상의 역할을 한다. 1에서 2로, 2에서 3
으로 나아가는 숫자의 진행 방향은 작은 수에서 더 큰
수로 불어가는 유행의 기세를 드러내는 동시에 1과 2
사이에, 2와 3 사이에 어떤 인과관계가 있는지를 완
벽하게 추적할 수 있으리라고 상상하게 한다. 1번 환
자와 2번 환자가 직접 교류한 사실이 없다고 해도, 번
호 매기기는 그저 분류를 위한 것이라고 해도 숫자가
1에서 2로, 다시 100, 1000, 1만으로 커져갈 때, 이 수
의 집적은 하나의 긴 선처럼 느껴진다. 1만 없었더라
면, 그랬다면 뒤의 수백만도 없었을 텐데 하는 원망을
품게 한다. 맨 앞의 존재가 이후 생겨나는 문제의 원
인으로, 시간의 흐름과 분포의 공간적 확장이 직접적
인 인과관계의 서사로 탈바꿈한다.

    0번 환자, 페이션트 제로patient zero, 초발 환자에
대한 환상은 바로 이 원망과 비난의 꼬리 물기와 긴
밀히 결부되어 있다. '페이션트 제로'라는 표현은 미
국에서의 에이즈 대유행 과정에서 처음으로 등장했
는데, 이후 수많은 역학자와 공중 보건 전문가를 비

롯하여 언론과 대중의 사고를 사로잡는 개념이 되었다. 페이션트 제로는 미국의 에이즈 유행 초기에 등장한 신조어로 '그라운드 제로ground zero' 같은 익숙한 표현을 연상시키기도 한다. 그라운드 제로는 어떤 일이 생겨나는 최초의 지점, 시작점이라는 의미와 함께 군사 용어로 원자폭탄 투하 시 폭발이 일어나는 지표 바로 위의 지점, 모든 것이 파괴되어 아무것도 남아 있지 않은, 폐허가 시작되는 폭심지를 뜻한다. 페이션트 제로는 단순히 이전에 없던 질병을 앓게 된 새로운 환자가 발생했다는 정도를 넘어 대재앙의 최초 지점이 바로 여기라는 의미 또한 전달한다.

　　감염병의 대유행을 야기한 초발 환자를 찾아야 한다는 주장에 너무나 익숙해져서, 유행을 막으려면 으레 그래야 하는 것처럼 느껴진다. 코로나19 범유행 상황에서 각 나라에 처음 코로나19를 '상륙'시킨 0번 환자를 찾아야 한다는 보도가 이어졌고, 0번 환자의 행방이 묘연하다며 '사라진 0번 환자' 같은 제목으로 미스터리를 부각하기도 했다. 이 개념은 감염병의 대유행을 야기하는 어떤 분기점이 있다고 할 때, 이를 만들어낸 복잡하게 연결된 여러 요소들을 한 사람의 문제로 쉽게 축소해준다. 이 모든 문제를 처음 일으킨 누군가가 있을 거라는 상상은 현상 전반에 대한 이해보다 비난할 대상을 지목하는 일에 우선순위를 준다.

1980년대 에이즈 유행의 규명 과정에서 처음으로 쓰인 '페이션트 제로'라는 표현은 미국 기자인 랜디 실츠Randy Shilts가 펴낸 책 『그래도 밴드는 계속 연주한다And the Band Played On: Politics, People, and the AIDS Epidemic』를 통해 광범위하게 퍼져나갔다.[10] 랜디 실츠는 이 책에서 CDC가 페이션트 제로라고 부르는 에이즈의 0번 환자가 누구인지 그 정체를 밝혀냈다고 주장하면서 당시 엄청난 관심을 끌었다. 그는 승무원으로 일한 프랑스계 캐나디안 남성 개탕 뒤가Gaétan Dugas를 북미에 최초로 에이즈를 퍼트린 주인공으로 내세운다. 실츠는 초기 에이즈 환자 200명 가운데 40여 명이 뒤가와 섹스를 했거나 혹은 그와 섹스한 적 있는 남성과 섹스를 한 사실이 드러났다고 주장하면서 당시 20대였던 개탕 뒤가를 에이즈에 걸린 사실을 알고도 수많은 사람과 섹스를 하고, 의도적으로 병을 퍼트린 끔찍한 인물로 묘사한다.

1987년 첫 출판된 이 책은 이후 미국은 물론 유럽 전역에서 베스트셀러로 등극하며, 에이즈 유행에

관한 가장 강력한 서사를 제공해왔다. 이 책은 '성적
으로 문란하면서도 무책임한 동성애자'가 불러온 대
재앙이라는 신화에 잊을 수 없는 장면을 제공한다. 실
츠는 개탕 뒤가가 컴컴한 암실에서 처음 만난 남성
과 섹스를 한 다음, 라이터 불로 자신의 얼굴에 난 카
포시 육종을 보여주면서 "나 곧 에이즈로 죽어. 너도
곧 그렇게 될 거야."라고 말하는 장면을 극적으로 그
려낸다.[11] 개탕 뒤가가 실제로 이런 행동과 말을 했
는지 직접 보거나 들은 적이 없으면서도, 마치 눈앞에
서 본 것처럼 그의 행적을 꾸며낸다. 실츠가 재구성한
이 장면은 이후 아무나 성적으로 유혹하고 파멸시키
는 음험한 존재의 형상, 고의로 타인을 전염시킬 목
적을 가지고 서슴없이 해를 끼치는 형상을 남성 동성
애자에게 부여하는 데 결정적인 기여를 했다. 그리고
이 장면은 에이즈에 관한 수없이 많은 판본의 설화 속
에서 반복적으로 변주된다.

　　문화 이론가인 더글러스 크림프^{Douglas Crimp}는
이 책이 출간된 해에는 물론 이후 여러 차례에 걸쳐
페이션트 제로의 서사가 에이즈 위기의 책임을 남성
동성애자에게 돌리고, 동성애자의 성적 문화를 범죄
시하고 있다는 점을 신랄하게 논평했다.[12] 미국은 물

론 세계 여러 나라에서 에이즈가 '성적으로 문란하고 무책임한 동성애자'가 일으킨 재난이라는 신화는 이후 에이즈와 동성애자에 대한 문화적 재현뿐 아니라 법과 정책에도 강력한 영향을 끼쳤다. 에이즈 유행을 막기 위해서는 의도적으로 질병을 전파하는 이들을 처벌해야 한다는 논의가 본격화되었고, 이후 HIV 전파를 범죄화하는 법령이 제정되기에 이르렀다.

　뒤가가 북미에 에이즈 유행을 불러온 최초의 환자라는 주장이 사실이 아니라는 반박은 책의 출간 직후 여러 지면에서 제기되었다. 실츠는 자신의 발견이 CDC가 1982년 로스앤젤레스에서 수행한 클러스터 분석에 근거한다고 주장했는데, 당시 분석 내용과 이후 실츠의 추적과 각색은 '불특정 다수와 섹스하는 문란한 호모섹슈얼'에 대한 불안을 고스란히 반영한다. CDC가 행한 클러스터 분석은 이후 분석의 범위를 확장해 1984년 미국의학저널에 발표되었다.[13] '호모섹슈얼'로 특정된 에이즈 환자들의 성 행태를 인터뷰 조사를 통해 수집한 이 연구는 첫 발병 이전 5년간 얼마나 많은 수의 파트너가 있었는지, 주먹을 사용하는 섹스를 한 경험이 있는지, 사우나에서 불특정의 상대와 섹스한 경험이 있는지 등을 분석의 주요 항목으로 삼고 있다. 특히 '0번 환자'가 3년 동안 250명과 성관계를 했다는 점에 큰 강조점을 두었다.

　이 논문에는 연구 내용 전체를 요약하는 도표가 제시되어 있다. 이 도표는 각기 다른 도시에 살고 있는 환자들을 작은 원으로 형상화하고, 서로 성 접촉이 있었으면 원과 원 사이에 선을 그어 연결점을 표시한다. 모든 원에는 도시 이름의 약자와 환자 번호가 매겨져 있는데, 표의 한가운데에 위치한 원에는 "0"이라고 적혀 있으며 "0=지표 환자index patient"라는 설명이 덧붙어 있다. 0번 환자는 가장 많은 수인 아홉 명의 환자와 연결되며, 그로 인해 표의 중심에 놓인다. 이 논문은 0번 환자가 많은 환자들과 연결되어 있다는 점과 함께 그의 질병 이력에 주목한다. 그가 카포시 육종 발병 이전에 임파선염을 이미 앓고 있었으며, 그와의 성 접촉 이후에 에이즈가 발병한 환자가 두 명이었고, 카포시 육종 발병 이후에 접촉한 상대에게서도 에이즈가 발병했다고 기술하고 있다. 결론적으로 이 논문은 0번 환자가 에이즈 유발 인자의 "보균자/매개체carrier"일 수 있다고 추정한다.

　이 논문은 막 새롭게 유행하기 시작한 질병의 원인을 파악하려는 과학적 탐색의 일부였으며, 당시에 작성된 여러 논문이 그랬던 것처럼 많은 부분을 추정에 의지할 수밖에 없었다. HIV가 발견되기 이전에 행해진 연구였고, 무엇보다 에이즈 잠복기를 9~11개월로 짧게 추정했다. HIV 감염 이후 아무런 치료를 받지 않을 경우 카포시 육종과 같은 기회감염의 발병까지 십수 년이 소요된다는 점을 고려할 때, 당시의 추정은 크게 부정확했다.* 동시에 이 연구는 호모섹슈얼로 특정된 대도시 거주 에이즈 환자들 간의 성적 연결망을 분석하고 있기 때문에, 접촉 여부에 따라 질병 발생의 순서를 시계열적으로 재구성할 자료를 포함하고 있지 않으며, 따라서 0번 환자가 초발 환자라고 직접적으로 주장하지는 않는다. 해당 논문의 저자 중 한 명인 윌리엄 대로William Darrow는 후에 자신이 0번 환자라는 개념을 최초로 사용하지 않았다는 점을 밝히기도 했다.[14] 해당 환자 앞에 부여된 약자는 숫자 0이 아니라 Out-of California, 즉 캘리포니아 지역 출신이 아닌 환자라는 의미의 알파벳 O였지만, 이후 모두가 그를 0번 환자로 부르기 시작했다는 것이다. 그라운드 제로처럼, 즉 미국에 처음 에이즈를 불러온 시작점으로 해당 환자를 생각했기 때문이다. 랜디 실츠 역시 1993년에 한 언론 인터뷰에서 자

* HIV 감염 이후 아무런 치료를 하지 않을 경우 에이즈 발병까지 걸리는 시간은 사람마다 다르며, 영양 상태, 다른 감염병의 유무 등에 따라서 달라질 수 있다. 일반적으로는 10~15년이 걸리는 것으로 알려져 있다. 임상적 잠복기를 고려하면, 클러스터 연구가 보여주는 것은 누가 누구에게 HIV를 옮겼는가가 아니라, 이들이 HIV에 감염한 이후에 일어난 사회적 접촉 양상의 일면이라고 할 수 있다. UNAIDS, "HIV and AIDS: Basic Facts"(UNAIDS, 2023), www.unaids.org/en/frequently-asked-questions-about-hiv-and-aids

신도 이 약자가 알파벳 O라는 것을 처음 클러스터 연구에 대해 접했을 때 인지하고 있었지만, CDC에서 페이션트 제로라고 부르는 걸 듣는 순간 "오, 이거 귀에 쏙 들어오는데.Ooh, that's catch."라는 생각이 들었다고 밝혔다.[15]

　　초발 환자의 서사는 이처럼 '발견'이자 '발명'의 과정을 거쳤다. 실츠가 페이션트 제로로 이름 붙여 행적을 추적한 개탕 뒤가는 이후 '남성판 티푸스 메리'*로 불리며, 증상을 숨긴 '보균자'**들이 어디서 어떻게 죽음의 질병을 퍼트리고 있을지 모른다는 불안을 투영할 대상으로 '성적으로 문란한' 동성애자라는 허구적 형상을 만들어내는 데 오래도록 활용되었다. 초발 환자, 보균자, 슈퍼 전파자는 각기 다른 말이지만, 모두 비슷한 역할을 담당한다. 재앙을 불러 일으킨 사람들, 겉으로는 멀쩡한 척하며 병을 퍼트리는 음험한 자들, 보통 사람과는 다른 더 위험한 존재들이 어딘가에 있을지 모른다는 불안과 의심을 정당화한다. 페이션트 제로는 책임 전가에 필요한 희생양을 찾기 위해 제일 먼저 요청되는 존재이다.

　　감염병의 사회문화사에서 의심과 음해는 사실 전혀 새롭지 않다. 14세기 유럽 전역에 페스트가 퍼졌을 때, 그 배후로 유대인이 지목되었다. 1918년 미국에서 독감^{H1N1} 대유행***은 독일인 혹은 동유럽 이민자 때문에 일어난 것으로 여겨졌다. 인류학자 메리 더글러스$^{Mary Douglas}$는 타자에 대한 두려움과 통제 불가능성에 대한 불안이 합쳐질 때, 전염에 대한 공포와 주술적 악의, 즉 저주에 대한 두려움이 매우 유사한 논리 구조를 공유한다고 이야기한다.[16] 두 현상 모두 피해의 원인으로 특정한 누군가를 지목하고 공동체 밖으로 내쫓는 데 좋은 계기를 제공한다는 것이다. 감염과 저주에 대한 두려움은 나에게 혹은 우리에게 해를 끼치는 무언가가 감추어져 있다는 의심을 동반한다. 마을에 해를 끼치는 마녀는 겉만 보고 알 수 없으니 고문하여 색출해야 한다는 중세적 믿음과, 누가 누군가를 감염하는지는 눈에 보이지 않으니 몰래 병을 옮기는 사람을 늘 먼저 의심하고 찾아내야 한다는 추적의 논리는 깊은 친연성을 갖는다. 해를 끼치는 존재들이 미리 알아차릴 수 없도록 자신을 감추고 사람을 속이는 능력을 가졌다고 전제함으로써, 그럴 가능성이 있다고 여겨지는 이들을 먼저 찾아내고, 비난하고, 쫓아내려는 등의 시도들을 정당화하는 것이다. 이때부터 의심과 비난의 대상이 정말 심각한 해

*** 1918년 독감 대유행은 '스페인독감'이라고 불리기도 하는데, 이는 해당 독감이 스페인에서 유래했기 때문이 아니라 1차세계대전 당시 참전국이 아닌 스페인 언론을 통해서 독감 유행에 관한 보도가 주로 이루어졌기 때문이다. 세계보건기구(WHO)는 감염병에 붙는 이름에 따라 질병에 대한 인식이 달라지거나, 최초 보고지에 대한 잘못된 인식이 생겨날 수 있다는 점을 고려하여, 지역이나 국가 이름, 사람 이름, 동물이나 음식 이름, 문화적·인구학적·직업적 특성이 드러나는 이름, 또는 근거 없는 두려움을 자아내는 이름으로 감염병을 부르지 않도록 권고한 바 있다. WHO, "World Health Organization Best Practices for the Naming of New Human Infectious Diseases"(2015).

를 끼쳤는가의 여부는 더 이상 중요하지 않다. 의심과 불안, 공포를 유발한다는 것만으로도 그들은 비난받아 마땅하기 때문이다. 감염병의 유행에서 유행의 원인으로 지목할 대상을 찾는 비난의 사회 역학이 동시에 발생하는 이유가 여기에 있다.

페이션트 제로, 초발 환자는 감염병 대유행을 촉발했기에 비난받아 마땅한 원흉이 아니다. 의심과 비난의 불길이 크게 옮겨붙게 하기 위해 먼저 불에 던져진 사람이다.

맞서 싸운 사람의 프라이드

페이션트 제로가 아닌 개탕 뒤가는 어떤 사람이었을까? 만약 에이즈의 초창기 역사를 그의 경험에서부터 다시 쓸 수 있다면, 우리는 무엇을 어떻게 다르게 볼 수 있을까? 번호가 붙고 추적의 도구가 된, 이름의 품위를 빼앗긴, 그래서 가장 최악의 불안과 혐오를 마음 놓고 투영할 수 있는 악역이 아니라 예상치 못한 일에 휘말려버린 평범한 사람의 자리에 서는 과연 무엇이 보일까? 역사학자인 리처드 맥케이

Richard McKay는 페이션트 제로의 서사가 무엇보다 환자의 경험을 0으로, 아무것도 아닌 것으로 만든다고 지적한다.[17] 감염병 유행의 역사가 발견자와 추적자의 입장에서만 쓰일 때, 실제 질병을 경험한 사람들의 역사는 발견의 대상으로만 다뤄진다는 것이다. 그래서 그는 뒤가의 자리에서부터 북미 에이즈 유행 초기의 역사를 다시 쓰고자 했다. 이를 위해 랜디 실츠가 남긴 취재 노트와 개탕 뒤가의 삶을 파악할 수 있는 다양한 자료를 수집했고, 그를 기억하는 사람들을 직접 만나 이야기를 그러모았다.

다음은 맥케이의 연구를 바탕으로 재구성한 뒤가의 경험이다.

1952년 캐나다 퀘벡에서 태어난 개탕 뒤가는 스무 살이 되던 해에 어릴 적부터 꿈이었던 승무원이 되기 위해 밴쿠버로 이사한다. 프랑스어가 공용어인 퀘벡을 떠나 밴쿠버에서 영어를 익힌 그는 1974년부터 에어 캐나다에서 일했다. 그는 성적으로 활발한 게이 남성이었고, 게이 커뮤니티가 크게 자리 잡은 여러 대도시에 머물고 여행하면서 다양한 사람들과 교류했다. 1980년 처음 카포시 육종을 진단받은 그는 치료를 받기 위해 뉴욕으로 향했다. 당시 게이 암에 대한 보도가 이어지던 상황에서 그 역시 관련한 여러 정보를 접했던 것으로 보인다. 1982년 CDC의 클러스터 연구에 참여한 뒤가가 유독 두드러졌던 것은 단순히 그의 성 파트너 수가 가장 많았기 때문이 아니었다. 당시 성적 이력에 관한 조사에 참여한 응답자의 75퍼센트 이상이 증상이 생기기 이전 해에 50명 이상의 파트너가 있었다고 답했다.[18] 다만 뒤가는 대다수의 응답자와 달리 자신과 성관계를 한 사람들의 이름을 상당수 기억했고, 연구자들은 그가 제공한 정보를 중심으로 뉴욕과 샌프란시스코 두 지역을 포괄하는 성적 관계망을 그려낼 수 있었다. 신종 감염병에 대한 초기 연구에서 가장 충실하게 정보를 제공한 응답자가 연구 결과의 출판과 확산 과정에서 일어난 왜곡과 확대 해석에 의해 최초 전파자로 둔갑하게 되었다.

　뒤가는 당시 대부분이 그랬던 것처럼, 카포시 육종이 생겼다는 이유만으로 성생활을 중단하지 않았다. 그러나 이는 그가 섹스를 하지 말라는 보건 당국의 지침을 일부로 어겼다거나 다른 사람에게 질병을 퍼트릴 목적을 가지고 있었다는 뜻이 아니다. 당시 보건 당국조차 에이즈가 감염병인지 여부를 완전히 확신하지 못했고, 그는 무엇보다 암 진단을 받은 상태였다. 에이즈 유행 초창기에 나온 게이 돌림병이라는 모욕적인 이름은 많은 동성애자들이 에이즈가 성매개 감염병이라는 주장에 회의적인 입장을 취하도록 했다. 1980년대 초반에 출판된 성소수자 공동체의 여러 자료를 살펴본 맥케이에 따르면, 에이즈가 성매개 감염병이 아니라 다종의 원인에 따른 면역 과부하의 결과라는 가설이 보다 광범위하게 받아들여졌다는 점 또한 확인할 수 있다.

맥케이는 당시 뒤가가 머물렀던 밴쿠버의 게이 커뮤니티에 남은 여러 기록과 증언을 통해 다른 역사를 찾아낸다. 뒤가는 자신의 경험을 바탕으로 다른 에이즈 환자들에게 이 질병에 어떻게 대처하면 좋을지 정보를 제공하는 역할을 했으며, 지역의 에이즈 단체들이 만들어지는 데도 도움을 주었다고 한다. 무엇보다 뒤가가 발병 이후에도 불특정 다수와 섹스를 했다는 실츠의 묘사는 사실이 아니었다. 뒤가는 타인과의 성 접촉 횟수를 크게 줄였는데, 몸이 매우 약해진 상태로 다른 사람과 관계 맺는 것이 건강에 좋지 않을 수 있다는 점을 뒤가 자신이 잘 알고 있었기 때문이다. 무엇보다 중요한 사실은 뒤가가 자신이 에이즈 환자라는 사실을 결코 숨기지 않았다는 점이다.

뒤가는 그의 상태를 잘 알고 있음에도 함께하기를 원했던 사람들과 삶의 어려운 순간에 인간적인 교류를 나눴을 뿐이다. 이후 개탕 뒤가는 고향 퀘벡의 가족 곁으로 돌아가 1984년, 서른두 살의 젊은 나이에 사망했다. 그의 이름에 들러붙은 온갖 추문은 모두 사후에 생겨난 것이다.

맥케이는 페이션트 제로의 신화와 뒤가의 실제 삶 사이에 존재하는 깊은 간극을 보여주면서, 끈질긴 자료 조사를 통해 그의 삶을 복원한다. 400쪽이 넘는 그의 첫 책 『페이션트 제로와 에이즈 유행의 형성 *Patient Zero and the Making of the AIDS Epidemic*』은 질병을 고의로 퍼트리는 감염자에 대한 관념과 동성애 혐오가 에이즈의 원인 규명과 치료를 둘러싼 담론들과 긴밀히 결합되는 양상을 촘촘히 그려낸다. 동시에 유행 초창기 질병에 대한 불확실한 지식의 홍수 속에서 환자로 여겨지고 치료받고 살아가는 일에 얼마나 깊은 혼란과 어려움이 생길 수밖에 없는지를 한 청년이 남긴 흔적을 통해 섬세하게 드러낸다. 이 책의 마지막 장에는 1980년대 북미의 에이즈 유행을 뒤가와 함께 살아낸 목격자이자, 그의 연인이기도 했던 레이 레드퍼드라는 사람의 짧은 회고록이 실려 있다. 맥케이는 레드퍼

드의 글을 편집 없이 그대로 실으며, 에이즈 유행 초
창기에 대한 대안적 역사를 다시 쓰기 위해서는 누구
의 목소리가 들려지고 기억되어야 하는지를 명확히
보여준다. 개탕 뒤가에 대한 레드퍼드의 회고록은 다
음의 문장들로 끝을 맺는다.

뒤가는 감탄해 마지않을 사람이었습니다. 아름
답고, 용감한. 아주 아주 젊었던. 질병과 죽음 앞에서 맞
서 싸운 사람이었습니다. 삶에서 그가 느낄 수 있는 기
쁨을 앗아가려는 모든 위협에 그가 언제나 맞서 싸운
것처럼.[19]

동성애를 문제의 원인으로 설정하고 바라볼 때,
수많은 남성들과 섹스를 했다고 알려진 한 남성의 삶
은 이성애중심주의가 상정하는 정상성의 기준에서,
사람이라면 마땅히 이렇게 살아야 한다는 도덕적 기
준에서 너무나 멀리 벗어나 있는 것처럼 보일지 모른
다. '페이션트 제로'로서 개탕 뒤가는 동성애의 비정
상성을 구현하기 위해 '성적 괴물'로 재탄생되어야 했
다. 그러나 그의 삶은 잘못되지 않았다. 그는 젊고 활
기찼고, 그를 아끼고 사랑하던 사람들에게 소중히 기

억되었다.

뒤가 같은 남성 동성애자들의 성적 실천이 치명적인 감염병의 전파 원인으로 '발견'되고, 그들의 문란함이 문제의 원인으로 '지목'된 긴 역사의 첫 시작에는, 자기 자신을 결코 부끄럽게 여기지 않았던 한 사람이 있었다. 맥케이의 역사적 복원 작업을 통해 우리는 새로운 질병의 유행을 더듬어가던 때, 해답을 찾기 위해, 낯선 병을 겪어내면서도 자기 앞에 던져진 질문에 주의 깊게 답했을 한 사람을 다시 그려볼 수 있다. 그는 발각된 사람이 아니었다. 해답을 찾아내고자 기꺼이 응답한 사람이었다. 뒤가가 남긴 흔적은 강요된 수치와 모욕에 스러지지 않는 퀴어의 자긍심에 대한 것이기도 하다. 글로벌 에이즈 역사의 첫 장에는 게이로 살면서 게이 섹스를 한다는 걸, 서로 동의한 사람들과 활발한 성적 교류를 나누었다는 것을 그 누구에게도 부끄러워할 필요가 없다는 걸, 자기 존재와 삶의 방식을 누구에게도 미안해할 필요가 없다는 걸 잘 알고 있었던 사람, 그래서 자기 자신으로 살았던 한 사람이 있었다.

우리의 문란이야말로 우리를 구원할 것이다

2016년 《네이처*Nature*》에는 뒤가를 포함한 다양한 환자에게서 얻은 HIV 샘플의 염기 서열을 분석한 논문이 실렸다.[20] 연구자들은 당시 수집된 바이러스의 유전적 다양성을 비교하고, 바이러스의 진화 속도에 대한 계산을 토대로 HIV가 1970년대 초반 이미 북미에 도달했다고 추정했다. 즉 뒤가의 발병보다 훨씬 이전에 HIV 전파가 북미 지역에서 일어나고 있었으며, 그는 당시 예측보다 훨씬 더 이전에 이미 넓게 퍼져 있던 바이러스에 감염한 여러 사람 중 하나였을 뿐이다. 누군가에게 이 발견은 그다지 중요하게 다가오지 않을 수도 있다. 뒤가가 실제 첫 사례가 아니라고 해도, 결국 불특정 다수와 섹스를 하는 남성 동성애자가 에이즈 유행을 불러왔다는 현상 자체는 반박할 수 없는 것 아니냐고 되물을지도 모른다.

그러나 동성애를 비정상적이고 병리적인 상태로 규정하지 않을 때, 에이즈라는 감염병에 대한 이야기는 타락과 징벌의 수난기나 범죄 스릴러와는 다른 방식으로 말해질 수 있다. 모든 잘못을 한 사람에게 돌릴 희생양을 만들지 않고, 마치 '그들'을 제외한

'우리'는 '깨끗한 척' 위선을 떨지 않고, 서로가 서로에게 당면한 현실을 직시할 수 있게 도와주는 좀 더 진실하고 실용적인 이야기를 만들 수 있다. 수학자이자 역학자인 애덤 쿠차르스키Adam Kucharski는 성매개 감염병의 전파 모형에 관한 분석을 재해석하면서 동성애와 문란함에 대한 강조가 감염병 유행이 일어나는 원인을 설명하지 못한다고 강조한다.[21] 상대가 동성인지 이성인지, 사람들 각각이 어떤 성 의식을 가지고 있는지보다 더 중요한 요소들이 있다는 것이다. 성매개 감염병의 유행에서 가장 중요한 점은 성행위가 사회적 행위이며, 다른 모든 사회적 관계와 마찬가지로 타인과의 접촉과 연결에 기초해 있다는 사실이다. 무엇보다 우리의 성생활은 각 개인이 인지하고 있는 사회관계망보다 더 넓고 복잡한 수준에서 광범위하게 연결되어 있다. 성매개 감염병에 걸리느냐 그렇지 않느냐는 사실 내가 얼마나 성적으로 '보수적'인지 혹은 '조신'한지로 결정되지 않는다. 내가 '그 사람'과 맺는 성관계는 그 사람이 맺어온, 즉 내가 직접 맺지 않은 다른 관계들의 역사로부터 자유롭지 않기 때문이다. 내가 누구와 섹스하는지뿐만 아니라 그 누구가 다른 누구와 무엇을 하는지가 더 중요하며, 성매개 감염은

우리의 성적 네트워크가 생각보다 얼마나 광범위한
지 알려주는 신호이기도 하다.

장거리 연결 네트워크의 차원에서 성매개 감염
병을 바라볼 때, 가장 흥미로운 점은 인구 집단 내에
서 "성관계 파트너 수의 극단적 변이성"이 나타난다
는 점이다.[22] 즉 동성애자이든 이성애자이든 대부분
의 사람이 한두 명과 섹스할 때, 다른 몇몇은 수십 명
과 섹스를 한다.[23] '조신한' 혹은 그다지 인기 없는
이성애자가 성적으로 활발한 이성애자보다 늘 더 많
은 것처럼 '조신한' 동성애자 역시 성적으로 활발한
동성애자보다 늘 더 압도적으로 많다. (이성애자가 그
러한 것처럼 게이나 레즈비언이라고 해서 언제든 문
란하고 싶을 때 문란할 수 있는 것은 아니다.) 비교 연
구에 따르면 이 패턴은 전 세계의 여러 지역에서 매
우 공통적으로 나타난다.[24] 즉 (1) 누구든 동성애, 이
성애와 관계없이 성매개 감염병에 감염할 수 있지만,
(2) 유행이 퍼져나가는 성적 연결망 내에는 다른 사
람과 더 많이 연결되어 있고 따라서 병원체에 노출될
가능성이 더 큰 사람이 있을 수 있다. 결국 연결의 마
디점에 놓인 이들이 어떤 상황에 놓여 있는지에 따라
유행의 속도와 범위가 달라진다.

동성애적 실천을 비정상적이며 과도한 성으로 규정하는 관점을 고집할 때, 우리는 (1)과 (2)의 측면에 모두 개입할 수 없다. 동성이든 이성이든 몇 명의 파트너와 섹스하느냐가 아니라 어떤 방식으로 섹스하느냐가 HIV 감염에서 더 중요하기 때문이다. 단 한 명의 파트너와 섹스한다고 하더라도 정기적인 검진 없이 콘돔을 사용하지 않는 성행위를 하는 모든 사람은 언제든 HIV를 비롯한 여러 성매개 감염병에 노출될 가능성이 높다. 역으로 여러 명의 파트너와 성행위를 하더라도 정기적인 검진과 콘돔 사용을 일관되게 하는 경우, 즉 세이프 섹스safe sex를 하는 경우 성매개 감염으로부터 자기 자신과 타인을 효과적으로 보호할 수 있다.

"우리의 문란이야말로 우리를 구원할 것이다." 라는 문장은 바로 여기서 찬란한 빛을 발한다.[25] 당시 에이즈 유행과 맞설 수 있는 가장 확실한 예방책을 구체화한 이들은 바로 이 유행의 원인으로 지목된 남성 동성애자들이었다. 더글러스 크림프는 성적 실천의 공동체에 속한 이들의 경험과 지식이 있었기에 콘돔 사용을 일상화하는 세이프 섹스라는 효과적인 예방책이 발명될 수 있었다고 강조한다. 퀴어 커뮤니티의 성적 활력은 혼인 관계에 있는 단 한 사람과만 섹스를 해야 한다거나 아예 섹스를 하지 말아야 한다는 식의 지침, 다시 말해 섹스와 욕망에 대한 금지가 얼마나 비현실적이며 기만적인지에 정면으로 도전하면서 만들어졌다. 1982년 영구적 탐닉을 위한 수녀회 Sisters of Perpetual Indulgence라는 화려한 이름의 퀴어 그룹에서 나온 「제대로 즐기자!Play Fair!」와 1983년 두 명의 HIV 감염인이 쓴 『감염병 시대에 섹스하는 법*How to Have Sex in an Epidemic: One Approach*』은 에이즈 유행 초기에 나온 최초의 세이프 섹스 안내서로, 모두 공포와 금지가 아니라 성적 욕망을 인정하면서도 어떻게 책임 있게 섹스할 수 있는지를 구체적으로 제시하고 있다. 이어서 북미의 레즈비언 커뮤니티와 에이즈 활동가들은 여성을 위한 세이프 섹스 지침서를 만들었고, 혼인 관계나 친밀한 관계에서의 섹스는 그렇지 않은 상황에서 이뤄지는 섹스보다 깨끗하고 안전하다는 잘못된 믿음이야말로 여성의 건강과 자기결정권을 위협하고, HIV 감염 위험을 가중한다는 점을 강조했다.

　　세이프 섹스는 북미에서의 에이즈 유행을 기점으로 정교화된 역사적 산물이다. 이러한 문화적 발명은 1970년대부터 의학 권력의 성차별과 도덕적 엄숙주의에 맞서 여성의 섹슈얼리티와 건강, 몸 경험을 강조해온 북미 페미니스트 건강 운동의 역사적 맥락 안에서 가능한 것이기도 했다.[26] 세이프 섹스는 성을 더 시끄럽게 말하고, 몸의 주도권을 찾으라고 외쳐온 '문란한' 페미니스트들과 퀴어들이 에이즈 유행의 급작스러운 흐름에 맞서며 모두에게 준 선물이라고 해도 과언이 아니다. HIV를 비롯한 성매개 감염병의 예방에 가장 효과적인 기여를 한 방법은 '난잡하다'고 비난받아온 사람들, 즉 맨 앞에서 새로운 질병의 유행을 온몸으로 맞이한 사람들이 고안해낸 것이다. 퀴어 커뮤니티는 성매개 감염병의 위험을 다루는 가장 좋은 방법은 욕망을 부정하는 게 아니라 자신의 건강 상태에 주의를 기울이고, 콘돔처럼 자신과 타인을 보호할 수 있는 수단을 일상적으로 활용하고, 삽입 섹스에 한정되지 않는 다양한 성적 교류 방식을 찾아가는 일이라는 걸 스스로 찾아냈다.* '비정상적' 섹스를 한다고 비난받아온 이들이야말로 '정상'과 '비정상'이라는 구분의 허구성을 꿰뚫어 보았고, 어떤 행위로 서로의 안전을 도모할지를 구체적으로 그려낼 수 있었다. 따라서 세이프 섹스는 반드시 안전한 상대와 섹스해야 한다거나, 원치 않는 임신을 하거나 에이즈에 걸리고

* 한국의 성소수자운동과 여성주의운동의 교차 속에서 세이프 섹스에 대한 논의가 어떤 고유한 흐름을 이루었는지에 대한 역사적 연구는 아직 충분히 이뤄지지 못했다. 1990년대 초반 미국의 영향을 받은 소수의 남성 동성애자 활동가들이 세이프 섹스와 관련된 활동을 보건 당국과는 독립적으로 펼친 바 있으며, 1990년대 발간된 성소수자 소식지들과 1998년 발행을 시작한 성소수자 잡지인 《버디》에 실린 일부 기사들, 2000년에 처음 출간된 『한채윤의 섹스 말하기』 같은 저작들이 한국의 성소수자 문화 담론 안에서 세이프 섹스 논의가 어떻게 형성되고 있었는지에 대해 중요한 참조점을 제공한다. HIV/AIDS 인권운동 내에서 등장한 문란함에 대한 새로운 해석에 관해서는 5장을 볼 것.

싫지 않으면 반드시 콘돔을 사용하라는 등의 엄포가 아니다. 세이프 섹스는 성적 실천에 영향을 끼치는 위해를 감지하고 대응할 수 있는 능력을 뜻하며 섹스를 하는 과정에서 무엇을 할지, 무엇을 하지 않을지를 그 누구도 강요할 수 없을 때, 책임을 평등하게 물을 수 있을 때에야 가능하다. 북미 에이즈 유행기의 세이프 섹스 논의는 바로 이 관계의 평등과 상호 책임성 속에서 누구나 성적 쾌락을 추구하고 누릴 수 있어야 한다는 자율성의 원칙을 구체화하고 있었다.

기원을 다시 짓기

에이즈는 '문란하고 난잡한' 사람들의 병이 아니다. 에이즈는 동성애자의 병이 아니다. 에이즈는 마약 중독자의 병이 아니다. 에이즈는 성노동자**의 병이 아니다. 에이즈는 특정 위험 집단risk group의 병이 아니다. 에이즈는 '누군가'의 병이 아니다. 에이즈는 HIV 감염 이후 적절한 치료를 받지 못한 사람 모두에게 생겨나는 병이다. 만약 누군가 HIV에 감염했다면, 가장 큰 이유는 무엇보다 그가 인간이기 때문이

** 누구를 성노동자로 어떻게 왜 정의할 것인가는 긴 지면을 필요로 하는 역사적으로 복잡한 논의이다. 유엔에이즈계획(UNAIDS)은 성노동자를 "금전이나 재화와 성적 서비스를 교환하는" 일을 "일시적 혹은 정기적으로" 하는 "성인 남성, 여성, 트랜스젠더"로 정의하며, 이들이 스스로를 성노동자로 정체화할 수도, 그렇지 않을 수도 있다고 본다. UNAIDS는 연령과 동의를 기준으로 성노동과 성착취를 구별하면서도, 각 지역의 법과 제도, 사회문화적 맥락에 따라 성노동의 양상이 다양할 수 있다고 강조한다. 이 책에서 나는 위 용법에 따라 성노동자라는 표현을 사용하는데, 이는 성매매의 인정이냐 근절이냐의 차원에서 접근하는 것이 아니라 그것에 직접적 영향을 받는 사람의 삶의 맥락에서 위해를 야기하는 요소들이 무엇인지를 파악하고 개입해야 한다는 관점에 동의하기 때문이다. UNAIDS, "UNAIDS Guidance Note on HIV and Sex work"(UNAIDS, 2009(updated 2012)).

다. HIV라는, 양성 단일가닥 RNA 유전체가 증식 과
정에서 이중가닥 DNA로 변형되는 레트로바이러스의
한 종류가 감염할 수 있는 흔치 않은 생물종이기 때문
이다. 성서와 신화 속의 악마나 괴물이 아니라, 비둘
기나 고양이, 꿀벌이나 소나무가 아니라 살아 있는 인
간이기 때문이다.[27] 새로운 감염병의 유행에서 '처음'
의 자리에 서게 된 '특별한' 사람들은 모두 이걸 말하
고 있다. 왜 이 질병이 지금 여기서 이렇게 발현하고
있는지를 이해하고 그 피해를 최소한으로 줄이고자
한다면, 감염한 사람 너머를 보라고 말이다.

　　감염병 유행의 원인을 특정한 '누구 탓'으로 돌
리지 않는 일은 무엇보다 어떤 구조적 요인들이 확산
의 속도와 방향, 규모에 영향을 끼치는지를 파악하는
데 중요하다. 에이즈 유행의 기원에서 아직 말해지지
않은 이야기들이 너무나 많다. 북미 중심으로, 특히
백인 남성 동성애자 중심으로 질병의 역사에 개입하
는 방식은 글로벌 에이즈 유행의 극히 일부만을 드러
내는 동시에 너무나 많은 다른 경험을 가려버리는 이
중의 효과를 발휘해왔다. HIV라는 바이러스의 고유
한 형태와 특질이 규명된 이후, 인구군 내에서 바이러
스의 광범위한 이동을 어떻게 설명할 것인가를 두고

기원의 이야기를 새롭게 짓고자 하는 시도들이 지금
도 계속 이어지고 있다.

　　특히 1980년대 북미 에이즈 유행의 발생 이전
에 수집된 혈액 샘플에서 HIV의 흔적은 찾는 연구들
은 개별적 성 행동의 차원이 아니라 20세기 초 엄청
나게 확산된 혈액 관련 기술과 HIV 유행 사이의 구
조적 관계에 보다 집중할 필요가 있음을 제시한다.
성적 접촉을 통한 HIV의 전파력이 매우 낮다는 점을
고려할 때, 훨씬 더 중요한, 그러나 충분히 말해지지
않은 피의 역사가 있다는 것이다. 특히 미국 유색 인
종 수감자들의 신체가 수혈 치료 개발을 위한 일종의
실험체이자 공급원으로 활용된 역사를 추적할 때, 미
국 내 HIV 확산의 역사적 시점은 백인 남성 동성애
자의 신체를 통해 그 형상을 드러내기 훨씬 이전으로
올라간다.[28] 혈장과 혈액을 살아 있는 사람의 몸에서
채취해 광범위하게 유통 가능하게 만드는 생명과학
기술의 자본주의적 집적 과정과 HIV의 역사는 깊은
관련이 있다. 이와 더불어 중국을 비롯한 아시아 여
러 지역에서 매혈 관행이 가난한 농민과 도시 빈민을
대상으로 오래 지속된 양상을 보면, HIV 확산의 배
경에 빈곤과 착취에 기반한 혈액 유통의 정치경제학

이 매우 직접적으로 연결되어 있다는 것을 알 수 있다.[29] HIV 유행을 추동한 힘은 성 도덕의 협소한 틀로는 설명되지 않는다. 신체의 상품화를 둘러싼 인종주의와 불평등의 상호 작동 속에 확산의 추동력이 이미 배태되어 있었다.

또한 바이러스학, 특히 분자생물학에 기반한 진화생물학적 접근은 HIV의 계통적 조상인 유인원 면역결핍바이러스simian immunodeficiency virus, SIV가 어떻게 유인원에서 인간으로 종간種間 이동을 할 수 있었는지, 또 이후 어떻게 인간 간 전파가 확산되었는지를 이해하는 데 비약적인 발전을 가져왔다. 지금과 같은 정교한 수준의 바이러스 유전체 분석이 불가능했던 1980년대 후반에도 에이즈의 유래에 관한 관심은 매우 높았다. 1983년 미국과 벨기에 공동 연구 팀은 당시 자이르라고 불린 지역현 콩고민주공화국에서 유사한 질병을 확인할 수 있었으며, HIV의 기원이 아프리카일 것이라고 추정했다. 아프리카의 원숭이로부터 사람으로의 전파가 일어났다는 주장은 일찍부터 등장했었다. HIV 감염이 확인된 가장 오래된 혈액 샘플은 1959년 킨샤샤의 한 남성에게서 채취한 것인데, 1990년대 후반 혈액 샘플의 유전체 연구를 통해 20세기 초반 아프리카 대륙에서 유인원에서 인간으로 SIV의 이동이 일어났다고 추정할 수 있게 되었다.[30] 종간 이동을 설명하는 데 널리 받아들여진 모델은 '상처 입은 사냥꾼 가설'로, 카메룬이나 콩고 근방 우림에서 침팬지를 사냥하던 한 현지인 사냥꾼이 SIV에 감염한 침팬지로부터 상처를 입어 감염한 채로 이동하면서 HIV를 확산시켰다고 추정한다.[31]

그러나 페이션트 제로 서사의 변형태인 사냥꾼 가설에는 비난과 오명 씌우기의 함정이 그대로 존재한다. 이 기원 서사의 배경에는 아프리카 대륙을 원시성의 공간으로 지정하고, 언제 치명적인 질병을 생성할지 모르는 위험의 소재지로 상상해온 식민주의의 역사가 깃들어 있다. 특히 국제 보건 담론에서 HIV는 바이러스가 서로 다른 생물종 사이를 이동할 수 있다는 사실에 대한 경각심을 일깨웠으며, 이후 언제 어디서 어떤 새로운 바이러스가 발생할지 모른다는 불안을 기반으로 전 지구적 감시 체계를 구축하는 데 엄청난 기여를 해왔다. 신종 감염병 및 인수공통감염병에 대한 경각심을 촉구하는 담론의 형성 과정에서 아프리카 대륙 및 도시화되지 않은 아시아 지역은 '원시적' 질병 기원지로 배치되었고, 해당 지역에서 긴

역사를 지닌 수렵과 채집 전통은 '야만'의 지속으로
여겨졌다. 전 지구적 신종 감염병 감시 체계의 성립은
식민주의적 유산으로부터 자유롭지 않으며, 이를 어
떻게 극복할 것인가가 여전히 중대한 과제로 남아 있
다.[32]

SIV가 비인간영장류nonhuman primates 내에서 아
주 오랫동안 전파되어온 바이러스이며, 인간과 비인
간영장류가 오랜 시간 생태 환경을 공유해왔다는 점
을 고려할 때,[33] HIV의 종간 이동과 확산은 단발성
의 특이 사건이 아니라 19세기 후반부터 아프리카 대
륙에서 일어난 정치경제적, 생태적 변동 속에서 파악
해야 할 현상이다. 진화생물학적 연구 결과와 인류학
적 접근을 결합한 역사 역학적 연구는 19세기 후반부
터 아프리카 대륙에서 이뤄진 서구 열강에 의한 식민
지배의 심화와 총기 확산 그리고 도시화가 인간과 유
인원의 접촉 방식에 심대한 변화를 야기했다는 점에
주목한다.[34] 특히 대륙 내 또는 대륙 간 이동을 위한
교통수단의 발전은 이전에는 없던 인구 이동성을 구
현했으며, 이동성 증가는 친족 구성 및 성 행동에 영
향을 미치는 사회적 규범에도 중요한 변화를 일으켰
다. 또한 20세기 초반 아프리카 대륙에서도 수혈과

주사기 사용이 광범위하게 확산되는데, 접종에 초점을 맞춘 대규모의 보건 프로그램들이 식민지 지배 정책의 일환으로 도입되기도 했다. 당대에 이미 제대로 살균 소독이 되지 않은 주사 바늘의 사용이 광범위하게 보고된 바 있으며, 수혈의 도입 역시 교차감염의 위험을 증가시켰다. 즉 혈액 제제의 사용과 침습적 처치를 기본으로 삼는 생명의학 체계의 전 지구적 확산과 HIV의 유행은 떼려야 뗄 수 없는 관계를 맺고 있다. 이러한 광범위한 생태적, 사회적, 기술적 변화 속에서 HIV의 발흥 역시 기틀을 잡게 된 것이다.

　　HIV의 기원을 인류학적, 역사학적 관점에서 재평가하는 작업들은 감염병의 확산이 단 하나의 계기로 일어난다는, 즉 최초로 감염한 누군가를 통해 한 나라 전체로, 다시 지역 전체로 확산된다는 신화적 사고에서 벗어나야 한다는 점을 반복적으로 강조한다.[35] HIV가 상대적으로 매우 낮은 전파력에도 불구하고 전 세계적으로 확산되는 이례적인 성공을 거둘 수 있었던 배경에는 단지 바이러스의 진화적 적합도와 자연선택만으로 설명할 수 없는 중층적 요인들이 작용하고 있었다. HIV의 범유행은 신종 바이러스의 엄청난 역능이나 슈퍼 전파자의 등장 때문이 아니라 사회생태계 전반의 구조 변동을 통해서 일어났다. 이때의 변동은 어떤 특별한 사건에서 촉발된 게 아니라 의학 기술 체계의 실천 관행, 도시의 확대와 생태 경관의 변화, 젠더 및 성적 관계의 변화와 같이 당대에 지극히 당연하게 여겨진 일상적 영역에서부터 비롯했다는 점에서 구조적이다. HIV의 역사는 신종 감염병 유행에서 진짜 우려해야 할 것은 낯선 타자와 예측을 넘어서는 특별한 사건이 아니라 익숙한 불평등과 문제인 줄 알면서도 유지해온 관행이라는 것을 입증한다.

HIV의 기원에 관한 이야기를 고쳐 지을 때, 우리는 질병의 유행이 전 지구적 연결망을 통해 나타나는 동시에 매우 구체적인 역사적 맥락 속에서 고유의 지리학과 시간성을 갖게 된다는 것을 마침내 이해할 수 있다. HIV의 세계는 지구적 층위와 지역적 층위 모두에 걸쳐 만들어진다. 온갖 억측과 새로운 지식의 생성을 동반해온 이 바이러스는 한국이라는 작은 나라에서도 고유의 물결을 탔다. 그 물결은 요란한 소용돌이를 일으켰다.

걸려들었다

2

　　HIV/AIDS의 세계적인 유행은 감염병의 역사에서는 물론 세계사적 차원에서도 중요한 변화를 일으켰다. 인류 역사상 이미 여러 감염병이 인구 이동의 흐름에 따라 광범위하게 퍼져나가기는 했지만, 1980년대 에이즈의 확산과 그에 대한 대응은 지리적 거리와 시간적 간격을 급속도로 압축하면서 질병의 이동에 그 이전에는 느낄 수 없었던 동시성의 감각을 불어넣었다. 역사인류학자인 진 코마로프Jean Comaroff는 "HIV/AIDS가 끼친 영향력을 빼놓고는 후기 근대라는 글로벌 역사의 형성을 사유할 수 없다."라고 단언하기도 한다.[1] 에이즈가 단순히 공중 보건의 문제를 넘어 근대성의 핵심적 구성 요소인 국가, 영토, 계급, 정체성, 신체 개념에 심각한 균열과 변형을 가져왔기 때문이다.

　　동시에 에이즈 유행은 국가별로, 또 지역과 시기에 따라 그 의미와 여파에서 큰 차이가 나는 국지적 현상이다. 사망자 발생의 규모 면에서부터 엄청난 차이가 났다. 1981~1990년 사이, 유행의 시작부터 효과적인 치료제가 개발되기 전까지 미국에서는 무려 10만 명이 넘는 사람이 에이즈로 사망한 것으로 집계되었다. 1989년 미국에서 에이즈는 심장병과

암을 제치고 25~44세 남성의 사망 원인 2위를 차지
했을 정도이다.[2] 이에 반해 1985년부터 1993년까지
보건 당국의 집계에 따르면 한국에서 HIV에 감염한
사람은 총 327명이었으며, 같은 기간 동안 에이즈로
진단되는 질환으로 사망한 사람은 단 13명이었다.[3]
10만 명 대 13명. 사망자 규모의 단순 비교에서부터
드러나는 이 엄청난 간극을 어떻게 해석하느냐에 따
라 한국의 HIV 유행은 과연 무엇이었는가를 되물을
수 있다.

　　에이즈 유행은 해당 지역의 전반적인 보건 상
태와 의료 체계의 대응 방식에 따라 진행 양상이 달
랐다. 1995년 이후 HIV와 관련된 사망이 미국에서
급격히 감소하기 시작했던 것과 달리, 2000년대 사
하라 이남 아프리카 지역에서 에이즈는 주요 사망 원
인으로 등극했다. 한국에서 에이즈는 발생 초기부터
현재까지 유행병, 즉 특정 지역에서 급격하게 확산되
는 질병이었던 적이 없다. 그러나 이 새로운 질병은
이미 전 세계적으로 대유행하고 있었고, 이에 대한 인
식은 '우리'와 '그들', 안과 밖, 평상시와 비상시의 경
계를 어떻게 나눌지에 따라 요동쳤다.[4] 앞 장에서 살
펴본 몇 장면들은 글로벌 에이즈 역사의 시작점에서

중요한 역사적 기점이자 북미의 문화적, 정치적 맥락 속에서만 생겨날 수 있었던 지식과 경험이기도 하다. 한국에서 에이즈에 관한 사회적 지식은 세계화의 흐름 속에서 수입과 재가공, 창발의 과정을 거치며 나름의 형태를 갖추었다.

　무엇보다 한국에서 에이즈를 사회적 위기로 만들어낸 가장 큰 동력은 HIV라는 병원체가 발휘한 치명성 그 자체가 아니었다. 한국 사회에서 에이즈는 나의 사랑하는 가족과 친구, 이웃의 소중한 목숨을 앗아갔기에 두렵고 무서운 병이 아니었다. 소중한 사람을 애통하게 빼앗긴 이들은 분명 있었지만, 이 상실은 함께 슬퍼할 수 있는 종류가 아니었다. 에이즈로 죽은 사람들은 안타깝게 잃어버린 소중한 이들이 아니라 언제 닥쳐올지 모르는 더 큰 위기를 예고하는 경고음으로, 흉측한 추문으로 다뤄져야 했다. 한국 사회가 겪은 '에이즈 유행'은 북미의 초창기 유행이나 사하라 이남 아프리카 국가들, 동남아시아와 남미의 국가들이 겪은 유행, 즉 많은 사람이 질병에 고통받고 이에 대응하기 위해 사회 전반에 걸쳐 재조정이 일어나는 실질적인 차원의 보건 위기와는 매우 다른 성질의 것이었다. 한국에서 에이즈는 생물학적 죽음보다 사회적 죽음을 먼저 불러왔다.

한국 사회가 에이즈를 대규모 유행병으로 경험한 적이 없음에도 불구하고, 우리는 왜 이렇게 에이즈를 두렵게 여기게 되었을까? 한국에서 에이즈는 1980~90년대 유년기를 보낸 사람들이 아직도 이 끔찍스러운 병에 대해 처음 들었던 순간을 기억할 만큼 당대의 사회적 기억에 뚜렷한 흔적을 남겼다. 반면에 이 질병을 직접 몸으로 겪은 사람들의 삶은 몇 줄의 경고문으로만 남았다. 에이즈를 우리가 이제껏 알아왔던 것과 다르게 알려면, 우리는 과거의 에이즈에 대해 다시 알아야 한다. 과거를 이전과는 다르게 살펴보아야 한다. 새로운 질병에 대한 과거의 두려움을 당연하게 여기지 말고, 두려움을 연료 삼아 어떤 억압이 발생했는지, 누구의 삶이 어떻게 짓눌렸는지를 알아야 한다. 이 장에서는 한국에서 에이즈에 대한 의과학적, 대중적 담론이 확산하는 양상을 추적하며, 어떻게 집단적 공황 상태라고 부를 만한 국면에 도달했는지를 살핀다. 그리고 이 사나운 소용돌이에 휘말려들 수밖에 없었던 사람들의 흔적을 되짚는다.

움직이는 세계와 처음으로 알려진 사람들

1982년부터 2005년까지 3대 일간지의 에이즈와 관련된 기사 제목 전체를 일람할 수 있도록 정리한 자료에 따르면, 에이즈에 관한 첫 우리말 보도는 1982년 7월 20일 자《조선일보》의 '움직이는 세계'라는 지면에 실렸다.[5] 이 기사는 미국을 비롯한 여러 나라에서 "미지의 괴질"이 크게 번지고 있다고 전한다. 이후 에이즈는 한국에서 첫 에이즈 환자 발생이 보고되는 1985년까지 주요 일간지 '해외토픽'난의 주요 소재로 자리 잡는다. 미국과 프랑스, 호주, 서독, 영국, 네덜란드, 홍콩, 스웨덴, 캐나다, 인도네시아의 에이즈 발생 상황이 흥미진진한 기삿거리로 끊이지 않고 보도된다.

에이즈가 감염병의 역사에서 차지하고 있는 고유한 위치는 바로 이 움직이는 세계에 대한 새로운 감각에서부터 비롯한다. 한국에서 에이즈 위기는 실제 환자가 발생하기 전부터, 세계 각지에서 일어나는 '괴질 유행'에 대한 긴급한 위기감으로부터 이미 시작되고 있었다. 에이즈는 세계적인 문제였고, 1980년대 후반 한국은 바로 이 세계적 흐름 속에서 무엇을 위. 「미 등에 미지의 괴질 크게 번져」, 《조선일보》, 1982년 7월 20일.
아래. 「공포의 AIDS… 약 없는 죽음의 병」, 《동아일보》, 1987년 2월 13일.

어떻게 해야 할지를 두고 중대한 기로에 서 있었다. 1988년 올림픽 개최를 앞두고 있던 때이자, 시민을 향해 잔혹한 폭력을 행사해온 국가가 경제 성장을 미끼로 부정의한 지배를 정당화하며 복지를 구현하겠다고 선언하던 시점에서, 에이즈는 '국제 사회'와 '우리' 사이에 갑자기 등장했다. 에이즈는 '선진국'과 '후진국'을 가로지르고 연결하는 세계 시장의 이동성과 활력을 드러내는 동시에, 통제할 수 없는 재앙의 전조를 표상했다. 에이즈를 둘러싼 불확실성, 과연 이 질병이 얼마나 빨리 한국에 확산될 것인가를 둘러싼 불안은 그 자체로 에이즈에 시급히 대응할 근거가 되었다. 한국에서 에이즈는 외래의 침입에, 즉 우리 땅에 없던 기이하고 새로운 무언가가 덮쳐올 때 어떻게 맞설 것인가에 대한 급박한 질문을 불러왔다.

당시 보건사회부^{현 보건복지부}는 발빠르게 1985년 4월부터 관계 부처 간 회의를 실시했고, 방역 대책을 세웠다고 공표했다. 아직 국내에서 HIV 감염이 확인되기 전이던 당시 최대 관심사는 새로 개발된 HIV 집단 검진 수단을 국내에 도입하는 것이었다. 1985년 초 효소면역측정법^{enzyme-linked immunosorbent assay}을 이용한 HIV 진단 검사법이 미국식품의약국^{FDA} 승인을 획득해 상용화를 앞두고 있었다.[6] 보건사회부는 이 검사 시약을 조속히 도입해 수입 혈액 제제를 표본 감시하고, 병의원으로부터 '의심 환자'를 의뢰받을 경우 검사가 가능하도록 만들겠다는 계획을 발표했다. 이와 함께 의심 환자를 발견하는 "즉시 보건사회부에 보고토록" 하는 것을 주요 대책으로 내세웠다.[7] 이후 보건사회부는 "국내 유입 봉쇄"를 주요 정책으로 내세우며, "국내 전파 방지"를 위해서 "감염 우려자의 헌혈 금지, 발병 가능성 높은 동성연애자, 마약 중독자, 혈우병 환자 등의 실태 파악과 검사"를 주요 대책으로 명시했다.[8] 사회정화위원회 같은 이름을 가진 행정기관이 여전히 강력한 영향력을 행사하는 강압적인 사회에서 감염자와 감염 우려자, 즉 발병 가능성이 높으리라 예측된 일탈자들에 대한 신속한 조치와 추적관리가 '미지의 괴질'에 대한 대비책으로 가장 먼저 제시되었던 것이다.

이러한 방어 태세 속에서 처음 감염 사실을 알게 된 사람들의 흔적은 다음의 학술 논문과 신문 기사에서 찾을 수 있다.

우리나라의 HIV/AIDS 발생 상황을 보면 1985년

6월 주한 외국인 중 첫 AIDS 환자가 발견된 바 있으며, 이 환자는 본국으로 후송되었다가 전형적인 증상으로 약 2개월 후에 사망했다. 주변 접촉자에 대한 추적 조사를 약 2개월 동안 실시한 결과 항체 변화가 있는 의심자 등은 발견되지 않았다.[9]

'현대판 나병'으로 알려진 후천성면역결핍증 환자가 국내에서 처음 발생, 방역 당국과 의료계를 긴장시키고 있다. 28일 보사부에 따르면 지난 12일 연세의료원에 입원한 미국인 남자(53세, 대학 교수) 환자 한 명이 AIDS에 감염돼 있는 것이 확인됐다. 이 환자는 82년 3월부터 우리나라 모 대학에서 강의를 해왔다. [……] AIDS는 주로 동성연애자 마약중독 혈우병 환자 등에서 많이 발생하고 있다. 보사부는 이 환자가 하숙집 아들과 동성연애 관계였다는 점을 중시, 일반에의 감염 여부를 조사 중이다.[10]

국내 최초의 후천성면역결핍증 환자 발견 후 환자 E 씨 주변 사람들의 감염 여부를 밝히기 위한 보사부 역학조사반은 조사 대상자들이 협조를 하지 않아 애를 먹고 있다고. 역학조사반은 E 씨의 하숙집과 학교

등에서 가까이 지낼 만한 사람들을 추적 중이나 대상자
들이 검사에 응하는 것조차 "불결한 것"으로 여긴 나머
지 채혈 등에 불응, 진퇴양난이라는 것. 그러나 보사부
는 환자 E 씨가 지난 1일 치료차 도미, 사실상 추방됐고
그와 동성애를 했던 하숙집 주인의 아들도 지난 3월 유
학차 도미했음이 밝혀져 일단 "격리"는 됐다고 안도.[11]

    3년 정도 "서울 S 대학 영문과 교수를 역임"했
다는 이 미국인은 한국에서 처음 에이즈 진단을 받고,
채 한 달이 되기도 전에 본국으로 돌아갔다.[12] 기사
에서는 이를 "추방"된 것과 다름없다고 표현한다. 보
건 당국은 처음 특정된 환자와 "동성연애 관계"였다
고 알려진 남성은 이미 미국으로 건너갔으니, 접촉자
가 모두 "격리"된 것이나 다름없다고 공표한다. 그러
나 기사는 보건 당국이 여전히 환자의 지인들을 "추
적" 중이라며, 이에 "불응"하는 사람들에 대한 우려
를 드러낸다. 누가 어떻게 '추적'을 담당했는지 정확
히 확인할 수 없으나, 이때 행해진 조사의 성격은 앞
장에서 살펴본 미국식 성병 연구의 전통과는 크게 달
랐을 것으로 추정된다. 미국 CDC의 클러스터 연구에
서 시행된 조사 방식은 참여자의 동의에 기반해 자신

이 성적으로 접촉한 사람의 이름과 주거지를 자발적
으로 확인하는 수준이었다. 그러나 한국에서는 에이
즈를 진단받은 사람의 지인이라는 이유만으로 그에
게 채혈을 요구하고 HIV 검사를 강제하는 방식을 택
했던 것으로 보인다. 위의 기사들은 역학조사로 번역
된 contact tracing^{접촉자 탐지, 접촉 경로 조사}이 이미 격리와
추방의 방식으로 여겨지고 있었다는 걸 잘 보여준다.
1985년은 HIV의 전파 경로가 명확히 밝혀졌으며, 일
상생활에서 HIV가 전파되지 않는다는 사실이 이미
확립된 때이기도 하다. 그러나 당시 기사들은 에이즈
를 "현대판 나병"이라 소개하고 사람들이 이 병을 "불
결"하게 여긴다는 것을 전할 뿐, 그 어디에서도 질병
의 기전이나 예방법에 대한 정보를 전하지는 않는다.
　　이 미국인 환자의 치료 과정은 한국에서 발생
한 "후천성면역결핍증 환자 경험 1례"로 학술 논문으
로 발표되었다.[13] 해당 논문에 따르면 그는 당시 쉰
세 살의 백인 남성으로 발열과 호흡 곤란을 호소하며
연세의료원 가정의학과 외래를 통해 입원했다. 총 18
일간 입원한 후, "지속적인 치료를 위해 미국으로 가
기 위해" 퇴원했다고 한다. 이 논문은 당시 환자의 증
례와 치료 경과를 상세히 보고하고 있으며, 그의 과

거력으로 "10대 후반부터 동성애를 했으며, 결혼 후
중단했으나 이혼 후 다시 했고 1979년에서 1981년까
지는 미국 샌프란시스코에서 여러 파트너와 동성애
를 했다 한다."라고 쓴다. 또 언론에 보도된 것처럼
그가 1982년 이래 "한 명의 한국 청년과 동성애를 가
져왔"다고 기록하고 있는데, 누가 어떤 동의의 과정
을 거쳐 환자의 성적 이력을 청취했는지는 설명되어
있지 않다. 논문의 저자이자 환자의 치료를 맡은 의
사 윤방부는 당시 일반적으로 추정된 잠복기가 1~3
년 정도이고* 환자는 "1981년에서 1983년까지 수많
은 상대와 난잡한 관계를 가졌다"고 하니, 그의 첫 발
병은 1984년 이후일 것으로 추정한다. 당시 에이즈
문제를 다룬 의료인 및 의과학자들은 미국에서의 초
창기 논의를 그대로 흡수하여 동성애를 주요 위험 인
자로 다루고 있었고, 미국인 환자의 첫 사례는 이들
이 당시 가지고 있던 위험 집단 정의에 가장 잘 들어
맞는 경우로 식별되었다.

　　　외국인이 아닌 한국인으로 처음 HIV 감염이
공식적으로 확인된 사람은 당시 한국에 살고 있지 않
았다. 한 학술 논문에서는 그에 관해 "1985년 말경 중
동 노무자가 파견 국가에서 시행한 검진에 걸려 귀국

* HIV 감염 이후
아무런 의학적
조치가 취해지지
않았을 때 에이즈
발병까지 걸리는
기간은 개인에
따라 다르나 보통
10~15년이다. 유행
초기 HIV의 기전에
대한 이해가 충분치
않았던 상황에서
이처럼 짧은 잠복기
추정이 통용된 바
있다.

조치를 받고 돌아온 첫 환자"라고 밝힌다.[14] 첫 내국
인 환자라고 특정된 이에 대한 기사 역시 다수 확인
할 수 있다.

　　중동에 파견됐던 건설 회사 직원이 후천성면역
결핍증 유사 양성반응을 보여 국내에 송환돼 정밀 검
사를 받고 있다. ㅅ 건설 사우디아라비아 리야드 지사
에 근무하던 박 모 씨(29)는 리야드 병원에서 수혈을 위
해 혈청 검사를 받다가 AIDS에 가까운 반응을 보여 12
일 하오(오후) KAL편으로 송환돼 서울 시내 ㅅ 병원에
서 엘아이자 테스트 등 정밀 검사를 받고 있는데 빠르
면 14일 중으로 판명이 난다.[15]

　　기사 제목과 달리 '최초 내국인 환자'는 환자가
아니었을 것으로 보인다. 다른 기사에 따르면 다친
동료를 위해서 헌혈을 하러 병원에 갔다고 하니, 감
염했지만 여타의 에이즈 관련 질환이 발병하지 않은
상태였을 것이다. 선의로 혈액 검사에 응했을 그의 검
사 결과는 바로 회사에 통보되었고, 그는 즉시 한국
으로 돌려보내졌다. 그 과정에서 무엇보다 놀라운 것
은 응급 환자 이송 작전을 방불케 하는 엄청난 속도

이다. 순식간에 강제 귀국 조치된 노동자는 '최초로'
HIV에 감염한 한국인이 되었다.

첫 한국인 감염인이 확인된 곳이 중동이었다는
점 역시 주목할 만하다. 국가기록원에 따르면 1973년
처음으로 한국 건설사가 사우디아라비아에서 고속도
로 공사를 수주한 후, 대통령이 직접 현지에 방문할
정도로 많은 한국인 건설 노동자들이 사우디아라비
아에서 일하고 있었다.[16] 대한무역진흥공사의 기록
에 따르면 1970~80년대 사우디아라비아에서 근무한
한국인 근로자는 20~30만 명으로 추산된다.[17] 1980
년대 후반 한국은 이미 빠르게 팽창하는 세계 무역
체제에 편입되어 있었고, 자본의 이동과 함께 노동력
의 초국가적 이동 역시 이전과 비교할 수 없는 수준
으로 확대되어 있었다. 당시 스물아홉이었던 첫 한국
인 감염인은 1980년대 외화 획득에 앞장서며 국가 경
제에 큰 기여를 했다고 평가받은 자랑스러운 '해외
파견 인력' 중 한 명이었다.

급작스럽게 첫 환자의 자리에 놓이게 된 청년
노동자가 다시 원래 직장으로 돌아갈 수 있었는지
는 확인할 수 없다. 회사가 그의 감염 사실을 알고 있
는 상황에서 고용 관계가 지속되었을지, 퇴직을 강요

받지는 않았을지 궁금한 점이 많지만 알 길이 없다.
1985년 당시 정부의 주요 에이즈 대책은 "필요 시 환
자 격리 치료"와 "지속적인 추적관리"였다. 항체 양성
자로 확인될 경우 2개월 간격으로 반복해서 검사를
받아야 했으며, 주거 제한까지 강제될 수 있었다.[18]
이 정책대로라면 그는 한국에 입국하자마자 바로 '추
적관리' 대상이 되었을 것이다.

　　　미국인 대학 교수와 중동 파견 한국인 노동자.
'처음'의 자리에 우연히 서게 된 이들은 이후 한국에
서 에이즈가 어떤 병인지를 특정하는 데 중요한 역할
을 했다. 여기서 1985년이라는 기점은 결코 우연이
아니었다. 북미의 초기 대응 과정에서 HIV 감염인을
진단할 수 있는 임상적 기준이 정립되어 한국 의학계
에 빠르게 흡수되었고, 특히 이 해에 HIV 선별 검사
를 가능하게 하는 효소면역측정법 시약이 FDA의 승
인을 받으며 전 세계적으로 도입되었다. 이들 이전에
이미 감염과 발병을 경험한 사람이 분명 있었을 터이
지만, 새로운 과학기술 체계를 통해서만 기점이 특정
될 수 있었다.* 또한 한국에서 첫 환자례와 감염례의
등장은 북미에서처럼 새로운 질병에 대한 '발견'의 과
정이라기보다는 에이즈 유행의 위험에 대한 '예측'을

* 한국에서
1980년대부터
에이즈 관련 임상
진료를 해온
최강원은 1983년
외항 선원으로 일한
서른 살의 젊은 남성이 실명과 고열로 입원하여 진료한 경험이 있으며,
임상적으로 보면 해당 환자가 한국의 첫 에이즈 증례라고 확신하지만,
당시에는 효소면역측정법을 통해 진단 검사 등을 수행할 수 없었기
때문에 확진이 불가능했다고 회고한 바 있다. 최강원, 「에이즈와의
인연」, 『대한감염학회 50년사』(대한감염학회, 2011), 212~213쪽.

확인하는 일에 더 가까웠다. 에이즈는 역시 외국인의
병이었고, 미국에서 보고된 대로 동성애를 할 경우 발
생 위험이 높았으며, 언제든 외국으로부터 유입될 수
있었다. 이들의 존재는 예상해 마지않았던, 침입의 움
직일 수 없는 증거로 처리되었다.

'에이즈 보균자'라는 자리

　무증상에서부터 심각한 기회감염 및 악성 종
양, 신경계 손상까지 HIV 감염의 임상적 스펙트럼은
매우 넓다. 따라서 각기 다른 증상 간의 인과성을 추
정하기가 쉽지 않았으며, 진단 기준이 성립된 이후에
도 잘 알려진 임상 증상이 나타나지 않거나 임상의가
진단 기준에 충분히 익숙하지 않을 경우 감염 여부를
판단하기 어렵다. 앞 장에서 살펴본 것처럼 HIV는
1980년대 처음 출현하지 않았으며 20세기 초반 이미
사람 간 전파가 일어나고 있었다. 그러나 HIV 감염이
매우 다양한 증상을 일으켰기 때문에 북미에서 '남성
동성애자'의 집단적 몸을 경유하기 전까지는 그것을
동일한 바이러스 감염에 따른 하나의 질병으로 인식

하기 어려웠다.

이후 HIV 감염 여부를 임상적 증상과는 별도로 혈청학적 검사를 통해 진단할 수 있는 기술의 진보가 이뤄지면서 에이즈에 대한 이해와 대응에 획기적인 변화가 일어났다. HIV가 인체 내부로 들어와 증식 가능할 경우 수 주 이내에 항체가 생성되는데, 이를 검출하는 항체 선별 검사법이 도입되면서 아직 증상이 나타나지 않은 사람들을 대상으로 미리 집단 검사를 실시할 수 있게 된 것이다. 혈청학적 검사 방법의 확립은 특히 수혈이나 혈우병 치료에 쓰이는 혈액 제제를 통한 HIV 감염을 예방할 수 있다는 점에서 매우 중요하기도 하다. 그리고 이 새로운 진단 검사법은 단순히 감염이 의심되는 환자에 대한 임상 진단의 정확성을 높이는 차원을 넘어 선제적 방역의 새로운 도구로 떠올랐다. 아직 증상이 발현되지 않았지만 감염한 사람들을 미리 찾아내는 방법으로 활용되기 시작했던 것이다. 한국 HIV 역사의 초기에서 가장 중요한 대목은 바로 이 새로운 과학기술적 가능성을 어떻게 인식하고 적용할지에 달려 있었다.

1985년 12월 11일 개최된 한국역학회의 제2회 심포지엄은 한국 의과학의 발전에서 매우 중요한 활동을 벌인 당대 최고의 역학자, 임상의, 의과학자, 보건 관계자 들이 모여 에이즈 관련 최신 지견을 소개하고 한국에서의 대비를 논의하는 최초의 공개적인 학술장이었다. 첫 한국인 감염례가 보고되기 직전에 열린 이 학술 대회에는 학계 인사들은 물론 국립보건원, 보건사회부의 주요 인사들도 참석했으며, 언론 또한 큰 관심을 보였다. 학계와 정부 관계자가 함께 모여 한국 실정에 맞는 대책에 대해 공개적인 전체 토의를 진행했는데, 특히 미국에서 수학한 학자들을 중심으로 에이즈 문제에 대한 높은 경각심을 드러냈다. 이런 내용은 학회지에 상세히 수록되어 있다.

1985년 당시 보건사회부 보건국장이었고 이후 국립보건원 원장의 자리에 오르는 유원하는 에이즈에 걸릴 가능성이 높은 사람들로 "난잡한 성생활을 즐기는 사람들"을 가장 먼저 제시했고,[19] 해외 문헌을 광범위하게 검토한 예방의학 전문의 안윤옥 또한 "난잡하고 불법적인 이성(또는 동성) 간의 성행위가 위험 요인으로 작용했음"을 유사하게 강조했다.[20] 한국에서 최초로 당시 HTLV-III라고 불린 HIV의 분리에 성공하기도 한 미생물학자 이원영은 항체 측정 방법과 해석 방식을 소개하며 특히 다음 사항을

주요 과제로 제시했다.[21]

　　방역 책임자에겐 AIDS 임상 환자보다 이들 보
균자에 대한 시급한 대책이 있어야 한다. 항체 양성자
는 바로 HTLV-III 보균자로 취급되어야 할 것이며 이
들이 환자로 이행되느냐 여부 이전에 이들이 타인에게
감염시킬 수 있는 주요한 감염원이기 때문이다. [……]
더욱이 항체 양성자는 모두 타인에게 전염할 수 있는
보균자이며 이들이 AIDS 증세가 없다면 이는 더욱 중
요한 위험 집단임을 명심하여야 한다.[22]

　　한국에서 아직 에이즈 환자가 다수 발생하지
않은 상황에서 가장 먼저 취해야 할 정책으로 '보균
자'가 곧 감염원이므로, 이들을 미리 추적해서 통제
할 것을 주문하고 있는 것이다. 여기서 이원영은 향후
한국 에이즈 정책의 근간을 이루는 사고 틀을 제시한
다고 해도 과언이 아니다. 아직 증상이 나타나지 않
은 감염인은 바로 그 상태, 즉 겉으로 보아 쉽게 특정
할 수 없는 무증상 상태이기에 더욱 위험하며, 따라서
이들에 대한 적극적인 감시와 통제가 이뤄져야 한다
는 주장과 논거가 바로 그것이다. '보균자'는 '임상 환

자'와는 대별되는 상태로, 개별 건강 상태와 관계없이 오로지 '균'을 가지고 있느냐 그렇지 않느냐를 기준으로 정상과 비정상을 가를 수 있게 한다.

이원영을 비롯한 당대의 학자들이 '보균자' 문제에 가장 먼저 주의를 기울이는 양상은 식민지 조선에서의 콜레라 유행, 또 해방 이후에는 나병^{한센병} 관리 정책을 통해 유지되어온 전염병 예방의 지배적 틀을 반영한다고 할 수 있다.[23] 질병의 원인이라고 간주되는 균이 없는 상태를 유일하게 정상적인 상태로 규정하고, 균을 가진 사람을 잡아내는 것을 최우선으로 삼는 색출과 단속, 격리 중심의 감염병 대응 정책의 긴 역사가 이 개념에 배어 있다. HIV 항체 양성자를 '보균자'로 특정하는 순간부터, 이들은 마땅히 퇴치되어야 하는 '균'의 거소^{居所}라는 성격을 부여받는다. 감염인이 아니라 감염원, 즉 사람 존재가 아니라 살균과 소독이 필요한 장소이자 사물로 쉽게 전환 가능해지는 것이다.

"난잡하고 불법적인 성행위"가 질병 전파의 가장 큰 위험 요소로, 또 아직 증상이 발생하지 않은 "보균자"가 주요 감염원으로 특정되었다. 그렇다면 이제 한국에서는 어디서부터 방역을 시작해야 할까?

당시 학술 대회를 조직한 학회장이자 한국 역학계 형성에 지대한 영향을 끼친 의학자인 김정순은 "에이즈는 미국을 중심으로 발생했는데 우리나라에는 성적으로 활동기에 있으면서 독신이 주류를 이루는 주한 미군이 있어" 유행 가능성이 더욱 크다는 점을 강조한다. 그는 "특히 많은 미군을 접하는 중하급 위안부들"이 유행의 1차 통로가 될 거라고 예측하고, 이후 "미군과 한국 남성을 동시에 상대하는 위안부"를 통해서 한국 미혼 남성으로, 다시 이들을 통해 미군이 아닌 "내국인만을 상대하는 일반 위안부에게 전파"가 일어나면서, "일반 남성을 통한 우리나라 일반 여성에로의 전파"가 나타날 거라는 흐름도를 그려낸다. 이런 시나리오의 신빙성은 특히 이미 같은 해 9월에 주한 미군 한 명의 감염이 확인되어 본국으로 후송했다는 사실이 일반에 알려지면서 더욱 구체화되었다. 또한 독일 주둔 미군에게서 확인된 에이즈 발병에 관한 사례 연구가 미국의사협회 간행물에 실리면서, 관련 내용을 당시 학회에 참석한 여러 의학자들이 인지하고 있었다. 김정순은 이성 간 전파를 한국의 주요 유행 패턴으로 상정하면서 향후 여성 감염자가 남성보다 많거나 엇비슷할 것이라는 예측을 제시하기도 했다.

김정순의 예측은 현재의 관점에서 보면 크게 엇나갔지만, 1980년대 후반 한국에서 국경을 둘러싼 불안의 핵심에 냉전 체제가 자리 잡고 있었다는 것을 보여준다는 점에서 주목할 만하다. 한국의 HIV 정책 형성 초기에 주한 미군의 존재는 매우 결정적인 역할을 했다. 주한 미군은 당시 국내에서 외국인 인구의 가장 큰 비중을 차지하면서도, 불평등한 주한미군지위협정 때문에 한국 정부로부터 직접 통제받지 않는 법률적 지위를 가지고 있었다. 이러한 특수한 체류 조건하에서 가장 큰 전파 가능성이 예측되면서도, 가장 통제할 수 없는 '위험 집단'은 미군이었다.

주한 미군에 대한 직접적인 방역 조치가 불가능한 상황에서 증대하는 사회적 불안을 통제하기 위해서는 일종의 대리물이 있어야 했다. 미군 기지 주변의 상업지구, 즉 기지촌에서 일하던 여성들이 바로 이 지점에서 방역의 대상으로 특정되었다. 1985년 9월 주한 미군 1명의 HIV 감염이 확인되어 본국으로 후송되었다는 사실이 알려지자, 보건 당국은 이태원 일대에서 미군을 상대하는 한국인 "동성연애자 여장 남자 종업원" 54명의 혈액을 채취해 검사했고,[24] 연이어 기지촌 여성들에게 검사를 실시했다.[25] 1986년에는 검사 범위를 전국으로 확대했고, 여기서 총 세 명의 감염 사실이 확인되었다. 이를 근거로 1987년부터는 특수업태부로 등록된 약 1만여 명의 기지촌 여성이 모두 HIV 정기 검사 대상자로 지정되었다. 의무 검사 대상은 이후 더욱 늘어나 같은 해 8월부터는 기존의 성병 검진 대상으로 지정되어 있던 수십만 명의 대중 접객업소 종업원까지 포함되었다.[26] 이 기간 동안 주한 미군 내 감염 역시 늘어나 당시 언론 보도에 따르면 1988년 말까지 비공식적으로 알려진 감염 사례는 50여 건에 달했다.

토벌당한 여자들

1986년 한국에서는 처음으로 HIV에 감염한 세 명의 여성이 한꺼번에 등장한다. 역시나 첫 줄에 어쩔 수 없이 서게 된 사람들이다. 이들은 처음으로 HIV 감염 진단을 받은 여성들로 국가의 명령으로 그 자리에 섰다. 모두 본인의 의사와 관계없이 강제로 검사를 받았고, 감염 사실을 통보받았다. 세 명의 첫 여성 감염인은 모두 보건 당국에 "윤락여성"으로 신

고되었지만, 이들이 한국 에이즈의 역사에서 처음을
담당하게 된 것은 단지 앞서 학술 회의의 규정처럼
난잡하고 불법적인 성교를 하고 있었기 때문이 아니
다. 이들은 당시 새롭게 만들어지고 있던 방역 모델,
즉 "AIDS 양성자 주변의 감염원을 추적해서 조치를
취하는 것"을 최우선으로 하는 대응 방식에 따라 발
견될 수밖에 없었다.[27] 당시 가장 큰 감염원으로 특
정되었던 주한 미군에 대한 직접적인 개입이 불가능
한 상황에서 그들과 물리적, 생물학적으로 가장 가깝
게 배치된 기지촌 여성들은 미국과 한국의 접경 지대
를 구성하는 일종의 대리물로 가장 먼저 수색의 대상
이 되었다.

　　에이즈 대응 초창기에 에이즈를 '방역'의 대상,
즉 외래 유입과 국내 확산을 막아야 하는 감염병으로
상정하고 대처하는 과정에서 눈에 띄는 점은 기지촌
여성에 대한 일괄 검진이 지극히 당연한 일로 여겨졌
다는 사실이다. 어떤 법적 근거를 가지고 일괄 검진
을 적용할 수 있을지, 감염 위험에 노출된 사람들에
게 어떻게 에이즈에 대해 알리고 예방을 독려할 수
있을지 등에 대한 논의는 1980년대 후반에는 전혀 등
장하지 않았다. 다만 이런 식의 정책을 펼치면 한국

에서는 에이즈 환자보다 항체 양성자가 먼저 더 많이 나올 거라는 예측이 주를 이룰 뿐이었다. 어떻게 특정 집단, 특히 성노동자에 대한 강제 검진이 에이즈라는 새로운 질병의 유행을 막기 위해 국가가 당연히 할 수 있는 일로 여겨졌을까?

당시 특수업태부, 즉 미군을 주로 상대하는 성노동자에 대한 강제 검진이 그다지 문제시되지 않은 가장 큰 이유는 이들이 해방 이후 한국에서 가장 공격적인 형태로 장기간 진행되었던 성병 감시 및 통제 정책의 대상이었기 때문이다.[28] 사회학자 박정미는 한국전쟁 이후부터 1990년대 중반까지 성매매 정책의 변천 과정을 추적하면서, 해방 직후 국가가 공식적으로는 성매매를 금지하는 동시에 미군에게 성적으로 접촉해도 '안전한' 여성의 육체를 제공하기 위해 엄청나게 강도 높은 수준의 성병 검진과 치료를 강제해온 역사를 조명한다. 1954년 제정된 '전염병예방법'은 "성병에 감염되어 그 전염을 매개할 상당한 우려가 있다고 인정한 **자**"는 성병 검진을 받아야 한다고 규정하는데, 이 법의 시행령은 결국 "성을 팔고 있거나 성을 팔 우려가 있는 **여성**"만을 정기 성병 검진의 대상으로 삼아왔다.[29] 그리고 이와 같은 각종 시행령과 검진 규칙을 통해 국가는 성병 검진 기피자 색출과 단속을 체계화했으며, 1965년부터는 성병에 감염한 기지촌 여성을 강제로 특수 시설에 입소시켜 치료 역시 강제하기 시작했다. 박정미의 연구에 따르면, 성병 보균자를 격리 수용해서 완치될 때까지 강제로 가두는 성병 관리소의 운영이 1990년대 초까지도 유지되어왔던 것이 확인된다. 단속된 여성들은 모욕적인 형태의 생식기 검사를 받아야 했으며, 페니실린에 의한 과민성 쇼크 같은 심각한 부작용 발생의 가능성에도 불구하고 반드시 치료를 받아야 했다. 난방도 제대로 되지 않는 열악한 시설에서의 강제 수용이 보호와 치료의 명목으로 오랜 기간 강행되었던 것이다.[30]

　　기지촌 여성에 대한 성병 통제의 가혹한 역사는 에이즈라는 새로운 성매개 감염병이 어떻게 다뤄져야 하는지에 대해 일종의 암묵지tacit knowledge, 즉 구태여 설명할 필요 없이 국가의 관점에서는 당연하게 느껴지는 형태의 지식을 제공하고 있었다. 1986년 아무런 법적 근거도 없이 빠르게 행해진 강제 검사는 이후 정부의 입법 조치를 통해 체계적으로 제도화되었다. 이듬해 정부는 에이즈를 2종 전염병에 준하여 관리하도록 고시했고, 곧바로 별도의 특별법이 최초

로 제정되었다. 전 세계적으로 에이즈만을 다루는 별
도의 입법 사례는 매우 드물다. 1987년에 제정된 '후
천성면역결핍증 예방법'은 국회에서 별다른 심의도
거치지 않은 채 한 달 만에 의결되었다. 1988년 서울
올림픽을 앞두고 많은 외국인의 입국이 예상되는 상
황에서 졸속으로 통과된 것이다. 사회학자 조병희는
1980년대 후반 에이즈 문제가 주한 미군을 통해 부
각되고 결국 반미 운동의 의제와 결합하면서, 에이즈
를 "성적 타락이나 퇴폐 문화의 결과로 보는" 관점과
"외세에 의한 '성 침탈'을 우려하는 민족주의적 관점"
이 결합하는 양상을 띠었다고 분석한다.[31] 그에 따르
면 당시 민주화운동 단체들은 서울올림픽을 앞두고
"입국 외국인들에게 HIV 항체반응 음성확인 증명서
소지를 의무화"하고, 양성자의 입국을 금지하는 등의
"자주적 외교를 통해 에이즈를 만연시키는 선진국(미
국)에 에이즈 전파의 책임을 지워야 한다."라고 주장
했다. 그러나 이러한 철저한 검역 요구는 당시 검사
능력으로는 실현 불가능했을 뿐만 아니라, 인권 침해
와 외교 분쟁을 이유로 올림픽준비위원회에서 받아
들여지지 않았다.

  1980년대 후반 에이즈를 둘러싼 사회적 대응

은 매우 열띠었으나, 중요한 사안들은 거의 질문되지
않았다. 모든 외국인 입국자에 대한 검진 요구가 마치
국운을 좌우하는 문제처럼 여겨졌지만 국제 사회에서
는 받아들여지지 않았을 때, 자국민에 대한 강제 검사
를 폭넓게 허용하는 '후천성면역결핍증 예방법'과 관
계 법령은 과연 적절한지에 대한 사회적 논쟁은 일어
나지 않았다. 이 법의 가장 우선적인 목적은 감염이
의심되거나 "에이즈에 감염되기 쉬운 환경에 있는 자"
에 대하여 강제 검진과 역학조사를 하도록 명령하는
데 있었다. 또한 이 법은 감염자에 대한 격리 치료 명
령, 대중 접객업소 취업 금지, 콘돔을 사용하지 않는
성행위 금지전파매개행위 금지를 명문화하고 있으며, 이러
한 의무 규정을 위반하면 징역이나 벌금에 처하는 처
벌 규정도 완비하고 있다. "에이즈에 감염되기 쉬운
환경에 있는 자"라는 자의적인 규정에 기반해서, 개
인의 의사와 관계없이 일괄적으로 검사를 받도록 강
제하는 일이 법과 제도를 통해 정당화된 것이다. 그러
나 강제 검진은 혈액 채취 같은 의료 행위를 할 때, 먼
저 피검자의 동의와 승낙을 구해야 한다는 기본적인
의료윤리의 원칙과 어긋난다. 자기결정권의 침해라는
점에서 헌법이 보장하는 기본권 역시 침해한다.

"취약계층의 검진, 교육 강화"라는 허울로 포장
된 강제 검사는 과연 그걸 직접 당해야 하는 사람들
에게는 어떻게 느껴졌을까? 박정미는 성병 강제 검진
이 여성들에게 어떤 경험이었는지를 가장 상징적으로
보여주는 용어는 무력으로 쳐서 없앤다는 뜻을 지닌
"토벌"이라고 말한다.[32] 당시 경찰, 보건소 관계자,
미군의 합동 단속을 기지촌 여성들은 "토벌 나온다."
라고 일컬었다고 한다. 이 표현은 마구 끌려가 검사
를 받고 갇히는 일이 이들에게는 전쟁과 다를 바 없
었다는 점을 함축적으로 드러낸다. 한국 사회에서 언
제든 토벌될 수 있었던 성노동자의 몸은 오직 성병만
제거되면 다시 이용 가능해지는 도구이자, 언제 어
떤 병이 생길지 모르기에 주기적으로 쳐내야 하는 생
물학적 군집으로 다루어졌다. 에이즈라는 새로운 성
매개 감염병의 등장은 이 잔인한 토벌의 역사를 잇는
동시에 이전의 성병 통제 방식으로는 감당할 수 없는
새로운 문제에 봉착하게 했다. 에이즈는 당시의 의학
수준으로는 치료가 불가능한, 완치가 없는 병이었기
때문이다. 감염성 병원체를 성노동자의 몸에서 일시
적으로라도 제거해 다시 착취 가능한 상태로 내보내
는 일은 더 이상 가능하지 않았다. HIV 감염이 확인

된 이들의 몸은 결국 회복 불가능하게 오염된 것으로
여겨졌으며, 따라서 다시 원래대로 돌아올 방법이 없
었다. 에이즈와의 새로운 전쟁으로 토벌당한 여자들
은 모두 어디로 갔을까?

당시 강제 검진을 통해 감염이 확인된 사람들
은 역학조사라는 명목 아래 광범위한 신상 정보를 제
공해야 했다. 1990년대 초까지 사용된 감염자 관리
명부 서식을 살펴보면, 본인 실명, 주민등록번호, 주
소, 직업, 자택과 직장의 전화번호를 모두 기록해야
했고, 동거인을 비롯한 가족의 이름, 연령, 직업 역
시 밝혀야 했다. 특히 "성 접촉 등 감염 우려 행위에
대한 조사"가 포함되어 있었으며, 이에 따라 성적 접
촉을 한 사람들의 수를 밝히고, 해당 상대와 어떤 장
소에서 어느 기간 동안 접촉했는지를 상세히 기록하
게 되어 있었다. 또한 접촉자 본인뿐 아니라 가족까
지 전부 혈액 검사 대상에 포함되어 HIV 검사를 받
아야 했고, 이 모든 정보는 보건소를 통해 중앙 정부
에 보고되었다. 감염이 확인된 사람은 한 달에 한 번
반드시 보건소 직원에게 거주 확인과 예방 의무 이행
여부를 점검받는 관리 대상이 되었다. 무엇보다 이 모
든 의무 이행의 기간에는 종료 시점이 없었다. 당시

법에 따르면 HIV 감염이 당국에 신고된 사람들은 사
망할 때까지 정부의 관리 대상이었다.

　　역학조사라는 허울 아래 행해진 광범위한 수색
과 정보 수집을 감안할 때, HIV 감염이 확인된 첫 세
명의 여성과 그 뒤를 잇는 여성들은 모두 직장을 잃
었을 것이다. 감염자로 밝혀지는 순간, 이들은 국가
가 겉으로는 금지하면서도 버젓이 허용하고 있던 성
매매 관련 업종에서 법적으로 취업을 금지당했다. 생
계 수단을 빼앗겼던 셈이다. 가족과 동거인에 대한
광범위한 정보와 채혈을 강요하는 조사 방식은 가족
과 주변 사람에게 감염 사실이 알려지는 일을 피할
수 없게 만들었다. 졸지에 에이즈라고 통보받은 사람
들은 결국 일터와 집을 모두 빼앗겼을 것이다.

　　그랬을지 모른다는 추정에 그치지 않고, 이들
이 어딘가에 남겼을 삶의 흔적을 찾고 싶지만 쉽지가
않다. 어쩌면 이는 당연한 일일지도 모른다. 함부로
검사당하고 갑자기 내쳐진 여자들이 가장 바란 건 아
무도 자신의 흔적을 찾지 못하게 하는 일이었을 것이
다. 1986년에는 3건, 1987년에는 5건의 새로운 감염
사례가 신고되었다. 보건사회부 자료에 따르면 1986
년과 1987년 감염했다고 보고된 여성의 총수는 "윤락

여성"으로 신고된 사람의 숫자와 일치한다. 이는 한국 에이즈 역사에서 처음을 기록한 여성들이 모두 특수업태부를 대상으로 하는 강제 검진을 통해 감염이 확인된 경우라는 것을 뜻한다. 1986년의 여성들에 대한 자료를 더 이상 찾을 수 없었지만, 1987년에 감염이 확인된 사람들에 대한 이야기는 단편적으로나마 그 흔적이 남아 있었다.

1987년 12월 30일 방영된 KBS 9시 뉴스는 "부산에서 특수 접객업소에서 일하는 스물한 살 김 모 양이 에이즈 감염자로 확인됐습니다."라는 15초짜리 짤막한 보도를 내보낸다.[33] 앵커가 한국에서 그간 두 명이 에이즈로 사망했다고 읊어주는 동안 화면에는 벌거벗은 백인 남성 두 명이 서로의 엉덩이를 쥐고 있는 독일 잡지 《슈피겔*Der Spiegel*》의 표지 사진과 누군가의 팔에서 피를 뽑는 모습, 바이러스를 확대해서 보여주는 듯한 현미경 사진, 종이에 적힌 이름에 빨간 펜으로 줄을 긋는 장면이 지나간다. 이어지는 뉴스는 한신아파트 주민들이 범죄 예방을 위해 자율 방범을 시작했으며, 서울올림픽의 메달 시제품이 벌써 완성되었다는 소식이다. 스물한 살의 김 모 양, 부산의 특수 접객업소에서 일했다는 이 젊은 여자는 날벼락처럼 떨어진 급작스러운 "확인" 이후에 과연 어떤 삶을 살았을까?

당시 보건 당국의 자료에 따르면, 1986년 최초의 여성 감염인 3인은 모두 에이즈로 진단 가능한 질환이 발병하지 않은 상태였다. 즉 이들은 치료제도 없는 불치의 병, 미지의 괴질에 걸렸다고 갑작스럽게 통보받았지만 아직 아프지 않았다. 1987년에 신고된 여성 감염자 중에서도 에이즈 환자는 보고되지 않았다. 스물한 살의 김 모 양 역시 별다른 증상을 겪지 않았다는 뜻이다. 그는 강제 검사로 감염을 확인당했고, 자신의 의지와 관계없이 토벌에 내쫓겨 숨을 수밖에 없었던 사람들의 대열에 합류하게 되었다. 얼굴도 없고, 표정도 없는, 숫자와 숫자들 사이에 당시 스물한 살로만 알려진 여자를 집어넣어 본다면 말이다. 그에 대한 이야기를 더 이어갈 방법이 없다.

공포의 이중 구조

현재로서는 이 지구상에서 불치이고 따라서 거의 예외 없이 죽음에 이르는 AIDS라는 무서운 전염병이 얼마나 광범위하게 그리고 얼마나 빨리 번지게 될

부산 특수업태부 AIDS 감염

것인지 아무도 모른다. 또 그런 무서운 전염병이 동성
애 남성들도 아니고, 양성성행위자[bisexuals]도 아니고,
또 정액내['정맥내'의 오기] 약물주입 상용자들도 아닌,
즉 일반 대중 시민들에게 어느 만한 위험을 줄 것인지
도 잘 모른다. 그러나 우리가 수단 방법을 총동원해서
'그 전염병의 전파를 막지 못한다면 인류의 파멸[catastro-
phe]에까지 이르게 될지도 모른다'는 것이 미국의 저명
한 생물학자, 임상가, 보건관계 과학자, 기타 전문가들
28명으로 구성된 미국과학자협회 특별위원회의 보고
서(1986년 11월)에 나오는 말이다.[34]

　　1988년 6월 대한의학협회는 개원의를 위한 연
수 교육 교재의 일환으로 에이즈에 대한 최신 지견을
'의학총서' 중 하나로 출간했다. 그 총서가 이전에 다
룬 질병은 고혈압, 불면증, 설사, 발진성 질환처럼 흔
히 접할 수 있는 것들로, 『에이즈: 본체, 현황 및 대
책』은 1980년대 에이즈에 대한 한국 의학계의 비상
한 관심을 드러낸다고 할 수 있다. 이 책의 책임 편집
을 맡은 미생물학자인 양용태는 전 세계의 에이즈 대
응 추이를 요약하면서, 위와 같은 묵시록적 경고로
이 책을 마무리한다. 1980년대 후반의 위기 인식이

에이즈로 인한 인류의 파멸을 걱정할 정도였다면, 앞서 살펴본 일련의 강제 검사 조치와 강도 높은 추적 관리는 어쩔 수 없는 시대의 흐름이었을까? 양용태는 이 책에서 1986년 보균자 관리의 시급성을 강조한 미생물학자 이원영과 유사하게 강제 검사가 충분히 적용 가능한 조치라는 입장을 취하고 있다. 무증상이라도 병을 전파할 수 있다면 최대한 많이 검사해서 미리 찾아내는 게 효과적이니, 일괄 강제 검진이야말로 "거의 예외 없이 죽음에 이르는" 에이즈 예방을 위한 가장 효과적인 조치라는 것이다.

그간 한국에서 에이즈에 대한 공포는 신종 감염병에 대한 당연한 반응으로, 죽음의 위협이 근접한다고 느낄 때, 사람이라면 누구나 가질 수 있는 자연스러운 집합 감정으로 여겨져왔다. 그러나 공포는 특정한 대상으로부터 유발하는 것이자 대상에 대한 지향을 수반하는 감정 체계라는 점에서 결코 자연 발생적이지 않다.[35] 양용태의 경고는 당시 에이즈를 향한 공포가 어떻게 구조화되었는지를 이해하는 데 매우 중요한 실마리를 제공한다. 공포를 느끼려면 먼저 공포를 느껴야 할 대상이 무엇인지가 특정되어야 한다. 여기서 의과학은 단순히 질병에 대한 정보를 제공하는 역할에 머무르지 않는다. 에이즈라는 파국은 의과학으로부터 선포된 것이자, 동시에 당대의 의과학으로는 다룰 수 없는 것이기에 더욱 두려운 것으로 여겨져야 했다. 그러나 공포를 느껴야 하는 대상으로 "AIDS라는 무서운 전염병"을 특정하는 것만으로는 공포의 전파가 충분히 일어나지 않는다. 여기서 이 위협의 대상은 지향성을 지닌 것, 즉 "우리"에게 스멀스멀 다가오는 것이다. 공포는 엄습한다. 이 다가옴의 느낌, 이 동의 감각이 중요한 이유는 과연 접근 여부를 미리 알고 피할 수 있을 것인가, 즉 통제 가능성의 여부와 공포의 감정이 긴밀히 연결되어 있기 때문이다. 더불어 공포의 집합 경험에서 요체는 공포를 일으키는 대상이 무엇이고 어떤 속성을 지니고 있는지에 대한 것이 아니다. 이 공포를 함께 느끼고 있는 '우리'가 누구인지, "수단과 방법을 총동원해" 보호해야 하는 것이 누구인지에 대한 식별이 가장 중요한 쟁점이 된다.

1980년대 후반 한국에서는 외국인, '동성연애자', 미군, '접대부'가 가장 먼저 '우리'가 아니고, '우리'가 되어서는 안 되는 이들로 특정되었다. 법과 제도로 강제한 HIV 검사는 이러한 피아 식별의 주된 장치로, 에이즈 공포의 핵심적인 구성 요소라고 할 수 있다. 사회적 감정 구조로 공포를 들여다볼 때, 가장 중요한 점은 공포는 분리와 방어, 견제 과정의 효과이지 결코 그 원인이 아니라는 것이다. 사회 전체가 에이즈 공포에 빠졌기 때문에, 강제적인 혈액 검사 같은 정책을 추진한 것이 아니다. 강제 검진, 일괄 검진의 집행을 통해 감염의 공포는 그 이동을 감지할 수 있는 것이자 언제 어디서 튀어나올지 예측할 수 없는 것으로 고유의 형체와 이동의 동력을 확보할 수 있었다. 한국의 에이즈 대응 첫 10년에 행해진 가장 조직적이고 광범위한 조치는 특수업태부와 접객업소 종사자, 외항 선원에 대한 강제 의무 검사를 시행하고 모든 헌혈액에 대한 일괄 검사를 하는 것이었다. 1994년 중반까지 한국에서 630만 명 이상의 사람에게 국가가 강제하는 검사가 이뤄졌고, 이를 통해 총 210명의 감염 사례가 밝혀졌다.[36] 1994년 당시 보건사회부의 방역 과장을 역임한 이덕형은 단순 계산을 한다면 "감염자 1명을 찾아내기 위해 약 3만 건의 검사를 한 셈"이라고 말했다.[37]

검사량의 폭발적인 증가는 곧 HIV 감염례의 누적으로 이어졌다. 첫 10년 동안 총 472명의 감염이 확인되었는데, 이 중 자발적 검사에 따른 발견은 극소수에 불과했다. 여기서 보다 중요한 점은 이 기간 동안 전체 감염례 중 에이즈 환자로 분류되는 사람은 서른여섯 명에 불과했다는 것이다. 1986년 전문가들의 예측대로 에이즈 환자로 발병하기 이전의 항체 양성자, 즉 '보균자'가 먼저 특정되기 시작했다. 당시 강제 검진 정책은 '보균자'가 질병을 전파하지 않도록 예방 교육을 시키고, 이들에게 필요한 치료를 제공할 수 있다는 점을 그 필요성으로 내세웠다. 그러나 1997년에야 고강도 항바이러스제 치료가 국내에 도입되었고, 그 전까지 감염한 사람에게 취할 수 있는 의학적 조치는 지도부딘[AZT] 투여 정도로 지극히 제한적이었다는 점에 유의해야 한다. 적절한 치료법이 없는 상황에서 아프기도 전에 감염 여부를 아는 것은 엄밀히 말해 검사를 당하는 사람에게는 아무런 실질적인 이점을 제공해주지 않는다.

　　강제 검진 제도는 전체 인구군 중 일부를 항체 검사라는 체에 밭쳐서 정기적으로 '보균자'라는 이물질을 골라내는 방식에 다름 아니었다. 여기서 두려움은 질병 자체가 야기할 수 있는 신체적 고통의 측면이 아니라 질병 유무에 따라 사람 존재의 종류가 완전히 달라진다는 데서부터 생겨난다. 일괄 검진 과정에서 자신의 감염 사실을 알게 된 사람들은 어느 날 갑자기 날벼락처럼 불치의 병에 걸렸다는 '사형 선고' 를 받아 들게 된다. 검사를 당해야 하는 사람들, 특히 특정 직업을 갖거나 유지하기 위해서 의무적으로 검사를 받아야 하는 사람들에게 이 발견은 자신이 그어떤 통제력도 발휘할 수 없는, 일종의 사고이자 재앙처럼 닥쳐왔다. 1995년까지 의무 검진 대상은 실상 특정 질병에 대한 공통의 취약성을 공유하는 하나의 집단으로 묶을 수 없을 만큼 다양한 직종을 포괄하고 있었다. 유흥업소 종사자는 물론 식당, 이·미용업소, 목욕탕에서 일하는 사람들, 심지어 식품공장 종사자까지 의무 검진 대상이 되었다. 감염이 확인되면 해당 직종 취업이 금지되었고,[38] 감염이 확인된 사람을 고용하는 사람도 처벌 대상이었다. 여러 사람을 만나거나 식음료를 취급하는 경우 정기 건강검진을 받도록 하는 보건증 제도는 장티푸스나 결핵, 전염성 피부질환과 같이 일상적 접촉을 통해 전파 가능한 병의 확산을 막기 위한 조치이다. 여기에 일상적 접촉으로 전파되지 않는 HIV 검사를 추가한 방침은 검사 대상을 빠르게 확대하기 위한 근시안적인 조치였으며, 결국 에이즈는 불결한 병이기 때문에 취업을 허용해서는 안 된다는 편견을 더욱 강화했다.

　　역학자 김정순은 한국의 예방 사업을 평가하는 한 논문에서 "에이즈에 관한 잘못된 정보로 인해서 감염된 외항 선원 부부가 신문에 보도됨으로써 직장에서 쫓겨나고 셋방도 얻을 수 없어 전전하다가 섬에 겨우 피신했는데 그곳에서까지 버림받았다는 웃지 못할 비극이 있었다."라고 쓴다.[39] 환자의 인권 보호가 중요하다는 입장에서 덧붙인 사례이지만, 이런 요약에는 중요한 사실들이 모두 생략되어 있다. 그가 언급하는 외항 선원은 단순히 에이즈에 관한 오해 때문이 아니라 국가가 강제한 의무 검진으로 인해 직장에서 해고당했고, 해당 업종에서 재취업을 금지당했다. 일상생활에서 HIV가 전파되지 않는다는 점이 이미 밝혀진 상황에서 감염을 이유로 직업 활동을 제한할 의학적 근거는 전무하지만, 당시 법과 행정 체계는 버젓이 그의 가장 기본적인 권리를 박탈하고 있었다. 역학조사 절차에 따라 그의 배우자에게도 검사가 강제되었고, 부부는 주거지를 옮길 때마다 보건소에 이동을 보고해야 했고, 담당 직원이 정해지는 주기적 감시의 대상이 되어야 했다. 치료제도 없다는 병에 걸렸다는 걸 알게 된 것은 물론 생계 수단을 빼앗겼고, 돈이 있어도 셋방도 얻을 수 없는, 어디서든 쫓겨날 수 있는 사람으로 순식간에 전락해버리고 말았다.

혈액 감시 정책의 일환으로 한국에서는 1987년부터 모든 헌혈액에 대해 HIV 검사를 실시했고, 1997년 3월까지 HIV 항체 양성이 나올 경우, 이를 보건 당국에 신고하고 해당 헌혈자에게 검사 결과를 통보하도록 했다.[40] 헌혈액에 대한 HIV 감시는 필수적인 사항이나, 문제는 단순히 헌혈을 하려 했던 사람에게도 HIV 감염 통보에 따른 제한이 갑자기 가해졌다는 것이다. 어떤 경로로 감염이 확인되었든 간에 감염한 사람은 역학조사를 받아야 했고, 감염자로 등록되어 직업 제한 및 정기 감시의 대상이 되었다. 이 모든 절차는 한 사람의 삶 전체를 뒤흔들었다. 「한국 HIV 낙인 지표 조사」 보고서에는 90년대 초반 헌혈을 했다가 급작스럽게 자신의 감염 사실을 알게 된 한 남성의 경험이 담겨 있다. 당시 대학을 졸업하고 대기업을 다니고 있던 홍민철 씨는 확진 판정을 받는 과정이 "끌려"가는 것과 다름없었다고 증언한다. 보건소에서 갑자기 연락이 오더니 자신을 "죄인 대하듯이" 끌고 가서 역학조사를 했고, "실험 대상"과 다를 바 없이 대했다. 20대 후반의 사회 초년생이었던 그는 결국 확진 판정 이후 직장도 그만두고 집도 나와 노숙 생활을 하게 되었다. "이러다 죽겠지." 하는 마음으로 "길에서 추위에 얼어 죽으나 에이즈로 죽으나" 매한가지라는 생각을 하게 되었다고 했다.[41]

홍민철 씨의 경험은 단지 정신적 충격을 받은 한 개인이 자포자기에 빠진 일화가 아니다. 평범한 직장인이던 그가 경험한 사회적 추락은 단순히 에이즈라는 '무서운' 병에 걸렸다는 데서 비롯된 것이 아니었다. 그는 단지 병에 걸린 게 아니라 감시망에, 법망에 걸려들고 말았다. 평범한 직장인은 자신의 의사와 관계없이 검사를 받아야 했고, 그가 숨긴 적도 없는 감염 사실을 세상에 들킨 꼴이 되고 말았다. 그는 사회에서 격리될 것이 기대되는 '보균자'로 발각되어 단속의 대상이 되었다. 법과 제도가 그를 도망자로 내몰았다.

강제 검진 제도와 일방적 통보 방식은 이처럼 강력한 파괴력을 발휘했지만, 이에 대한 문제 제기는 1990년대 후반에 이르러서야 시작되었다. 역학자 김정순은 정부 보고서를 인용하며, 지금까지의 감염자 발견 중심 정책이 비용 면에서 효율적이지 못하다는 점을 가장 큰 문제로 지적한다. 그간 지출된 사업비를 검사 수로 단순 환산하면, "감염자 1명을 발견하는

데 드는 검사 비용(의료보험 수가의 5분의 2 수준으로 계산)만 5400만원"이니 "1억 원을 들여서 감염자 2명을 발견해내지 못하는 셈"이라고 평가한다.[42] 한국에서 에이즈 발생 첫 10년을 평가하는 연구 보고서를 작성한 이순영 역시 강제 검진이 에이즈 관련 전체 지출에서 비중이 가장 컸지만, 조기 발견에 크게 기여하는 바가 없으며, 에이즈 예방이 마치 감염자를 관리하면 되는 일처럼 착각하게 한다고 지적한다.[43] 그러나 강제 검진 중심의 초기 정책은 한국 사회에 단순히 비용 효율의 문제로 볼 수 없는 심대한 영향을 끼쳤다. '보균자' 발견 중심의 정책은 에이즈를 질병과 치료의 문제가 아니라 검거와 발각이라는 범죄의 언어를 통해 말하고 생각하게 만들었다. 바로 여기서부터 에이즈를 둘러싼 온갖 억측과 집단적 공황이 활발히 배양되고 있었다.

에이즈 패닉!

쫓겨나고 도망쳐야 했던 사람들은 그러나 사라질 수 없었다. '에이즈 감염자'가 된 사람들은 그들의

바람과는 무관하게 끊임없이 논란의 대상으로 소환
되었다. 이들의 드러남은 발각으로, 이들의 정처 없음
은 도주로, 이들의 좌절은 복수심으로 둔갑했다. 1991
년 한 월간지는 에이즈에 걸린 20대 여성이 사회에
복수하기 위해 의도적으로 고위직 및 유명 인사들과
성관계를 했다는 내용을 기록한 일기장을 대서특필
해 무려 10만 부 이상의 판매를 기록했다. 해당 기사
는 모두 허위로 작성된 것이었고, 잡지는 결국 폐간
되기에 이르렀다. 가짜 뉴스를 언론사가 직접 만들어
퍼트린 것이었다. 역사학자 박차민정은 이 기사가 완
전히 날조된 것이지만, 동시에 당시 유흥가에서 공공
연하게 유포되던 이야기를 기사화했다는 점에 주목
할 필요가 있다고 말한다.[44] 이런 허위 기사가 커다
란 사회적 파장을 일으킬 수 있었던 기저에는 에이즈
에 대한 당대의 사회적 상상이 강력하게 자리하고 있
었다는 것이다. 허위 기사 사건은 "에이즈 복수극 신
드롬"이라고 부를 만한 현상의 극단적 예로, 이후 다
양한 형식으로 변주되었다. 1994년 감염 사실을 알고
도 "8년간 윤락 행위"를 한 "에이즈 접대부"의 등장
은 "에이즈 복수극"이 실제로 언제든 일어날 수 있다
는 세간의 불안을 증명이라도 하듯이 대대적으로 보

도되었다.[45] 한국에서는 1989년 처음으로 수혈에 의
한 HIV 감염 사례가 발생했는데, 1993년에는 20대
청년이 "보복성"으로 헌혈을 잇따라 했다는 보도가
처음 나왔고, 1997년에는 동일인이 감염 사실을 숨긴
채 "동성연애자와 유흥가 여성들을 상대로 성관계를"
했다가 붙잡힌 사건이 크게 기사화되면서 파장을 일
으켰다.[46] 이후 '에이즈에 걸린 성매매 여성'과 '보복
성 헌혈'은 중요한 사회 문제로 언론에 반복적으로 보
도되었다.

　　기사를 차근히 뜯어보면, 해당 사건의 성노동
자 여성은 감염 이후 실직을 하면서 일할 곳을 찾기
위해 여러 곳을 옮겨 다닐 수밖에 없었다. 헌혈의 경
우에도 악의적 전파로 보기는 어려웠다. 당시 보건소
를 통해 검진을 받을 경우 개인 신상을 모두 알려야
하는 상황에서 헌혈한 혈액에 대해 일괄로 에이즈 검
사를 한다는 게 알려지자 이를 활용해 익명으로 감
염 여부를 확인하려는 시도가 여럿 있었다. 또 예비군
훈련장이나 학교 등지에서 집단 헌혈이 빈번했는데,
이 와중에 감염 사실을 모르고 헌혈을 한 경우도 있
었다. 모두 개인 정보의 보호가 충분히 보장되지 않
는 강제적인 검사 체계 때문에 벌어진 일이었다. 한국

에서 HIV 감염 확산의 주범은 "에이즈 접대부"도 '헌혈 행각을 벌이는 동성연애자'도 아니었다. 1995년까지 전체 감염자 472명 중 '윤락여성'으로 분류된 경우는 15건, 수혈에 의한 감염은 20건 정도에 머물렀다.[47] 그러나 감염 사실을 알고도 일부러 타인을 감염하기 위해 섹스를 감행하는 음험한 존재, 특히 수혈로 타인을 감염하는 테러분자는 에이즈를 둘러싼 광범위한 패닉을 일으키기 위해 반드시 필요한 등장인물들이었다. 특히 이들의 "보복심리"에 대한 상상은 의도적 전파 가능성에 대한 불안을 통제 불가능한 개인의 심리적 문제로 구체화했다.

한국 사회에서 에이즈가 '의도적 전파자'의 문제로 응축되는 과정에서 가장 흥미로운 점은 성노동자 여성과 '동성연애자'가 함께 복수극의 주인공으로 등장했다는 사실이다. 언제 사회에 복수를 꾀할지 모르는 불안과 공포의 대상으로 성노동자 여성과 남성 동성애자가 가장 먼저 떠오른 이유를 파악하려면 당시 한국의 성적 네트워크에 어떤 변화가 일어났는지를 알아야 한다. 사회학자 박정미는 1980년대 유흥향락 산업, 특히 음주와 식사가 이뤄지면서 여성의 성적 서비스를 동반하는 '룸살롱' 같은 유흥음식점이 폭발적으로 팽창했으며, 숙박업소와 티켓다방 역시 이 시기 크게 증가했다는 점을 강조한다.[48] 성 산업의 지역적 범위는 수도권은 물론 농어촌에 이르기까지 전국 규모로 확장되었다. 유흥향락 산업의 전국적 확대가 성매매 산업의 폭발적 증가를 반영한다면, 1980년대 급속히 진행된 대도시로의 인구 이동은 가족이나 친족, 지역 공동체의 연결망을 벗어나 익명의 타인과 성적 만남이 가능한 유동적 도시 공간의 빠른 확장을 가져왔다. 새로 생긴 도심의 공원과 극장, 터미널, 기차역과 같이 서로 스쳐 지나가되 정주하지 않는 공간들은 성적 탐색과 실천의 장소로 활용되었다. 그리고 이러한 공간에서 이뤄진 남성 간 성적 실천에 대한 고발과 문제화는 한편으로는 이 남성들에게 성적 일탈자라는 오명을 부여했으나, 다른 한편으로는 이들에 대한 사회적 지식을 더욱 풍부히 하고 널리 유포하는 역할을 했다. 비규범적 성적 실천의 주체들이 서로의 존재를 확인하고 오명을 자기 이름으로 받아들여 다시 고쳐 쓰는 긴 과정의 중요한 촉발점이 되었다.

당시 사회 문제화된 '동성연애자'는 물론 단일한 주체가 아니었다. 1980년대 동성애와 에이즈 담론

의 겹침을 탐색한 전원근은 당시 '동성(연)애자', '호
모' 같은 지칭이 에이즈 담론과 함께 수입된 언어로
퍼져나가기 시작했다고 지적하며, 동성애가 외래 문
화의 일부로 "민족 문화를 '오염'"시키는 실천이자 향
락퇴폐 산업의 일부로 재발견되었다고 강조한다.[49]
박차민정은 에이즈 담론과 함께 등장하는 남성 동성
애의 재현이 상업화된 성, 즉 당시 엄청난 속도로 확
장하고 있던 성 산업과의 관계성 속에서 분석될 필요
가 있다고 주장한다.[50] 일본 관광객을 필두로 외국
인 남성과 내국인 남성 간의 성적 교환이 문제시되었
으며, 남성들 간의 금전에 기반한 성적 거래는 당시
성매매를 뜻하는 가장 일반적인 용어인 '윤락'이 아니
라 '동성연애'로 지칭되는 경향이 더 컸다는 것이다.
이는 그 시기 모든 남성 간 성적 실천이 매매의 형태
를 띠었다는 의미가 아니라, 성매매와 동성애가 모두
이성애중심주의에 기반한 가족 규범을 벗어난 일탈
적 성으로 함께 문제시되었다는 것을 뜻한다.

      감염한 사람이 사회에 복수하기 위해 언제 누
구에게 무차별적 테러를 저지를지 모른다는 에이즈
패닉의 기본 구조는 감염인을 성적 괴물로 그려내는
동시에, 이들을 철저히 통제해서 감염을 차단하겠다

는 정책의 허구성을 드러낸다. 강제 검진을 유일한 정책적 대응으로 삼은 상황에서 단속과 발각, 체포와 도주의 서사는 한국 사회에서 에이즈를 설명하는 가장 강력한 틀이 되었다. 감염 사실을 통보받은 사람들은 본인의 의사와 관계없이 기존의 사회적 관계에서 뿌리 뽑히는 경험을 할 수밖에 없었고, 여기서 이동은 정책 자체가 강제한 것이었다. 그러나 이들의 밀려남과 표류는 곧 탈주로 여겨졌다. 1991년 12월 9일 《경향신문》을 비롯한 주요 일간지에는 "AIDS 반응 검사에서 감염 의혹을 받고 있는 29명이 무더기로 잠적해" 보건 당국에서 이들을 찾기 위해 "병원에 수배 공문"을 배포했다는 기사가 실리기도 했다. 이후 정부의 관리 능력 부족과 소재가 파악되지 않는 감염인의 "잠적"을 문제시하며, 감염인을 반드시 찾아내야 할 "시한폭탄"으로 취급하는 형태의 보도가 지속적으로 이어졌다.[51] 첫 환자가 발생하기도 전에 만들어진 '감염자 발견 시 신속한 조치와 추적관리' 모델은 현실적으로 집행이 가능하지 않았다. 국가는 애초에 개인의 성적 실천을 완전히 감시하고 통제할 능력을 갖추고 있지 않았음에도, 정책의 허명을 둘러치고 마치 그러한 역능을 가진 것처럼 행세했다. 이 괴리 속에

서 감염한 사람들이 겪은 사회적 하락과 경제적 궁핍,
유랑, 성적 실천은 국가의 관리 실패에 따른 사고이
자 범죄로 손쉽게 치부되었다.

　　역사학자 박차민정은 1980년대 후반에서 1990
년대 후반까지 신문에 보도된 각종 에이즈 괴담을 분
석하면서 이러한 불안과 두려움의 심상이 "'문란한 성
생활'의 상징으로 출현한 이 새로운 질병에 대한 강박
적 공포들을 대변"한다고 분석한다.[52] '일탈적'이라
고 규정된 성적 실천이 성 산업과 도시 공간의 유동
성을 기반으로 늘어나고 있다는 게 체감되지만, 구체
적인 예방 지침인 세이프 섹스에 대한 논의는 전무한
상황에서 섹스에 대한 불안은 더욱 커지기만 했다는
것이다. 여기서 더 깊이 들여다보아야 할 점은 성적
공황은 규범의 부재에서 비롯되는 게 아니라, 역으로
특정한 규범 체계를 강제하기 위해 적극적으로 활용
된다는 점이다.[53] 당대의 예방 담론, 특히 의학자들
이 내놓은 지침들은 에이즈에 대한 공포를 활용하여
가해진 성적 규제의 주요 속성을 잘 보여준다.

　　미생물학자 이원영은 1989년 《중앙일보》에 기
고한 짧은 글에서 에이즈는 "거의 모든 환자를 사망
케 하는 무서운 질환"으로 "무절제한 성 문화의 저주

받을 산물"로 전염 경로에서 "가장 근본적인 것은 불
결한 성관계"이며 "건전한 부부 생활이야말로 최선의
예방법"이라고 강조한다.[54] 건전한 부부 생활에 대
한 강조는 이뿐만 아니라 1990년대 후반까지 에이즈
에 관한 여러 홍보물, 교육 자료에서 반복적으로 등
장했다. 대중 의학서로 집필된 『에이즈 백과』는 1987
년 초판이 출간되어 1999년까지 유통된 책으로 "국
내 유명 전문의 150명이 각 질환별로 공동 집필한 최
신 의학 결정판 시리즈"라는 부제를 달고 있다.[55]
『에이즈 백과』의 편저자는 흥미롭게도 1980~90년대
한국에서 가장 영향력 있는 의학자 중 한 명이었던
이문호이다. 실제 이문호가 이 책을 얼마나 집필했는
지는 정확히 알 수 없지만, 그는 혈액학과 핵의학 전
문가로 대한의학회를 결성하고, 의사국가시험 제도
를 정착시킨 인물로 한국 의학사에서 매우 중요한 위
치에 있다. 『에이즈 백과』는 에이즈의 기전에 관한
상세한 설명과 함께 미국와 일본의 에이즈 대책 등
을 매우 자세하게 소개하고 있는데, 에이즈를 미국에
서의 '성혁명' 및 '게이해방운동'에 따른 '난교'의 증가
때문으로 해석하는 도덕주의적 입장이 주를 이룬다.
이 책에서 가장 중요한 예방책으로 제시하는 것은

"건전한 성생활"로 "부득이 모르는 사람과의 성관계에서는 처음부터 끝까지 콘돔을 사용해야 되고, [……] 특히 동성연애 같은 위험한 행위는 절대로 피해야 되며, 정상적인 상대가 아닌 여성과는 성 접촉을 피하는 것이" 최선이라고 안내한다.[56] 이 책은 에이즈에 관한 총 쉰일곱 개의 질문에 답하는 상세한 부록을 담고 있는데, 특히 이런 대목이 인상적이다.

문 57. 에이즈에 대한 여러 가지 문제를 생각할 때, 가장 기본적인 것은 무엇인가?
에이즈는 에이즈 바이러스에 의해 생기는 감염이므로 에이즈 대책으로서는 당연히 바이러스의 감염을 예방할 필요가 있다. [……] 그러나 에이즈는 단순히 바이러스 감염의 예방책만으로는 해결될 수 없는 문제점들을 우리들에게 제시하고 있다. 에이즈는 성감염증의 하나이고, 돈으로 섹스를 매매하거나 스트레스 또는 알코올을 빙자하여 애정 없는 섹스에 빠지는 현대인의 정신적인 자세와도 관련되어 있기 때문에 에이즈는 어떤 의미에서 사랑 없는 섹스에 대한 경고라고 할 수 있을지 모른다.
만일 바이러스의 예방이라는 것만을 생각한다면

섹스할 때, 콘돔을 사용하면 그것으로 끝나는 것이 되겠지만, 이 같은 정신적인 잘못을 시정하지 못하는 한 근본적인 에이즈 예방은 불가능할지도 모른다. 이제까지 에이즈 예방법으로서 콘돔의 활용을 권장해왔는데, 이것은 어디까지나 수단일 뿐이고 이에 앞서 섹스 문제는 본인 스스로가 생각해야 될 중대한 정신적인 문제인 것이다.[57]

감염 위험을 줄일 수 있도록 세이프 섹스라는 구체적인 행위 지침을 제시하기보다는 "정신적인 자세"를 강조하는 이러한 접근은 '향락 문화'를 추방해서 건전한 가정 문화와 사회를 만들고자 한 당대의 보수주의적 시민사회운동과 방향을 같이한다. '향락 문화 추방운동'은 불법 출판물부터 마약, 과소비, 성매매, 인신매매, 성폭력에 이르기까지 다양한 분야를 포괄했으며, 여기에 여성 단체를 비롯한 여러 시민사회 단체가 동참했다.[58] 향락문화 추방운동은 그 자체로 기분 전환용 성recreational sex과 상품화된 성이 더 이상 주변적 위치에 머무르지 않고 일상에 자리 잡은 시대상을 반증한다. 이때 "현대인의 정신적인 자세"를 강조하는 예방 지침은 흥미롭게도 콘돔 사용 같은

행위 수준에서의 변화로는 에이즈 예방이 결국 불가
능하다는 비관주의를 전제하고 있다. 오로지 결혼한
남녀 부부간의 배타적 이성애 관계만이 안전한 성이
라는 규범을 제시하기 위해 에이즈라는 무서운 질병
은 구체적인 행동 지침 준수로는 결코 완전히 예방할
수 없는 것으로 재신비화되는 것이다. 1990년대 콘돔
사용 캠페인이나 콘돔 자판기의 공공장소 설치를 둘
러싼 논란은 모두 콘돔이 100퍼센트 안전한 것은 아
니라는 점을 강조하면서, 세이프 섹스에 대한 교육과
지식이 결국 성행위의 자유를 부여하고 문란한 성을
부추긴다는 논리를 강화한다. '사랑'에 기반한 성인 남
녀 간의 섹스만이 유일하게 '정상적'이며, 따라서 가
장 '안전'하다는 이 같은 논리는 콘돔 사용을 '비정상
적' 관계에서만 필요한 것으로 간주하게 함으로써 성
매개 감염 예방에 필수적인 행위를 외려 성적 문란의
증거로 여기게 만들었다.

　'에이즈 복수극'의 주인공으로 등장하는 성노동
자와 남성 동성애자는 이런 타락한 성 문화의 전형으
로 도구화되어, 일반 대중의 도덕적 정신성을 시험하
는 극적 장치로 기능했다. 1995년부터 한국에이즈연
맹에서는 '새순결교육'이라는 이름으로 감염인이 자

신의 죄와 타락을 고백하는 교육 프로그램을 만들어 전국을 순회하는데, 이 역시 예방은 세이프 섹스에 대한 지식 제공이나 행위 차원의 변화가 아니라 청중에게 정신적 충격을 줄 때만 가능하다는 논리를 공유한다. 에이즈는 일종의 도덕극으로 전시되고, 감염인은 한때 '원한에 찬 복수자'이자 '죄의 고백자'로 등장한다. 그리고 그 반대편에서는 속수무책으로 감염인이 저지른 범죄의 피해자가 되는 '일반 대중'의 표상이 함께 만들어진다. 다시 말해 에이즈 감염은 문란하고 일탈적인 실천에 따른 파국적 결말로, 성적 타락은 한번 일어나면 결국은 걷잡을 수 없는 일로 상정된다. 성적 강박을 극도로 강화하기 위한 교육인 것이다.[59]

　　따라서 1990년대 언론에 연이어 보도되는 '상상 에이즈 증후군', '에이즈 공포증'은 '에이즈 복수극'의 효과가 아니라 거울상이라고 할 수 있다.

　　에이즈 공포 등 신경쇠약 증세 주부, 두 딸 데리고 자살(1990년 3월 2일)
　　60대 부부 에이즈 자살극 수혈감염 남편이 전염 아내 숨지게 도와(1992년 7월 3일)
　　60대 에이즈 환자 병실서 증발, 91년 수혈감염

옮은 부인도 자살, 사회적 시선·관리 등 문제점 노출
(1993년 3월 11일)

　'에이즈 걸린 것 같다' 30대 자살(1994년 10월 21일)

　에이즈감염 착각 전직교사 딸 살해 후 암장(1995
년 4월 27일)

　에이즈 감염 착각 20대 여 투신자살(1996년 5월
14일)

　에이즈 걱정 20대 자살(1997년 1월 1일)

　　1990년대 초반부터 2000년대 초반까지 《조선
일보》에 보도된 에이즈 관련 기사 목록에서 내가 간추
린 이 기사 제목들은 그 어떤 것도 HIV 감염인의 삶
에 대해 말해주지 않는다.* 크게 놀라고 겁에 질린 사
람들, 어딘가 도움을 청해보지도 못한 채 궁지에 몰린
사람들의 마지막 순간이 무성의하게 기록되어 있을
뿐이다. 이 기간 동안 언론은 에이즈 패닉을 전시하고,
증폭하며, HIV 감염이 결국 개인과 가정과 사회 전체
에 재앙이 될 것이라는 걸 기정사실화했다. 이 반복적
재현이 만들어낸 정동적 회로 안에서 에이즈에 대한
공포는 아무리 비합리적이라 해도 쉽게 떨쳐낼 수 없
는 것이자 그렇게 느껴야만 하는 형태로 고정되었다.

* 해당 기사 목록은 1982년부터 3대 일간지의 HIV/AIDS 관련 기사 자료 제목을 수집 및 정리한 「HIV 감염인 및 AIDS 환자 인권상황 실태조사」의 부록에서 인용한 것이다. 1990년대 이러한 보도 행태는 비단 조선일보만의 문제가 아니었으며, 동아일보, 중앙일보, 경향신문 등에서 모두 유사하게 드러난 바 있다. 이훈재 외, 「HIV 감염인 및 AIDS 환자 인권상황 실태조사」(국가인권위원회, 2005).

에이즈일지도 모른다는 생각만으로 자기 자신
과 배우자, 어린아이들을 해치는 끔찍한 사건이 이어
질 때, 감염한 사람들의 절망은 더욱 컸을 것이다. 기
사의 제목은 모두 누군가의 절박한 외침을 뒤에 숨기
고 있는 듯하다. '제발 여기서 좀 벗어나게 해달라'고
말이다. '절대 그런 상태가 될 수 없다'는 극단적 거부
감과 '너도 나와 똑같은 꼴을 당하게 해주겠다'는 테
러가 언제 이미 일어났을지 모른다는 피해망상은 서
로를 향해 소리치며 아무런 응답도 들을 수 없게 메
아리쳤다. 1990년대 한국에서 에이즈가 일으킨 공황
은 당대 얼마나 많은 사람들이 도덕적으로 항거 불가
능한 상태로 내몰렸는지를 입증한다. 감염이 확실하
지도 않은, 혹은 아직 기회감염에 따른 신체적 고통
을 경험하지도 않은 사람들이 단순히 그럴지도 모른
다는 착각과 비참하게 죽고 말 거라는 강박 속에 질
식해갔다. 장성한 자식을 둔 중년의 부부가 차례로
자살한 사건의 끔찍함은 당대에 HIV 감염이라는 상
황이 얼마나 극단적으로 받아들여졌는가를 예증한다.
남편은 수혈로 감염한 일종의 '순수한 피해자'였지만,
이들에게 에이즈는 어떤 경로로 감염했든 간에 보통
의 이성애 가족 안에서는 도저히 받아들여질 수 없는

사안이었으며, 무엇보다 감염한 상태로 살아가는 일
은 용납 불가능한 것으로 체감되었다. 그리고 이 절
박한 불가능성은 다시 에이즈를 반드시 두려워해야
할 근거로 언론을 통해 전시되었다. 이런 악순환 속
에서 아무도 두려움에 빠진 이들을 실질적으로 돕지
않았다. 이 끔찍한 기사들의 목록이 증명하는 건 연
민과 사회적 지지의 절대적인 결여이기도 하다.

집단적 실패를 기억하기

공황은 공포와 혼란의 집단적 경험이다. 위기
대응의 실패를 뜻한다. 한국에서 에이즈를 둘러싸고
일어난 공황은 의과학, 행정과 사법 체계, 언론, 시민
운동의 참여를 통해 전개되었다. 의과학 분야 전문가
들은 질병의 통제 불가능성에 대한 예측을 통해 두려
움에 물리적 형체를 주었고, 현실적으로 실현 불가능
한 수준의 주의 경보와 경계를 합리화했다. 특히 기
존의 '보균' 개념을 신종 감염병에 재삽입함으로써 눈
에 보이지 않는 바이러스의 이동을 '인간 감염원'의
발견과 소거를 통해 통제할 수 있다는 논리를 제공

했다. 그러나 병원체의 채취와 폐기를 기본으로 하는
실험실의 질서는 사람살이의 질서로 작동할 수 없었
다. 보건 행정과 사법 체계는 '보균자'라는 감염원을
통제하면 마치 질병의 예방이 가능한 것처럼 여기게
했으나, 실패는 예정되어 있었다.

　　무엇보다 일부 인구군에 대한, 특히 성노동자
에 대한 강제 검진은 실상 질병 감시의 측면에서나
예방 면에서나 기여하는 바가 없었다. 오히려 이 정
책은 정기적으로 검사받는 성노동자들은 '깨끗하다'
는 잘못된 안전 의식을 갖게 했으며, 이들이 구매자
에게 콘돔을 사용하는 세이프 섹스를 요구하는 걸 더
욱 어렵게 만들었다. 1990년대 태국에서는 상업적 섹
스가 이뤄질 경우 반드시 콘돔을 사용하도록 하는 전
국적인 캠페인을 국가 주도로 전개했고, 이를 통해 성
적 행위와 지식의 측면에서 직접적인 변화를 끌어내
는 예방 활동을 벌인 바 있다.[60] 이에 비해 당시 한국
의 정책은 국제적으로도 매우 뒤떨어진 형태였다. 더
큰 문제는 이와 같은 강제 검진 제도가 여전히 유지
되고 있다는 것이다. UNAIDS는 1996년 설립 이후
가장 먼저 HIV 검진에 대한 가이드라인을 내놨는데,
이때 제시된 가장 기본적인 원칙이 사전 동의 없는

검진은 극히 예외적인 경우에만 정당화될 수 있으며, 공중 보건상의 이유로 강제 검진을 시행해서는 안 된다는 것이었다.[61] 한국의 HIV 검진 정책은 폭압적이고 성차별적인 성병 검진 정책의 역사를 무비판적으로 답습했고, 신종 감염병 대응을 위해 나선 당대의 여러 보건의료 전문가들은 HIV 검진 과정에서 어떤 윤리적, 법적 원칙이 무시되고 있는지에 대해 큰 주의를 기울이지 않았다.

　　색출과 다를 바 없는 강제 검진의 후속 조치인 '감염자 관리' 정책 역시 질병 예방에 기여하지 않았다. 실명으로 명부를 작성하고, 이들의 주소지를 확인하고, 보건소에서 정기적으로 연락을 해 준수 사항을 지키도록 하는 정책은 실상 보호관찰제도probation나 다름없었다. 당시 만들어진 사회 계약의 핵심은 에이즈 확산을 막는 것이 국가의 마땅한 의무이며, 이를 위해서는 감염이 특정된 이들 혹은 감염했을 거라고 추정되는 이들의 시민적 권리에 심각한 제약을 가해도 된다는 것이었다. 이런 종류의 사회 계약은 물론 에이즈 위기로 인해 새롭게 출현한 것은 아니었다. 위생 개혁과 예방 접종 사업, 산아 제한을 포함한 여타의 인구 관리 정책들을 비롯하여 사회의 의료화를 야기해온 일련의 개입들과 궤를 같이했다. 이는 생명정치, 즉 생명을 보호하고 증진하는 것을 주권권력의 발현에서 가장 중요한 일로 만들어온 정치의 출현과 긴밀히 연결되어 있다.[62] 감염병을 범죄와 유사한 논리로 다루어 통치 현안으로 만들 때, 핵심은 성적 실천에 대한 직접적인 감시와 처벌이 아니라 정상적인 것과 비정상적인 것의 구별을 강화하는 기제라고 할 수 있다.[63] 여기서 정부의 관리 실패는 필연적인 것으로, 감염인을 성적 괴물이자 사회의 위험 요소로 전시하기 위해 이미 제도 내에 예정되어 있는 결과였다. 정부의 추적관리의 부재에 대한 언론의 질타와 공분은 국가 권력에 대한 비판이 아니라 생명정치 장치dispositif의 일부로 작동했다. 더 많은 통제와 관리, 규율을 요청하기 위해 공황은 필수적이었고, 이를 통해 정상화에 기반한 성적 예속은 더욱 강화되었다.

에이즈 공포는 당대 성적 네트워크의 격렬한 구조 변동 속에서 "섹스의 정치적 순간"을 현상한다.[64] 의과학, 행정, 언론의 전 영역에서 성적 위계를 공고히 하는 정치적 힘이 발휘되었고, 성에 기반한 착취와 불평등, 배제를 야기하는 동력은 오염과 전염에 대한 두려움을 통해 더욱더 강화되었다. 이 시기를 거치며 한국 사회는 HIV 감염을 범죄적 행위의 결과이자 집단 모두에게 해로운 재난으로 여기게 되었다. 그러면서 이미 감염한 사람들이, 또 감염의 위험에 취약할 수밖에 없는 상황에 놓인 사람들이 어떤 고통과 고난을 감내했는지는 쉽사리 무시해도 되는, 어쩔 수 없는 일로 만들었다. 여기서 가장 큰 문제는 보호와 관리를 앞세우는 공중 보건의 규범적 논리와 이를 통해 발생하는 효과 사이에 심각한 어긋남이 있었다는 것이다. 이 과정에서 정작 보호받아야 할 사람들이 보호받지 못했다. 성적 위계의 하층에 놓인 사람들, 콘돔 사용을 타인에게 강제할 수 있는 권한과 힘을 부여받지 못한 성노동자들과 여성들, 안전한 성적 실천이 무엇인지에 대한 지식과 담론을 공유할 사회적 자리조차 부여받지 못한 성소수자들은 가장 큰 위험에 직면하고 있으면서도 위험을 퍼트리는 이들로 가장 먼저 비난받았고, 스스로를 보호할 사회적 자원 역시 갖지 못했다. 대중의 경각심을 촉구한다는 명목하에 만들어진 공포극에서 감염한 사람들의 존재는 일종의 구경거리이자 지탄의 대상이 된다. 에이즈 패닉은 감염한 사람이 겪어야 하는 고통에 대한 무감각과 가학적 활용을 광범위하게 허용했다는 점에서 당대 한국 사회의 도덕적 역량에 대해 많은 걸 말해준다.

공황은 감염병과 마찬가지로 더 이상 새롭게 감염할 대상을 찾지 못하면 결국은 잦아들고 만다. 에이즈 공황은 에이즈가 불치병의 지위를 잃고 치료 가능한 만성질환으로 전환되는 기점을 중심으로 발화력을 크게 잃었고, 두려움은 혐오로 모습을 바꾸기 시작했다. 한편 1990년대 공포의 시기를 거쳐가는 동안 이에 반하는 새로운 사회적 힘도 생겨났다. 성적 지향과 정체성을 사회운동의 기반으로 새롭게 정위한 성소수자운동이 보호막을 키웠다. 성적 권리를 포괄하는 인권 개념의 확장을 통해 성적 실천과 감염에 대해 다르게 말할 문법과 논리가 형성되었다. 강제 검진을 비롯한 한국 에이즈 정책에 대한 근본적인 문제제기는 2000년대 인권운동의 세력화를 통해서 뒤늦게야 시작될 수 있었다. 2006년부터 본격화된 후천성면역결핍증 예방법 개정 운동, 2007년에서 2009년까지 이어진 에이즈 치료제 푸제온의 특허권 강제실시를 요구했던 의약품 접근권 운동, 2013년부터 본격화되어 2023년 현재까지 이어지고 있는 감염인 진료 거부 및 입원 거부에 대한 대응 활동과 후천성면역결핍증 예방법상의 전파매개행위의 죄 폐지 운동은 감염한 사람의 자리에서부터 어떤 변화가 필요한지를 되묻고, 과거의 실패를 부수고 나아가는 긴 여정의 중요한 이정표들이다.

망쳐지지 않은 사람

공포의 소용돌이가 가장 거칠게 휘몰아칠 때, 그 한가운데를 뚫고 나아간 사람이 있었다.

1987년에 강제 검진 대상으로 감염 사실을 알게 되었던 다섯 명의 여성들 중 또 다른 한 사람의 흔적을 찾을 수 있었다. 한 번의 뉴스 보도 이후 자취를 알 수 없었던 '김 모 양'과 달리 그는 사라지지 않았다. 판결문, 신문 기사, 소설, 영화 그리고 그를 기억하는 사람들의 기억 속에서 각기 다른 이름과 호칭으로 남아 있다. 그의 존재는 1994년 대대적으로 보도된다. 당시 "정 모 양"으로 불린 그는 "에이즈 접대부"로 세상에 알려졌다. 기사들은 에이즈에 걸리고도 "사회가 원망스러워" 전국을 떠돌며 접대부 생활을 한 인물을 찾아냈다며, 그가 일한 업소를 약어로 나열하고 지역명을 상세히 보도하기까지 했다.[65] 그는 이후 시사

고발 프로그램을 비롯한 몇몇 방송에도 출연했고, 나
중에는 "에이즈 퇴치"를 위한 공개 강연회 등에 연사
로 서기도 했다.

　　그의 강렬한 흔적은 국가의 손해배상 책임에
관한 유명한 판례에도 남아 있다. 대법원 판결문에
"원고"로 등장하는 이 여성은 1987년 당시 스물여섯
살로 전남 광산군 용보리 미군 기지촌에서 특수업태
부로 종사하고 있었다.[66] 판결문에 따르면 양성 판정
을 받은 후 그는 바로 용보리 기지촌을 떠나 광주, 전
남 보성, 영광, 나주, 제주로 옮겨 다니며 다방 종업
원, 술집 접대부, 유흥업소 종업원 등으로 일했다. 그
의 이야기를 대법원의 손해배상 판례에서 찾을 수 있
는 이유는 그가 1995년에 한 방송의 취재에 응하면
서, 1987년 자신이 처음 받은 양성 판정이 잘못된 판
정, 즉 위양성이었을 가능성을 알게 되었기 때문이
다. 첫 판정 이후 다른 지역에서도 강제 검진 대상으
로 여러 번 검사를 받았는데, 이 중에는 결과가 음성
인 경우들이 있었다는 걸 방송 취재 과정에서 뒤늦게
알게 된 것이다. '원고'는 현재 자신이 HIV에 감염한
상태가 확실하다 하더라도, 이처럼 검사 결과가 양성
에서 음성으로 뒤바뀌는 경우가 있었다면 1987년 자

신이 받은 최초의 양성 판정 역시 오진일 수 있으며,
자신의 HIV 감염은 이미 감염했다고 착각해서 벌어
진 일일 수 있다고 주장한다. 그리고 당시 검사 체계
를 제대로 운영하지 못한 국가의 책임을 따져 묻는
다.[67] 서울고등법원은 검사 결과상에 모순점이 있음
에도 검사자에게 재검사나 재판정 절차가 전혀 안내
되지 않았고, 이로 인해 원고가 심각한 정신적 고통
을 받았으니 이에 대한 배상금을 지급하라고 판결한
다. 그러나 대법원은 검사와 판정에서 오류가 있었던
것은 사실이지만, 이러한 불일치 결과를 검사자에게
통보해야 할 의무까지 공무원이 진다고 볼 수 없다며
원심 판결을 뒤집고 만다. 이 판결은 당시 HIV 검사
체계가 검사 결과 판정의 정확성과 통보 측면에서 여
러 문제점을 안고 있었음을 입증해주지만, 그럼에도
불구하고 이로 인해 야기된 혼란과 손해에 대해서는
국가의 책임을 전혀 인정하지 않는다.

　　'정 모 양'과 '원고'의 이야기는 1997년 출간된
한 소설에서 "정민숙"이라는 이름으로 이어진다.[68]
당시 유행하던 세태 소설의 형식을 빌려 한 기자가
그의 이야기를 극화해 책으로 출판했다. 그의 이야기
는 이후 유명 영화 감독이 만든 성매매에 관한 작위

적인 영화에 차용되기도 했다고 한다. 이 꼬리를 무는
이야기의 조각들을 쫓으며 나는 마침내 그와 동시대
를 살았던 사람들을 찾을 수 있었다. 언론은 정민숙
같은 사람이 있다는 것을 시사 고발의 소재로 소비했
고, 세태 소설은 그의 고통스러운 유년기와 성노동 경
험을 관음증적으로 그리며 기구한 여자의 인생사에
대한 한탄으로 끝을 맺는다. 그러나 그는 이런 이야
기들이 어떻게 끝났는지와 관계없이 계속 살아갔다.
그는 에이즈 공황에 휘말린 사람이었지만, 거기서 끝
이 난 사람은 아니었다. 이 온갖 소동 이후 그의 삶이
어디서 어떻게 이어졌는지를 나는 '한국HIV/AIDS감
염인연합회^{이하} KNP+'의 회원인 조영진 씨를 통해 들
을 수 있었다.

　　조영진 씨는 '정민숙'이 그의 본명이라고 확인
해주었다. 정민숙 씨는 1994년 언론의 대대적 보도
이후 서울로 옮겨 와 당시 처음 만들어진 감염인 당
사자 모임에 합류했다고 한다. 그는 몇몇 감염인들
과 함께 종교 단체의 후원으로 마련된 숙소에 의탁하
게 되었고, 거기서 당시 20대였던 조영진 씨와도 만
났다. 조영진 씨는 정민숙 씨가 언론 보도 이후 방송
출연이나 홍보 강연, 책 출간 등에 응한 데에는 경제

적 이유가 가장 컸다고 말했다. 생계 수단이 없던 상황에서 출연료와 강연료, 인터뷰 사례비가 적은 금액이었지만 거절할 수 없는 이유가 되었다는 것이다. 정민숙 씨는 한글을 읽고 쓰지 못했지만, 기억력이 좋아서 강연 내용이나 노래 가사를 모두 외우고 있었다고 한다. 종교 단체의 후원은 오래가지 않았는데, 에이즈에 대한 공포 분위기가 한풀 꺾이자 이에 대한 세상의 관심도 크게 줄었기 때문이다. 이후 그는 비감염인 남성과 부부로 함께 살면서 식당을 하기도 했으며, 조영진 씨처럼 당장 갈 곳이 없는 감염인들에게 잠시 지낼 곳도 곧잘 내어주곤 했다고 한다.

조영진 씨의 기억에 정민숙은 온 세상이 그에 대해 "까발리고" 싶어서 안달이 난 속에서도 "할 거 다 하고, 행복하게 살았던" 사람이었다. 그는 그 누구보다 "떳떳하게" 나섰던 사람이었다. 주변 이웃들에게도 에이즈에 대해 숨기는 법이 없었다고 한다. 어느 해 여름에는 감염인 지인들을 그의 친언니가 살았던 남도의 섬에 데려 가 밥도 해 먹이고 해변에서 즐거운 시간을 함께 보내기도 했다고 한다. 고향인 영광에서 굴비를 궤짝으로 보내주면 주변에 야무지게 팔았고, 고스톱도 잘 치고, 노래도 잘하고, 함께 어울리

는 걸 좋아해 주변에 늘 사람이 끊이지 않았다. 1998
년 손해배상 소송에서 결국은 지고 말았을 때, 정민
숙 씨는 크게 상심하기도 했지만, 거기에 넘어져 미련
을 오래 두지는 않았다. 그는 "일상생활을, 자기 생활
을 해나갔던 사람"이었다.

　1987년 정민숙 씨가 처음 강제 검진으로 양성
판정을 받았을 때 세상은 그와 같은 사람들이 금세
죽어버릴 것처럼 호들갑을 떨었지만, 그는 크게 아픈
적도 없었다고 한다. 1997년에 이르면 한국에 처음으
로 효과적인 HIV 치료제가 도입되었고, 2000년대
초반에 이르면 치료제를 복용하는 감염인들이 늘어
나기 시작했다. 그러나 그는 "누나 보면 모르냐, 이렇
게 건강한데 약을 왜 먹어."라고 말하며 치료를 시작
하지 않았다고 한다. 2000년대 중반 정민숙 씨는 결
핵에 걸려 크게 아팠고, 이때 치료를 시작하여 회복
했다가 다시 폐렴에 걸리면서 결국 중환자실에 입원
하게 되었다. 그리고 이때를 마지막으로 생을 마쳤다.
한국 에이즈 정책의 가장 큰 실패는 예언보다는 훨씬
더디게 온, 그러나 실상은 너무 이른 그의 죽음에서
그대로 드러나는지 모른다. 그는 '보균자'로 '조기 발
견'되었고, 국가의 '감시'를 벗어났다며 온갖 비난과

수모를 당했지만, 조기 치료의 대상이 되지는 못했다. 그의 삶이 온통 뒤흔들리도록 폭압을 부린 보건 행정 체계와 언론, 임상 의료는 정작 치료가 가능해진 시점에는 무기력으로 일관했다. 한때 한국 최초의 여성 감염인으로 잘못 알려진 적도 있는 그가 2000년대에 이르기까지 HIV에 감염하면 항바이러스제 치료를 받아야 한다는 걸 받아들이지 못했던 건 단지 그의 고집 때문만은 아니었다. 한국의 에이즈 예방과 치료 정책이 그를 살려내는 데 실패한 것이다.

그리하여 우리는 이 모든 어려움 속에서도 자기 삶을 살아간, 떳떳하고 튼튼했던 사람을 안타깝게 잃어버렸다.

조영진 씨는 정민숙 씨가 그래도 "행복하게 갔다."라고 생각한다고 말해주었다. 그를 "일편단심으로 사랑한" 사람이 곁을 지켜주었고, 외롭지 않게 떠났다고 했다. 정민숙에 대한 여러 이야기들이 모두 심각한 오인과 착각을 일으켰다고 할 때, 지금 내가 잊히지 않게 붙잡아두고자 하는 이야기 역시 그러할 것이다. 그러나 단편적이라고 하더라도 정민숙을 다르게 기억해야 할 중요한 이유가 있다. 정민숙과 조영진이 먼저 감염한 사람으로 맞서야 했던 공포의 소용돌이는 과거의 위세를 잃어버렸을지 모르지만, 아직 완전히 사라지지 않았기 때문이다. 한 시대의 기록이지만, '에이즈를 비관해 자살' 같은 표현을 오늘날 다시 쓰고 싶지 않다. 그러나 쓰지 않는다고 잔혹한 일이 일어나지 않는 것은 아니다. 2015년에는 정신 건강 악화로 응급실에 간 서른 살의 남성이 HIV 검사를 하는지도 모른 채 혈액 검사를 받았고, 집에 돌아온 후 오밤중에 응급실에서 걸려온 전화로 감염했다는 통보를 받고는 그날 바로 투신하여 사망했다. 사전 동의를 구하지 않는 검사 방식과 적절한 상담 절차를 생략하는 일방적 통보의 나쁜 관행은 여전히 사라지지 않았고, 누군가는 여기에 걸려 크게 절망했다. 2017년에 몇몇 기사들은 에이즈에 감염한 여성이 성매매를 했다는 보도를 대대적으로 하면서 "에이즈녀"와 같은 표현을 서슴없이 썼다.[69] 2019년에는 한 대학생이 "에이즈 보유자"가 기숙사에 입소해 "'나만 병을 가질 수는 없지.'라는 마인드"를 가지고 누구에게 병을 옮길지 모른다는 괴담을 학교 인터넷 게시판에 올려 소동이 벌어졌다.[70] 대학 당국은 우리 기숙사에는 감염인이 없다며 해명이 될 수 없는 해명을 했다. 과거의 낡고 해로운 두려움이 현재를 헤집게 그대로 둘 때, 누군가 다시 크게 다친다.

공포는 전염된다. 그러나 용기 역시 그러하지 않은가? 무섬증이 일어도 용감한 사람이 곁에 있으면, 그런 사람이 여럿이면 함께 맞설 수 있다. 헤쳐나 갈 수 있다. 처음을 발견하고 기록하는 일이 어떤 새로운 시작이 있었다는 걸 잊지 않기 위한 거라면, 정민숙은 한국에서 처음 자기 자신을 드러낸 여성 감염인으로, 세상에 자기 얼굴과 이름을 기꺼이 내어준 사람으로 기억되어야 할 것이다. 그는 HIV 강제 검진의 부당함과 검진의 정확성 문제를 당사자의 자리에서 처음 제기한 사람이었고, 비록 그에 응당한 배상을 받지 못했지만 거기에 지지 않고 자기 인생을 살아간 사람이었다. 무서움에 지지 않았던 용감한 사람이었다. 그의 삶에 대한 이야기는 이제까지와는 다른 어조로 되살려져야 한다.

HIV가 감염한 사람들에게 어떤 공통성을 부여한다면, 그리하여 감염한 사람들 모두를 하나의 계보로 엮어줄 수 있다면, 지금 새롭게 생겨나는 모든 이들은 반드시 알아야 한다. 바로 자신이 이 진실하고 굳건한 여성의 후예라는 걸, 꼭 알아야만 한다.

가운뎃점으로
삶과 죽음이
뭉쳐질 때

3

자취를 찾을 수 없던 사람이 긴 시간이 흐른 후에 다시 세간의 입에 올랐다. 1985년 한국인으로 처음 HIV 감염 진단을 받았던 20대 청년의 소식은 2009년에 다시 접할 수 있었다. 질병관리본부^{현 질병관리청}는 그해 12월 1일 세계 에이즈의 날을 맞아 보도 자료를 내면서 그가 확진 판정을 받은 지 24년이 지났지만 "현재 매우 건강한 상태"라고 알렸다. 1985년 대파멸의 신호처럼 여겨졌던 그의 등장은 이제 "에이즈는 걸리기만 하면 곧 죽는 무서운 병이라기보다는 고혈압이나 당뇨병처럼 약으로 평생 관리하는 만성질환"이라는 걸 입증하는 사례가 되었다.[1] 이 변화를 그는 어떻게 살아냈을까? HIV에 감염한 사람의 생존이 뉴스가 된다는 건 무슨 의미일까?

그의 소식은 2015년에 다시 한번 들려왔다. 국내 에이즈 발생 30주년을 맞아 작성된 기사에서 그는 감염한 지 30년이 지난 당시에도 여전히 건강을 유지하고 있었다. 이런 몇 줄의 소식 말고는 한국에서 처음의 자리에 서야 했던 사람이 그 긴 시간을 어떻게 지냈는지 전혀 알려진 바가 없다. 한 사람의 인생이 오직 수명의 지속으로 요약될 때, 삶은 도대체 어떤 모습을 하게 되는 것일까?

'건강한 HIV 감염인'이 형용모순이 아니라는 걸 첫 사람은 자기 몸으로 입증하고 있었다. HIV에 대한 혈청 검사상 양성^{seropositive}이라는 그의 상태는 1985년부터 2015년까지, 30년간 변하지 않았다. 그러나 그 의미는 완전히 달라졌다. HIV가 일으킬 수 있는 질병의 성격이 획기적으로 변했기 때문이다.

이를 HIV의 만성질환화라고 부른다. 감염한다고 해도, 항바이러스제를 지속적으로 복용할 경우 후천성면역결핍증으로 발전하지 않는다. 비감염인과 동일한 수명을 누릴 수 있다. 약물 치료의 발전이 이 중대한 변화를 이끈 주역이다. 질병관리청의 자료에 따르면 2021년 보건 당국에 HIV 감염이 확인된 내국인의 95.5퍼센트가 치료제를 복용하고 있으며, 이들 중 96.0퍼센트는 바이러스가 억제된 상태이다.[2] 이는 한국 감염인 거의 대부분이 치료를 유지하고 있다는 뜻이다. HIV 감염이 이제 '고혈압이나 당뇨병 같은 만성질환과 다를 바 없다'고 할 때, 그 같음은 이 질병들이 지속적인 약물 치료를 통해 관리 가능하다는 점에서 비롯한다. 그리고 여기에는 크나큰 희망이 있다. HIV 감염이 마치 수축기 혈압이 평균치보다 크게 높거나 인슐린 분비량이 많이 부족한 경우처럼 다뤄질 수 있게 된 것이다. 몸의 가장 적정한 상태는 아니지만 그렇다고 아주 부끄러울 것도 없는, 몸의 자연스러운 이상異狀 상태 중 하나로 말이다. 같은 시기 한국 전체 인구의 35.5퍼센트가 만성질환자로 분류된다.[3] HIV 감염인은 만성질환 환자들처럼 정기적으로 검진을 하고, 자신의 상태에 따라 약을 처방받아 복용함으로써 일상을 지속한다. 효과적인 치료법의 개발과 보급은 HIV가 정상적인 질병의 자리로 옮겨 갈 수 있는 길을 크게 열어두었다.

　　그러나 안타깝게도 병의 차이를 만들어내는 건 의학 기술이 아니다. 병은 역사의 궤적 속에 있다. 고혈압이나 당뇨병으로는 쓰인 적 없는 세상의 역사가 에이즈에는 있다. 당뇨병 진단을 받게 된 환자에게 이 병은 HIV 감염처럼 쉽게 관리 가능하니 걱정하지 말라고 말해준다면 어떨까? 여전히 한국의 많은 의사가 HIV 감염인의 처치나 수술을 꺼려한다. 2020년 8월 생산직 종사자인 한 남성이 엄지손가락이 기계에 말려 들어가 절단 사고를 당했다. 그가 HIV 치료제 복용 사실을 밝히자 접합 수술을 해줄 병원을 찾을 수가 없었다. 받아줄 병원을 찾아 열 시간 넘게 떠돌아야 했다. 결국 그는 엄지손가락의 기능을 영영 잃어버리고 말았다. 가장 먼저 이송된 병원에서는 격리 병실이 없어 수술을 해줄 수 없다고 버텼다. 혈당 수치가 높거나 혈압이 정상 수치보다 높다는 이유만으로 병원에서 입원을 거부당하는 일은 없다. HIV 감염을 이유로 환자를 격리 병실에 둘 필요도 없다.* HIV 치료의 임상 의학은 혁신적인 변화를 거듭했지만, 차별의 장기 지속은 HIV 감염을 다른 '정상적인' 병과 같을 수 없는 것으로 내치고 있다.

　　이 장에서 나는 HIV의 만성질환화라는 멀리서 보기에는 아주 평탄할 것만 같은 지형이 어떤 깊은 굴곡을 숨기고 있는지를 들여다보고자 한다. 2013년을 기점으로 HIVAIDS 감염인 인권운동 동료들과 나는 입원할 곳을 찾기 어려운 감염인과 그 가족을 만나 그들의 경험을 기록하는 작업을 해왔다.** 이 장에서는 그간의 인터뷰 연구를 기반으로 HIV 감염인 당사자와 가족들의 이야기를 전한다. 특히 자기 자신에 대해서 직접 말할 수 있는 사람들의 경우에는 이들의 생애사 전반에서 HIV 감염과 장기간의 입원 생활이 어떤 영향으로 자리 잡았는지를 가늠하고자 한다. 이들의 특수한 생애 경험은 이제는 약으로 쉽게 다스릴 수 있는 병이 급격히 악화되어 몸에 큰 해

* 진료 및 입원 거부 관행과 그 해결책에 관해서는 4장에서 논의한다.

** 이 장에 활용된 인터뷰 자료 중 일부는 개인 연구를 통해, 나머지 일부는 2019년 당시 질병관리본부에서 시행한 정책연구 용역사업(HIV/AIDS 질병맞춤형 요양(병원 및 돌봄) 서비스 모델 개발 연구 최종보고서)의 진행 과정에서 수집되었다. 해당 사업은 공동 연구로 진행되었으며, 심층 인터뷰 연구는 권미란, 나영정, 서보경, 손문수, 이인규가 함께 진행했다.

를 끼치면서 비롯되었다. 따라서 여기서 내가 전하는
이야기들은 이미 만성질환의 시간을 살아가고 있는,
대다수의 건강한 HIV 감염인의 경험과는 크게 다르
다. 대다수는 겪지 않는, 겪을 필요가 없는 몇몇 소수
의 경험이다. 그러나 이 소수의 깊고 오랜 고통은 더
욱 크고 어려운 질문을 던진다. 도대체 왜? 어째서 이
런 일이 계속될까? HIV 치료의 보편화는 감염이 이
제 일상을 위협하는 위기로 커지지 않을 수 있으며,
또 그러해야만 한다는 기술적, 임상적, 정책적 가능
성과 목표를 명확히 제시한다. 그런데 한국 사회에서
이 마땅한 희망은 도대체 어디서부터 어긋나고 있는
것일까?

사라져야 할 것들이 사라지지 않을 때

경상도의 한 중소 도시에 있는 큰 봉제 회사에
서 재단사로 일하던 김상진 씨는 2007년 갑자기 쓰
러지면서 처음으로 HIV 확진 판정을 받았다. 나는 그
의 형을 2019년 처음 만났다. 처음 쓰러졌을 때 마흔
일곱이었던 김상진 씨는 육십이 다 되도록 병상에서

일어나지 못하고 있었다. 그보다 네 살이 많은 큰형은 서울의 큰 종합병원에서 동생의 감염 사실을 처음 알았는데, 그때 의료진의 대응을 지금도 잊지 못한다.

"간호사들이 비닐 가운을 두 개 [입고], 비닐 장갑, 마스크까지 [다 끼고]. 우리는 지식이 없는 사람이라서 그런 것도 접해보지 않았거니와 옆에만 오면 그냥 죽는 줄 알았다니까요. 그 큰 병원에서 의사들이 그 정도[로 대처할 만큼 HIV에 대해서] 홍보가 안 됐으니 일반인들은 제대로 알겠냐고요. 그러니까 집에 전화해서 막내 물건 다 태우라고 그랬어. 동네 병원도 아니고 큰 병원 간호사들이 장갑 두 개 끼고 모자, 마스크 다 하고 이러니까, 닿으면 죽는다고 생각했지. 양복이고 뭐고 다 태웠다니까요. 그 정도로 진짜 무식했어요. 병원에 있는 전문가들이 그 정도로 하니까 진짜 그렇게 생각할 수밖에 없더라니까요."

김상진 씨가 이렇게 오래 병원 밖을 나서지 못하는 이유는 심각한 기회감염이 일어난 후, 즉 에이즈가 발병한 이후에야 감염 사실을 알게 되었기 때문이다. 그는 이후 치료를 통해 면역 기능을 회복하기는 했지만 심각한 뇌신경 합병증으로 몸의 일부가 마비되었고, 인지 기능에도 손상을 입었다. 의사소통을 원활히 하기도 어려웠고, 몸의 움직임에도 여러 제약이 생겼다. 따라서 상진 씨와 관련된 모든 이야기는 상진 씨 본인이 아니라 그를 보살펴온 형을 통한 것이다. 상진 씨의 형은 인터뷰 당시 본인도 큰 병을 얻어 심정적으로나 신체적으로나 어려운 때를 지나고 있었지만, 동생의 간병 경험을 들려달라는 활동가들의 요청에 전해줄 이야기가 많았다. 그는 지난 10년간 경상북도에서 서울을 오가며 요양병원에 입원해 있는 동생을 보살펴왔다.

동생이 '에이즈에 걸렸다'는 이야기를 처음 들었을 때, 당시 오십 줄에 접어든 그가 경험한 당혹감은 강렬한 것이었다. 의료진은 질병에 대한 제대로 된 설명도 해주지 않은 채, 불필요한 보호 장구 착용으로 환자 보호자에게 더 큰 불안과 걱정을 안겨주었다. HIV는 비말이나 공기로 전파하지 않으며, 따라서 모자나 마스크 착용은 모두 불필요한 조치였다. 상진 씨의 형이 10년이 지난 지금도 생생히 떠올리는 당시의 충격은 2007년이라는 시점에서는 마땅히 만성질환으로 다뤄졌어야 할 HIV 감염이 여전히 "닿으면

죽는" 병처럼 취급되었다는 걸 보여준다. 더 이상 지
속되지 말아야 할 낡은 두려움이 변화를 가로막고 있
었다.

　　상진 씨의 급작스러운 발병은 한국의 HIV 유
행에서 가장 특징적이면서도 문제적인 유형을 대표
한다. 한국은 자발적인 HIV 검사율이 낮고, 감염을
조기에 발견하는 비율도 크게 높아지지 않은 채 정체
되어 있다. 자발적 검사에서 조기 발견의 비율이 가
장 높다고 알려져 있는데, 한국에서는 질병의 원인
확인을 위해 의료기관에서 HIV 검사를 하거나, 수술
이나 입원 시 실시하는 혈액 검사에 HIV 검사가 포
함되어 있어 감염 사실을 알게 되는 경우가 가장 많
다.[4] 이러한 패턴은 여전히 많은 사람이 자신이 HIV
검사를 받는지도 모르는 채 검사를 받고 있으며, 검
사 전후 상담을 통해 HIV에 대한 지식을 접하거나
성적 실천에서 감염 위험을 줄이기 위한 변화를 생각
해볼 계기가 거의 없다는 점을 보여준다. 낮은 자발적
검사율은 감염 사실을 모른 채 오랜 시간을 보내고
나서 나빠진 면역 상태로 첫 확진 판정을 받는 사람
들, 즉 후기 발현자late presenter의 숫자가 줄지 않고 있
는 상황과 연결된다.[5] 이 경우가 무엇보다 문제인 이

유는 이후 치료를 통해 급성기에서 회복한다 하더라
도, 상진 씨처럼 중증의 장애를 경험하거나 장기간의
요양 치료가 필요할 수 있기 때문이다.

30년 전 감염한 사람이 여전히 건강하다는 질
병관리본부의 보도 자료와 첫 발병 이후 10년째 병
상에 누워만 있다는 김상진 씨의 현재는 모두 HIV
의 만성성^{chronicity}을 입증한다. HIV 감염과 에이즈 발
병의 연결선은 끊어졌고, 모든 감염인이 환자가 되지
는 않는다. 그러나 긴 시간이 흐르는 동안 건강과 온
전함을 누릴 수 있는 사람들과 그렇지 못한 사람들의
격차가 사라진 것은 아니다. 초창기 에이즈 공황과는
매우 다른 양상의 사회적 고통이 만성성을 둘러싸고
생겨났다. 조기 검진과 조기 치료의 필요성을 이해하
고 치료제 복용을 지속하면 별다른 어려움 없이 건강
을 잘 유지할 수 있다. 이것은 엄연한 사실이다. 그러
나 이 사실의 가장자리에서 여전히 여러 사람이 크게
고통받고 있었다. 오랫동안 주변화되어온 사람들, 자
기 자신을 지키고 보호받을 권리를 가져보지 못한 이
들이 이 충분히 관리 가능한 질병에 큰 타격을 입고
있었다.

밀려나는 사람들

도대체 누가 이제는 능히 치료 가능해진 병에 쓰러지는 것일까? 감염이 사건화되는 순간을 진료실이 아니라 한 사람의 삶의 궤적 속에서 다시 짚어볼 때, 이 질문에 더 잘 답할 수 있다. 감염에 대한 취약성을 강제하는 불평등이 어떻게 몸에 새겨지는지를 다르게 바라볼 수 있다. 나는 이한철 씨와 그의 친구 이민호 씨의 생애 경험을 통해 치료제 도입 이후 한국에서 HIV가 만들어온 역사를 역으로 되짚어볼 수 있었다. 특히 빈곤과 성적 낙인이 결합할 때, 어떤 박탈적 효과를 낳는지 가늠할 수 있었다. 이들의 이야기는 다음과 같다.

1970년에 전라북도의 한 소도시에서 태어난 이한철 씨는 초등학교를 졸업하자마자 공장 기숙사로 보내졌다고 한다. 혼외자로 태어난 그는 아버지의 가족과 어린 시절부터 함께 살았는데, 의모義母가 더 이상 그를 "못 키우겠다."라고 하면서 아버지가 아는 근처 지방의 공장으로 보내졌다고 한다. 서른 명이 함께 지내는 기숙사에서 그는 "한 날은 자고 싶은 데 자고, 여기저기 이렇게" 잠자리를 옮겨 다닐 수밖에 없었다. 그러던 어느 날 공장 문을 나서는 그를 향해 누군가가 "저 새끼 호모잖아. 호모 새끼잖아."라고 말하는 걸 들었다.

"안 그러면 제가 일하는 게 힘들었어요. 힘들게 하면, 그 공장 일이 힘들어지고. 그나마 도와주고 잘 다독거려주고 그러면 하는데, 안 그러면, 그 어린애가. 지금 생각해보면 열네다섯 살짜리가 뭘 얼마나 잘했겠냐고? 그나마 도와주고 감싸주고 해서, 그래서 편하게 지냈는데, 그게 큰 뭐가 됐더라고. 딱지가 붙었더라고요. 공단에 소문이 났어요, 보니까."

한철 씨는 특유의 느릿한 말씨로 어린 시절의 이야기를 들려주었다. 가족의 보호도 없이 적응과 성적 학대의 애매한 경계 지대를 헤매야 했던 어린 그는 "호모 새끼"라는 "딱지"가 붙은 채 공장을 떠나 서울에 왔다. 그리고 10대 때부터 게이 바를 전전하며 "빠순이"* 생활을 시작했다. 처음에는 월급도 없이 바에서 숙식을 하거나 사우나에서 자면서 지냈고, 이후 20대 후반까지 서울, 광주, 부산의 술집에서 일하면서 떠돌았다. 이후 한 소도시에서 친구와 작은 가

* 게이 바에서 술 시중을 드는 남성 종업원을 낮추어 지칭하는 표현이다.

게를 하며 처음으로 생활의 안정을 경험하기도 했지만, IMF 외환위기를 거치면서 카드 빚이 눈덩이처럼 불어났다. 그 와중에 "몇 번 죽으려고 했는데도 실패하고" 살아남은 그는 서른여덟이 되는 해에 급작스럽게 쓰러졌다. 앰뷸런스에 실려 나가면서 구급대원이 보호자의 연락처를 물어 같이 살던 친구에게 부모 집 전화번호를 이야기해주었는데, 집에서는 "그런 사람 모른다."라며 일절 찾아오지 않았다고 한다.

3년 넘게 병원 침대에 누워만 있었다는 그는 겨우 살아났다. 자신이 HIV에 감염한지 모른 채, 늦은 발현자로 급작스럽게 쓰러지고 나서야 항바이러스제 치료를 처음 받았다. 큰 병원에서 요양병원으로 옮겨진 후, 같은 병실을 쓰던 감염인 환자가 간병인 역할을 도맡아 그를 보살펴주었다. 등에 욕창이 생기도록 누워 있던 그를 "먹이고 씻기고 해가지고" 살려 놓았다고 한다. 이렇게 겨우 자리를 털고 일어난 한철 씨는 다른 감염인 환자들의 도움으로 걷기도 연습하고, 밥도 혼자 먹을 수 있게 되었다. 하지만 퇴원을 해서 갈 곳이 없었다.

답답한 병원을 나가고 싶은 마음이 커져갈 때, 그에게 주어진 유일한 선택지는 한국에서 가장 크다는 장애인 복지시설뿐이었다. 여기는 HIV 감염인도 받아준다는 이야기를 들었고, 다른 감염인들과 함께 병원 밖에서의 생활을 시작하게 되었다. 한국에서 가장 규모가 큰 복지시설이었지만, HIV 감염인들에게 주어진 공간은 산중 깊은 곳에 서너 명이 모여 살 만한 작은 집이 전부였다. 그에겐 이 시설이 병원 밖에서 살 유일한 방법이었으나, 바깥세상과 교류하지 못한 채 관리자 한 명의 자의적인 규칙 속에 살아야 하는 집은 "감옥"과 크게 다르지 않았다. 이곳에서 5년을 보낸 그는 이렇게 "수용시설 생활에 젖어버리면 헤어나올 수" 없다는 생각에, 서울의 한 소규모 종교 단체가 운영하는 쉼터로 옮겨 갔다. 이곳에서 그는 임대 주택을 신청하고 독립적인 생활을 준비할 수 있는 1년의 유예 기간을 가까스로 얻었다.

　　이한철 씨는 자신을 "밑바탕"이 없는 사람이라고 칭했다. 가족과 친족의 공간에서 튕겨져 나온 이후로 그는 아주 오랜 시간을 "갈 데 없는" 사람으로 살았다. 오래 만난 연인이나 동거인은 없었냐는 질문에 그는 사람들이 자신을 늘 부담스러워할 수밖에 없었다고 답했다. "나는 너무 어렵고 항상 주거가 불분명하니까 [……] 진득하니" 누구를 만날 수가 없었다고 한다. 이는 그의 삶에서 친밀성에 기반한 관계가 전혀 없었다는 뜻이 아니다. 한국 사회에서 빈곤과 사회적 고립이 어떻게 촘촘히 얽히는지 기록해온 기자 이문영의 표현을 빌리자면 "관계를 틀어쥘 힘이 없었다." 라는 의미에 더 가까울 것이다.[6] 몸과 마음을 나누는 관계, 또 도움을 주고받을 수 있는 고용 관계나 친구 관계가 전혀 없었던 건 아니지만, 어디 의탁할 데가 없는 그에게는 적정한 거리를 유지하며 사회적 관계를 발전시킬 시간과 여유가 없었다.

한철 씨와 함께 같은 요양병원과 복지시설에서 생활한 적이 있는 이민호 씨(남성, 1973년생)는 확진 시기는 그보다 훨씬 이르지만, 가족이라고 부를 만한 사람이 거의 없다는 점은 같았다. 초등학교 시절 부모를 여읜 민호 씨는 고모 집으로 보내지지만 정을 붙일 수 없었다. 육성회비가 없어 결석을 연이어 했던 그는 결국 이 일로 학교에서 크게 혼이 나고 그 길로 가출을 했다. 신문 보급소에서 숙식을 해결하면서 고등학교까지 "내가 벌어서 산" 그는 학교를 졸업한 이후로는 게이 바에서 일하기도 했고, 건설 노동부터 판매업까지 다양한 일을 했다. 이민호 씨는 20대 중반에 처음으로 자신의 HIV 감염 사실을 알게 되었지만, 당시 진료비가 너무 비싸다는 생각에 병원을 계속 다니지는 않았다고 한다. 아무 치료도 받지 않은 채 10년이 흐른 후 결핵과 기흉이 동시에 생겼고, 결국 대학병원에서 치료를 받다가 요양병원에 가게 되었다. 그 역시 한철 씨처럼 "내가 있을 거처"가 없는 사람이었고, 이후 마흔일곱이 될 때까지 총 7년의 시간을 요양병원과 복지시설에서 보냈다.

　한철 씨와 민호 씨가 HIV 감염 이후 크게 아프게 되는 양상은 한편으로는 이들 스스로가 내린 선택과 무관해 보이지 않는다. 한철 씨는 게이 바에서 일하는 동안 에이즈에 대해 들어보기는 했지만 항상 콘돔을 사용하지는 않았으며, 민호 씨는 HIV 감염 사실을 알고 있었음에도 정기적인 검진을 받지 않았다. 한철 씨는 당시 상황을 이렇게 설명했다.

　"내가 섹스하는데 콘돔 낀다고 대놓고 얘기할 수 없는 게, 지금도 생각해보면, 대놓고 그럴 수 없었던 게, 그러면 내가 게이라고 인정해버리는 순간이기 때문에. 그럼 주위 사람들한테 손가락질 받고 그럴 수밖에 없는 게 [……] 콘돔에 대해서, 콘돔 하면 에이즈가 붙어가지고 딱 그렇게 돼버리니까. 콘돔을 그렇게 대놓고 한다 그러면, 음, 이거 다[에이즈다 그렇게 생각하는], 그 런 이유가 있을 거 같아요."

    콘돔을 쓰는 것이 곧 "게이"로 스스로를 정체 화할 수밖에 없는 순간이라는 한철 씨의 설명은 동 성애에 대한 낙인과 자기부정이 동시에 작동하는 방 식을 잘 드러낸다. 동성애자로 스스로를 정체화한다 는 것은 그에게 어린 시절 "호모 새끼"로 불리며 내쫓 기던 사회적 오명을 스스로 다시 뒤집어쓴다는 의미 와 다를 바 없었다. 이는 그가 공장에서 쫓겨났던 것 처럼 규범적 세계에 스스로를 포함시킬 자격을 잃는 일과 다름없었을 것이다. 더 나아가 콘돔 사용이 곧 HIV 감염인이라는 표식으로 여겨질 수 있다는 그의 설명은 질병의 낙인화가 어떻게 예방을 위한 일상적 실천을 저해하는지를 뚜렷이 보여준다. HIV 감염은 동성애자 커뮤니티 내에서도 위계를 만들어낸다. 감염 인이 성적 교류의 장을 오염시키는 자이자 남성 동성 애자에게 부착된 낙인을 증명하는 증거로 여겨질 때, 이들은 성소수자 사회 내에서 가장 먼저 성원권을 박 탈당하는 이중의 차별 상태에 놓이게 된다.

    이민호 씨는 첫 확진 이후 진료를 지속적으로

받지 않았던 일차적인 이유로 진료비를 감당하기 어
려웠다고 이야기해주었지만, 한국에서 HIV 치료가
보편화되는 역사적 과정에 비추어 볼 때 그가 경험한
치료 지연은 당시 매우 특수한 상황은 아니었다고 할
수 있다. 그가 처음 확진된 1997년은 항바이러스제 치
료가 한국에 막 소개되기 시작한 때로, HIV 치료 방
식에 대한 정보가 남성 동성애자 커뮤니티 내에서도
매우 한정적으로 알려져 있었다. 한국에서는 2010년
대 초반에 이르러서야 HIV 감염이 확인될 경우 면역
수치와 관계없이 즉시 치료를 시작하는 방식이 보편
화되었다.[7] 그 이전까지는 상당수 감염인들이 감염
사실은 알았지만 심각한 건강상의 문제를 아직 경험
하지 않았거나 투약 기준에 해당하는 수준의 신체 저
하가 나타나지 않았을 경우 치료를 시작하지 않았다.
즉 별다른 치료를 받지 않는 상황에서 자신의 감염 사
실을 그 누구에게도 들키지 않는 것이 최선인 셈이었
다. 민호 씨는 첫 확진과 발병 사이의 10년을 마치 아
무 일도 없었던 때로 묘사하기도 했지만, 그 당시 그
는 "몸이 급속도로 안 좋아지니까, 방세도 밀리고 가
스도 끊기는" 생활을 이어가고 있었다고 했다. 그가
몸의 쇠약을 느끼면서도 정기적인 검진이나 치료가

필요 없다고 여겨야 하는 난관에 홀로 길게 처해 있었
다는 걸, 자신의 건강을 돌볼 경제적, 정신적 여력이
없었다는 걸 이런 그의 말에서 추측해볼 수 있다.

어떤 면에서 한철 씨와 민호 씨가 내린 여러 선
택은 무책임하거나 지나치게 수동적인 것처럼 보이
기도 한다. HIV 감염과 그에 따른 고통과 죽음을 동
성애자에 대한 형벌로 규정하고, 감염인을 전염의 매
개로 상정하는 낙인의 구조를 따라 사고할 때, 남성
동성애자 감염인은 성적 방종과 타락을 자초함으로
써 사회에 더 큰 위험을 가져오는 부정성의 담지자로
흔히 여겨진다. 그러나 이들이 감내해야 했던 머뭇거
림, 두려움, 고독, 소진의 시간은 성적 욕망의 자유로
운 발현과는 매우 다른 성질의 것이었다. 친족 공동체
로부터의 의절과 빈곤이라는 계급적 조건이 맞물리는
상황에서, 이들은 심각한 수준의 불안정성을 일찍부
터 경험해야 했다. 성인이 되어서야 이들은 성소수자
공동체가 도시 공간에 구축해놓은 소비와 교류의 장
을 통해서 의지할 만한 사회적 관계를 처음 만들어갈
수 있었다. 이 관계망에 의지해서 생계를 유지할 수
있었지만, 동시에 극도로 고립되어 있기도 했다.

일례로 한철 씨는 처음 쓰러지던 해에 자신이

게임 중독 상태였다고 이야기했다. 잠도 자지 않고, 밥도 먹지 않고 온라인 전투 게임에 매달렸는데, 그에게는 그때가 인생에서 가장 행복했던 순간이었다. 비싼 아이템을 장착하고 여러 사람을 이끌며 게임을 할 때, 그곳에서 만난 사람들이 자신을 "○○님"이라고 불러주었는데, 그렇게 자신에게 "각별하게, 존중, 존대를 해주는" 경험이 그에게는 난생 처음이었다고 했다. 자신이 오직 게임상의 아이디와 등급으로 특정되던 때 가장 강렬한 사회적 환대를 경험했다는 그의 이야기는 역으로 그가 살아온 사회적 세계가 얼마나 척박했는지를 드러낸다.

  이한철 씨와 이민호 씨의 고유한 경험은 인간적 삶을 이루는 데 필수적인 자원의 박탈이 이들에게 어떻게 강제되었는지를 아프게 드러낸다. 퀴어 존재들이 이성애중심주의에 기반한 생애 주기의 경로에서 어떻게 태어나고, 성장하고, 내쫓기며 등장하게 되는지를 압축적으로 보여준다. 생애 주기 개념이 한 사람이 가족 구성원의 일원으로 태어나서 연령에 따라 일정한 단계를 거쳐 성장하고, 또 다른 가족을 형성하는 이성애정상성heteronormativity에 기반한 연속적 삶의 기획을 규범적인 것으로 상정할 때, 퀴어 존재

의 생애 주기는 이 연속선에서 이탈하는 순간, 연속
선이 끊어지는 순간으로부터 구성된다. 여기서 중요
한 점은 퀴어 생애 주기의 시작점이 이들이 언제 스
스로를 동성애자로 자각했는지에 대한 정체성의 질
문으로 회귀하지 않는다는 것이다. 자기 정체성의 구
획과는 관계없이 이들은 일찍부터 누군가의 가족 구
성원이라는 자리를 온전히 가질 수가 없었다. 혼외자
로, 부모를 일찍 잃은 아이로 혈연 가족의 온전한 보
호 아래 있지 못했던 이 둘 모두는 누군가의 '자식'이
라는 이유로 그 어떤 귀한 것도 아깝지 않은 대상으
로 살아본 날이 얼마 되지 않았다.[8] 결국 이들이 경
험한 깊은 불안정성은 삶에 필수적인 자원이 법적으
로 혼인한 부부로부터 그들의 아이로 가족 관계망을
통해 우선적으로 공급되어야 한다고 상정하는 사회,
규범적 이성애에 기초한 가족주의 사회에서 필연적
으로 생겨날 수밖에 없는 것이었다.

    그리고 가족의 자리가 주어지지 않은 사람들이
성소수자로 살아간다는 것은 빈곤을 비롯한 삶의 취
약성이 생애의 길목마다 눈덩이처럼 불어난다는 것
을 뜻했다. 장년기에 한철 씨와 민호 씨는 모두 HIV
감염을 계기로 이들이 그 전까지 만들어온 사회적 관

계에서 다시 한번 단절되는 경험을 했다. HIV가 치료 가능한 만성질환이 되었다는 의학적 상식과, 이들이 죽다 살아날 정도의 심각한 건강상의 손상과 장기간의 입원 경험을 했다는 사실은 이들의 삶의 경로에서 서로 배치되지 않는다. HIV는 이미 오래전에 더 이상 죽음의 선고가 아니게 되었으나, 생물학적이고 사회적인 의미 모두에서 이들에게 죽음은 매우 가깝게 자리하고 있었다.

따라서 이한철 씨와 이민호 씨의 경험은 한국 사회에서 단순히 남성 동성애자로 스스로를 정체화하거나 남성과 성행위를 하는 이들에게 가해지는 구조적인 차별과 배제의 문제로 고정되지 않는다. 충분한 사회적, 경제적 자원을 가진 이들은 HIV 감염 이후에도 건강을 유지하며, 동성애정상성homonormativity이라고 부를 사회적 성취를 이룰 수도 있다.[9] 성적 다양성을 신자유주의적 인권 규범 내부로 포섭하는 과정을 통해 등장한 동성애정상성은 이성애중심주의가 제시하는 '좋은 삶'과 크게 다르지 않은 특권적 삶의 가능성을 일부의 성소수자들에게 선택적으로 열어준다.[10] 그러나 빈곤한 성소수자에게 이러한 자기 보호와 긍정의 역능capacitation은 쉽사리 내면화되지도 않았고, 실현 가능하지도 않았다. 이들은 가족과 친족 내에서, 성소수자 집단 내에서, 노동 시장에서, 보건의료 체계의 각 영역에서 권리를 박탈당했으며, 이러한 경험의 누적 속에서 무력감을 경험할 수밖에 없었다. 이처럼 삶의 자원이 극히 차별적으로 할당되는 현실에서 무엇보다 주목해야 할 점은 계급적, 성적 차이의 배치 과정에서 인구의 일부가 생산과 소비, 사회 재생산의 역할을 부여받고, 관리 가능하며, 보호받아야 하는 육성의 대상이 될 때, 다른 일부는 마땅히 죽게 내버려두어야 하는 혹은 살아 있으나 "살 수 없는 삶unlivable lives"으로 내몰린다는 사실이다.[11]

　　한철 씨와 민호 씨의 회복된 몸은 한편으로는 이들 역시 다른 많은 감염인과 마찬가지로 인구군의 생명을 유지하고 관리하는 생명권력의 영토에 무사히 안착했다는 것을 입증한다. 미셸 푸코Michel Foucault는 개별 인간의 생명을 인구population라는 특정한 집합적 단위를 이루는 단위로 간주하고, 이를 조절하고자 하는 일련의 기술적 장치들이 '살게 만들고 죽게 내버려두는' 권력관계를 파생시킨다고 보았다.[12] 의료보험은 생명권력의 발현을 가능하게 하는 장치의 대표적인 예인데, HIV 감염인에 대한 보험 체계 내 지원은 인구군 전반에 대한 관리와 조절, 육성 차원에서 당연시된다. 이들에게 주어진 항바이러스제 치료와 장기간의 입원 치료는 모두 국가와 공공 단체의 지원으로 뒷받침되었다. 이들은 이런 공적 보험 체계 속에서 죽지 않고 살려내졌다.

　이때 진짜 문제는 죽음이 아니라 삶이다. 살려내지는 와중에, 그리고 살려내진 후 이들이 있을 수 있는 곳은 지극히 한정되었다. 예외적으로 HIV 감염인이 입원할 수 있도록 지정된 요양병원에서 한철 씨와 민호 씨는 각각 2년에서 4년의 시간을 보내야만 했다. 두 사람이 요양병원 장기 입원자들 중에서 '사회적 입원자'로 분류될 수 있는 대표적인 경우였다는 점은 무엇보다 의미심장하다. 요양병원에 입원해야 할 의료적 필요가 없음에도 입원 생활을 이어가는 경우를 일명 '사회적 입원'이라고 부른다.[13] 이 두 사람은 급성기 치료가 끝난 후 회복까지 요양병원에서의 입원이 반드시 필요했지만, 이후에는 갈 곳이 없어서 병원에 남아 있던 상황이었다. 병원이 이들에게 주어진 유일한 살 곳이 될 때, 이들은 강제로 갇혀 있지는 않았지만 갇혀 있을 수밖에 없었다. 이들은 병원에서 환자인 동시에 수인囚人이기도 했다.

　　이들의 생애 주기는 유랑할 수밖에 없는 청장
년기를 지나, 병치레와 감금의 시간을 거쳐, 혈혈무의
孑孑無依의 중년기에 도달했다. 인터뷰 연구 당시 이들
의 가장 큰 걱정은 건강이 아니라 가난이었다. 이한
철 씨에게는 소규모 종교 단체의 한시적인 구호 사업
이, 이민호 씨에게는 기초생활수급비가 단출한 살림
을 아슬아슬하게 지탱해주고 있었다. HIV 감염 이후
후유증으로 뇌병변 장애 판정을 받기도 한 한철 씨는
난시가 더 심해져서 앞을 잘 보기 어려운 상태였고,
민호 씨는 간간이 하는 아르바이트 말고는 서울에서
직장을 구할 수가 없었다. 이들이 처한 빈곤과 고독,
극도의 불안정성은 생애 전 과정을 통해 축적된 것이
자 경로화된 것이었다. 계급에 기반한 박탈과 성적
차이에 기반한 차별이 얽혀 들어갈 때, 여기에 질병
에 대한 낙인과 손상 입은 신체에 대한 시설화의 폭
력이 혼합될 때, 강제되는 생의 형식이다.

친족을 지워버리기

　　만성질환이 된 HIV 감염이 야기하는 극도의
불안정성은 단순히 감염한 사람이 성소수자이기 때

문에 생겨나는 것만은 아니다. 갑작스러운 발병과 입
원 생활은 주변 사람들, 특히 가족들 역시 이 사건에
깊이 휘말리게 만든다. 대기업을 오래 다니다 지금
은 자기 사업을 하고 있는 50대 중반의 박진호 씨(남
성, 1966년생)는 남동생인 선호 씨(1974년생)가 처음
HIV 확진 판정을 받은 그 날짜를 잊지 못한다. 그는
6년 전 겨울 막내 동생의 상태가 이상하다는 어머니
의 이야기를 듣고, 여러 병원을 다니며 원인을 찾으
려 애쓰다가 결국 선호 씨가 HIV에 감염되었다는 것
을 알게 되었다. 확진 당시 박선호 씨는 이미 심각한
뇌손상을 입은 상태였고, 그 후 다시는 이전의 상태
를 회복하지 못했다. 기독교 집안의 장남인 진호 씨
에게 선호 씨는 유학도 다녀왔지만 알츠하이머에 걸
린 아버지를 간병하기 위해 자기 커리어를 희생한 안
타까운 동생이었다. 선호 씨는 처음 쓰러진 후 현재
까지 단 한 번도 집에 돌아가지 못한 채 여러 병원을
전전하고 있었다. 그리고 진호 씨에게 이 과정은 그
가 지금까지 한 번도 느껴보지 못한 차별과 멸시를
당하는 일의 연속이었다.

　　진호 씨가 어렵게 말을 꺼냈다. "거기서도[병원
에서도] 맨 처음 저희들을 정말 버러지 보듯이 했어

요, 정말. 입장이 이해가 안 되는 건 아니에요. 뭐, 가
족까지도, 저도 이제 동생 보기가 이런데." 그는 HIV
감염인을 받아주는 병원이 전국에 몇 개 되지 않을뿐
더러, 이후 인지 저하와 편마비가 온 동생을 받아줄
요양병원은 더더욱 찾기 어렵다는 것을 절감하게 되
었다. 이 과정에서 그에게 가장 큰 고통으로 다가온
건 동생의 다친 몸만이 아니었다.

　　박진호: 가장 아픈 얘긴데. 근데 저는 솔직히 애
가 정신이 온전히 깨어나면 [다시] 보고 싶지도 않아
요. 뭐랄까, 원인을 모르겠어요. 도대체 이 병에 걸리
는 이유를. [……] 그게 정말로 그 동성애로 그러는 건
지. [……] 제가 정말 충격을 받았던 게 뭐냐면, 처음 ○
○ 병원인가 입원해 있었는데, 보건소에서 나오셨어요.
[보건소에서 나오신 분이] 우리나라 95퍼센트가 동성
애 때문에 이 병에 걸리고[라고 이야기하면서], 대뜸 동
생한테 "선호 씨, 선호 씨 남자 좋아해요?" [이렇게 묻는
거예요.] 인지 능력이 없는 애니까, 정확할 리가 없는데.
아니, 그때, 이 녀석이 "여자 좋아해요?" 그러니까, "아
니요."[라고 답하는 거예요.] 그러니까 이거 보라는 거
예요, 보건소에서 나온 분이. [……] 그게 정말로 [동생에

게] 물어보고 싶은 거예요. 저는 사실 상상조차도. [……]
정말 창피한 얘기지만 우리 집이 기독교 집안이고, 아
버지도 교회를 오랫동안[다니신 분인데]. 우리 집안에
서 정말로, 동성애, 그런 상상조차도 하지 않았고요. 제
가 '내 인생이 막장이 되는구나.'라고 제일 느꼈던 건 뭐
냐면 [……] 막 제 주위에 그런 환자들이 있는 거예요.

　　면담자: 동성애자 같은?

　　박진호: 정말 상상도 못 했던 사람들이. 우리는
그냥 정상적으로 애 낳고 살다가. 정말 별천지 같은 인
물이 나서서 내 동생을 간병하고. 애가 인지 능력이 돌
아오면 정말 막 패 죽여버리고 싶다는 생각도 너무 많
이 했어요. [……] 이 녀석이 정말 머리가 돌아오면 그거
부터 물어보고 싶어요, 저는. 네가 정말 그런 관계로 인
해서 걸린 거냐? 넌?

　　지금은 형제 간이라는, 사회적인, 혈연 때문에
[간병을] 하지만, 애가 정말 정상적으로 돌아오면 다시
는 얼굴 안 볼 거 같아요.

　　박진호 씨가 이 이야기를 시작할 때, 그의 목
소리는 무겁게 낮아졌고, "동성애"라는 단어를 내뱉
을 때는 말의 흔적을 지우듯 숨을 죽였다. 동생이 동

성애자일 수 있다는 가능성에 차마 숨기지 못한 그의
수치심, 잦아드는 목소리에서 배어 나오는 그의 슬픔
은 호모포비아 같은 말로는 결코 설명할 수 없는 깊
은 마음의 고통을 드러내고 있었다. 뇌손상에 따른 인
지 저하를 겪고 있는 동생이 낯선 타인에게 '동성애
자'로 스스로를 드러내는 순간, 동생이 입원한 병동의
환자들과 간병인들이 '동성애자' 같은 사람이라는 걸
알게 되는 순간, 진호 씨는 자신이 알던 세계, "정상
적으로 애 낳고" 사는 세계가 흔들리는 것은 물론 자
신 역시 이 '비정상'의 세계로 끌려 들어가게 되었다
는 걸 직감하고 있었다.

　　선호 씨가 동성애자여서 HIV에 감염했을 수
있다는 '추문'에 대응하기 위해 진호 씨와 가족들이
택한 방법은 이 모든 것에 관해 함구하는 것이었다.
선호 씨의 어머니는 막내 아들이 어렸을 적 받은 수
술에서 수혈을 잘못 받아서 이렇게 되었다는 새로
운 설명 체계를 만들어냈고, 진호 씨는 동생의 안부
를 묻는 모든 친척들에게 동생이 외국에 갔다고 둘
러댔다. 도대체 어디에 갔기에 전화 통화 한 번 할 수
가 없냐는 친척들의 성화가 이어졌지만, 가족들은 철
저히 선호 씨의 행방을 비밀에 부쳤다. 진호 씨에 따

르면 선호 씨의 친구들 역시 가족에게 여러 차례 연락을 시도했지만, 그 누구에게도 선호 씨의 소식이나 그가 입원한 병원을 알려주지 않았다고 한다.

선호 씨가 부모와 같이 살던 집에 남아 있던 물건들, 그의 옷과 소지품, 그가 사용했던 식기는 모두 버려졌으며, 나중에는 아예 집 전체를 수리했다. 시어머니를 뵈러 집을 드나드는 며느리들 보기에 집 자체가 "불결하다"는 생각을 지울 수 없었다는 것이다. 선호 씨는 동생의 HIV 감염이 특히 부인에게 알려진 이후로 "죄인 아닌 죄인"이 되어 "좌불안석"할 수밖에 없었다. 차마 처가에 얼굴을 들 수가 없는 것은 물론, 그가 동생을 만나러 병원에 다녀올 때마다 그의 부인은 신경과민 상태가 된다고 했다.

진호 씨의 경험은 친족 공동체 내에서 동성애와 HIV에 대한 낙인이 어떻게 전염 가능한 것으로 등장하는지, 그리고 이 낙인의 전파 가능성을 차단해야 하는 의무가 어떻게 친족을 버려짐의 공간zone of abandonment으로 재편하는지를 아프게 보여준다.[14] 진호 씨가 감염인의 형으로서 느끼는 수치심, 불안은 그 자신 역시 정상성의 세계에 더 이상 편히 속할 수 없는, 비정상적이고 기이한 존재의 일부로, 즉 퀴어 존재로 간주될 수 있다는 위협의 감지와 긴밀히 연결되어 있다. 그리고 여기서 조용히 그러나 강력하게 행해진 폭력은 감염인 당사자인 선호 씨의 과거와 현재를 잇는 무수한 연결 고리들을 완전히 끊어버리는 것이었다. 그가 쓰러지기 전에 맺어온 모든 사회적 관계는 가족들로 인해 차단되었으며, 그를 그리워하고 찾고자 하는 사람들에게서 그는 순식간에 영영 사라져버렸다. 선호 씨는 육체는 살아 있으나 사회적 세계에서 실존할 수 없는, 삶 속의 죽음으로 추방되고 만 것이다.[15]

    친족 공동체 내에서 살아 있으나 죽은 존재가 되는 경험은 감염인 당사자만의 것이 아니다. 50대 초반인 김선애 씨(여성, 1967년생)는 2010년 남편이 갑자기 쓰러져 HIV 확진 판정을 받은 이후 무려 10여 년간 병시중을 해오고 있었다. 쓰러진 남편을 집에서 돌볼 때만 해도 남편 형제들이 번갈아 찾아와 목욕을 도와주기도 했지만, 시간이 흐르면서 시가 친척들은 남편에 관한 이야기는 더 이상 "들은 체도" 하지 않았다. 또한 선애 씨는 그 10년 동안 친정에 남편에 관한 이야기를 하지 못하고 있었다. 처음에는 시가 식구의 부탁에서 시작된 거짓말이 계속되었다. 선애 씨는 이 선의의 거짓말이 얼마나 무거워졌는지를 다음과 같이 전했다.

"무슨 마음인지는 모르지만, 내가 말을 안 해가지고, 지금까지. 근데 [친정] 엄마가 [……] '홍 서방은 무슨 홍역처럼 몹쓸 병에 걸려서 저렇게 낫지도 않고, 아이고, 저런다냐.' 그러면, 엄마가 그 말을 하면 내가 괜히 속으로, '엄마 알고 있어?' 나 혼자, '엄마 알고 있구나, 저거, 안 좋은 병 걸린 거.' 그런 생각을 해요. 그때 미리 얘기를 했었으면 좀 편할 텐데. 왜냐면 내가 힘든 게, 시댁 식구들은 [감염 사실을] 알아도, 시댁 식구하고는 허심탄회하게 나의 고민이 이랬어, 이런 걸 못해요. 그니까 항시 가슴에 뭐가 하나 박혀 있는 거 같아요. 내 고민을 털어놓고 말하는 사람이 없잖아요. 그러면 술 요만큼 먹고 동생한테 전화할까[하는 생각도 들고]. 요양병원 구하려할 때 나 혼자 막 속 끓이는 거보다 [동생하고도 이야기를 하고 싶잖아요. 그런데 거짓말을 해야 할 때마다] 내가 미치는 거예요. 내 고민을 얘기할 수 없다는 게."

전문직인 남편이 벌어오는 월급만으로 넉넉한 살림을 꾸려왔던 선애 씨에게 남편의 급작스러운 발병은 삶 전체를 뒤흔드는 일이었다. 중산층 가정을 꾸렸던 그는 남편의 와병이 10년 가까이 이어지는 동안 병원비를 충당하기 위해 자가였던 집을 팔고 임대 주택으로 옮겨야 했다. 선애 씨의 거주지는 경상남도였지만, 남편이 입원할 수 있는 하나뿐인 요양병원은 수도권에 있었고, 나중에는 그마저 없어져 강원도로까지 옮겨야 했다. 먼 거리를 오가는 동안 정기적인 일자리를 갖기도 어려웠다. 김선애 씨는 시가에서 남편이 더 이상 없는 사람처럼 여겨지는 와중에도 큰며느리로 시부모 제사를 지냈고, 동서들을 챙겼다. 부계 중심의 친족 체계하에서 혼인 관계에 따라 요구되는 노동과 의무를 이어갔지만, 가족과 친척 사이에서 남편의 존재가, 또 자신의 자리가 급속히 지워지는 것을 느낄 수 있었다. 선애 씨는 "형제하고 부부하고는 다른 거 같아요, 보호자래도. 너무 외로워. 내가 뭐를 해볼 수가 없어요."라고 이야기해주었다. 대화를 할 수도 없고 자신을 알아보지도 못하며 병상에 누워만 있는 남편을 10년 가까이 홀로 돌보는 동안, 이 북받치는 일을 누구와도 마음 편히 나눌 수 없다는 고립감은 깊어만 갔다. 인터뷰 당일 선애 씨는 깊은 우울감과 함께 "확 죽어버릴까" 하는 생각이 불쑥 찾아오는 순간을 마음 저리게 이야기했다.

　　HIV에 감염한 동생을, 남편을 둔 사실은 박진
호 씨와 김선애 씨 모두에게 친족 공동체 내에서 말
할 수도 없고, 말해서도 안 되는 것으로 다가왔다. 세
간에 에이즈는 수치스러운 질병이었으며, 이 수치에
대항하는 유일한 방법은 비밀과 침묵을 방패로 삼는
것뿐이었다. 자신과 깊이 연결되어 있는 존재, 혈연과
혼인으로 맺어진 사람이 '비정상적'이고 '불결'하게 여
겨지는 병에 걸렸다는 사실은 이들에게 차마 부정할
수 없는 돌봄의 의무와 책임을 부여하는 동시에, 이
끊을 수 없는 관계를 통해 질병에 부여된 상징적 오
염이 자신에게까지 번져오고 있다는 것을, 그래서 자
신들 역시 정상성의 변경邊境으로 밀려나고 있다는 것
을 알아차리지 않을 수 없게 했다. 역으로 진호 씨의
동생 선호 씨와 선애 씨의 남편 상현 씨는 자신과 관
계를 유지하고 자신을 돌봐주는 이들을 통해 병원에
서의 생활을 이어갈 수 있었지만, 자신에 대해 말하
는 것 자체가 불가능해진 상황 속에서 친족으로서 지
위를 박탈당했다. 선호 씨는 혼자 식사를 할 수 있을
정도로 상태가 좋아졌으나, 가족은 그가 집으로 돌아
오는 것을 일절 고려하지 않았다. 선애 씨와 인터뷰를

하고 6개월 후 남편 상현 씨는 병원에서 사망했다. 첫
발병 이후 10년의 세월이 흐른 뒤였다. 가족들은 장
례 없이 그를 보냈다고 했다.

　　친족이 인간됨을 구성하는 데 핵심적인 역할
을 한다는 인류학적 사실은 친족 규범이 언제나 이성
애적 결합과 이에 근거한 정상성 규범과 합치되어 있
다는 것을 뜻하지 않는다. 친족은 이미 정해진 관계의
보편적 법칙이라기보다는 물질적, 사회적 삶을 이루
는 기본적인 배열을 만들어내는 조건을 구성한다. 마
셜 살린스Marshall Sahlins는 친족이 된다는 것은 혈연이
라는 생물학적 연결이 아니라, 존재의 상호성mutuality
of being을 부여하고 경험하는 과정을 통해서 가능해진
다고 역설한다. 친족에 대한 방대한 인류학적 연구들
은 사회마다 각기 다른 친족 구조를 관통하는 보편적
공통성이 있다면 그것은 혈연이 아니라 서로가 서로
에게 속하게 되는, 그래서 서로의 존재에 관여할 수밖
에 없는 상호성의 경험이라고 말한다.[16] 누군가의 친
족으로 인간은 서로의 삶 속에서 살고, 서로의 죽음
속에서 죽는다.[17] 삶과 죽음을 공유하는 것이 친족
관계의 핵심이라고 할 때, 퀴어 존재가 경험하는 가장
큰 폭력은 이 공통의 영역에서 삶과 죽음을 맞을 자격

을 박탈당하는 것이다. 심각한 손상을 경험한 HIV 감염인의 몸이 살아 있음에도 불구하고 마치 죽은 듯이 여겨지는 것은 실상 그들의 생명력이 다했기 때문이 아니다. 바로 자신의 일부를 공유하는 타자들이 그의 삶과 죽음에 연루되기를 중단했기 때문이다.

이 단호한 거리 두기를 너끈히 해내지 못하고, 퀴어로 식별된 존재와 여전히 친족으로 남고자 하는 사람은 그 역시 규범성과 불화하는 퀴어 존재로서 사회적 죽음의 위협을 직면하고 있었다. 이들이 감내해야 하는 고통은 낙인화된 질병을 앓고 있는 가족을 몰래 간병하는 데서 오는 부담에 그치지 않는다. 이들 또한 자기 자신에 대해 말하는 것이 아무런 쓸모가 없을뿐더러 금지되어 있는 상태에 처하게 되며, 묻고 답하는 일의 필요 자체가 상실될 때 생겨나는 폭압을 겪는다.[18] 말을 상실하는 영역, 말할 수도 없고 들리지도 않는 사전배제foreclosure의 영역에 갇히고 만다.

알아차리는 사람이 곁에 있을 때

친족은 돌봄과 유기遺棄가 동시에 일어날 수 있

는 장이다. 여기서 예상치 못한 관계들이 기존의 문법을 깨고 생겨나기도 한다. 이창엽 씨와 송원섭 씨가 바로 그런 경우였다. 이창엽 씨(남성, 1966년생)는 2002년 HIV 감염 확진을 받았는데, 2011년 뇌경색으로 갑작스럽게 쓰러진 후부터 오랜 기간 와상 상태에 있었다. 침대에서 누워 지내는 시간이 길어질수록, 자기 무게에 눌린 몸의 일부가 먼저 죽는다. 창엽 씨처럼 스스로 자기 몸을 움직일 수 없는 환자에게 욕창은 흐르는 시간처럼 피할 수 없는 것이지만, 동시에 움직이지 못하는 몸을 둘러싸고 어떤 관계가 어떻게 생겨나고 있는지를 그대로 드러내기도 한다. 창엽 씨는 자기 몸에 생긴 욕창이 얼마나 아픈지 설명할 수 없었지만, 그의 매형 송원섭 씨(1957년생)에게 창엽 씨 몸에 생긴 욕창은 그저 조용히 두고 볼 수 있는 것이 아니었다. 송원섭 씨는 처남의 등에 피부를 이식하는 수술을 해달라고 당시 입원해 있던 병원의 성형외과 의사에게 두 달을 매달렸다. 뼈가 허옇게 다 드러날 듯이 커진 욕창을 그는 안타까워 그냥 두고 볼 수가 없었다. 그러나 담당 의사는 원섭 씨의 요구를 이해하지 못했다. "어차피 누워만 있는 환자, [욕창이야] 또 생길 텐데 뭐 하러 굳이" 이식 수술까지 해야 할지, 성형외과 의사는 그런 처치가 불필요하다고 여겼다. 원섭 씨는 "이런 환자니까 솔직히 메스 대기가 싫었을" 의사의 마음을 짐작하기는 했으나, 몇 번의 면담 신청 끝에 수술을 부탁할 수 있었다. 죽은 살을 긁어내고, 거기에 피부를 이식해서 상처 부위가 깨끗하게 아물어갈 때, 그는 그때가 "꽃 피는 봄날" 같았다고 해사하게 말했다.

송원섭 씨에게 눈앞에 보이는 욕창의 고통은 자명한 것이었고, 벌어진 상처가 아무는 건 마땅히 좋은 일이었다. 그러나 그의 처남인 창엽 씨의 긴 입원 생활 동안 그가 더 좋아질 거라고 기대하는 의료진은 많지 않았다. HIV 감염인이더라도 뇌경색으로 쓰러졌으니 이걸 좀 더 치료해볼 수 있지는 않을지, 원섭 씨는 기대를 걸고 신경외과 의사를 찾아갔다. 하지만 의사는 환자가 "더 이상 치료할 것도, 좋아질 것도" 없는 상태라며 "지금 수준은 애완견으로, 개로 보시면" 된다고 단언했다고 한다. 신경외과 전문의에게 HIV 감염인인 이창엽의 손상된 뇌 기능은 회복될 가능성이 없었으니, 가족에게 헛된 기대를 주지 않는 것이 더 중요했을지도 모른다. 그러나 원섭 씨에게 창엽 씨는 단 한 번도 말 못 하는 짐승이 아니었다.

　　처음 쓰러졌을 때만 해도 당장 어떻게 될 것 같
던 환자가 10년을 버틸 수 있었던 것은 수시로 그를
들여다본 사람이 있었기 때문이다. 지난 세월 동안
큰 위기가 없었던 것은 아니다. 한번은 폐렴이 심해져
서 폐출혈까지 왔고, 요양병원에서는 큰 종합병원에
가서 치료를 받을지, 아니면 이대로 환자를 "보내줄
지" 그에게 "결단을 하라고" 한 적도 있었다. 원섭 씨
는 환자를 중환자실로 이송해달라고 했다. 당시 면담
자 한 명이 "차라리 그때 포기했더라면"이라고 말을
꺼내자, 그는 또렷한 말씨로 "아니요, 잘했다고 칭찬
했어요. 내가 그때 잘했다, 스스로를 칭찬하고 있습
니다."라고 웃으며 답했다. 종합병원과 요양병원을 오
가는 사이, 그래도 "주는 대로 꼬박꼬박 잘 받아먹던"
창엽 씨는 기도 흡인에 따른 폐렴이 이어지자 콧줄로
만 영양분을 섭취할 수 있게 되었고, 소변줄로 배설
을 해야 하는 상태가 되었다. 이 긴 시간이 누군가에
게는 그저 죽음에 거의 다다른 상태로 여겨졌을지 몰
라도, 창엽 씨를 돌본 사람들에게는 결코 여일한 날
들이 아니었다. "꽃 피는 봄날"처럼 좋은 날도 있었고,
열이 나서 힘들어하거나 다리가 갑자기 퉁퉁 부은 게
눈에 보여 걱정을 그칠 수 없는 날도 있었다.

이처럼 몸의 변화를 읽어낼 수 있는 원섭 씨가 있었기에, 창엽 씨는 말 그대로 살아남았다. 원섭 씨 역시 남들에게 처남의 상태를 이야기해본 적이 없었고, 자식들에게도 비밀로 했다. 그러나 그에게 이창엽은 "그냥 안쓰러워서 보고 만져주고" 싶은 이person이지, 부끄러워 치워버려야 하는 것thing은 아니었다. 60대 중반의 원섭 씨는 스스로 기독교인이라고 밝히기는 했지만, 창엽 씨가 동성애자여서 HIV에 걸렸을지 모른다는 낙인을 그대로 받아들이지 않았다. 인터뷰 중 면담자가 일부 기독교 단체의 동성애 반대 시위에 대해 언급하자, 그는 이렇게 말했다. "동성애 반대하는 건 알고 있는데, 그건 기독교 신앙에서 반대할 만한 거고, 일종의 질병인데 그걸 가지고, 질병 가지고 그러면 되나요? 그럼 안 되지." 처남은 아픈 사람이니, 자신은 아픈 가족에게 할 수 있는 걸 할 뿐이라고 했다. 그는 환자 덕분에 어디서도 못 받은 "칭찬"을 많이 받았다고도 했다. 자신이 환자의 매형이라는 걸 아는 순간 의료진도 놀란다며, 친형도 아닌 매형이 어떻게 이렇게 정성을 다하는지 훌륭하다는 칭찬을 자주 들었다는 것이다. 원섭 씨는 자신이 병시중을 주로 맡게 된 것은 젊은 시절 병원에서 간호 조무사 비슷한 일을 잠깐 해본 적이 있기 때문이라고 설명했다. 아내가 동생이 쓰러지는 걸 보고 큰 충격을 받아 직접 보살피기 어려워해서, 당시 작은 사업을 하고 있어 시간 사용이 자유로웠던 자신이 처남을 병원에 입원도 시키고, 처제들에게 병원비도 분담하게 하는 역할을 맡았다고 했다.

앞서 살펴본, 동생을 돌보던 박진호 씨가 토로한 수치심과 분노, 또 남편을 수발한 김선애 씨를 감싸고 있던 슬픔과 고립감과는 사뭇 다른 결의 힘이 송원섭 씨에게 있었다. 그는 자신이 해온 일을 가족을 위한 희생으로 표현하는 것을 겸연쩍어했다. 한국의 부계 중심 친족 구조에서 매형과 처남은 친족이기는 하나 서로 큰 의무는 지지 않는 사이라고 해도 무방할 것이다. 그러나 그는 여자 형제만 있는 처가의 맏사위로서 자기 역할을 했다고 생각했고, 아내와 처제들을 대신해 의사 결정을 내리면서 한국식 가부장제에서 요구되는 남성성을 실현하고 있기도 했다. 이때 그의 친족 역할은 그가 단순히 여성 친족들을 대신해 생사의 결단을 내렸기 때문에 생겨난 것은 아니다. 외려 이는 그가 돌보는 역할을 맡으면서, 젠더에 기반한 불평등한 노동 분업 체계하에서 여성이 맡아야 한다고 여겨지는 일을 중년 남성임에도 함께 해냄으로써 생겨난 것이다. 그는 이창엽 씨의 몸에서 일어나는 변화들, 그의 등에 생긴 욕창의 모양이 어떻게 바뀌고 있는지, 숨 쉬기를 힘들어하지는 않는지 등을 알아차리고, 여기에 하나하나 대응해가고자 했다. 의사에게 욕창이 아물게 도와주는 수술을 해달라고 요구하기도 했고, 기도 삽관을 하자는 의사의 권고에 대해서는 꼭 필요한 일일지 고민했으며, 비위관 상태를 보기 위해서 관 내부를 직접 보여달라고 하기도 했다. 자기 눈앞에 있는 이의 변화에 관심을 기울였고, 필요하다고 판단되는 행동을 했고, 그 결과를 살폈다. 이렇듯 그는 내가 아닌 다른 누군가의 필요와 상태를 알아차리고 그에 응답할 수 있는 능력을 발휘했고, 이렇게 만들어진 보살핌의 관계 속에서 에이즈 환자이자 친족원이자 인간으로 이창엽의 삶이 지속되었다.

　　침상 위에 매인 창엽 씨의 몸은 각기 다른 종류의 힘들의 자장 속에 있었다. 그는 현대 의학의 관점에서는 이미 회복할 수 없는 손상을 입은, 신경학적 반응의 측면에서 '집에서 기르는 개'와 다를 바 없는 존재로 간주되었지만, 동시에 병원은 그의 생명을 지속시키기 위한 모든 수단을 제공했다. 그는 스스로 먹지 못했지만 비위관을 통해서 영양분을 공급받았고, 나중에는 인공 호흡기의 도움을 받았다. 그의 숨과 심장 박동이 멈추지 않도록 여러 조치가 쉼 없이 이어졌으며, 이는 모두 공적 의료보험 체계를 통해 지탱되었다. 생명 그 자체를 유지하고 존속시키고자 하는 생명권력의 자장 속에서 이창엽의 몸이 침상에 오래 매여 있었을 때, 잊지 말아야 할 것은 오직 기술적 장치만이 그를 살게 한 것은 아니었다는 사실이다. 그의 몸에는 매우 다른 종류의 힘, 죽지 않게 하기보다는 함께 살게 하려는 힘이 동시에 작용하고 있었다.

천대받는 돌봄

송원섭 씨와 가족들은 요양병원과 종합병원을 오가며 입퇴원 절차와 치료 방향을 결정하는 보호자의 역할을 충실히 이행했지만, 이들만으로 이창엽 씨의 삶이 유지될 수 있었던 것은 아니다. 매일 병원에서 그의 몸을 씻기고, 먹이는 사람들이 없었다면 그는 결코 오래 살 수 없었을 것이다. 요양병원에 입원해 있을 때 그를 돌본 사람은 주로 중국인 간병인들

로, 보통 한 명이 병실에서 함께 지내며 대여섯 명을
돌본다. 이런 여건에서는 체위 변경이나 기저귀 교체,
식사와 목욕에 시간과 손길이 덜 갈 수밖에 없다. 창
엽 씨의 욕창은 요양병원에서의 시간이 길어질수록
커져갔다. 외려 그가 요양병원이 아닌 종합병원에 입
원해 있을 때 상황이 더 나았는데, 이때는 HIV 감염
인을 위한 '동료 간병인 제도'를 통해 일대일 간병을
받을 수 있었기 때문이다. 이 제도는 질병관리청의 예
산을 통해 민간 단체에서 운영하는 지원사업의 일환
으로 HIV에 대한 편견 때문에 간병인을 찾기 어려운
사정을 반영해 마련되었다. 조영래 씨(남성, 1953년
생)는 HIV 감염인 당사자이자 이 사업에 고용된 간병
인으로 지난 8년간 창엽 씨를 비롯한 여러 감염인들
을 돌봐오고 있었다. 송원섭 씨는 조영래 씨가 처남을
돌봐줄 때면 그나마 한숨 돌릴 수 있었다고 했다.

　　2019년 7월 나는 이창엽 씨가 경기도의 요양병
원에서 서울의 종합병원으로 옮겨 왔다는 이야기를
조영래 씨에게 전해 듣고 병원을 찾았다. 60대 후반
의 조영래 씨는 40대 초반에 자신의 HIV 감염 사실
을 알게 되었는데, 그 역시 그가 돌본 많은 환자들처
럼 한 번 크게 아프고 나서야 회복할 수 있었다. 또한

한철 씨나 민호 씨처럼 돌아갈 곳이 없어 요양병원에
서 긴 입원 생활을 하기도 했다. 그는 요양병원에 환
자로 입원해 있는 동안 움직일 수 없는 환자들의 식
사를 거들거나 씻기는 일을 자발적으로 도왔고, 그
경험을 계기로 2011년부터 'HIV 감염인 동료간병 지
원사업'에 고용된 간병인으로 일을 시작했다.

    이날 내가 방문한 공공 병원의 6인실 병동은
HIV 감염인들이 주로 입원하는 곳으로 총 세 명의
환자가 입원해 있었고, 이 중 유일하게 24시간 간병
이 필요한 환자가 창엽 씨였다. 이날 창엽 씨는 열이
있고 설사가 심해져서 금식 중이라고 했다. 영래 씨
는 내가 병실에 함께 머문 세 시간여 동안 다섯 번이
넘게 기저귀를 갈아주었고, 가래가 끓을 때마다 몇
번이고 석션으로 분비물을 제거해주었다. 말끔히 닦
아주고 뒤돌아서면 어느새 또 설사가 나는 날이었다.
며칠 후에 다시 찾아가니 창엽 씨의 상태가 많이 호
전되어서 열도 내리고, 설사도 멈춰 있었다. 이날 영
래 씨는 그새 창엽 씨의 머리카락이 많이 자랐다며,
자비로 구입했다는 바리캉으로 머리를 다듬어주었고
면도도 해주었다. 플라스틱 대야에 따뜻한 물을 받아
둘이 함께 쓴다는 클렌징폼으로 얼굴을 씻겨주니, 창

엽 씨의 얼굴이 말갛게 피어났다. 병실에서 영래 씨는 시시때때로 "창-엽-아-, 아저씨! 이창엽 씨." 하고 리드미컬하게, 목소리 톤을 바꾸어가며 이름을 불렀다. 창엽 씨가 장기 입원 중인 요양병원에서는 하루 종일 말 한마디 들을 일이 없으니, 여기 있을 때라도 사람 목소리를 들으라고 "누가 보면 미친 사람인 것처럼" 계속 말을 걸어주어야 한다는 것이었다.

　영래 씨가 일하는 사람의 두꺼운 손으로 창엽 씨의 머리를 가만히 쓰다듬고 지그시 눈을 맞추어 바라볼 때, 이마를 짚어주고 입술이 다 헐었으니 입을 너무 앙다물지 말라며 "아-" 하고 길게 소리를 내며 따라 하길 기다릴 때, 아무 응답 없이 창엽 씨가 그저 입을 다물고 있어도 입술에 립글로스를 꼼꼼히 발라줄 때, 전혀 움직일 수 없어 딱딱하게 굳은 창엽 씨의 왼손을 그가 습관적으로 주물러줄 때, 그 순간들마다 분명해지는 사실이 있었다. 그의 부름과 눈빛, 몸짓과 손길 속에서 이창엽은 유일무이한 사람이었다. 창엽 씨의 몸은 회복 불가능한 뇌손상을 입어 마비된 상태였지만, 영래 씨의 몸을 통해서 혼자서는 할 수 없는 무수히 많은 활동을 이어갈 수 있었다. 영래 씨가 그의 이름을 부를 때, 그는 인지 기능의 척도와 관계없

이 자기 이름을 들을 수 있는, 응답의 잠재력을 지닌
존재였다. 영래 씨가 그의 얼굴을 아침마다 씻겨주고
때때로 머리를 다듬어줄 때, 그는 자신을 바라보는
타인의 시선 속에서 의미 있는 존재였다.

영래 씨는 창엽 씨가 비위관 시술을 하기 전에
는 식후 커피를 마실 때면 한 모금씩 그에게 나눠 주
기도 하고, 다른 환자들이 간식을 먹을 때는 요구르
트를 한 숟갈씩 주기도 했다고 한다. 창엽 씨는 당시
스스로 먹을 수 없어서 비위관을 통해 영양분을 투여
받고 있었다. 그러나 영래 씨가 나눠 먹기의 제스처를
취할 때, 그는 투여의 대상이 아니라 먹을 수 있는 존
재, 함께 먹는 사람이 되었다. 낮에 창엽 씨가 계속 잠
들어 있으면, 영래 씨는 그를 깨우며 낮에 같이 놀고
밤에 자자고 했다. 영래 씨가 하는 일상적 간병 노동
의 흐름 속에서 창엽 씨는 다른 사람과 함께 먹고, 쉬
는 생활을 할 수 있었다. 간병 노동이 발휘하는 가장
큰 힘은 단순히 환자의 생명 유지에 필요한 활동을
대체하는 데 있는 게 아니었다. 간병 노동은 의존할
수밖에 없는 사람의 몸의 범위를 확장하고, 그럼으로
써 관계 속에서 삶이 지속하게 만든다. 눈앞의 사람이
세상에서 함께 살 수 있게 해주는 힘이 돌보는 행위,

실천, 노동을 통해 발휘된다.

그러나 나는 조영래 씨의 지난한 노동을 그저 고결한 것으로만 그려낼 수가 없다. 영래 씨에게 같은 HIV 감염인을 돌보는 일은 몸의 고됨을 넘어 마음이 더 괴로운 일이었다. 그에게 정말 힘든 일은 다른 사람의 대소변을 하루에도 몇 번씩 치워야 한다거나, 24시간을 환자 곁에서 지켜야 하는 게 아니었다. 설사를 한 창엽 씨 몸을 말끔히 닦아주면, 그가 편안해하는 것을 단번에 눈치챌 수 있었다. 타인에게 즉각적으로 편안함을 줄 수 있는 일, 그래서 보람된 일이었다. 영래 씨에게 가장 괴롭게 다가오는 것은 그가 힘써 일으킨 사람들이 결국은 사람 대접을 받지 못하고 천대받다 죽는다는 사실이었다. 그가 정성스럽게 보살펴 살려낸 환자들이 종합병원의 입원 일수 제한 규정으로 요양병원으로 쫓겨나듯 떠나가야 할 때, HIV 감염인을 받아주는 곳을 찾을 수가 없어서 차마 병원이라고 부를 수도 없는 곳까지 떠밀려 갔다가 다시 상태가 "엉망이 되어" 돌아올 때, 그는 참을 수 없이 화가 나고 무력감이 든다고 했다.

조영래 씨는 한 언론 매체와의 인터뷰에서 자신 역시 크게 아픈 적이 있는 HIV 감염인으로 다른

감염인을 돕고 있다는 데 큰 자부심을 드러내기도 했
다. 그러나 "간병 노동을 싸구려 취급"하는 현실이 그
가 이 일을 계속해나가는 걸 불가능하게 했다. 의료
인들이나 가족들이 HIV 감염인에 대한 편견이나 차
별을 서슴없이 드러내는 것에 대한 분노도 컸지만,
그는 무엇보다 '간병 지원사업'을 진행하는 사단법인
의 행태에 분노하지 않을 수 없었다. 그가 볼 때, "감
염인에 대한 편견과 차별을 해소"하고, "홍보를 통해
감염인과 비감염인이 함께 더불어 살아갈 수 있는 사
회 여건을 조성"하는 것을 목표로 만들어진 한국 최
대의 HIV 관련 사단법인은 정부로부터 상당한 재정
지원을 받고 있음에도 정작 감염인이 처한 환경을 개
선하는 데 무관심했다. HIV 감염인이 갈 수 있는 요
양병원이 없어서 많은 이들이 오래 고생하고 있는데
도, 외려 요양병원의 이익을 대변하는 사람이 요직을
맡거나, 공공연히 동성애자에 대한 편견과 차별을 드
러낸 사람에게 수장을 맡기는 일이 아무렇지도 않게
일어난다는 사실을 그는 참을 수가 없었다. 그러나 간
병 지원사업을 수행하는 단체의 운영 방식에 대한 영
래 씨의 거침없는 비판과 문제 제기는 적절한 응답과
해결로 이어지기보다는, 현장의 잡음 정도로 치부되

었고 무시당했다.

결국 영래 씨는 창엽 씨를 마지막으로 이 사업을 통한 동료 간병을 더 이상 하지 않겠다고 선언했다. 지난 8년간 꾸준히 일해온 그는 퇴직금을 요구했는데, 해당 사업을 운영해온 사단법인은 그가 자신들이 고용한 노동자가 아니기 때문에 퇴직금을 지급할 의무가 없다고 맞섰다. 그는 24시간을 일하고 교대하는 방식으로 한 달에 평균 20일 정도를 일했고, 이를 통해 최저시급 인상 이전에는 144만 원을, 이후에는 200만원 정도를 받았다. 식대는 포함되어 있지 않았고, 시급으로 따지면 한 시간에 3000원에서 4000원이 겨우 넘는 정도였다. 조영래 씨는 고용노동부에 퇴직금 미지급에 대해 신고까지 했지만, 고용노동부는 그의 '근로자성'을 인정할 수 없다고 판단했다. 일하는 날에는 매번 "간병지원 확인서"라는 문서를 작성하여 몇 시부터 몇 시까지 일했는지 적고, "세안, 목욕, 머리감기, 체위변경, 양치질, 대변, 소변, 세탁, 시트교체, 병상정리, 마사지, 상담, 소독, 식사보조, 운동보조" 중 무슨 일을 했는지 체크하고, 당일에 있었던 특이 사항을 정리하고, "총 근무일수"와 "총 근무시간"을 기록해서 담당 의료진의 확인까지 받았다.

사단법인으로부터 정기적으로 교육도 받았고, 출퇴
근과 교대에 대한 지시도 직접 받았다. 그러나 그에
게 급여를 준 사단법인은 퇴직금 지급을 끝내 거부했
고, 고용노동부는 그가 '근로자'가 아니기 때문에 퇴
직금 지급 대상이 될 수 없다고 통보했다.

　　영래 씨가 한 일은 위의 열다섯 가지 항목을 모
두 포함하지만, 동시에 일람표로 정리할 수 없는 종
류의 것이기도 했다. 그의 손길과 눈빛, 목소리와 체
온은 이창엽 씨와 같은 환자를 사람으로 살게 했다.
그러나 이 일은 '근로자성'을 의심받는, 노동자라면
마땅히 누려야 할 권리와 보호로부터 제외되는 종류
로 분류되었다. 물론 이것은 조영래 개인에게 일어난
특수한 사건이 아니다. 돌봄 노동의 탈가족화와 시장
화 속에서 병원과 장기 요양시설 운영에 필수적인 노
동을 제공하는 수많은 요양 보호사와 간병 노동자는
많은 경우 노동법과 사회보장법상의 권리를 인정받
지 못하고 있다. 영래 씨에게 지긋지긋한 것은 HIV
감염인에 대한 천대와 배제만이 아니었다. 그가 하는
노동 역시 존재 자체에 대한 부정을 야기하는 폭력
속에, 생중사living dead의 난국에 놓여 있었다. 노동자
로 일하고 있으나 노동자로 여겨지지 않는 모순, 살

아 있는 노동^{living labor}이 그 살아 있음 자체를 부정당
하면서도 죽은 노동^{dead labor}, 즉 초과 이윤으로 재빨리
전환되는 모순 속에서 그는 타인을 돌보는 일을 해야
만 했던 것이다. 조영래 씨는 이 일을 계속하기에는
너무 지쳐버렸다.

가운뎃점으로 삶과 죽음이 뭉쳐질 때

한국 사회에서 HIV에 감염한 이후 심각한 건
강상의 손상을 경험한 이들에게 닥칠 수 있는 가장 큰
위협은 살아 있으면서도 동시에 죽는 것이다. 이 죽음
의 문제는 육체적 죽음, 생물학적 삶의 종결을 뜻하지
않는다. 한국의 HIV 감염인 대부분은 건강상의 큰 변
화를 겪지 않으며, 비감염인과 마찬가지로 후천성면
역결핍증이 아닌 다른 여러 만성 합병증을 가지고 늙
어간다. 후기 발현자로 뒤늦게 감염 사실을 알고 중증
의 질환을 경험하게 되는 HIV 감염인 역시 효과적인
치료를 통해 회복의 기회를 부여받는다. 이러한 의료
화의 지형 속에서 핵심적인 모순이 등장하는데, 몸의
살아 있음이 곧 삶의 생동으로 이어지지 않는다는 점

이다. 친족의 일원이자 사회적, 정치적, 시민적 존재로 살아갈 가능성이 되레 희박해진다.

감염하여 크게 아픈 사람들이 의료적 개입과 시설화의 장치들을 통해 살려내지는 과정에서 감염인 자신은 물론 그를 돌보고자 하는 사람들에게도 실존의 부정negation을 야기하는, 유사한 종류의 폭력이 가해졌다. 이것 역시나 목숨을 잃게 하는 종류의 폭력, 생명 자체를 위협하는 폭력이 아니다. 이때 출현하는 것은 '삶·죽음', 즉 생물학적 지속과 사회적 소멸, 주체의 현존과 부재를 배타적 상태가 아니라 병치 가능한 것으로 만드는 특정한 생명정치적 형식이라고 할 수 있다. '삶·죽음'이라는 한국어 조합은 동시에 함께 존재할 수 없다고 여겨지는 두 가지 상태가 떼어낼 수 없는 형태로 묶여 있는, 그래서 완전한 죽음도 온전한 삶도 불가능해지는 경계 상태를 문법적 형식을 통해 나타낸다.

이 경계 상태는 그간 죽음 정치와 국가 폭력을 다룬 여러 논의에서 다양한 이름으로 불려왔다. 철학자 조르조 아감벤Giorgio Agamben은 벌거벗은 생명bare life이라는 개념을 통해 '그저 살아 있음'과 '가치 있는 삶'의 구분을 만들어내는 바로 그 경계에서 주권권력이

실현된다는 점을 일찍이 강조한 바 있다. 살게 만드
는 권력으로서 생명권력이 발현되는 그 과정에서 주
권권력은 누군가의 생명을 한갓 살아 있기만 한, 따
라서 아무런 정치적 권리도 부여받을 수 없는 상태로
몰아넣는 파괴적 효과를 발휘할 수 있다는 것이다.[19]
아실 음벰베Achille Mbembe는 후기 근대를 관통하는 긴
폭력의 역사 속에서 죽음의 권능에 생명을 복종시키
는 죽음 정치가 여전히 지속되고 있다는 점에 주목하
면서, 글로벌 남반구에 사는 대다수 인구군의 생명이
보호와 안전의 대상이 되기보다는 "살아 있는 시체의
지위the status of living dead" 정도를 부여받는다고 논파한
다.[20] 에릭 스탠리Eric Stanley는 미국에서 퀴어 존재에
게 가해지는 극단적인 폭력과 신체 훼손의 사례를 분
석하면서 특정한 몸을 아무것도 아닌 것nothingness의
자리에 고정하는 폭력 속에서 퀴어 존재가 경험하는
삶은 죽음이 겨우 유예된 삶, "(아슬아슬하게) 위태로
운 삶near life"이 될 수밖에 없다고 이야기한다.[21]

　　삶·죽음이라는 나의 명명은 가운뎃점이라는 한
국어 맞춤법의 특수한 허용을 통해 이 경계 상태가 기
존 논의에서 제시된 것처럼 생명 혹은 삶에 제약과 부
정성을 부여하는 데 그치지 않는다는 점을 더 분명하

게 드러낸다. 한글 맞춤법에서 가운뎃점은 "열거된 여러 단위가 대등하거나 밀접한 관계"임을 상정하면서, 각기 다른 말들을 하나의 묶음으로 만들 수 있게 해준다.[22] 쉼표와 가운뎃점이 모두 나열의 기능을 한다고 할 때, 가운뎃점은 나열된 어구들을 하나의 단위로 뭉쳐버린다. 삶·죽음은 삶과 죽음이라는 각기 다른 존재 양식이 한 묶음이 되어버린 상태를 지칭한다. 주디스 버틀러Judith Butler는 안티고네의 형상을 통해 공동체의 삶 속에 합법적으로 섞여 들어갈 수 없는, 인간보다 못한 인간의 지위가 "삶과 죽음의 분리할 수 없는 동시발생irresolvable coincidence of life and death"을 통해 만들어진다고 강조한다.[23] 삶·죽음은 이 분리할 수 없는 동시성을 보여주는 한편, 삶과 죽음의 분리 불가능한 묶음이 실상 필연적이지 않음에도 불구하고 법과 제도에 의해 허용되고 있다는 것 또한 드러낸다. 가운뎃점이라는 문법적 장치는 두 단어를 함께 묶여야만 하는 것으로 강제할 수 있지만, 소리 내 읽을 때는 실상 아무 차이를 드러낼 수 없다. 삶·죽음이라는 말 묶음의 부조리함은 삶과 죽음이라는 인간됨을 구성하기 위해서는 반드시 구별되어야 하는 두 양태를 함부로 뭉쳐버리는 폭력의 부정한 허용을 보여준다.

HIV 감염의 만성질환화라는 의학적 변모가 한 편으로는 다수의 건강을 보장하면서도, 한편으로는 가장 주변화되고 취약한 이들에게 삶·죽음이라는 특수한 정치적 형식을 강제할 때, 우리는 두 가지 각기 다른 힘의 충돌을 확인할 수 있다. 먼저 삶과 죽음의 중첩을 강제하는 생명권력이 있다. 생명권력의 제도적 장치들 속에서 감염한 사람은 벌거벗은 생명 개념이 예고하는 것처럼 예외상태로 추방되지 않는다. 오히려 살아 있음으로써 착취에 기반한 잉여 가치의 창출을 가능하게 한다. 현재 한국 의료 체계는 HIV 감염을 근거로 한 배제를 정당화하기도 하지만, 병원이라는 공간 내부로 감염인이 편입되는 순간 이들의 생명을 긴 시간에 걸쳐 과학기술적 보조 장치들을 동원해 유지할 수 있다. 따라서 HIV 감염인을 도덕적, 정치적으로 오염된 존재로 규정하는 낙인 아래 감염인은 불행한 죽음이 예정된 존재로 여겨지지만, 병상에 오른 이들 몸의 살아 있음은 생명 자본의 일부로 흡수되는 모순이 발생한다. 이들이 갈 수 있는 요양병원이 극히 드물고 의료기관에서 다양한 배제와 차별을 경험한다는 사실과, 이들에게 장기 입원이 허용되는 순간부터는 의료기관이 이들의 살아 있음을 통해 이윤을 창출할 수 있는 현실이 기묘하게 병치된다. 감염인의 존재 자체를 사회적 부담이자 지출로 규정하고 이를 통해 HIV 감염을 성적 규율의 장치로 활용하는 한편, 선택적 시설화를 통해 이들의 손상된 신체를 이윤 추구의 자원으로 전환하고 있는 것이다.

요양병원을 비롯한 여타 장기 입원 및 수용시설에서 감염인들은 건강을 회복할 기회를 얻기도 하지만, 달리 갈 곳이 없어 병실에 갇힌 존재로 사람다운 삶을 살 가능성을 박탈당하기도 한다. 내가 만난 한 감염인은 자신이 있었던 병원을 입원해서 치료하는 곳이 아니라 "실업자, 아픈 환자들 보관하는 데"라고 묘사했는데, 이 보관의 메타포는 감금의 의미와 함께 가치 있는 것의 관리를 포괄한다. 사는 것 같지도 않은 상태를 유지하기 위해서는 지속적으로 공적, 사적 자원이 투입되어야 하고, 그것을 매개하는 기관들은 아직 죽지 않은 환자들을 장기간 '보관' 가능하게 만들면서 이윤을 창출한다. 장기 요양 서비스의 시장화, 요양병원의 난립, 간병 노동의 착취라는 연쇄는 바로 생을 보관 가능한 형태로 전환하는 제도들을 구성하고 삶·죽음에 기생하여 잉여 가치의 축적을 가능하게 하는 조건이자 결과물이다. 이 보관과 감금의 의료 공간에서 인간 신체는 생물학적으로 지속 가능해 지지만, 그와 함께 삶은 더욱 쪼그라든다. 이러한 생명정치의 지형 속에서 삶·죽음이 구조적으로 양산될 때, 살아 있되 가장 쇠약해진 상태로 고립되어야 했던 HIV 감염인들의 경험은 특수한 예외가 아니라, '요양병원'이라 불리는 시설화 장치가 이윤 축적을 위해 어떤 잔혹한 불능을 강제하는지를 집약적으로 밝혀준다.

이 기이한 삶과 죽음의 공시적 기생이 일어나는 과정에서 친족 제도가 핵심적인 역할을 한다는 사실을 놓치지 말아야 한다. 가족으로부터 버림받거나 애초에 가족이 주어지지 않았던 가난한 사람들이 병원과 시설에 오래 갇히는 양상은 단순히 이성애중심주의에 기반한 정상 가족 및 친족을 이루지 못해서 벌어지는 어쩔 수 없는 일이 아니다. 시설에 살아야만 하는 특정한 종류의 사람을 규정하고, 제한된 형식의 생활만을 강요하는 사회적 과정, 즉 시설화는 가족 바깥에 위치한다기보다 현재의 가족 제도를 지탱하는 구성적 외부라고 할 수 있다. 정상 가족을 이룰 자격이 계급, 섹슈얼리티, 젠더, 몸의 조건과 상태에 따라 불평등하게 할당될 때,[24] 정상성을 유지하기 위해서는 이미 혈연과 결혼으로 맺어진 존재 또한 필요에 따라 가족 밖으로 효과적으로 분리해내야 한다. 따라서 삶·죽음의 잔혹함은 가족을 버리거나 가족으로부터 버림받으면서 생겨나는 불운이 아니라, 이성애중심주의에 입각한 가족 제도를 유지하려는 실천 그 자체를 통해서 구조화된다고 할 수 있다. HIV 감염인의 가족이 감염인과 함께 살 수도, 그렇다고 감염인을 완전히 버릴 수도 없는 존재로 인지하고 그들을 비밀로 묻어두어야 할 때, 우리는 배제와 고립, 수용화가 바로 정상 가족의 작동을 통해 강제되는 것임을 확인할 수 있다. 또한 친족 세계에서 친족원을 지워내고자 할 때, 이 추방을 강행하고 감내한 이들 역시 삶·죽음의 잔혹함을 일부 경험하게 된다. 친족은 '나'라는 존재의 일부를 이루는 구성적 타자이며, 따라서 친족에 대한 상실을 드러낼 수도 애도할 수도 없다는 것은 삶 속의 죽음으로 추방된 상태와 다름없기 때문이다.

한편 삶과 죽음의 이 폭압적인 겹쳐짐 속에는 착취와 고립을 야기하는 생명권력과는 다른 방향성을 가진 힘이 숨겨져 있었다. 삶·죽음의 난국 앞에서도 돌보고자 하는 이들의 실천은 기이한 힘, 퀴어한 역능을 발휘한다. 돌봄은 일어났지만 사실은 일어날 수 없는 종류의 일이기도 했다. HIV 감염인 당사자이

자 간병 노동자인 조영래 씨는 지난 8년간 타인의 몸
을 매만지고, 먹이고, 씻기고, 닦고, 기록하고, 말 걸
고, 듣고, 보는 매일의 일을 했고, 이로써 여러 사람들
의 삶을 재건했다. 조영래 씨를 비롯한 여러 사람이
자기 앞에 놓인 사람을 보살폈고, 이들의 실천 속에
서 HIV 감염인의 몸은 헐벗은 상태로 함부로 파괴되
게 둘 수 없는 것, 손상에도 불구하고 여전히 좋은 삶
의 가능성을 품고 있는 생명으로 제 모습을 드러냈다.
노동으로 인정받지도 못하고 그 가치를 충분히 보상
받지도 못하는 돌봄의 실천을 통해 아픈 몸들이 회복
되었다. 사람 구실도 못할 거라던 몸들이 사람 사이
의 관계 속에서 의미 있는 존재로 회생할 수 있었다.
이 재건의 과정은 돌봄의 실천이 어떻게 생명을 불어
넣는life-giving 힘을 발휘하는지를 여실히 보여준다.

그러나 안타깝게도 삶·죽음의 시설화로 인해
돌봄 역시 불능화의 폭력에서 충분히 자유롭지 못했
다. 조영래 씨의 탈진은 개인적 실패가 아니다. 현재
의 의료 시장과 제도가 요구하는 것이었다. 간병과
돌봄 노동은 의료 체계 전체의 존속을 가능하게 하는
필수적인 구성 요소이지만, 동시에 헐값으로 천대받
는, 그래서 언제든 대체될 수 있는 것으로 남아 있기

를 강요받고 있었다.

　　곁에서 돌보는 이들은 삶·죽음의 위협 앞에 위태롭게 놓인 존재들에게 뜻밖의 친족ᵒᵈᵈᵏⁱⁿ이 되었다. 감염인의 가족인 송원섭 씨는 규범적으로 주어진 친족 지위를 통해서가 아니라 지난한 돌봄 노동을 도맡으면서 전혀 다른 종류의 친족이 되었다. 조영래 씨는 육십 평생 자식을 낳고 길러본 적이 없지만, 동료 간병인을 하는 동안 만난 사람들에게 잠시나마 혹은 예상치 못하게 긴 시간 동안 그들이 살아가는 데 가장 중요한 사람이 되었다. 그 누구의 부모도 아니었으나, 많은 이들의 몸을 기르고 매만졌다. 그래서 사람으로 살지 못하게 된 이들을 사람으로 낳는 일을 했다. 누군가의 삶을 이른 죽음에 내어주지 않으려고 분투하는 '퀴어 친족하기ᵈᵒⁱⁿᵍ ᑫᵘᵉᵉʳ ᵏⁱⁿˢʰⁱᵖ'는 이렇게 혈연과 결혼에 기반한 이성애중심주의의 규범성을 이탈하고 범람했다. 영구적이기보다는 임시적이고, 고정적이기보다는 변동하는, 법적이 아니라 정동적이며, 생물학적으로 재생산되기보다는 몸의 움직임 속에서 끊임없이 재편되는 친족 관계가 돌보는 일을 통해 형성되고 있었다. 여기서 만들어지는 강력한 힘은 분할하고 통치하는 생명권력과 같은 종류의 것이 아니라 연결하고 지탱하는 힘, 이끌리고 기울어지는 힘, 그래서 함께 견디어 이전에 없던 존재의 가능성을 열어내는 힘이다.[25]

만성질환을 뜻하는 영어 chronic illness크로닉 일니스에서 크로닉은 그리스어 크로노스khronos에서 왔다. 크로노스는 변함없는 시간, 아침에 해가 뜨면 저녁에 지는, 태어나면 죽는, 저항할 수 없이 반드시 흘러가는 시간을 뜻한다. 'HIV는 이제 만성질환과 다를 바가 없다'고 말할 때, 약속되는 시간은 이런 종류의 것일지 모른다. 갑작스럽게 몸이 요절나지 않고, 시간의 흐름을 느낄 수 있다는, 삶의 연속선을 그려볼 수 있다는 믿음 말이다. 함부로 뭉쳐버린 삶과 죽음, 가운뎃점 하나로 압축되어버린 시간은 흐름을 느낄 수 없는 것, 어디로도 흘러가지 못해 삶도 죽음도 모두 그 의미와 형태가 점 하나로 쪼그라져버린 상태에 다름 아니다.

내가 만난 몇몇 사람들이 감염으로 인해 견뎌내고 있는 이 삶·죽음이라는 기이한 조합은 생명권력의 장치들이 생산하는 폭력의 속성을 알려준다. 동시에 이 시간의 응축을 버텨내고 있는, 끝끝내 자취 없이 사라지기를 거부하는 이들은 여외의 생명력을 발

하고 있다. 이 난국에서도 자기 자신과 타인을 돌보
고자 하는 이들의 실천은 강요된 수치와 오명을 부수
는 소수자의 힘을 증거한다. 박탈된 존재들 간의 보
살핌과 친족 만들기는 존엄한 존재로 살고 죽는 일이
정상성의 특권을 통해서가 아니라 정상성의 경계를
교란하고 뛰어넘는 실천을 통해서 가능하다는 것을
온몸으로 보여준다. 인간을 인간으로 살아 있게 하는
힘이 도대체 어디서 흘러나오는지를 가늠지만 긴 숨
으로 가리키고 있다.

차별에 맞서는
서로의 책임

4

무명의 죽음 앞에서

2013년 8월 21일 경기도 외곽의 어느 요양병원에서 한 남자가 죽었다.[1] 병원에서 사람이 죽는 일에 크게 이상스러울 게 없을지 모른다. 당시 서른다섯 살이던 환자는 HIV와 결핵에 모두 감염한 상태였고, 결핵성 복막염으로 소장에 구멍이 뚫려 서울의 큰 대학병원에서 응급 수술을 받았다고 한다. 약 한 달간의 입원 끝에 회복을 위해 요양병원으로 옮겨 온 터였다. 그가 입원했던 요양병원은 당시 한국에서 HIV 감염인이 장기 입원을 할 수 있는 거의 유일한 곳이었다. 그는 거기서 입원한 지 14일 만에 죽었다. 아무도 모를 수 있는 죽음이었다. 환자의 어머니 이외에는 누구도 그의 죽음을 통보받지 못했다. 조용히 잊힐 터였다. 이 죽음에는 어떤 사정이 있었는지 누군가 되묻지 않았다면 말이다.

그러나 그를 기억하는 사람들이, 그의 갑작스러운 사라짐에 마음이 쓰이는 사람들이 있었다. 같은 감염인으로 환자를 직접 돌본 동료 간병인이 먼저 나섰다.* 환자가 요양병원에 간 지 2주 만에 죽었다는 걸 도대체 받아들일 수가 없었다. 그에게 이 죽음은

* '동료 간병인 제도'에 관해서는 3장을 참조할 것.

너무 이른 죽음, 이상한 죽음, 있을 수 없는 죽음이었
다. 젊은 환자는 열심히 치료받고 있었고, 회복하려
는 의지가 강했다. 그는 환자의 수술 예후가 좋았던
것으로 기억한다고, 무엇보다 "환자는 희망을 가지고
있었"다고 증언했다.

　　도대체 무슨 일이 벌어진 건지 묻지 않을 수 없
었던 사람들이 모여 죽음의 이유를 따지기 시작했다.
해당 요양병원은 '중증/정신질환 에이즈 환자 장기
요양사업'이라는 이름 아래 간병비와 인력 활용에 국
고 지원을 받고 있었다. 이 사업에 관여했던 사람들을
통해 환자가 호흡 곤란을 호소하며 수술을 받은 대
학병원으로 다시 보내달라고 요청했지만, 이송 요청
이 거절당했다는 이야기가 전해졌다. 요양병원 측이
제시한 거절의 이유는 부모가 환자 치료에 일절 관여
하지 않겠다고 했고, 이송 비용을 낼 사람이 없을 경
우 문제가 발생할 수 있어 더 이상 아무런 조치도 취
하지 않았다는 것이다. 치료를 소홀히 해 환자가 사
망한 건 아닌지 사정을 더 따져봐야 했지만, 병원 측
에서는 고인의 병이 깊어 어쩔 수 없는 상황이었다며
책임을 일절 인정하지 않았다.

　　죽음의 전모를 소상히 밝힐 수가 없었다. 그러

나 죽음이 발생한 장소의 전모는 더욱 분명해졌다. HIV 감염인이라고 받아주는 곳이 없을 때, 유일하게 남은 선택지 아닌 선택지는 최악의 사태를 예비해두고 있었다. 2014년 KNP+의 대표 손문수와 나누리+의 대표 윤가브리엘은 「HIV 감염인도 귀한 목숨이고 싶다」라는 제목의 글에서 사망 사건이 일어난 요양병원에 대한 감염인 동료들의 증언을 전한다.[2] "병실에 생쥐가 돌아다니고, 빈대가 생기는 곳, 환자의 머리를 강제로 빡빡 밀게 하고, 병실에 모아놓고 예배를 강요하는 곳"이라고. "사람을 짐짝처럼 취급하는 수용소 같은" 곳에서 감염인은 "하찮은 목숨" 취급을 받는다고. 사망 사건은 결코 우연히 일어나지 않았다고, 이런 곳은 결코 용납할 수 없다고 고발한다.

고발은 다른 편에서도 이어졌다. 사망 사건이 일어난 요양병원의 병원장은 이후 '동성애 반대 운동'의 기수가 되어 목소리를 키웠다. 의사는 여러 지면에서 반복적으로 다음과 같이 말했다. 자신이 본 "에이즈에 이환된 동성애자의 말로는 정말로 눈을 뜨고 볼 수 없을 만큼 비참"하다고, 그래서 "절대 동성애를 찬성할 수가 없"다고 말이다.[3] 그는 "에이즈에 걸리면 바이러스가 뇌를 망가뜨려서 반신마비, 전신마

비, 식물인간"이 된다고 했다.[4] 그러면서 에이즈로
입원한 남성 동성애자끼리 병실, 화장실, 주차장을 옮
겨 다니며 항문 성교를 한다고 주장했다. 자기 몸도
스스로 가누지 못하게 되었다는 사람들의 성적 활동
성에 대한 의사의 묘사는 몸의 구멍과 체액의 흘러내
림, 배변과 성행위에 대한 역겨움을 원초적으로 뒤섞
으며 혐오스러움의 센서를 정확히 자극했다. 그러면
서 "성 중독자"인 에이즈 환자들에게 연간 수천억 원
의 치료비와 간병비가 지급된다며, 아까운 세금이 낭
비되고 있다고 성토했다. 이 징그러운 말들을 풀어놓
고, 그간 그의 병원이 에이즈 환자를 통해 얼마의 수
익을 냈는지는 알 길이 없다.

  늦은 여름, 이 병원에서 가쁜 숨을 몰아쉬다 혼
자 죽었을 젊은 남자는 과연 무엇에 찬성하고 무엇에
반대했을까? 양쪽의 고발은 서로에게 부정당했지만,
어쩌면 모두 진실을 말하고 있었는지 모른다. 그가
죽은 장소는 '요양병원'이라고 불렸지만, HIV에 감염
하여 크게 아프게 된 사람이 쉬면서 다친 몸을 조리
하고 회복하는 것, 즉 요양을 목표로 하고 있지는 않
았다. 병원을 운영하는 의사는 에이즈 환자를 '변태
적' 성행위를 멈출 수 없는 충동성의 괴물로, 역겨움

을 느끼지 않을 수 없는 비체^{abject}로 여겼고, 환자들의
몸에 생긴 상처와 손상을 이들의 '죄'를 입증하는 선
정적 증거로 삼았다. 자신이 보기에 '문란하고 비정상
적인' 행위를 한다는 이유로 환자의 고통을 모멸했다.

한국의 의사윤리강령 1조는 "의사는 인간의 존
엄과 가치를 존중하며"라는 구절로 시작한다.[5] 어
떤 면에서 환자가 사망한 요양병원에서는 그 어떤 윤
리적 위반도 없었는지 모른다. 의사가 환자를 자신
과 같은 인간으로 간주할 수 없는데, 어떻게 그의 존
엄과 가치를 존중할 수 있겠는가? 그리고 의사의 말
처럼 달리 갈 곳이 없어 그곳에 모인 환자들 중 상당
수는 결국 이전의 상태를 회복하지 못하고 불수의 몸,
즉 '불구'가 되어 밖으로 나갈 방도를 찾을 수 없었다.
그곳에서는 누가 정확한 원인도 없이 죽어 사라져도,
혹은 긴 방치 속에 병원 밖에서 살아갈 능력을 잃어
도 전혀 문제 되지 않았다. 이런 장소를 **요양**을 위한
병원이라고 부른다면, 이 말은 부조리하다. 장소의
이름이 장소의 진짜 성격과 목적을 숨겨버린다.

'에이즈 환자 건강권 보장과 국립요양병원 마련
을 위한 대책위원회^{이하 대책위}'는 이 부조리에 직면하
면서 2013년 처음 결성되었다. 쉽게 잊힐 뻔했던 죽

음의 억울함을 묻고 답하는 과정에서 해당 병원에 입
원한 경험이 있는 당사자들과 동료 간병인 활동가들
이 중요한 역할을 했다. KNP+와 행동하는성소수자
인권연대와 친구사이의 활동가들, 인권운동사랑방,
건강세상네트워크, 인도주의실천의사협의회 등의 활
동가들이 대책위 활동에 각기 다른 강도로, 각기 다
른 시간 동안 결합하였다.

　　　서른다섯의 나이에 비명에 간 사람에게도 이름
이 있었다. 그러나 그 이름을 세상에 내놓을 수가 없
었다. 이름을 밝혀도 되는지 죽은 사람에게서 동의를
구할 수 없었고, 유족에게서도 마찬가지였다. 그래서
대책위는 죽은 사람에게 '김무명'이라는 새 이름을 지
어주었다. 그가 자취 없이 사라지지 않도록 하기 위
해. 2014년 8월 21일, 대책위에 참여한 여러 단체는
'인권 침해 속에서 홀로 죽음을 맞이한 에이즈 환자
고故 김무명 1주기 추모제'를 마련했다. 백지가 영정이
되었다. 여름 소낙비가 지나가는 저녁, 서른 명쯤 되
는 사람들이 길 위에 모여 앉았다. 책임을 져야 할 국
가는 어디쯤에 있었을까? 질병관리본부나 보건복지
부 근처에서는 집회 장소를 찾기 어려워 우선은 충정
로의 국민연금관리공단 앞에 모였다. 이날 우리의 주

장은 간명했다. 고故 김무명의 죽음은 억울하다고, 있을 수 없는 죽음이라고, 다시는 일어나서는 안 된다고, 시급히 대책을 마련하라고.[6]

그러나 그 어떤 후속 대책도 제대로 강구되지 않았다. 모든 피해는 고스란히 남겨진 환자들과 그 가족들의 몫이 되었다. 문제의 요양병원에 입원해 있던 여러 환자들이 결국 퇴원을 종용당했지만, 옮겨 갈 곳이 마땅치 않았다. 이 과정에서 당시 대책위 활동을 이끌었던 권미란 활동가는 환자들의 전원轉院을 위해 전국 23개의 시도립 요양병원과 5개의 민간 요양병원에 HIV 감염인이 입원할 수 있는지 문의했다. 모든 곳에서 거절당했다. 국립중앙의료원과 국립경찰병원에서 환자 몇 명을 임시로 받아주기는 했지만, 거기서도 또 언제 쫓겨날지 몰라 불안에 떨어야 했다. 당장 해결 방법을 찾을 수 없는 어려운 문제들이 대책위에 떨어졌다. 이런 상황에서 2014년 7월 나누리+와 KNP+는 국가인권위원회에 요양병원들의 HIV 감염인에 대한 입원 거부를 '장애인차별금지법'상의 차별 행위로 진정했다. '성중독 변태'이자 '세금 도둑'으로 비난받는 에이즈 환자가 이제 장애인의 권리를 요구한다. 도대체 어떻게 이런 주장에 이르게 된 것일까?

여기에는 대체 어떤 정치적 가능성이 있는 것일까?

　　이 장에서는 HIV 치료가 고도로 발달했음에도 불구하고 한국에서 감염을 근거로 한 차별과 입원 거부가 끊이지 않는 이유를 되짚어보고, HIV 감염인 인권운동이 이 문제를 해결하기 위해 어떤 노력을 벌였는지를 일부 전한다. 김무명의 죽음은 유일무이한 죽음이었지만, 다른 여러 사람들이 경험했던 차별의 고통과 그 연원을 같이하고 있었다. 그리고 이 길게 이어져온 차별의 고리를 끊고자 하는 시도들은 온갖 예상치 못한 질문에 직면해야 했다. 어떤 질문에는 왜 이제껏 아무도 답하지 않은 건지 긴 침묵을 이해하기 어려웠다. 어떤 질문은 단순히 에이즈라는 특수한 질병에 대한 낙인과 차별로 설명하기 어려운 훨씬 더 근본적인 문제를 담고 있어서 더 많은 사람의 개입과 참여를 요구했다. 그래서 이 질문들은 오래 묵은 것이지만 낡은 것은 아니다. 이 질문들에 답하는 과정에서 우리*는 차별 금지의 원칙을 어떻게 의료 현장에 실현할지를 구체화할 수 있었고, 감염에 따른 몸의 변화와 부당한 사회적 처우를 손상과 장애에 관한 급진적 논의와 함께 다시 생각할 수 있었다. 병원에서, 또 병원 밖에서 어떻게 고립되지 않고 함께 살아

* 나는 나누리+의 일원으로 대책위 활동에 조력했으나, 결성 초기에는 그리 기여한 바가 없다. 대책위 활동에 많은 사람들과 단체들이 각기 다른 시점에 다양하게 참여하였으며, 특히 활동가 권미란이 대책위의 조직과 운영에서 중심 역할을 맡았다. 이 글에서 '우리'라는 주어는 대책위 활동에 직접 참여한 활동가들을 지칭하기보다는 이 운동의 곁을 지켜준 여러 사람들과 앞으로 여기에 함께할, 아직 오지 않은 사람들을 모두 포함하는 상상적 '우리'를 향한다.

갈 수 있을지를 치열하게 고민할 수 있었다. 그렇게
더 많은 이들이 같이 답을 찾아 나설 수 있도록 방침
을 준비해두었다.

차별하지 않을 때 모두가 더 안전하다

한국의 의료 현실에서 HIV 감염인에 대한 차
별을 들여다보면, 놀랄 만한 모순이 드러난다. 고 김
무명을 비롯한 수많은 에이즈 환자들은 어떤 상황에
서도 최선의 진료를 하기 위해 온 힘을 다한 의사들
에 의해 기꺼이 살려내졌다. 이렇게 한쪽에서 정성을
기울여 살려낸 사람들이 다른 한쪽에서는 거리낌 없
이 내쳐졌다. 소수자에게 차별은 단순히 얼마나 자주
겪는지와 같은 빈도의 차원으로 충분히 설명되지 않
는다. 차별은 언제 어디서 일어날지 알 수 없다는 점
에서 '사건'이고, 특히 사람의 생명을 다루는 영역에
서 언제 차별받을지 모른다는 예측은 그 자체로 의료
의 가장 중요한 약속을 흔든다. 고통을 줄이고 건강
을 북돋기 위해서 최선의 조치가 취해질 거라는 신뢰
의 근간을 해친다.

　　에이즈 발생 초창기부터 HIV 감염인을 진료해온 의사 최강원은 2011년에 발간된 『대한감염학회 50년사』에서 감염내과 전문의로 그간의 소회를 담담히 밝힌다. 1980년대 후반만 해도 에이즈 환자가 입원했다는 소문이 나면 병원 앞에 인근 주민들이 모여 항의 시위를 벌이기도 했고, 당장 같은 병원 직원들로부터 협조를 얻기도 보통 어려운 일이 아니었다. "검체 수집원은 환자의 혈액 샘플의 배달을 거부하는 일이 다반사였고, 단순 흉부 엑스선 촬영조차 거부당하기도 하였다."[7] 유명 대학병원에서도 에이즈 환자의 진료를 기피하여 "천안에서 교통사고로 팔에 골절상을 입고 인근 병원에 가서 감염 사실을 자진하여 밝히자 치료를 거부하여 서울대 병원에까지 오는 환자도 있었다."[8] 또한 그는 사정이 이러했으니 "환자들의 분노와 좌절감이 어느 정도였을지 상상하고도 남는다."라고 헤아린다.[9] 이런 답답한 시절을 거쳐 "어떤 환자라도 치료할 수 있고, 건강한 사회생활"을 가능하게 하는 효과적인 치료제가 도입되면서 그는 "감염내과 의사의 꿈과 보람"을 느꼈다고 말한다.[10] 그러면서도 이 치료법의 "혜택을 보지 못하고 떠나간 환자들에게는 안타깝고 미안한 마음을 금할 수 없다."

라고 쓴다.[11] 긴 시간이 지나서도 살리지 못한 환자들을 잊지 않고 떠올리는 의사의 마음을 미루어 짐작하니, 새삼 여기에 얼마나 크고 깊은 정성이 있었을지를 다시 생각하게 된다. 의료가 가지는 엄청난 힘, 죽음을 물리치고 삶을 재건하는 힘은 바로 이 최선의 마음에서 가장 먼저 비롯할 것이다.

한국에서 HIV 치료가 고도로 발전해온 과정은 바로 이 최선의 의료에 대한 증명일지도 모른다. 노의사의 소회에서 드러나는 것처럼 한국에서 HIV 치료는 감염내과 전문의가 있는 상급 종합병원 및 몇몇 공공 병원을 중심으로 발전해왔고, 여러 의료인의 노력으로 이제 HIV 관련 치료를 받는 데는 큰 어려움이 없다. 여러 감염내과 전문의들이 환자들 편에서 불합리를 해결하고자 애써왔다. 이를 바탕으로 한 HIV 치료의 보편화에도 불구하고, 문제는 잔인한 거절의 역사가 완전히 끝나지 않았다는 것이다. 에이즈 패닉의 시대에 감염 위험이 없음에도 골절 접합 수술을 거부했던 일들은 과거의 한바탕 소동으로 끝이 났어야 했다. HIV와 에이즈에 대한 이해가 과거와는 비교할 수 없이 높아진 만큼, 진료 거부는 되풀이되지 말았어야 했다.

지난 10년간 국가인권위원회에 접수된 진정 중
에 차별로 판별된 사건 목록만 보아도 이 비과학적인
불합리가 얼마나 끈질기게 한국의 의료 현장에서 거
듭되고 있는지를 알 수 있다. 2011년 한 유명 대학병
원에서는 외과의의 손을 보호할 특수 장갑이 없다며
HIV 감염인의 고관절 수술을 거부했다.[12] 2015년에
는 상처를 긁어낼 때 피가 튈 수 있는데 이걸 막을 가
림막이 없어서 중이염 수술을 할 수 없다고 환자를
돌려보냈다.[13] 2018년에는 정기 건강검진에 포함된
내시경 검사를 받으려고 하니, HIV 감염인은 소화기
내과에 가서 따로 검사를 받으라고 했다.[14] 2019년
에는 치료를 통해 이미 바이러스 미검출 상태에 이르
렀지만, 편마비가 생겨서 장기간의 재활 치료가 필
요한 환자에게 면역력 저하에 따른 대응을 할 시설
과 전문 인력이 없다면 입원을 거부했다.[15] 재활 전
문 병원이기 때문에 감염내과 전문의가 없고, 역격리
를 위한 양압 시설이 없다는 게 이유였다.* 2021년에
는 손가락 접합 수술 전문 병원에서 환자가 HIV 감
염 사실을 밝히자 격리 병실이 없으니 종합병원으로
갈 것을 요구했다.[16] 늦은 밤까지 공장에서 일하다가
오른쪽 엄지손가락이 기계에 말려 들어가 잘리는 사

* 역격리는 면역
저하 상태인 경우
환자를 보호하기
위해 다른 환자 및
의료진과 분리해
따로 치료하는 것을
말한다. HIV는
비말이나 공기로 감염하지 않으며, 따라서 활동성 결핵 환자가 아닌
경우 별도의 격리실에서 치료받을 필요가 없다.

고를 겪은 노동자는 밤새 수술할 병원을 찾다가 다음
날 늦은 오전에야 겨우 접합 수술을 받을 수 있었다.
오른쪽 엄지손가락은 다시 붙었지만, 더 이상 구부려
지지도 움직여지지도 않았다. 노동자는 손가락의 기
능을 잃었고, 직업도 잃어야 했다.

국가인권위원회는 위 사안 모두를 차별로 판별
했고, 해당 기관에 재발 방지를 권고했다. 이유는 모
두 동일했다. HIV 감염을 근거로 별도의 장비나 격
리 공간을 사용할 필요가 없고, 다른 모든 환자와 동
일하게 처치하면 되기 때문이다. 이를 표준주의 지침
standard precautions 혹은 보편적 주의지침universal precautions
이라고 부른다. 임상 환경에서 HIV에 감염했는지에
따라 환자를 구분하고, 그에 맞춰 선별적으로 더 높
은 수준의 주의 조치를 취하는 것이 아니라, 모든 환
자의 혈액이나 체액 등을 병원체에 오염되었다고 간
주하여 항상 손 위생과 기구 및 표면 소독, 보호장비
착용, 자상사고 예방 등의 원칙을 지키는 행위를 말
한다. HIV 감염이 미리 확인되었든 아니든 간에 모든
수술 및 처치 중에 혈액이 튀는 혹은 의료인이 찔리
거나 다치는 사고가 일어날 수 있다. 이런 발생 가능
한 모든 위험을 미리 고려해 임상 의료 환경에서 반

드시 지켜야 하는 행위의 준칙을 정해둔 것이다. 따라
서 수술이나 처치 중에 HIV 감염의 전파를 막기 위
해 필요한 특별 수술 기법이나 별도의 보호장비는 존
재하지 않는다. 모든 인간의 혈액과 체액에는 수많은
미생물과 바이러스가 존재하며, 영향을 미처 알 수
없는 무언가가 늘 있을 수 있다. 여기에는 예외가 없
다. 따라서 일반적으로universal 미리 주의하도록precau-
tions 하는 것이다.

　　표준주의 지침은 사실 HIV 대유행의 역사 속
에서 만들어진 산물이기도 하다. 1985년 당시 심각하
게 대두된 에이즈 유행에 대응하기 위해 미국 병원에
서는 감염관리 방식을 이전과 달리하기 시작했는데,
이때 만들어진 조치가 현재 표준주의 지침의 토대를
이룬다.[17] 그 이전만 해도 병원 내 감염관리는 감염
성 질환이라는 진단이 있거나 의심이 되는 경우에 격
리 주의를 따로 하는 방식을 주로 택하고 있었다. 이
시기에 이르러 기존의 선별적 감염관리가 효과적이
지 않다는 점이 부각되기 시작했다. HIV 감염이나 B
형 간염을 비롯한 여러 혈액 매개 감염병의 경우 환자
대부분이 자신이 어떤 병원체에 감염했는지를 모를
수 있고, 진료 당시 검사 결과가 음성이라고 하더라

도 위음성의 가능성이 있기 때문이다. 이에 따라 혈액 매개 감염병에 대한 진단 여부와 관계없이 모든 환자의 혈액을 오염된 것으로 간주하여 주의하도록 원칙을 새롭게 만들어 적용했다. 표준주의 지침은 에이즈 유행을 거치며 처음 공식화되었고, 이후 모든 임상 환경에서 감염관리의 가장 기본적인 원칙으로 전 세계적으로 확산되어 의학적 표준으로 자리 잡는다.

일면 보편적으로 주의하는 것보다 특별 관리가 더 안전하게 느껴질 수 있다. 특정 병원체에 대한 감염 사실을 이미 알고 있다면 미리 분리하는 게 만에 하나 더 안전하다는 것이다. 예를 들어 청진기나 체온계를 같이 쓴다고 해서 HIV에 감염하지 않지만, 따로 쓰는 게 더 철저한 감염관리처럼 다가올 수도 있다. 그러나 혈액에 노출되지 않은 기구에 의한 바이러스 전파 위험이 전혀 없음에도 위험이 있는 듯 더 주의하는 행동은 일종의 과대 망상에서 비롯된 것이지 안전 지침이 아니다. 이런 대응은 마치 비가 오지 않는데도 우산을 쓰고 있어 비에 젖지 않았다고 믿는 것과 다를 바 없다. HIV 감염인이 많이 이용하는 어느 병원에서는 평소 다른 환자에게는 맨손으로 채혈을 하고 감염인을 채혈할 때에만 장갑을 끼기도 한다.

이런 특별 조치는 환자에게 자신이 여전히 특별한 위험 대상으로 여겨진다는 신호를 주고 차별의 낙인만 강화할 뿐 적절한 구별을 통해 안전을 확보한다는 감염관리의 목적을 달성하지 못한다.

　　부적절한 구별이 외려 의료인을 더 큰 위험에 노출시킬 수 있다. 만약 의료인이 채혈 중 주사침에 찔려 HIV에 감염하는 사고를 우려해 이러한 관행을 유지한다면, 사실 가장 큰 위험은 자신의 감염 여부를 모르는 사람을 대할 때 생겨난다. 해당 병원을 이용하는 감염인 대부분은 지속적으로 치료제를 복용하고 있고, 그렇기에 이들의 혈액 내 바이러스 수치는 검출이 불가능할 정도로 낮아져 있다. 따라서 자신의 HIV 감염 여부를 모르는 사람을 맨손으로 채혈할 때, 주사침 자상 사고를 통한 HIV 전파 위험이 더 크다고 할 수 있다. 또한 HIV가 채혈 시 유일하게 주의해야 할 병원체인 것도 아니다. 주사침에 찔려 HIV에 감염할 확률은 0.3퍼센트로 매우 낮지만, C형 간염의 경우 1.8퍼센트, B형 간염의 경우는 6~30퍼센트로 훨씬 더 높다고 알려져 있다.[18] 결국 HIV 감염이 확인된 환자만 특별히 조심하는 것보다, 모든 사람을 동일하게 주의하는 게 의료인과 환자 모두에게 이롭다.

근거 없이 차별하지 않을 때 더 안전하다. 표준주의 지침이 알려주는 가장 중요한 교훈이 여기에 있다. 이 지침을 잘못 이해할 경우, 마치 환자의 치료받을 권리를 위해 의료인의 안전할 권리가 희생되는 것처럼 오해할 수도 있다. 의료인이라고 해서 무조건 두려움을 무릅쓰고 위험을 감수하라고 요구하는 것은 과도하며, 의료인의 자기 보호 권리 역시 반드시 보호되어야 한다. 표준주의 지침은 바로 이 안전하게 일할 권리를 지키는 데에도 이롭다. 감염 진단에 따라 환자를 구별해 격리하는 방식은 주의 표식이 붙지 않은 환자를 대할 때는 안전하기 때문에 주의를 느슨히 해도 된다는 잘못된 감각을 갖게 할 수 있다. 과거 서울의 어느 병원에서는 "우리 병원은 AIDS 청정지역입니다."라는 현수막을 붙이기까지 했는데, 애초에 감염한 경우를 미리 골라내기 때문에 더 안전하다는 인식은 전반적인 주의를 낮추고, 선택적 관리 소홀을 정당화하기도 한다. 표준주의 지침이 언제 어디서나 지켜질 때, 의료인의 안전도 확보된다. 현대 의학의 역사가 이 명확한 원칙의 효율성과 효과성을 입증하고 있다.

무엇보다 이 원칙은 에이즈라는 새로운 감염병

이 엄청난 속도로 유행했던 초기에, 아직 효과적인 치료법이 나오기도 전에 확립되었다. 이는 두려움이나 편견에 휩쓸리지 않는, 근거에 기반한 과학적 태도의 중요성을 다시 한번 입증한다. 의료인과 환자 모두에게 안전한 방법을 감염이 일어나는 원리에 합당하게 찾아낸 것이다. 누구도 함부로 배제하지 않으며 최선에 도달할 수 있는 방법을 집합적으로 만들어낸 것이기도 하다.

표준주의 지침의 중요성을 전문적으로 배우고, 일상에서 매일 실천하고 있는 사람이 바로 의료인이라고 할 때, 어떻게 한국에서는 이처럼 불합리한 진료 거부가 계속될 수 있는 것일까? 그간 이 문제는 한국에서 HIV 감염인을 진료해본 적 있는 의료인이 너무 적어서 생길 수밖에 없는 '인식 부족' 때문이라고 흔히 설명되었다.

그러나 어쩌면 이는 한국의 의학 교육과 임상 현장에서 표준주의 지침의 실질적, 윤리적 의미가 제대로 논의되지 못했기 때문인지도 모른다. 현대 의학사에서 HIV와 에이즈의 유행은 감염관리뿐만 아니라 의료윤리 전반에도 중요한 영향을 끼쳤다.[19] 영국의 한 의료윤리학자는 에이즈가 의료윤리에 끼친 영향은 전쟁이 의학에 끼친 영향에 비견할 만하다고 쓴다.[20] 전시 상황에서 군인과 민간인 모두가 비상 사태의 영향을 받는 것처럼, 의료 현장에서 에이즈의 영향을 받지 않은 의사는 이제 없다는 것이다. 서구 의학계에서는 에이즈 유행 이전과 이후로 환자와 의료인의 관계와 역할에 대한 사고와 실천에 큰 변화가 일어났고, 바로 그 유산 속에서 감염과 치료에 대한 현재적 쟁점들이 논의되고 있다.

한국의 에이즈 유행은 역학적 차원에서는 그 규모가 크지 않았지만, 에이즈 패닉이라고 부를 만한 사회적 격동은 매우 강력했다고 할 수 있다. 그러나 공포와 두려움의 대유행이 실제 한국의 의료 환경에 어떤 유산을 남겼는지, 어떤 교훈을 주었는지에 대한 학술적 논의나 전문가적 성찰은 찾기가 어렵다.* 에이즈가 한국 의료에 남긴 것이 무엇인지는 아직 충분히 헤아려지지 않았다. 그리고 이런 반성의 부재 속에서 불합리한 과거와의 단절도, 새로운 변화를 위한 준비도 이뤄지지 못했다.

이 공백을 무지와 무관심이 채웠다. 과연 한국의 의료인들이 HIV와 에이즈에 대해 어느 정도의 지식을 갖추고 있는지를 체계적으로 조사한 연구를 찾

* HIV 치료에서 의료인의 책무에 관한 논의는 거의 등장하지 않았지만, 의료인을 중심으로 한 HIV 퇴치 운동은 일찍부터 생겨났다는 점에도 주목할 필요가 있다. 예방이라는 목표 아래 특정 질병을 반드시 정복하고 퇴치해야 할 것으로 규정하는 접근 방식이 결국 질병에 대한 의료인의 역량 강화는 물론 질병과 함께 살아가야 하는 사람들의 권리 보장에도 기여하지 못했다는 것에 대한 보다 정치한 역사적 평가가 필요하다.

기 어렵다.** 예비 의료인들에 대한 한 연구를 통해 이런 공백의 문제를 어림해볼 수 있을 뿐이다. 같은 의학전문대학원에 재학 중인 3학년 학생 97명을 대상으로 HIV와 에이즈에 대한 지식 수준을 측정한 연구에 따르면, 거의 절반에 달하는 44.3퍼센트의 학생이 이미 관련 교과목을 수강했다고 응답했음에도, 전반적으로 저조한 성적을 보였다.[21] 15점 만점에 평균 8.9점밖에 되지 않았는데, 모든 문제를 다 맞힌 학생은 한 명도 없었다. 이 중 오답율이 가장 높았던 문항에 특히 주목할 만하다. ○×퀴즈 형식의 질문지는 "우리나라에서 의료 행위 중 HIV 감염인으로부터 의료인에게 전파가 일어난 사례는 없다."의 진위 여부를 묻는다. 이 질문의 정답인 ○를 맞힌 학생은 전체의 8.2퍼센트에 불과하다. 두 번째로 높은 오답율을 보인 문항은 다음과 같다. "수술 환자에게 HIV 검사를 정례적으로 실시하는 것은 의료 행위 중의 감염 예방을 위하여 요구되는 보편적 주의원칙표준주의 원칙 준수를 위한 필수적인 조치이다." 정답은 ×이다. 앞서 설명한 것처럼 표준주의 원칙은 검사 결과와 관계없이 동일한 주의지침을 따르는 것이며, 수술 환자에게 정례적으로 HIV 검사를 실시하는 것은 "의료기관

** 국가인권위원회가 2016년 발행한 「감염인(HIV/AIDS) 의료차별 실태조사」 보고서는 HIV와 에이즈에 대한 의료인의 이해 및 차별 양상을 알아보기 위한 설문조사를 포함하고 있으나, 감염내과 전문의만을 대상으로 하고 있어 의료인 전반의 HIV와 에이즈에 대한 인식과 지식 정도를 살피기에는 한계가 있다.

의 편익을 위해 시행되는 것으로 보편적 주의원칙에
는 해당되지 않는다."[22] 이 문제를 맞힌 학생은 전체
의 13.4퍼센트뿐이다.

한국에서 의료 행위를 통해 환자에게서 의료인
에게로 HIV의 전파가 일어난 적이 없다는 사실은 앞
서의 진료 거부와 수술 거부 사례들이 지나친 걱정과
불합리한 예측에 기반해 있음을 보여준다. 영화나 드
라마에서 영웅적 의사의 모습을 그려내기 위해 HIV
감염이라는 '엄청난' 위험에도 불구하고 치료에 임하
는 비장한 태도와 헌신을 칭찬하곤 한다. 혹은 극적
긴장을 조성하기 위해 혈액이 튀거나 주사침에 찔려
HIV에 쉽게 감염할 수 있는 것처럼 묘사하기도 한다.
그러나 거듭 강조하자면, 진료 중 HIV 감염은 한국
에서 1985년 첫 환자가 보고된 이후 지금껏 단 한 번
도 일어나지 않았다. 미국이나 영국 등에서도 의료진
노출에 따른 감염 사례는 1990년대 이후 보고된 바가
없다.[23] 설혹 노출되더라도 HIV의 경우 감염을 예방
할 수 있는 노출후요법도 이미 존재한다. 따라서 HIV
감염인을 진료하는 일에는 비범한 용기나 비극적 파
국의 서사가 굳이 필요하지 않다. 그러나 앞서 소개한
연구를 보면, 예비 의료인들이 극화된 위험을 마치 예

측 가능한 현실적 위험인 양 받아들이고 있다는 것을 짐작할 수 있다. 또한 HIV 검사를 미리 실시해서 감염 여부를 반드시 알아야 의료인을 보호할 수 있는 것도 아니다. 감염 여부에 관계없이 기본적인 수칙을 지키는 것, 그것이 반드시 따라야 하는 원칙이다.

이미 병원에서 임상 실습을 하고 있는 예비 의료인들이 갖춘 지식이 이처럼 불완전하다는 사실은 더 많은 교육이 필요하다는 것을 뜻한다. 이 연구에서 드러나는 또 다른 흥미로운 지점은 무려 절반이 넘는 52.6퍼센트의 학생들이 "HIV 감염인에 대한 의료 행위를 회피하고 싶"으냐는 질문에 '그렇다'고 답했다는 점이다. 더불어 "동료가 HIV 감염인에 대한 의료 행위를 회피한다면 대신할 생각이 있"느냐는 질문에는 '있다'는 응답과 '없다'는 응답이 각각 49.5퍼센트와 50.5퍼센트로 거의 반으로 나뉘었다.

2014년에 이 질문들에 응답한 아흔일곱 명의 의학전문대학원 재학생 대부분은 이제 어엿한 의사가 되었을 것이다. 이들이 만약 학생 시절의 응답처럼 일한다면, 절반의 의사들은 여전히 HIV 감염인에 대한 진료를 회피하고 싶을 것이며, 진료 거부가 일어났을 때 대신해서 나설 의사 역시 절반에 불과할 것이다. 만약 그러하다면, 환자의 반절과 나머지 반절이 이르게 될 곳은 각각 삶과 죽음으로, 영구적 손상과 회복으로, 모욕과 존엄으로 나누어질 것이다. 최선의 의료는 반으로 쪼개지고, 그 깊이 갈라진 틈으로 누군가는 굴러떨어지고야 말 것이다.

차별 금지 원칙의 부재와 불평등의 제도화

국내 의료법은 의료인 또는 의료기관이 진료 요청을 받을 시 "정당한 사유 없이 거부하지 못한다."라고 규정한다. 여기서 무엇이 '정당한 사유'인지를 두고 여러 다툼이 있을 수 있다. 의사 역시 크게 아플 수 있고, 폭행이나 모욕으로부터 스스로를 보호할 수 있어야 하며, 환자에게 해가 되는 환경에서는 진료를 강요받지 말아야 한다. 보건복지부는 이 같은 경우를 비롯하여 "의사가 타 전문과목 영역 또는 고난이도의 진료를 수행할 전문 지식 또는 경험이 부족한 경우"는 정당한 진료 거부의 사유라고 유권 해석을 내놓은 바 있다.[24] 그러나 환자가 HIV에 감염했더라도 반드시 모든 경우에 감염내과 전문의가 있는 병원에서

진료받아야 하는 것은 아니며, HIV 감염인을 진료해
본 적이 없는 의료인이라고 해서 진료를 수행할 지식
이나 경험이 부족한 것은 아니다. 중이염 수술이나 내
시경 검사 혹은 요양병원의 관리 전반을 담당하는 의
사가 HIV 감염인을 대해본 적이 없다고 해도 그것이
진료를 거부할 근거가 되지 않는다. 다른 환자와 동
일하게 진료하면 되기 때문이다.

　　실제로 진료 거부가 발생할 경우, 그 자리에서
환자가 대항할 수단은 거의 없다. 큰 병원에 가라고
하거나 우리 병원에는 자리가 없다고 한다면, 당장
환자가 할 수 있는 일은 정말 아무것도 없다. 코로나
19 범유행을 거치며 입원 거부, 특히 요양병원에서의
입원 거부는 누구나 겪을 수 있다는 점이 더욱 뚜렷
해졌다. 요양병원 입원 환자가 코로나19에 감염해 상
급 종합병원에서 치료를 받고 격리 해제 판정을 받았
지만, 재입원할 요양병원을 찾지 못해 가족들이 발을
동동 굴러야 했다. 격리가 해제된 환자는 체내에서 바
이러스가 검출된다고 해도 타인을 감염할 전파력이
없음에도, 다른 환자와 병원 종사자에게 불안감을 야
기한다는 이유만으로 한동안 입원 거부의 대상이 되
었다. 당시 상황은 현행법상 개별 병원이 입원을 거

부할 경우 이를 효과적으로 금지할 방법이 없다는 것
을 다시금 확인해주었다. 결국 문제 해결을 위해 시
정부는 서울 소재 병상 100개 이상의 요양병원 전체
에 공문을 보내 전체 병상의 1퍼센트를 코로나19 격
리 해제자 입원용으로 제공하도록 강제하는 행정명
령을 내렸다.[25]

　　HIV 감염인의 경우 오랜 기간 입원 거부의 대
상이 되어왔지만, 그 어떤 강력한 행정 조치도 행해
진 바가 없다. 이뿐 아니라 제도의 변화가 오래 지연
되어왔다. 한국에서 HIV의 만성질환화는 치료제 도
입을 통해 빠르게 진행되었지만, 이러한 변화를 충분
히 반영하지 않은 법이 그대로 남아 요양병원의 입원
거부를 정당화해주기까지 했다. 사실 요양병원이라
는 제도의 설립에서부터 에이즈 환자는 배제되어 있
었다. 1994년 7월 만성질환자를 비롯해 장기 입원이
필요한 환자를 위해 의료법상의 의료기관에 '요양병
원'이 처음 신설되었다. 그와 함께 의료법 시행 규칙
에 "전염성 질환자는 입원 대상으로 하지 아니한다."
라는 규정이 추가되었는데, 이 규칙은 이후 오랫동안
요양병원이 HIV 감염인의 입원을 거부하는 법적 근
거로 활용되어왔다. 그러나 HIV는 일상적 환경에서

는 물론 병원에서도 공동생활을 통해 불특정 다수에게 전파될 위험이 없으므로, 이 시행 규칙의 적용을 받을 의학적 이유가 전혀 없다.

이 같은 법 제도의 불합리함은 국가가 HIV 감염을 근거로 한 진료 거부 문제를 오랫동안 그저 방치했다는 것을 입증한다. 진료 거부는 에이즈 패닉 초창기에 벌어질 수 있는 문제였지만, 추적과 등록 중심의 초기 정책이 HIV 감염인에 대한 특별 관리 및 격리를 치료의 당연한 조건으로 생각하게 만들었다. 1988년에는 심지어 HIV 감염인을 격리 수용하는 시설을 만들려고 설치 장소까지 선정했다가 지역 주민의 반대로 유야무야되기도 했다.[26] 1999년 후천성면역결핍증 예방법의 4차 개정이 이뤄지기 전까지, 국가는 여전히 감염인에 대한 강제 격리를 법으로 허용하고 있었고, 에이즈 치료를 위한 전문 의료기관을 따로 지정하는 제도를 유지하고 있었다. 2005년에 이르러서야 감염내과가 있는 병원을 중심으로 HIV 관련 상담 간호사를 파견하는 제도가 시행되었고, 2007년부터는 'HIV 감염인 요양 호스피스센터'라는 이름의 소규모 기관이 운영되었다. 이후 질병관리본부는 2009년부터 국가 에이즈 관리사업의 일환으로

'중증/정신질환 에이즈환자 장기요양사업'을 위탁 형식으로 운영했다. 이 사업은 그 자체로 당시 법에 따르면 장기 요양기관에 에이즈 환자가 입원할 수 없는 현실을 반영하고 있다. 국가는 지난 30년간 HIV 감염을 근거로 한 입원 거부와 차별적 관행을 개선하기 위해 직접적으로 개입하기보다는, 전담 기관을 지정하거나 보조금을 지급하는 임시방편으로 일관해왔다.

결국 국가 에이즈 관리사업을 위탁하고 있던 요양병원에서 김무명이 사망하는 사건이 발생한 지 2년이 넘게 흐른 2015년 12월에야 입원 제외 대상인 감염병 환자의 범위를 재설정하는 의료법 시행 규칙의 개정이 공표되어 HIV 감염인이 어느 요양병원에 든 입원할 수 있게 되었다. 하지만 이런 조치는 대한노인요양병원협회현 대한요양병원협회 같은 단체의 거센 반발에 부딪혔다. 이들은 HIV 감염인의 요양병원 입소를 반대하는 대대적인 홍보 활동을 벌이는 등 법 개정에 조직적으로 반발했다. 2016년에는 학술 세미나의 형식을 빌려, 전국의 요양병원 종사자 및 환자, 보호자 5000여 명에게 설문 조사를 한 결과 응답자의 95퍼센트 이상이 에이즈 환자의 입원을 반대했다는 내용을 발표했다. 나아가 에이즈 환자 입원 반

대 포스터를 제작해 "에이즈 환자의 절대 다수가 남
성 동성애자로 같은 병실의 의식이 없는 남성 환자를
성폭행할 수"도 있고, "의료인이 에이즈 환자에게 물
린 사례 등의 안전 문제도 우려"된다는 선전 활동을
하기까지 했다.[27] 의료인이 중심이 된 단체에서 HIV
감염인을 폭력적인 성적 괴물로 묘사하며, 다른 환자
와 의료진의 안전을 위해 입원시킬 수 없다고 서슴없
이 주장했던 것이다.

2016년 한국에서 '에이즈 환자의 입원 거부는
정당하다'는 주장이 버젓이 학술 회의의 형식을 빌려
제기되었다. HIV 감염인이 입원한다는 소문이 돌면
누가 우리 병원에 입원하겠느냐는 항변이 당연한 듯
튀어나왔다. 이에 대응하여 매우 이례적으로 대한에
이즈학회는 대한노인요양병원협회의 광고에 제시된
내용들이 의학적 근거를 찾기 어렵다고 지적하는 답
변서를 게시했다. 이 답변서는 한국에서 입원 거부 문
제에 대한 거의 유일한 전문가적 의견 표명이라는 점
에서 중요한 의의를 지닌다. 그러나 단순히 의학적 근
거가 없다는 사실을 강조하는 것만으로는 충분치 않
았다. 1980년대의 격리보호 시설 논란에서 2016년의
집단적인 입원 거부 운동에 이르기까지 불합리한 차

별을 유지하고자 하는 논리는 매우 일관적이었으나, 이에 대항할 차별 금지의 원칙이 무엇인지는 전문가적 합의를 통해 명확히 제시되지 못했다. 그 긴 기간 동안 의료 영역에서 평등은 어떤 형태여야 하는지를 충분히 구체화하지 못했던 것이다.

원칙이 없는 자리에는 시장의 논리가 일찍이 들어앉았다. HIV 감염인에 대한 입원 거부는 소수자와 약자에 대한 차별에 편승하여 장기 요양이라는 필수적인 의료 서비스가 어떻게 불평등하게 분배되는지를 보여주는 대표적인 사례라고 할 수 있다. 2000년대 중반부터 정부는 중소 병원의 경영난을 해소하고 노인 인구 급증에 대응한다는 이유로 민간 요양병원의 신설에 재정 지원을 쏟아부었다.[28] 그러면서 민간 요양병원이 폭발적으로 늘어났다. 현재 한국의 입원 치료를 포함한 장기 요양 서비스는 그 재원이 공적으로 조달된다고 해도, 자원의 배분과 전달은 전적으로 수익성을 최우선으로 하는 민간 사업자에게 맡겨져 있는 형편이다. 대다수의 민간 요양병원은 입원 1일당 정액 수가를 적용하는 일당정액제 도입 이후, 치료 요구도가 복합적이거나 돌보기 어려운 중증의 환자는 기피하고, 경증 환자의 장기 입원을 유도하는 경향을 드러냈다.[29] 이러한 공급자 주도의 시장 구조 하에서 병원의 환자 고르기는 민간 사업자의 수익과 직결된다는 점에서 필연적이었다. 수익성이 좋은 병원 입장에서는 다른 환자들이 기피하는 HIV 감염인의 입원 불허 방침을 굳이 바꿀 이유가 없었다. 편견과 혐오에 근거한 차별적 대우는 의과학의 근거중심주의 원칙에 어긋나고 의료윤리의 차원에서도 용납될 수 없지만, 의료 시장에서는 능히 허용되고 있는 일이었다.

들어가지도, 나가지도 못하는 사람들

결국 고통은 가장 권한이 없는 사람들에게 쏟아졌다. 다음은 외상 상태이거나 혼자서 생활이 불가능해 입원이 필요한 에이즈 환자 가족들의 경험을 일부 옮겨 온 것이다.[30]

"제가 직접 전화해봤어요. 맨 처음에는 환자 나이도 젊고 [한데] 왜 그러냐? 딱하다. 왜 그렇게 됐고 얘기하다가 이제 병명 물어보고 그러면, 아휴 그건 안 된다 그래 가지고, 한 너덧 군데 [문의]해보고. 더 이상 저희도 할 필요를 못 느끼겠더라고요. 어떤 병원이 이런 일을 할 수 있는 병원인지 저희가 알 수가 없더라고요."(가족 돌봄자, 남성, 형제, 56세)

"요양병원 알아보라고 했을 때는 보건소에 전화를 했어요. 보건소에서 ○○시 쪽에 알아봐줬어요. 제가 전화 통화도 하고 상담하러 직접 갔어요. 다행히 와도 된다고 얘기를 잘 하고 왔어요. 옮기는 날짜까지 정하고 왔는데, 그 전날인가 전화 와가지고 이 환자들 안 받는다고, 의료진한테 얘길했더니 의료진이 싹 그만둔다고 그래서 안 된다고. 그렇게 해서 못 가고."(가족 돌봄자, 여성, 부부, 53세)

"웬만한 데는 다 알아본 거 같아요. 제가 요양보호사 따고도 형 때문에 많이 알아봤죠. [……] 근데 다 거절하더라고요. [대한에이즈예방]협회 국장님한테도 찾아가보고, [병원을] 소개해달라고. 나머진 전부 전화로 알아봤죠. 경기도에 막 새로 생긴 요양병원이나 요양원 많이 알아봤어요. 전부 다 그 병 때문에 노(no)를 한 거지. 일반적인 상담을 다 하고 마지막에 이런 병이 있다

고 그러면 전부 다 안 된다고 그래요. 작년에 엄청 돌아
다녔어요.”(가족 돌봄자, 남성, 형제, 59세)

　　“여기저기 알아봤는데도 없더라고요. 요양병원은
안 된다고 그러지. 제가 답답해서 여기 정신병원에도
갔었어요. 받아주면 넣어보려고 상담도 했어요. 거기서
받아준다는데 가보니까 이건 감옥이더라고요. 아, 차마
거긴 못 넣겠더라고.”(가족 돌봄자, 남성, 형제, 63세)

　　이 모든 상황은 결국 환자 개인과 가족이 해결
해야 하는 일로 남았다. 진료 거부에 관한 신고를 받
고, 고발 조치를 하는 역할을 맡은 보건소에서도 아
무런 도움을 주지 못했다. 한참 헤맨 끝에 겨우 입원
할 병원을 찾는다고 해도 문제는 거기서 끝나지 않았
다. 병명만 이야기하면 거절하는 상황에서 남은 곳은
“감옥”과 다를 바 없이 느껴졌다. HIV 감염인의 입원
을 허용하는 극소수의 병원들은 시설은 물론 환자 대
우에 있어서도 가장 열악했다.

　　“나중에 병실에 난방을 안 해주니까, 추우니까 환
자들이 전부 복도에 나와 있는 거야. 복도가 더 따뜻

해 병실보다. [……] 나중에는 보일러 틀지 말라고 목욕
도 못 시키게 하지. 난방도 안 해주지. [……] 진짜 하고
싶은 말은 굴뚝같아. 제가 그런 거 보고도, 근데 얘기를
못 하는 거야. 진짜로요. 거기서 난방도 좀 해주고 온수
도 좀 해주고 따뜻하게 해주라고 [요구하고 싶은 생각
이] 막 올라와도 얘길 못 하는 거야. 다른 사람은 가만
있는데, [나] 혼자 그럽니까? [그러다가] 데리고 가십시
오, 그러면 어떡할 거야? 갈 데가 없는데. 그게 진짜 어
렵더라고요. [마음은] 굴뚝같은데 얘길 못 하고, 갈 데
가 없으니까, 약자니까 [……] 거기서 몇 달 있었는데 계
속 상태가 나빠지는 거야. 거기는 수용만 해줄 뿐이지.
치료라는 건 아예 엄두도 못 냈어요."(가족 돌봄자, 남
성, 형제, 63세)

"저희는 사실 받아만 줘도 고마운 입장이기 때문
에. 일체 거기에 대해서 무슨 반론이나……. 더군다나 어
디 딴 데로 갈 생각조차 못 한 거죠. [……] 여기 있을 수
있기만 하면 좋겠다."(가족 돌봄자, 남성, 형제, 56세)

"저희는 거리나 시설이 괜찮거나 이런 거는 감
히 꿈도 꿀 수 없고 생각도 안 해요. 그냥 어디 요양병

원에서 받아준다고 하면. 왜냐면 받아주는 데가 없으니
까."(가족 돌봄자, 여성, 부부, 53세)

　　"받아주기만 하면 됐지, 그런 소리[요구] 하는 일
이 없어요. 사정하러 갔잖아요, 받아달라고. 저는 그래
도 거기 [환자를] 갖다가 넣고 두어 달에 한 번이라도
[면회를] 갈 수만 있으면[좋을 텐데]. 보호자가 안 가면
거기서 잘 안 해주고 무시할까 봐 걱정이 되죠. [……] 두
달에 한 번이라도 가봤으면 좋겠는데, 가질 못하지. 거
기가 그렇게 멀지. 차도 못 타지. [……] 전화를 하고 싶
어도, 또 자주 하면은 보호자가 극성맞다고 할까 봐, 애
한테 좋지 않을까 싶어서 그렇게 못 하고요."(가족 돌봄
자, 여성, 모, 78세)

　　"우리 형 같은 경우에는 얼마든지 움직이고 운
동을 시키고 그러면 많이 좋아진다고요. 병원에서 재
활 쪽으로만 좀 해주셨으면. 다른 건 뭐 바라는 것도 없
죠."(가족 돌봄자, 남성, 형제, 59세)

　　가족 돌봄자들은 환자가 받는 치료와 간병의
질이 매우 낮다는 점을 익히 알고 있었지만, 문제 제

기를 할 수가 없었다. 재활 치료를 조금만 더 받을 수 있었다면 조금이나마 걸을 수 있지 않을까, 체위 변경이나 기저귀 교체를 조금 더 자주 해주는 곳에 입원했으면 이렇게 큰 욕창이 생기지는 않지 않았을까 하는 아쉬움을 가지고 있었지만, 이들에게는 열악한 환경을 바꿀 일말의 여지가 없었다. HIV 감염인을 받아주는 다른 병원을 찾을 수 없는 상황에서 선택의 가능성 자체가 주어지지 않았기 때문이다. 갈 곳 없는 환자들이 최소한의 간병만 제공하는 시설에 남게 될 때, 이들의 몸은 병원 침상 위에서만 유지되는, 가장 적은 품을 들어서 관리 가능한 상태로 쪼그라들었다.

  물론 모두가 침상을 떠나지 못하는 것은 아니었다. 그래도 입원을 허용해준 병원에서 잘 회복한 사람들도 있었다. 그러나 이들 역시 이동을 제한당하고 있었다. 이제 회복하여 일상으로 돌아가도 되는 사람들이 병원 밖으로 나오지를 못하고 있었다.

  "내가 2018년 5월 10일에 [종합병원 감염내과] 의사한테 얘기해서 퇴원하려고 그랬거든요. 그 의사가 나를 [여기로] 보내줬으니까. [감염내과 의사가] '요양병원에서 생활하다가 조금 나으면 퇴원하든가 그리 하세요.'[라고 했는데] 요양병원에서 안 내보내주는 거예요. [……] 내가 사무실 가서 막 공격을 했지요. 본인이 나 가려는데 왜 안 보내주냐고. 뭐 대통령한테 사인을 받 아와야 [된다고] 하면서, 거기 직원이 거짓말을 하더라 고요. 정부에서 퇴원하라고 지시가 내려와야 된다 그런 말을 하더라니까. [……] 도저히 안 될 것 같아서 내가 몇 번이나 밤에 탈영하려고 하다가 [……] 홈리스행동[주거 취약계층을 위한 인권단체]이라고 하는 데 전화해서 도 저히 이 병원에 있다가는 10년 살 것도 3년도 못 산다고 사실대로 이야기를 했죠. 거기서 6월 21일에 날 데리러 왔어요. 그때 퇴원한 거죠."(당사자 남성, 69세)

"퇴원을 안 시켜주려고 그래. 제가 한 두어 달, 금 년 초부터는 거의 투쟁하다시피 퇴원시켜달라고 요구 를 했어요. 원장님한테 퇴원시켜달라고 면담도 하고, 회진할 때도 그러고, 떼쓰듯이 투쟁하듯이 몇 번 얘기 했는데. 더 있어라 더 있어라. 사실은 작년 11월에 한번 보자 그런 적이 있었어요. 한 8, 9월 돼가지고 [집에] 가 고 싶다 그러니까 11월에 보자 그랬다가 [……] 이제 1월 에[는] 2월까지 지켜보자 그래서 그러고 있었는데, 그 래도 퇴원하란 소리가 없어가지고 3월 10일부터는 내가 본격적으로 나가겠다고 말했죠. 건강 상태도 좋고, [병원에서] 해주는 건 아무것도 없어요. 거기가 답답하기도 했지만 이제 나 스스로 운동하고 밥 먹고 충분히 차고 나가겠다 싶어서 계속 그랬는데, 그래도 퇴원 안 시켜주려고 그러더라고."(당사자 남성, 62세)

두 사례 모두 병원이 환자의 자율적인 퇴원 의지를 무시한 경우이다. 나는 동료 활동가 및 연구자들과 함께 2019년 5월 이들이 입원했던 병원을 직접 방문할 기회가 있었다. 경기도 외곽의 매우 외진 곳에 위치한 요양병원은 모텔을 개조해 만든 곳으로, 주차장 입구부터 자물쇠로 잠겨 있어 환자들은 병원 앞의 작은 주차장을 제외하고는 밖으로 나갈 수 없게 되어 있었다. 재활 치료에 필요한 운동 기구나 공간 역시 전혀 확보되어 있지 않았다. 그나마 입원할 수 있는 곳이 있다는 게 다행스러운 한편, 가난하고 사회적 자원이 적은 환자들에게 이 병원은 한번 들어가면 쉽게 빠져나올 수 없는 곳이었다.

2019년에 만난 이한수 씨는 같은 병원에 자신의 동성 파트너인 박지환 씨를 입원시킨 상태였다. 당시 그는 매일을 피가 마르는 심정으로 보내고 있었다.

50대 후반인 지환 씨는 늦은 발병 후에 갑자기 쓰러졌는데, 이때 지환 씨의 형제를 비롯한 원가족 중 그 누구도 수술 동의를 해주지 않았다고 한다. 결국 20년 차 파트너인 한수 씨가 법적 가족은 아니지만 병원비를 본인이 다 감당하겠다는 동의서를 대신 작성해서 겨우 수술을 할 수 있었다. 이후 지환 씨는 회복을 위해 이 병원에 입원하게 되었다. 그러나 입원 기간이 너무 길어지자 지환 씨가 퇴원 의사를 밝혔고, 파트너인 한수 씨가 직접 데리러 가기까지 했지만 병원에서는 법적 가족 관계가 아니라는 이유로 면회와 퇴원을 모두 불허했다. 또 병원 직원들은 지환 씨의 형제들에게 연락을 취해 혈연 가족으로부터 퇴원을 원치 않는다는 대답을 들었다며 환자의 의사를 무시했다. 한수 씨는 해당 병원을 다음과 같이 묘사했다.

"거기는 쉽게 말하면 창살 없는 감옥이에요. 사람이 바깥에도 못 나오고, 먹고 싶은 것도 못 먹고. 그 면외딴 산골짜기에 지어놓고, 면회도 안 시켜주고, 한번 찾아가기도 힘들고. 뭔 죄를 지었다고. 그리고 본인이 나오고 싶으면 나오게 해야 되는데, 나오고 싶어도 못 나오는 그런 병원. 퇴원을 못 한다는 게 말이 됩니까?

그건 있을 수도 없는 일이고."

　이한수 씨는 퇴원을 시킬 수 없는 상황, 이 기약 없는 생이별의 시간이 지옥과도 같다고 말했다. 반평생을 함께한 파트너는 병원에서 제대로 먹지도 못해 바짝 마른 채 집에 돌아올 날만 기다리고 있다는데, 그를 데려올 방법이 없었다. 결국 박지환 씨는 감염인 지원 단체에서 병원 측에 수차례 연락과 요청을 한 끝에 겨우 퇴원할 수 있었다.

　이처럼 환자의 퇴원을 막는 행태는 갈 곳이 없는 감염인들을 받아들인 병원에서 일종의 비제도적 수용화가 일어나고 있다는 것을 보여준다. 요양 병상의 폭발적인 증가와 그에 따른 과다 경쟁 속에서 환자 확보에 어려움을 겪던 병원 중의 하나가 HIV 감염인의 입원을 허용하기 시작했다. HIV 감염인이자 '중증'으로 분류된 환자의 경우에는 간병비 지원의 대상이 될 수 있으므로, 여러 HIV 감염인들의 입원은 시설이 열악한 병원이 안정적으로 수익을 확보하는 데 크게 기여했을 것이다. 이 병원은 특히 가족으로부터 버림받거나, 동성 파트너와의 관계를 법적으로 보장받지 못하는 환자들의 취약한 조건을 악용하여 입원 기간을 늘리고 있었다.

　　극소수의 병원에서 요양이 언제든 수용收容 상
태로 바뀔 수 있다는 가혹한 현실은 격리 병실이 없어
HIV 감염인의 입원을 허용할 수 없다는 대다수 병원
의 변명과 정확히 연결되어 있다. 들어오지 못하게 하
는 쪽이나 나가지 못하게 하는 쪽이나 모두 감염인의
몸을 별도로 특수하게 '처리'해야 하는 것으로 여긴
다. 몸의 이동을 제한하고 분리를 강제한다. 양쪽 다
HIV 감염인이 다른 환자나 지역사회로부터 멀리 떨
어져 있는 상태가 가장 안전하다는 잘못된 믿음 아래
입원을 거부하거나 퇴원을 연기한다. 특히 이 격리에
대한 그릇된 믿음에 감염인의 법적 가족이 동의할 때,
그리하여 돌아갈 집이 사라질 때, 그의 삶은 병원에
쉽게 갇힐 수밖에 없다. 요양병원은 돌아갈 집이 없는
사람들이 겨우 의지하는 피난소이기도 했지만, 이들
을 기존의 사회적 관계로부터 단절시켜 결국은 집을
영영 잃게 하는 이율배반적 역할을 동시에 수행하고
있었다. 필요할 때 입원할 권리와 회복하면 퇴원할 권
리는 한 쌍을 이루고 있다. 양쪽이 모두 성립되어야만
병원이 고립을 강제하는 수용소가 아니라 몸을 고치
는 제 역할을 할 수 있다.

平等을 위한 길잡이

HIV/AIDS 감염인의 권리운동은 김무명의 사
망 사건을 기점으로 요양병원의 입원 거부 문제를 전
면으로 다루면서 몇 가지 중요한 진전을 이루었다.
먼저 진료 거부를 멈추게 할 근거를 마련해나갔다.
2014년 KNP+와 나누리+는 국가인권위원회에 이 문
제에 대한 조사와 시정을 요구하면서, 한국에서는 처
음으로 HIV 감염인에 대한 입원 거부가 '장애인 차별
금지 및 권리구제 등에 관한 법률'이하 장애인차별금지법'상
금지된 차별 행위라는 주장을 제기했다. 국가인권위
는 이 진정을 포함해 2007년부터 2016년 사이 누적
된 의료기관에서의 차별 행위에 대한 진정이 무려 서
른한 건이나 된다는 점을 감안하여 문제의 심각성을
인정했다. 그에 따라 HIV 감염인에 대한 의료차별 실
태조사가 예정되었고, HIV 감염인의 권리운동을 함
께 해온 여러 활동가들과 연구자들이 이 조사에 참여
했다.[31] 이를 통해 에이즈가 한국에서 그 어떤 질병
보다도 낙인과 차별의 대상이 되어왔다는 점을 보다
체계적으로 드러낼 수 있었다.
　　조사 결과를 바탕으로 국가인권위는 2017년

12월 한국의 HIV 정책에서 오랫동안 지연되어왔던 변화를 관계 부처에 권고했다. 먼저 보건복지부에는 의료인들이 표준주의를 비롯한 감염관리 지침에 대한 지식을 충분히 이해하고, HIV 감염인의 치료 과정에 활용할 수 있도록 의사국가시험에서 이를 검증하도록 권고했다. 더불어 후천성면역결핍증 예방법에 감염인에 대한 의료차별 금지 규정을 추가하도록 요청했다.* 이와 함께 당시 질병관리본부에는 의료인의 인식이 개선될 수 있도록 'HIV/AIDS 감염인 인권 침해 및 차별 예방 가이드'를 마련하고, 국공립 및 시도립 병원의 의료인을 대상으로 감염인에 대한 인권 침해 및 차별 예방 교육을 실시할 것을 주문했다.[32]

　　질병관리청은 이 정책 권고를 받아들여 2020년 12월 처음으로 표준주의 원칙 준수를 의료 제공자의 의무로 제시하는 「HIV 감염인 진료를 위한 의료기관 길라잡이」를 발간했다. 오랫동안 공공 병원에서 평등한 진료 환경을 만들기 위해 애써온 감염내과 의사 최재필이 여러 나라의 지침을 연구하여 전문全文을 마련하였고, 대한병원협회, 대한의사협회는 물론 HIV 감염인 당사자 단체들의 자문을 받고 의견 조율 과정을 거쳐 최종안을 확정했다. 이 문서는 HIV 감염

* 보건복지부는 두 권고 사항을 적극적으로 검토하겠다고 답변했으나 2023년 9월 현재까지 여전히 이행하지 않고 있다.

인 진료에서 반드시 지켜져야 하는 원칙이 무엇인지
를 최초로 국가기관이 명시한 지침이라는 점에서 중
요한 역사적 의미를 지닌다. 서른 쪽이 넘지 않는 짧
은 문서는 행정기관의 언어와 형식으로 쓰였지만, 전
하는 당부는 매우 간곡하다.

(본 길라잡이는) 모든 HIV 감염인 및 AIDS 환자
들이 차별 없이 진료받고, 의료진과 환자 모두가 안전
한 의료 환경을 조성하기 위해 제작되었습니다. 더 나
아가 의료기관 종사자분들이 HIV와 관련된 그릇된 사
회적인 인식을 바꾸어가는 데 책임을 다해주시길 부탁
드립니다.[33]

누가 무엇에 어떤 책임을 지녀야 하는지, 오랜
기간 답해지지 않은 질문에 이 문서는 또렷이 답한
다. 총 여덟 개의 영역에서 책임의 항목과 그 이유를
밝힌다.

1. (환자의 건강권) 모든 환자는 성별, 나이, 국적,
인종, 종교, 언어, 사회경제적 상태, 장애 여부, 성정체
성, HIV 감염을 포함한 건강 상태, 약물 사용 또는 수감

여부와 상관없이 의료기관에서 차별받지 않고 동등하게 최선의 진료를 받을 권리를 가집니다.

2. (차별 없는 진료) 의료 제공자는 정당한 사유 없이 HIV 감염인이라는 이유로 진료(입원과 수술 포함)를 거부하지 말아야 합니다. 특별한 의학적 사유 없이 HIV 감염인을 별도의 장소에서 진료하거나 진료 순서를 뒤로 미루지 말아야 합니다.

3. (검사와 상담) 의료진은 환자의 HIV 감염이 의심되는 경우 검사에 대한 설명과 동의 과정을 권장합니다. 검사 결과가 보고되면, 선별 검사의 위양성 가능성이 있을 수 있음을 포함하여 추후 관리 등을 충분히 설명해야 합니다.

4. (비밀 보장과 사생활 보호) 의료 제공자는 진료 과정에서 인지한 환자의 HIV 감염 사실에 대해 비밀을 유지하며 환자 본인의 동의 없이 타인에게 말하지 않아야 합니다. 의료기관 내에서 다른 환자들이나 비감염인이 HIV 감염인임을 알아볼 수 있는 별도의 표시를 환자의 침상이나 차트 등에 하지 않아야 합니다.

5. (환자 존중) 의료 제공자는 HIV 감염인·취약군과 면담할 때에 질환이나 성적 지향 등에 대한 혐오나 경멸이 섞인 언어적, 비언어적 표현을 하지 않도록

유의해야 합니다. 의료진은 진료 시에 환자의 인격과
자기결정권을 존중합니다.

　6. (감염관리·표준주의 의무 준수) 의료 제공자
는 모든 환자의 진료 과정에서 표준주의 지침을 준수
해야 합니다. 혈액을 다루거나 침습적 시술이 아닌 일
상적인 진료에서 HIV 감염인이라는 이유만으로 다른
환자의 진료 시와 다르게 필요 이상의 보호구를 착용
할 필요가 없습니다. 의료진은 HIV 감염인의 수술 시
환자와 의료진의 안전을 위해 공통적인 혈액 매개 병원
체 주의지침을 준수해야 합니다.

　7. (교육과 훈련: 학회의 책무성) 관련 의료 단체
는 차별이 환자의 건강에 미치는 악영향을 인식하여 의
료 제공자에게 환자 인권 감수성을 향상시키고, HIV
감염인에 대한 이해의 증진을 위한 교육을 시행하고,
사회적인 낙인과 차별의 감소를 위해 전문가적인 책임
을 다해야 합니다.

　8. (정책: 국가의 책무성) 보건 당국(중앙정부, 지
자체 등)은 HIV 감염인에 대한 인권 보호, 환자와 의료
제공자의 안전을 위한 교육·홍보 실시 및 의료기관 감
염관리에 필요한 적절한 자원 공급과 모니터링을 해야
합니다.

1985년 한국에서 처음 HIV 감염이 발생한 이후, 무려 35년이 흘러서야 우리 사회에서 이 질병을 다루기 위해 마땅히 여겨야 하는 원칙이 무엇인지가 선언되었다. "차별받지 않고 동등하게 최선의 진료"를 받을 권리가 환자에게 있다는 것, 의료인과 환자의 관계는 환자의 인격과 자기결정권을 존중하는 데서부터 출발한다는 것, 의과학에 기반한 공평한 대응이 모두에게 안전한 환경을 만든다는 것, 차별이야말로 건강을 해치는 중대한 위해 요인이며 낙인과 차별을 감소시키는 것은 의료인의 전문가적 책임을 구성하는 중요한 일부분이라는 것, 국가는 이 모든 책임이 순조롭게 이행되도록 환자의 권리를 보호하고, 권리 침해 사례 발생을 지속적으로 살피고, 의료기관이 책임을 다하도록 필요한 자원을 제공해야 하는 의무를 지니고 있다는 원칙이 마침내 공표되었다.

누군가에게 이 여덟 개 항목은 당연한 말처럼 읽힐지 모른다. 그러나 이 말들은 저절로 생겨난 것이 아니다. 이 말들은 HIV/AIDS 감염인 권리운동의 힘을 통해 마침내 한국 사회에 당도했다. 앞줄에 서야 했던 사람들, 먼저 거절당하고 쫓겨난 사람들이 긴 시간 길잡이 역할을 맡아 나아갈 방향을 가리켜왔다. 감염인 권리운동은 병원에서 거부당한 사람들의 사연을 모으고 널리 알리고, 김무명과 같이 홀로 죽은 사람을 잊지 않으며, 끈질기게 변화를 요구해왔다. 이 원칙은 이 모든 분투를 통해 돋아난 말들이다. 의과학이 이미 과거에 도달한 결론이지만, 이제야 우리 손으로 심은 약속이다. 이 모든 뒤늦음에도 불구하고 옳고 그름의 기준을 명확히 세우는 변화가 저절로 일어나지 않았음을, 평등과 정의를 보장하기 위한 기본 원칙이 HIV 감염인 권리운동의 힘을 통해 만들어졌다는 사실을 반드시 기억해야 한다.

그러나 이 원칙의 말들은 결코 그 자체로 힘을 발휘하지 못한다. 2021년 6월 한 청년이 손등이 부러져 응급실에 갔다. 응급실에서 치료를 받았고, 이후 예약된 수술을 하러 가서 HIV 치료제를 복용하고 있다는 사실을 밝히자 병원에서는 돌연 수술을 할 수 없으니 다른 병원에 가라고 했다. "환자의 비말이 공기 중으로 전파되거나 접촉으로 인하여 안구 점막이나 피부에 상처가 있는 사람에게 전염될 가능성을 완전히 배제할 수 없기 때문에" HIV 감염인의 경우 수술실 소독에 시간이 더 걸린다는 일말의 과학적 근거도 찾을 수 없는 변명을 늘어놓았다.[34] 이 이야기에서 달라진 점이 있다면 국가인권위가 「HIV 감염인 진료를 위한 의료기관 길라잡이」를 인용하며, 해당 병원에 차별을 시정하도록 권고했다는 것이다. 안타깝게도 국가인권위의 권고에는 법적 구속력이 없다. 설령 권고를 이행한다고 해도 한 번의 교육이 시행될 뿐, 별도의 차별 구제 장치는 마련되어 있지 않다.

　　마침내 도래한 원칙이 실제로 지켜지도록 하려면 차별 금지를 실질적으로 실현할 수 있는 강제력이 필요하다. 법철학자인 마사 C. 누스바움Martha C. Nussbaum은 "낙인의 작동에 대한 일차적이고 가장 본질적인 해법은 개인적인 자유의 권리를 빈틈없이 강조하고, 모든 시민에게 법의 동등한 보호를 확고히 보장하는 것"이라고 단언한다.[35] 무엇보다 법이 차별 금지의 원칙하에 개인을 보호하는 강력한 수단을 제공해야 한다는 것이다. 그러기 위해서는 후천성면역결핍증 예방법의 개정을 통해 감염인의 건강권을 빈틈없이 강조하고, 차별을 제재할 수 있는 법적 수단이 마련되어야 한다. 장애인차별금지법을 비롯한 차별 구제를 위한 법적 수단들이 더 적극적으로 활용되어야 한다. 한갓 말로 권하는 것 이상의 강제성을 부여해야 한다.

또한 변화는 단순히 엄하게 처벌한다는 법의 위협만으로 이뤄지지 않을 것이다. 최선의 의료를 실현하기 위해서 반드시 지켜져야 하는 행동 규범에 차별 금지의 원칙이 스며들어야 한다. 모든 의료 현장에서 공통의 규범으로 자연스럽게 행해지고, 매일의 실천에 배어들어야 한다. 어쩌면 이는 의료인의 긍지에 대한 호소인지도 모른다. 사람을 고치고, 낫게 하고, 고통을 덜어주는 능력은 모든 사람을 동등하게 존중할 때 최선에 도달할 수 있다. 작은 차별도 이 최선을 쉽게 무너뜨릴 수 있다. 이것은 신념이나 믿음의 문제, 좋고 싫음의 문제가 아니다. 차별받지 않을 권리에 대한 존중은 의과학과 의술에 대한 의료인 자신의 존중과 다름없다.

HIV 감염인의 장애 정치

「HIV 감염인 진료를 위한 의료기관 길라잡이」의 발간만으로는 요양병원의 체계적인 입원 거부 문제를 해결할 수 없었다. 보건복지부와 질병관리청은 국가인권위의 권고를 받아들이기로 했다는 걸 핑

계 삼아 2020년 이후 더 이상 이 문제에 개입하지 않
았다. 갈 데가 없어 갇힌 사람들은 여전했고, 크게 손
상된 몸은 돌아갈 집을 자꾸 잃었다. 나아갈 길을 찾
기 어려운 상황에서 우리는 '장애'의 정치와 조우했다.
감염과 손상의 연결성을 부인하지 않고 적극적으로
사고할 때, 이를 통해 낙인을 깨고 나가는 힘을 더욱
키울 수 있음을 새로 깨달았다.

　　2014년 KNP+와 나누리+는 국가인권위원회
에 공동 진정인으로 진정서를 제출하면서 "요양병원
들의 HIV/AIDS 감염인에 대한 입원 거부는 장애인
차별금지법상 금지된 차별 행위"라고 주장했다. 해외
의 사례를 근거로 HIV 감염을 법적 장애 규정의 일
부로 흡수할 필요가 있다는 의견은 2000년대 초반에
도 제기된 바가 있다.[36] 가까운 일본은 물론 미국, 영
국, 독일 등 여러 나라에서 적용 방식의 차이가 있기
는 하나, HIV 감염 자체 또는 에이즈 발병 상태를 공
적 지원을 받을 수 있는 장애로 인정하고 있기 때문
이다.[37] 그러나 HIV 감염인 인권운동의 흐름에서 장
애 인정의 필요가 본격적으로 떠오른 시점은 요양병
원에서의 입원 거부를 해결할 방안을 찾고자 분투하
는 와중이었다고 할 수 있다. 당시 이 주장은 의료 영

역에서 차별 금지의 근거를 찾는 과정에서 먼저 도출되었다. 차별금지법이 제정되지 않은 상황에서 장애인차별금지법이 차별 행위에 대한 구제 절차를 포함하고 있는 유일한 법률이었기 때문이다.

당시 감염인 권리운동에서 주목한 지점은 HIV 감염인이 의학적 관점으로 규정된 '장애인복지법'상의 장애인 정의에 포함되지 않지만, '장애인차별금지법'상의 장애인은 '사회적 관점'에서 폭넓게 정의된다는 것이었다. 한국의 법 체계에서 장애의 개념은 "신체적, 정신적 손상 또는 기능 상실이 장기간에 걸쳐 개인의 일상 또는 사회생활에 상당한 제약을 초래하는 상태"로 정의된다. 이때 장애인복지법에 따라 장애인으로 인정받으려면 이미 정해져 있는 열다섯 가지의 장애 유형에 부합해야 한다. 이러한 유형화는 복지의 대상이 되는 장애인을 선별하기 위한 제도적 장치로 반드시 이 유형에 부합해야 '장애'를 경험한다는 걸 뜻하지는 않는다. 장애인차별금지법은 모든 생활 영역에서 장애를 근거로 한 차별을 금지하기 위해 만들어진 법률로 복지 수혜 대상자로서의 장애인 등록 여부와 무관하게 장애에 기반한 차별을 경험한 경우에 모두 적용이 가능하다. 현재 경험하고 있는 장

애뿐만 아니라 과거에 장애가 있었다는 이유로, 혹은
장애가 있을지 모른다고 추측하여 이뤄진 차별까지
도 폭넓게 금지한다.

　요양병원의 입원 거부를 막기 위한 법적 장치로
장애인차별금지법의 적용 가능성을 여러 연대 단체들
과 함께 구체화하면서 HIV 감염인 권리운동은 장애
등급제를 폐지하고, 장애의 범주를 넓히고자 하는 저
항적 장애운동과 조우할 수 있었다. 특히 HIV 감염과
같이 낙인화된 만성질환의 경험이 '장애로서의 질병
상태'를 파악하는 데 중요한 예시라는 점을 알게 되었
다. HIV 감염은 약물로 손쉽게 치료 가능하지만, 발
병 당시의 신체 상태와 항바이러스제 장기 복용의 부
작용에 따라 여타의 신체적 손상이나 만성질환을 경
험할 가능성이 높아진다. 특히 HIV 감염 사실을 장기
간 알지 못한 후기 발현자의 경우 편마비나 인지 기
능의 저하 같은 심각한 신체적, 정신적 손상을 경험할
수 있다. 더욱이 한국에서 HIV 감염인에 대한 낙인과
차별은 개인과 집단 모두에게 큰 불이익을 주어왔으
며, 직업 활동을 비롯한 사회 참여를 다양한 수준에서
제한해왔다. 이와 같은 HIV 감염의 생물사회적^{biosocial}
특성은 WHO가 2001년 공식화한 국제기능장애건강

분류International Classification of Functioning, Disability and Health
의 장애 정의에서 중시하는 세 차원, 즉 신체 기능과
구조, 활동, 참여에 모두 연관되어 있다.

　　물론 HIV에 감염한 몸들은 일시적 질병과 영
구적 손상을 구분하는 경계선을 따라 한데 모여 있
지 않다. 건강한 HIV 감염인, 여러 의료적 처치와 입
원 치료가 필요한 에이즈 환자, 에이즈 정의 질환이
아닌 다른 건강상의 이유로 의료적 처지와 입원 치료
가 필요한 HIV 감염인, 에이즈 정의 질환이 발현된
급성기를 지나 호전되었으나 신체적, 정신적 손상 또
는 기능 상실을 경험하게 된 HIV 감염인, 에이즈 정
의 질환과 무관하게 다른 질환 및 사고로 신체적, 정
신적 손상 또는 기능 상실을 경험하게 된 HIV 감염
인, 자신의 HIV 감염 사실이 드러나거나 밝혀져서 직
업을 잃거나 사회적 배제를 경험한 감염인, 감염 사실
이 타인에게 드러나지 않았거나 혹은 주변에서 감염
사실을 알고 있지만 그와 관계없이 활발한 사회적 참
여와 직업 활동이 가능한 감염인. 감염한 사람들의 몸
상태와 그들이 처한 사회적 환경의 조건은 고정되어
있지 않으며, 심지어 한 사람의 삶의 궤적을 따라 끊
임없이 변화할 수 있다.

　　따라서 이처럼 감염 상태가 유발할 수 있는 몸
의 취약성이 유동적이라고 할 때, 과연 모든 HIV 감
염인을 장애인으로 규정할 수 있을지에 대해 의문이
생길지 모른다. 그러나 '장애인' 역시 하나의 균일한
집단이 아니라는 사실을 잘 살펴보면, 감염에 따른
손상과 사회적 제약에 편차가 있다는 점이 곧 '장애
없음'의 근거로 여겨질 수 없다는 것을 이해할 수 있
다. 비슷한 신체적 장애를 갖고 사는 사람들의 삶의
양상이 젠더, 인종, 계급, 성 정체성, 지역에 따라 크
게 다르듯, 동일한 바이러스 감염을 경험한 사람들의
삶 역시 같을 수 없다.

　　감염인이 장애인의 권리를 주장한다고 할 때,
어쩌면 더 중요한 질문은 장애 정체성에 대한 것일지
모른다. 과연 HIV에 감염한 사람들이 사회에서 장애
인으로 여겨지고 스스로를 장애인으로 규정할지, 자
칫 '감염인'에 대한 낙인과 '장애인'에 대한 낙인이 이
중으로 겹쳐 더 큰 차별을 야기하지 않을지에 대해
염려하지 않을 수 없다. 그러나 이 두 가지 정체성이
공통적으로 사회적 배제와 타자화의 경험 그리고 이
에 대한 저항을 통해 배태된다는 점에 보다 주목할
필요가 있다. 장애인으로 정체화한다는 것은 단순히

손상된 존재로, 그로 인해 자신이 인간이라면 마땅히 가지는 어떤 기본 능력을 결여하고 있다는 걸 받아들인다는 의미가 아니다.[38] 이것은 손상을 이상異常으로, 정상적이지 않은 것으로 만들고, 무가치하다고 여기고, 그래서 무언가를 할 수 없게 만드는dis-able 상황과 조건을 파악하고, 그 안에서 고유한 정치적 주체성 subjectivity를 형성한다는 걸 뜻한다.

일례로 일본에서 HIV 감염인의 장애 인정은 HIV에 오염된 혈장제제 치료제로 인해 감염한 혈우병 환자들의 투쟁에서 비롯했다.[39] 1990년대 중반까지 일본 내 HIV 감염인의 절반 이상이 혈우병 환자일 정도로 심각한 집단 감염 사태가 벌어졌고, 혈우병 환자가 에이즈를 퍼트린다는 온갖 괴담이 생겨났다. 결국 혈우병 환우회를 중심으로 제약 회사와 국가에 피해 보상을 요구하는 집단 소송이 전개되었다. 3일간 후생성을 점거하는 농성이 한겨울에 벌어졌는데, 무려 3만 명에 달하는 시민들이 참여할 정도로 열띤 투쟁이 이어졌다. 결국 1996년 후생성 장관이 공식 사과를 했고, 연이어 HIV에 감염한 혈우병 환자들에 대한 제약 회사의 피해 보상 책임과 관리 소홀에 따른 국가의 광범위한 책임을 명시하는 판결이 내려졌다. 당시 투쟁에서 피해자들의 주요 요구안 중 하나는 HIV 감염을 근거로 신체장애인으로 인정받을 수 있게 하고, 이를 통해 피해 구제에 대한 국가의 무한 책임을 인정하도록 하는 것이었다.

이때 두 가지가 중요했다. 첫째, 감염인에게 선별적인 지원을 하는 것이 아니라 보편적 의료 복지 체계 내부로 HIV 치료가 포함되도록 했다. 둘째, 혈우병 환자인 경우에만 장애 인정을 요구하는 것이 아니라 감염 경로와 관계없이, 어린이 혈우병 환자이든 남성 동성애자이든 이성애자 여성이든 관계없이, 모든 HIV 감염인이 장애 인정을 받을 수 있도록 했다. 당시 투쟁의 경험을 전해준 일본 활동가는 특정 피해자에 대한 보상 투쟁에 머무르지 않고, 보편적 지원 체계를 통해 치료가 필요한 모두가 동등하게 혜택받을 수 있는 제도를 이끌어냈다는 점이 이 운동의 중요한 성과라고 강조했다. 이런 합의가 가능했던 것은 혈우병 환자와 HIV 감염인 그리고 기존의 장애인이 자신들이 겪는 사회적 낙인과 차별에 깊은 공통성이 있다는 걸 발견하고, 모두가 같은 싸움을 하고 있다는 공감대 속에서 기업과 국가를 향한 투쟁을 이어나갔기 때문이다. 이러한 사회적 투쟁의 결과로 일본의

HIV 감염인들은 확진 판정 이후 본인이 원할 경우에 면역 기능 장애를 근거로 장애인 등록을 할 수 있다.

　　일본의 경험은 어느 정도로 심각한 면역 결핍이 지속되고, 어떤 신체적 손상이 발생해야 감염인에게 '장애인'의 자격을 줄 것인가에 대한 의학적 기준을 정하고 따지는 방식이 장애로서 HIV 감염을 이해하는 유일한 길이 아니라는 걸 분명히 보여준다. 일본 활동가들은 감염인들이 일괄적으로 장애 판정을 받는 게 아니라 신청을 직접 한다는 데 큰 의미가 있다고 했다. 감염인 자신이 법적 장애인으로 등록한다는 것은 단지 복지의 수혜자가 된다는 의미가 아니라 스스로가 권리의 주체임을 국가와 사회에 알린다는 의미를 내포하기 때문이다. '정상'과 '비정상'에 대한 분류가 아니라 권리 요구의 형식이자 방법으로 '장애'를 사고할 때, HIV 감염인에게 법적 장애인의 지위를 부여하라는 요구는 인간다운 삶을 누릴 권리에 대한 요구라는 점이 명확해진다. 만성통증 환자로서 질병과 장애의 겹쳐짐에 천착해온 여성주의 철학자 수전 웬델Susan Wendell 또한 "장애를 정의하는 데 가장 중요한 것은 사람들이 살아가고 사회에 기여하려고 할 때 부딪치는 어려움을 밝혀내는 것"이라고 말한다.[40]

몸의 차이가 아니라 공통의 어려움을 밝혀내는 과정에서 '장애'라는 범주가 매듭 역할을 할 수 있다. HIV 감염인의 장애 정치는 입원 거부를 비롯한 장기화된 의료 차별, 충분히 논의조차 되지 못한 노동권 제한의 문제, 빈곤과 소외, 자아존중감 상실 같은 깊은 사회적 고통을 밝혀내고, 고쳐나가기 위한 권리 확보의 길을 열 수 있다.

2019년 세계 에이즈의 날을 맞이하여 여러 장애인 권리운동 연대체들이 현재 한국의 법과 복지 제도가 상정하는 장애 정의와 범주가 지나치게 협소하다는 점을 다시 한번 지적했다. HIV 감염인이 경험하는 신체적, 심리적, 사회적 환경과 상황을 장애로 파악하고, 국가가 권리 구제에 적극 나서야 한다고 촉구했다. 이들은 다음과 같이 쓴다.

우리 사회에서 HIV 감염은 '사회적 죽음'의 상태가 됨을 뜻합니다. 우리는 이 '죽음의 상태'를 우리의 삶 속에서 이미 체득해왔기에 누구보다 잘 공감할 수 있습니다. 동시에 우리를 죽이고 있는 것은 우리가 지닌 어떤 속성이 아니라 사회적 차별과 장벽이라는 것 역시 잘 알고 있습니다. HIV 감염인은 '결핍된 존재'가

아니라 '박탈된 존재'입니다.[41]

여기서 첫 번째로 등장하는 "우리"는 HIV에 감염한 적은 없지만 장애인의 삶에 사회적 죽음이 어떻게 강제되는지를 아는 이들이다. 그러나 이 "죽음의 상태"에 대한 공통의 경험을 통해 등장하는 두 번째와 세 번째 "우리"는 감염 여부로 서로를 가르지 않는, "박탈된 존재"로서 장애인과 감염인 모두를 포함한다. 이렇게 공통의 억압과 차별을 감지하며 새로운 '우리'가 만들어진다.

장애는 너른 정치적 장이다. HIV 감염인과 장애인에게 각각 부여된 '변태'와 '불구'의 낙인은 그 속성이 다르게 여겨지더라도 우리의 공통된 시민권을 확인시켜준다. 누군가의 몸을 이상한 것, 정상적이지 않은 것, 그리하여 수치스러운 것이자 거부당해야 마땅한 것으로 만드는 존재 부정의 폭력 앞에 함께 놓여 있기 때문이다. 퀴어 자긍심이 '변태'라는 비난을 모욕이 아니라 자긍심의 상징으로 전환했듯이, 불구의 의미 역시 달라질 수 있다. 장애인 권리운동 단체인 장애여성공감은 단체의 20주년을 기념하며 "시대와 불화하는 불구의 정치"로 고립과 무능을 강제하는

폭력에 함께 저항할 것을 명료히 선언했다.[42] '불구
폐질자'라는 비하의 명명은 이제 행정 언어에서 사라
졌더라도, 한국에서 HIV 감염인의 존재는 여전히 이
옛말의 흔적에 붙들려 있는지도 모른다. 지난 40년간
의 변화에도 불구하고 감염인을 아직도 '몹쓸 병에 걸
려 스스로를 구할 수 없게 된 자'로 여기는 사회에서
감염한 자들의 삶 역시 시대와 더욱 격렬히 불화하며
불구의 정치로 나아가야 한다.

　　미국의 퀴어 장애운동가이자 작가인 일라이
클레어Eli Clare는 퀴어와 불구자crip는 사촌 관계에 있
는 것과 다를 바 없다고 쓴다. 이 말들은 모두 "충격
을 주는 단어, 자긍심과 자기애를 불어넣는 단어, 내
면화된 혐오에 저항하는 단어, 정치를 구축하도록 돕
는 단어"로 서로 묶여 있다는 것이다.[43] HIV 감염인
의 권리에 대한 요구는 '감염인도 비감염인과 똑같이
건강하다'는 정상성에 대한 인정투쟁에 머무를 수 없
다. 감염한 몸의 경험이 하나의 정체성으로 고정될 수
없다는 것을 또렷이 바라보며, 완치의 허구성을 깨치
며, 퀴어와 불구의 자리에서 정의로운 세계를 만들어
갈 권력을 확보해나가야 한다.

겪어낸 이들이 서로를 보살핀다

홀로 죽은 사람의 억울함을 헤아리며, 이 먼 길을 돌고 돌아왔다. 코로나19 범유행을 거치면서 어떤 사람들이 어느 곳에서 어떻게 죽음을 맞이하였는지, 살아남았는지, 병상을 떠나 집으로 돌아가기를 기다리고 있는지, 혹은 돌아갈 집을 벌써 잃어버렸는지 우리는 차마 다 알지 못한다. 2013년에서 2023년까지, 지난 10년의 시간이 얼마나 긴지를 생각할 때마다 요구했으나 성취하지 못한 일들이 무겁게 다가온다. 한국 사회에서 HIV 감염인이 필요한 경우 입원할 수 있고, 원할 때 퇴원할 수 있는 요양병원이 필요하다는 주장을 우리는 어렵게 설득해야만 했고, 아직도 이 당연한 요구를 실현하지 못하고 있다.

그러나 이 긴 우회의 시간을 통해 문제의 핵심에 다가갈 수 있었다. 입원할 곳을 찾을 수 없는 HIV 감염인의 상황은 질병의 특수성에서 비롯한 것이 아니다. 이는 근거중심주의와 차별 금지라는 기본적인 원칙이 의료 현장에서 지켜지지 않기 때문이다. 단 한 번도 감염인들이 문제가 아니었다. 의료인들의 문제였다. HIV의 전 세계적인 유행은 각국의 의료 현

장에서 중요한 변화의 전기로 여겨졌다. 새로운 임상
적 문제와 윤리적 질문이 생겨났고, 이에 답하는 과
정에서 꼭 지켜져야 하는 원칙이 세워졌다. 이와 비교
할 때, 더욱이 한국 의료의 급속한 확장과 놀라운 기
술적 성취를 돌아볼 때, 한국의 의료인들은 HIV를
자신과 관계없는 일로 취급하며 오랜 시간을 허비해
왔다. 우리는 너무나 많은 시간을 지체했다. 미국의
사협회는 1988년에 이미 모든 의료인이 에이즈에 대
한 충분한 지식을 가질 수 있도록 교육하겠다는 책
임을 선언했으며,[44] 영국의학협회는 1993년부터 발
간해온 상세 설명지침explanatory guidance의 첫 주제로
HIV 감염과 에이즈를 다루었다.[45] 한국에서는 무려
2020년에 이르러서야 「HIV 감염인 진료를 위한 의
료기관 길라잡이」가, 그것도 감염인 당사자들의 권리
운동과 국가인권위원회의 권고를 통해서 겨우 등장
했다. 더 많은 의료인들이 어서 빨리 HIV를 겪어내
야 한다.

　　이러한 원칙의 부재와 진료 및 입원 거부의 장
기화는 한편으로는 의료 자원의 배분에서 시장주의
원리가 강력하게 작동하고 있기 때문이다. 바로 이 지
점에서 'HIV 감염인이 입원할 수 있는 국립요양병원

을 마련하라'는 인권운동의 주장은 한국 보건의료 체
계의 핵심적 문제를 겨냥한다. 요양병원 문제는 건
강권의 실현에서 공공성의 가치와 차별 금지의 원칙
이 따로 나뉘어 실현될 수 없다는 사실을 명확히 제
시한다. 민간 의료기관이 과연 적정한 의료 제공을 하
고 있는지, 차별 행위를 하지는 않는지를 제대로 규
제할 수 없는 상태가 이어질 때, 경제적, 사회적 자원
이 적은 환자들이 가장 큰 피해를 입는다. 요양병원은
한국의 의료 전달 체계에서 없어서는 안 될 필수적인
기관이며, 특히 코로나19처럼 노인에게 치명적인 감
염병 유행 상황에서 매우 중요한 역할을 맡은 바 있
다. 공공 병원의 중요성에 대한 논의가 그 어느 때보
다 커졌다고 할 때, 지난 10년간 이어져온 '국립요양
병원'에 대한 감염인 권리운동의 요구는 더욱 긴요하
다. 이는 의료 영역에서 민주적인 형태의 공적 지배가
실현되어야 한다는 주장에 다름 아니다.

　　더욱이 HIV 항체 양성이라는 이유만으로 입원
이 거부되기도 하고, 설혹 입원해도 퇴원이 불가능해
지는 모순적인 상황은 특정한 몸을 위험한 것이자 무
능력한 것, 그래서 갇혀 있어야 마땅한 것으로 만드
는 불능화와 시설화가 한국 사회에서 한 쌍으로 작동

한다는 것을 입증한다. 또한 이는 요양과 회복의 시간이 수용 상태로 전환되어버리는 위험이 비단 소수의 HIV 감염인에게만 닥쳐오는 일이 아니라는 걸 뜻한다. 일상생활을 유지하기 위해서는 타인의 수발 노동이 필요하지만 간병인을 고용할 경제적 여력이 없는 노인들, 급성기急性期 병원에서 치료를 더 받아야 하지만 병원비와 추가 비용을 감당할 수 없어 요양병원에 의탁할 수밖에 없는 가난한 사람들, 만성질환과 장애를 가지고 있지만 도움을 구할 가족이나 지역사회의 자원이 없는 사람들을 우리 사회에서 '처리'하는 방식의 하나로 요양병원에서의 장기 입원이 이미 자리 잡았기 때문이다. 그리고 이러한 '처리' 공정의 일상화와 장기화는 이주민을 포함한 간병 노동자, 특히 여성 노동자를 저임금으로 쥐어짜는 가혹한 착취 구조로 떠받쳐지고 있다. 요양병원이 집으로 돌아가는 중간 기착지가 아니라 사회와 격리된 시설처럼 운영되고 있는 현실 앞에서 병원에 들어갈 권리와 집으로 돌아갈 권리를 동시에 요구하는 HIV 감염인의 목소리는 더 많은 이들의 고통과 착취 상태와 분리되지 않는다. 간병과 돌봄 영역에서 더 많은 정의를 요구하는 목소리와 공명한다.

감염, 손상, 노화, 낙인, 빈곤이 서로 단단히 얽혀 들어갈 때, 이 안에서 다른 종류의 매듭을 만들고자 하는 우리의 힘도 마냥 미약하지만은 않다. 장애를 권리의 문법으로 읽어내면서, 해방적 장애운동이 오랫동안 일구어온 탈시설 운동 및 자립생활 운동의 역사와 연결점을 만들고자 하는 시도가 생겨나고 있다. 사회적 고립을 직접 해결하려는 담대한 시도가 이어지고 있다. KNP+는 2021년부터 '서로 돌봄'이라는 이름의 활동을 시작했다. 목표는 푸르고 또렷하다. 감염인이 감염인을 돌보아 서로의 삶을 바꾸고, 세상을 바꾼다. 병원과 집을 연결하기 위해서는 지역사회에서, 자기가 살던 곳에서, 혹은 새로운 장소에서 삶의 터전을 만들 수 있어야 한다. '서로 돌봄'은 이 터전을 만드는 과정에서 감염인들이 서로에게 길잡이이자 의지처가 되어줄 수 있는 방법이다. 10여 명의 감염인들이 '돌봄 활동가'로 자신의 역할을 세워나가며 신체적, 정서적으로 어려움을 겪고 있는 감염인들을 직접 만나 관계의 물꼬를 트고 있다. 요양병원을 나와 지역사회에 정착할 수 있도록, 혼자가 아닌 여럿의 사회에서 자기 자신으로 살 수 있도록 돕는 역할을 한다. 감염인 공동체에서부터 고립을 깨는 힘을 마련하겠다는 단단한 구상이다.

함부로 내칠 수 없게 서로 돌보자. 여기서 '서로'
는 감염인 당사자를 넘어 더 많은 이들을 부르고 있
다. '우리'가 오로지 '서로' 속에서만 존재한다는 명징
한 사실은 감염의 기본 조건이자, 사회의 기본 조건이
다. 감염이라는 가능성은 그리하여 단순한 위험 표지
가 아니다. 거부와 고립, 단절이 아니라 서로가 주의
를 기울이며 유대와 결속, 보살핌의 방법을 배울 수
있는 연습의 기회이다.

불명예 섹스를
계속하기

5

"우리가 대체 무엇을 했기에?"

이 질문들에 대해서라면, 사회적 판결의 자의성,

그 부조리 말고는 다른 대답이 없다.

[……]

이 질문들에 우리는 판결이 이미 내려진 세계에

도착한다. 생의 어떤 순간 우리는 공적으로

기소당한 사람들의 자리에 놓여,

비난의 손가락질을 감당하며 살아가야 한다.

— 디디에 에리봉, 이상길 옮김,
『랭스로 되돌아가다』(문학과지성사, 2021), 250쪽.

범죄사실

후천성면역결핍증 감염인은 혈액 또는 체액을
통하여 다른 사람에게 전파매개행위를 하여서는 아니
된다.

피고인은 [……] 만약 콘돔을 착용하지 아니하고
항문 성교를 하는 경우 인체면역결핍바이러스가 전염
될 수 있다는 것을 알면서도 자신이 위 바이러스에 감
염된 사실을 숨긴 채, [……] 성관계를 하면서 피해자로

하여금 성기에 콘돔을 착용하지 않고 피고인의 항문에 삽입하게 하거나, 피고인이 자신의 성기에 콘돔을 착용하지 않고 피해자의 항문에 삽입하는 방법으로 성교를 하였다.

이로써 피고인은 피해자에게 후천성면역결핍증 전파매개행위를 하였다.[1]

피고인은 후천성면역결핍증 감염인이다.

피고인은 [······] 성명을 알 수 없는 남성과 아무런 예방 조치 없이 항문을 이용한 유사성교행위를 함으로써 체액을 통한 전파매개행위를 하였다.[2]

피고인은 ××××년 ××월 ××일 후천성면역결핍증 확진 판정을 받아 자신이 후천성면역결핍증에 걸린 사실을 알고 있었다.

그럼에도 불구하고 피고인은 피해자 C에게 자신이 후천성면역결핍증 감염인이라는 것을 알리지 않고 ××××년 ××월 ××일 ××시 ××분경 ××에서 피해자와 체액을 통한 전파매개행위인 성관계를 하는 등 [······] 총 11회에 걸쳐 성관계를 맺어 후천성면역결핍증 전파매개행위를 하였다.[3]

1

　　위의 인용은 '후천성면역결핍증 예방법' 제19
조의 전파매개행위 금지 조항을 위반하여 처벌받은
사람들의 판결문에서 범죄사실로 적시된 부분을 따
온 것이다. 이 세 판결문에서 판사는 피고인을 "후천
성면역결핍증 감염인"이라고 지칭한다. 피고인과 판
사를 포함하여 누구나 HIV에 감염되거나 후천성면
역결핍증 환자, 즉 에이즈 환자가 될 수 있다. 그러
나 누구나 "후천성면역결핍증 감염인"이 되지는 않는
다. 판결에서 피고로 지목되는 사람들은 실제로 존재
하지만 엄밀한 의미로는 아직 생겨나지 않았다. 피고
인 모두는 판결문에 기재된 정황을 보았을 때, 후천성
면역결핍증후군으로 진단될 수 있는 면역 체계의 약
화와 그에 따른 여러 질환의 발생을 경험하지 않은
듯하다. 지속적으로 치료제를 복용하고 있는 상태로,
에이즈로 정의되는 질환의 발생을 경험하지 않았다.
"후천성면역결핍증 감염인"은 후천성면역결핍증 예방
법이 규정하는 세계에만 존재하는 사람이다. HIV 감
염이라는 현재와 에이즈 발병이라는 아직 일어나지
않은 미래, 절대 일어나면 안 된다고 여겨지는 불행

한 미래를 함부로 뭉쳐버리는 시간적 왜곡을 통해서
만 만들어지는 특정한 종류의 법적 신분이다.

판사들이 HIV 감염과 에이즈 발병의 차이를
잘 모르기 때문에 이런 명명을 했다고는 생각하고 싶
지 않다. 피고인을 어떻게 지칭했는지 여부와 상관없
이 이들의 판결은 모두 법의 의도와 목적에 부합했
다.* 후천성면역결핍증 예방법은 HIV 감염과 에이즈
발병의 연결을 쉽사리 끊을 수 없었던 시대인 1987년
에 제정되어, 여러 차례 개정되었지만 현재까지 그 골
격을 그대로 유지하고 있다. 이 법의 제19조 '전파매
개행위의 금지'는 감염이라는 생물학적 변화가 야기
하는 법적 지위의 변화를 또렷하게 드러낸다. 이 조항
에서 감염한 사람은 감염 사실을 인지하는 순간부터
행위 주체의 개별적 판단과 관계없이 특정 행위를 금
지당해야 하는 존재, 즉 법적 규제의 대상이 된다. 어
떤 행위가 옳은지 그른지에 대해 법은 이미 판단 기
준을 제시했다. "하여서는 아니 된다." 이 금지의 표
지 앞에서 감염한 사람은 법적 규제를 어길 것이 이
미 예상되는 존재, 즉 예비 범죄자의 속성을 부여받
는다.

행위 규제의 근거가 되는 조항은 다음과 같다.

* 후천성면역결핍증 예방법 위반에 관한 다른 두 판결문에서는 "후천성면역결핍증(일명 'AIDS')의 원인 바이러스인 인체면역결핍바이러스(일명 'HIV') 감염 진단을 받아 질병관리청에 감염인으로 신고된 사람"(대구지방법원 2022. 5. 27. 선고 2021고합527 판결) 혹은 "질병관리본부로부터 후천성면역결핍증의 원인 바이러스인 인체면역결핍 바이러스에 감염된 것으로 확진을 받은 사람"(수원지방법원 2019. 2. 21. 선고 2018고단4150 판결)이라는 보다 정확한 표현이 사용되었다. 그러나 이 경우에도 피고인들은 모두 전파매개행위의 죄를 저지른 것으로 판결받았다.

"감염인은 혈액 또는 체액을 통하여 다른 사람에게 전
파매개행위를 하여서는 아니 된다." 도대체 무엇을
가지고 무얼 하면 안 된다는 것일까? 체액의 종류만
해도 눈물, 땀, 정액, 질액, 소변, 가래, 침 등 다양하
다. 법의 명시는 이렇게 광범위한데, 왜 성관계, 그것
도 콘돔을 사용하지 않은 성관계만을 규제하는 것일
까? 이러한 해석의 애매함은 이 조항이 한 차례 개정
을 거치고 남은 일부이기 때문이다.

    1987년 제정 당시 후천성면역결핍증 예방법은
HIV 감염인이 "대통령령이 정하는 감염의 예방 조치
없이 행하는 성행위"나 "혈액 또는 체액을 통하여 타
인에게 전파할 수 있는 행위"를 하지 못하게 했다. 즉
HIV는 성적 접촉을 통해 전파될 수 있으니 감염인의
경우 콘돔 사용과 같은 예방 조치를 취하지 않는 성
행위를 아예 금하도록 한 것이다. 2006년 총 서른여
섯 개 시민단체가 모여 처음으로 후천성면역결핍증
예방법 개정 운동을 시작했다. 이 법이 치료 지시와
강제 처분, 실명 명부 작성을 허용하는 등 심각한 인
권 침해적 요소들을 포함하고 있었기 때문이다. 전파
매개행위의 금지 조항은 무엇보다 HIV 예방에 기여
하는 바가 없다는 점에서 문제로 지적되어왔다.

대부분의 HIV 전파는 자신의 감염 사실을 알지 못하는 경우에 일어난다. 따라서 더 많은 사람들이 검사를 자주 받도록 독려해야 하지만, 이 법은 자발적 검사를 촉진하는 데 전혀 기여하지 못한다. 수많은 감염병 중에서 오직 HIV만 별도의 전파매개행위 금지 조항과 처벌 규정을 가지고 있다는 점 역시 에이즈에 대한 지나친 두려움과 차별적 대응을 그대로 반영한다고 할 수 있다. 이 조항을 삭제하더라도 악의적으로 HIV를 전파하려고 실질적인 위해를 끼치는 일이 발생할 경우, 기존의 형법을 통해 충분히 처벌이 가능하다. 시민사회의 문제 제기에 더하여 WHO와 국제노동기구ILO, 국가인권위원회도 기존의 후천성면역결핍증 예방법에 여러 인권 침해적 요소가 있다는 점을 지적했고, 결국 2008년 법 전반에 걸친 개정이 일어났다. 이때 "대통령령이 정하는 감염의 예방조치 없이 행하는 성행위"라는 표현이 삭제되었지만, 전파매개행위 죄에 대한 조항은 그대로 남았다.

전파매개행위의 금지 조항은 2008년 법 개정과 함께 사문화되었어야 마땅하다. 그러나 이 조항은 살아남아 한국에서 오직 HIV 감염인에만 한하여 콘돔을 사용하지 않는 성행위를 금지하고 처벌해왔다.

이 법의 제정 당시부터 현재까지 한국에서 콘돔을 사용하지 않는 성행위는 많은 사람이 자의로 혹은 강요로 인해, 흔히 하거나 혹은 할 수밖에 없는 성행위의 방식이다. 그러나 오직 HIV에 감염한 사람만이 상대와의 합의 여부와 관계없이 콘돔을 사용하지 않은 성행위를 했다고 고발될 경우 벌금형 없이 3년 이하의 징역형에 처해질 수 있다.

2

세 판결에서 피고인과 콘돔 없이 성행위를 한 사람들, 즉 피해자들은 모두 HIV에 감염하지 않았다. 여기에는 물론 그 어떤 신비스러운 행운도 작용하지 않았다. 당연한 일이었다. 당시의 HIV 의학에 기반할 때, 충분히 예상되는 일이었다. 한 판결문에서 판사는 피고인이 수사를 받던 당시 "막연히 자신의 경우 전파될 확률이 거의 없다."라고 진술하며 자신의 행위를 정당화했다고 지적한다.[4] 그러나 피고인은 자신의 상태를 막연히 추정하지 않았다. 그는 의학적 사실을 말했을 뿐이다.

효과적인 HIV 치료의 전 세계적인 확대 이후 치료받고 있는 감염인을 통한 전파가 일어나지 않는다는 임상적 사실이 광범위하게 보고되기 시작했다. 2010년대 초반부터 이에 대한 체계적인 연구 성과들이 나오는데, 2011년 항바이러스 치료를 조기에 시작할 경우 HIV 전파 가능성이 96퍼센트나 감소 가능하다는 대규모 연구 결과가 발표되었다.[5] 이 연구는 HIV 예방의 판도를 완전히 바꾸어놓는 획기적인 전환점으로 받아들여졌다. 이것은 에이즈 유행을 종식하기 위해 가장 먼저 해야 할 일은 더 이상 콘돔 사용을 촉진하거나 성 파트너 수를 줄이는 일 같은 예방 행동이 아니라는 걸 명확히 말해주고 있다. 최대한 많은 사람들이 검진을 통해 자신의 감염 사실을 알고 치료를 시작하는 것, 이것이야말로 가장 효과적인 예방 정책이라는 점이 입증된 것이다. 이후 UNAIDS는 "예방으로서의 치료treatment as prevention"를 주요 기조로 삼고 세계 각국의 에이즈 관련 정책을 치료 중심으로 바꿀 것을 촉구했다.

이후 행해진 대규모의 체계적인 관찰 연구들은 감염한 사람이 HIV 바이러스 미검출 상태를 유지하면서 치료받고 있는 경우, 남성-여성 혹은 남성-남성 간의 콘돔 없는 성관계를 하더라도 비감염인 파트너에게 HIV를 전파할 위험이 없다는 사실을 반복적으로 입증한다. 질 성교가 아닌 항문 성교에 의한 HIV 전파 위험은 더 높다고 알려져왔는데, 이 경우에는 어떠할지를 실증하기 위해 총 2년간 782명의 남성 동성 커플이 참여한 연구가 이뤄지기도 했다. 이 연구에 따르면 연구 기간 동안 남성 동성 커플 간에 총 7만 6088회에 걸쳐 콘돔을 사용하지 않은 항문 성 접촉이 일어났다고 보고되었지만, 감염인에게서 비감염인에게 유전계통학적으로 연결된, 즉 커플 간의 직접적인 HIV 전파는 단 한 건도 발생하지 않았다.[6]

"바이러스 미검출=감염 가능성 없음Undetectable=Untransmittable, U=U"이라는 캠페인 구호는 치료받고 있는 감염인의 성적 실천을 두고 혹시 모를 전파의 가능성을 두려워할 필요가 없다는 사실을 밝혀내고자 한 전 세계 HIV 연구진의 오랜 노력에 바탕을 둔 것이었다. 그리고 이러한 새로운 지식의 생성은 이미 상대의 HIV 감염 사실을 알고도 파트너 관계를 유지해온 사람들이 자발적으로 연구에 참여해주었기에 가능했던 것이다. 2018년 전 세계 HIV 연구 및 치료 분야 전문가들은 HIV 감염 위험과 관련된 형사법에서 이

러한 최신의 의학적 지식들이 반드시 고려되어야 한
다는 성명서를 발표하기에 이르렀다.[7]

　　HIV 감염인이 효과적인 항바이러스제 치료를
받고 있는 경우, 질 혹은 항문 성교로 인한 HIV 전파
위험은 무시할 만하거나 전혀 없다. 이것은 지난 40
년간 HIV의 예방과 치료 영역에서 일어난 가장 중요
한 발견이자 전 세계 HIV 연구 및 치료 분야의 전문
가들이 도달한 과학적 합의이다. 콘돔을 사용하지 않
더라도 치료를 지속하고 있는 감염인은 타인을 감염
할 수 없다. '바이러스 미검출=감염 가능성 없음'을
의학 공동체 내에서 검증하고, 이를 법과 제도에 적용
하기 위해 전 세계의 많은 연구자들과 당사자들이 협
력했다. HIV에 감염한 사람에게 부여된 오명을 벗겨
내기 위해, 지식 생산과 사회운동이 기꺼이 함께했다.

3

　　2018년 8월 선고를 내린 서울중앙지방법원의
판결을 보면, 판사 역시 이러한 의학적 사실에 대해
전혀 모르지 않는다.[8] 판사는 피고인의 "HIV RNA

농도", 즉 혈중 바이러스 부하 수치가 "not detected 또는 20 copies/ml 미만"이라는 점을 인정하고, "이와 같은 상태에 이르게 된 감염인의 경우 성관계를 통해 HIV를 전파할 위험이 사실상 '0'에 가까울 정도로 낮아진다는 연구 결과들"이 있다는 것을 인지한다. 그러나 판사는 이것이 바이러스가 "억제된 상태임을 가리킬 뿐 소멸된 상태를 이르는 것은 아니"기 때문에 이러한 과학적 연구 결과가 있다고 해도 "그 위험이 '0'으로 된다고 일반화하기에는 아직 한계"가 있다고 쓴다.

피고인은 성교를 통해 타인을 감염할 생물학적 차원의 행위력을 가지고 있지 않았다. 그가 한 행위는 그 어떤 실질적인 감염의 위험도 타인에게 야기하지 않을 것이 충분히 예측 가능했으며, 실제로 야기하지도 않았다. 그러나 판사는 이러한 사실을 "아직"은 "일반화"할 수 없다고 말한다. 이 재판에서 판사는, 법은 과학에 설득되지 않는다.

여기서 판사가 '위험 없음'을 일반화할 수 없다고 판단하는 근거는 과연 무엇일까? 그는 바이러스의 전파와 증식 기전에 논리적 일관성이 존재하지 않는다고 믿는 걸까? 혹시 그는 일반화할 수 없다고 '판단'하는 게 아니라, 이런 일이 일반적으로 일어나면 안 된다고 '느끼는' 건 아닐까? 판사는 "사회평균인의 입장으로 보아" 이 사건에서 "전파매개 가능성이라는 추상적 위험조차 초래하지 않았던 것이라고 평가할 수 없다."라고 쓴다. 한국의 법 체계에서 "사회평균인"이라는 표현은 손해배상에 대한 대법원 판례에 따르면 "그때의 구체적인 사례에 있어서의 보통인"[9]을 뜻한다. 그때의 구체적인 사례, 즉 HIV 감염인이 콘돔을 사용하지 않고 성행위를 한 상황에서 판사는 보통 사람의 마음으로 느낀다. 위험을, 두려움을, 그러면 안 된다는 금지를 말이다. 'HIV에 감염한 사람이 감염 사실을 말하지도 않고, 콘돔을 사용하지도 않고, 여러 차례 항문성교를 하다니! 이것이 어떻게 누구나 해도 되는, 법이 허용해도 되는 일이 될 수 있겠는가?' '사회평균인'의 입장이란 바로 이런 의문을 품는 것이 당연하고 정당하다고 느끼게 해주는 정서의 틀이라고 할 만하다.

4

2016년 1월 선고를 내린 서울중앙지방법원 재판부는 후천성면역결핍증 예방법의 처벌 대상 자체가 애초에 실질적 위험범이 아니라 "추상적 위험범"이라고 강조한다.[10] 즉 이 법은 "전파매개의 가능성이라는 추상적인 위험을 초래하는 것만으로 처벌"하도록 만들어졌으니, 실질적인 위험을 야기했는지 그렇지 않은지는 법의 판단에서 이미 중요하지 않다는 것이다. 이 법은 HIV 감염인이라는 이유만으로, 그의 행위가 실제 위험을 발생시켰는지 여부와 관계없이, 오직 위험이 상상 가능하다는 이유만으로 벌금형 없이 3년 이하의 징역형을 부과할 수 있게 한다. 한국의 법은 노동자의 안전에 실질적인 위험을 초래한 경우에도, 다시 말해 사업주에게 산업재해를 예방해야 하는 법적 의무가 엄연히 부여된 상황에서 이를 위반해도 중죄가 아닌 경범죄로 다뤄왔다. 공사 현장에서 뻔히 예견되는 사고를 막을 기본적인 안전 조치도 취하지 않아서 실제로 사람이 죽어도 기껏해야 500만 원도 안 되는 벌금형을 내려왔다.[11] 후천성면역결핍증 예방법이 내세우는 추상적 위험 개념이 만약 불필요한 고통과 죽음을 예방하기 위한 법적 장치라면, 진짜 이 개념이 필요한 법적 영역은 다른 데 있지 않을까?

이 판결에서도 판사는 당시 HIV 의학의 최신 성과에 대해서 무지하지 않다. 판사는 "1991년부터 2003년까지 14년 동안 393쌍의 '이성' 커플을 관찰한 결과, 감염인에게 꾸준한 항바이러스 치료를 하였을 경우 상대방에 대한 감염 전파 사례가 발견되지 않았다."라는 연구 결과를 각주로 명시해두기까지 했다. 그럼에도 불구하고 판사는 전파 위험성이 매우 낮다는 사실을 "일반화하기에는 아직 한계가" 있다고 판단한다. 판결문의 건조한 문장을 뚫고, 판사는 HIV 감염을 둘러싼 불안에 대한 공감을 각주로 다음과 같이 남겨두었다. "한편 후천성면역결핍증 감염인과 전파매개행위를 한 상대방은 약 12주의 잠재기가 지나서야 양성 반응 여부를 정확히 확인할 수 있는데, 그 검사 결과를 기다리는 동안 자신도 감염이 되었을지 모른다는 극심한 충격과 혼돈을 겪게 된다."

감염인이 야기한 가장 중대한 범죄는 바로 이것일지 모른다. 감염할지도 모른다는 불안을 전파했다는 것. 예방법이 정초하고 있는 가장 주된 정동은 바로 이것이다. 감염할지도 모른다는 생각만으로 "극심한 충격과 혼돈"을 겪을 수 있다. 왜냐하면 HIV 감염은 끔찍한 일이기 때문이다. 일반적으로. 판사는 유죄의 이유를 다음과 같이 말한다. "후천성면역결핍증은 현재 의학 기술로 완치가 어려운 중대한 질환으로서 그 확산 속도가 빨라 전파매개행위 그 자체로 매우 위험성이 높은 행위인 반면, 모든 후천성면역결핍증 감염인에 대하여 철저한 관리를 한다는 것이 사실상 어려운 점에 비추어, 전파매개행위에 대하여 국민 건강 보호와 일반 예방의 관점에서 비난 가능성이 적지 않다고 보아 처벌하는 것이다."

이 논증에서 HIV에 감염한 상태와 후천성면역결핍증이 발병한 상황은 구별되지 않고, 질병의 치료 가능성은 여전히 "완치가 어려운 중대한 질환"이라는 자못 의학적인 표현으로 가려진다. HIV를 비롯한 여러 바이러스가 장기적으로 인체에서 감염 상태를 지속할 수 있으며, 만성 감염에서 완치는 바이러스의 완전한 사멸로 규정할 수 없다. 엄밀한 의미에서 체내에 특정 바이러스가 단 하나도 존재하지 않는 상태를 입증할 과학적 방법은 없다.[12] HIV 치료에서 '미검출undetected' 상태가 유지된다는 것은 바이러스 증식이 충분히 억제되어 그로 인한 병증이 생겨날 수 없다는 의미나 다름없다. 그러나 후천성면역결핍증 예방법이 상정하는 것처럼 체내에 HIV 감염이 일어났다는 사실 그 자체가 치료 여부와 관계없이 한 사람에게 "후천성면역결핍증 감염인"이라는 일종의 예언적 저주를 부여할 때, 이 병은 완치 불가능한 것이 된다. HIV 감염의 치료가 어려운 것이 아니다. HIV 감염인이라는 사회적 신분에서 벗어날 수가 없는 것이다.

지금까지 살펴본 판결문에 따르면, 감염인은 "국민건강 보호와 일반 예방의 관점에서" "철저한 관리"의 대상이 되어야 하지만, 동시에 철저히 관리하기가 불가능해서 더욱 위험한 존재이다. 애초에 무슨 수로 감염한 사람이 매번 콘돔을 사용하는지 감시하고 규제할 수 있겠는가? 그런데 여기서 규제할 수 없는 것을 금지하는 법의 내재적 무능력은 역으로 '감염인'이라는 특정 집단의 통제 불가능성을 다시 문제의 원인으로 삼게 한다. 이렇게 HIV와 에이즈는 다시 치료 가능성과 무관하게 "중대한" 사안이 된다. 이중 구속의 모순이 당연시된다. HIV는 감염력이 매우 낮고, 한국에서 에이즈는 희귀병 수준의 낮은 유병률을 유지하고 있지만, 법관에게 그 확산 속도가 유독 "빠르게" 느껴지는 이유가 여기에 있다. HIV라는 특정 병원체가 빠르게 확산하는 것이 아니다. 꺼림칙한 그 무언가를 완전히 통제할 수 없다는 걸 느끼는 순간, 불안이 빠르게 번진다.

5

판사가 "추상적 위험"이라는 추상적 표현으로
에둘러 전달하고 있는 법의 감정은 어쩌면 보다 선명
한 것인지도 모른다. 꺼림칙함, 꺼려지는 마음, 안전
하다고 아무리 말해도 쉬이 떨쳐지지 않는 불안 같은
것들 말이다. 여기서 사법적 처벌을 이끌어내는 것은
따라서 위험의 실질성이 아니다. 도덕적 위반에 대한
감각 그 자체이다. 판결문은 일체의 사적 감정을 드
러내지 않는다. 판사들은 항문 성교를 더러운 행위라
고 질타하지도 않으며, 남성 간 성행위에 대한 거부
감을 드러내지도 않는다. 성행위의 방식과 횟수, 콘돔
사용 여부를 건조하게 나열하고 있을 뿐이다. 그러나
이러한 법의 제정 및 집행 과정에서 가장 강력한 역할
을 하는 것은 전염, 특히 성적 전염에 대한 수치심과
혐오이다.

이렇게 되물을지도 모른다. 전파 가능성이 있
든 없든 간에 그냥 늘 콘돔을 사용하면 되는 것 아니
냐고 말이다. 법이 요구하는 것은 일견 단순하다. 그
러나 질문하고 요구하는 자리가 아니라 답변하고 응
해야 하는 자리에서 이 별것 아닌 요구는 전혀 다른

모습을 띤다. 성행위의 시작과 관련된 모든 순간에 혹은 그 전에 HIV 감염 사실을 밝히고, 콘돔을 사용하자고 요구해도, '나'를 모욕하거나 때리거나 거부하지 않을 사람이 있을까? HIV에 감염한 '나'는 예측 가능한 모든 종류의 거부와 단절과 폭력에 노출될 위험에도 불구하고, 어떤 난장판이 벌어질지 모르더라도, '나'의 상황을 전달할 수 있을까? HIV에 감염한 '내'가 거리낌 없이 능숙하게 법이 요구하는 바를 행하기 위해서는 합의에 따른 성관계를 가능하게 하는 모든 사회적 조건이 필요하다. 성적 위험과 차이에 대한 대화와 협상을 가능하게 하는 상호적 평등, 합의를 이행 가능하게 하는 힘의 균형, 그리고 합의의 이행을 지속시키고, 불이행을 제재하는 견고한 규범적 체계. '나'에게는 언제 이 모든 조건들이 주어질까? 여기서 '내'가 요구하는 것은 감염 사실을 밝히지 않고 콘돔을 사용하지 않고 섹스할 권리 같은 것이 아니다. 이 질문 모두는 지극히 현실적인 것들이다. 섹스라는 구체적인 상황에서 다른 사람과 소통하고 교섭할 실질적인 역량과 조건에 대해 말하는 것이다.

　　전파매개행위의 금지 조항은 그 명령을 지킬, 즉 문제 상황을 헤쳐나갈 사회적 조건을 만들어내는

데 전혀 기여하지 않는다. 감염한 사람이 타인과 동등
하게 교섭할 사회적 위치를 갖는 걸 애초에 불가능하
게 만든다. 실상 이 조항이 진짜 명령하는 것은 질병
을 예방하기 위해 콘돔을 사용하라는 게 아니다. 이
법의 대상이 되는 '감염인'은 더 이상 보통 사람이 아
니라는 걸, 타인에게 혐오를 주고 사회에 불안을 야
기하는 존재라는 걸 받아들이고, 아무것도 하지 말고
오직 숨으라고 명령하는 것이다. 법철학자 마사 누스
바움은 어떤 법이 비합리적인 편견과 두려움에 입각
하여 취약한 소수자에게 낙인을 주는 것을 일차적 목
표로 삼는다면, 그 법이 아무리 많은 사람의 지지를
받는다고 하더라도 모든 시민의 평등한 존엄성을 보
호해야 한다는 자유주의 사회의 기본적 가치를 배반
할 수밖에 없다고 강조한다.[13] 법의 목적이 낙인일
때, 가장 먼저 해야 하는 일은 그 법의 효력을 없애는
것이다.

6

HIV에 감염한 사람이 살아내야 하는 세계는

양극단으로 쪼개진다. 일상은 정말 아무렇지 않을 수 있다. 하루 한 알, 아침에 비타민 챙기듯 복용하면 된다. 심혈관질환, 당뇨병, 만성호흡기질환에 대한 약물 치료를 받아야 하는 여타의 만성질환자처럼, 대한민국 전체 인구의 약 35.5퍼센트에 달하는 동료 시민들과 별다르지 않게 주기적으로 병원에 방문해 진료를 받고 약을 탄다. 치료를 시작하고, 약의 부작용을 경험하지 않을 경우 몸은 정말 별다를 바가 없다. 타인 역시 나에게서 다름을 발견할 수 없다. 다르지 않기 때문이다. '건강한 HIV 감염인'은 조기에 진단받고 치료를 시작한 사람의 신체 상태를 지칭하는 가장 적절한 표현이다. 건강이 만약 프랑스의 생리학자 르네 르리슈Rene Lerich의 오래된 표현처럼 "기관들의 침묵 속에 잠긴 생명"의 상태라고 한다면,[14] 효과적인 항바이러스 치료제의 영향력 안에서 HIV는 몸의 고요를 깨트리지 않는다. 치료제가 만들어내는 새로운 항상성의 리듬을 따라 바이러스는 신체기관들의 정연한 작동을 어지럽힐 능력을 소실하며, 안온한 침묵에 잠긴다.

그러나 법정에서 이 건강의 느낌, 병들지 않은 상태에 대한 몸의 확고한 감각은 가장 먼저 의심받는다. 막연한 추정에 근거해 위험을 과소평가한다는 비난에 가로막힌다. HIV 감염이 여전히 사회적 병리 현상으로 여겨지는 세계에서 나의 아무렇지도 않은 몸은 판결문에 사용된 표현처럼 타인에게 "극심한 충격과 혼돈"을 일으킬 수 있다. 수전 손태그Susan Sontag는 모든 인간이 건강의 나라와 질병의 나라를 오갈 수 있는 여권을 가졌다고 묘사한 적 있는데, 국경 넘기의 메타포는 '후천성면역결핍증 감염인'이 던져진 양극적 세계를 묘사하기에는 턱없이 부족하다.[15] 이는 마치 놀이공원과 감옥을 동시에 살아내야 하는 것과 마찬가지이다. 각종 놀이기구와 퍼레이드가 눈앞에 펼쳐지지만, 나는 행락객이면서 동시에 죄수처럼 있어야 한다. 나는 몸이 주는 활력과 흥분을 느끼며 내가 마주한 세계의 온갖 기쁨과 즐거움을 한껏 누려야 하는 동시에 내 몸이 저지를 수 있는 죄의 가능태와 이미 저지른 죄를 반성하며 스스로를 가두어야 한다. 나는 내 앞에 놓인 모든 기회와 욕망을 누릴 수 있는 힘과 능력, 자원을 가져야 하지만 동시에 이를 발휘하는 일이 곧 타인에게 해를 끼치는 일로 언제든 비난받을 수 있다는 것을 알아야 한다. 건강한 사회인으로 자본주의 사회에서 살아남기 위해서는 온갖 생산성과 성적 활동성을 포함한 규범적 활력을 유지해야 하지만, 동시에 사회의 미래를 병들게 할 위험을 예비한 존재로서 죽은 듯이 숨어 있어야 한다. 불가능을 살아내야 한다.

이 불가능을 살아가는 거의 유일한 방법은 HIV 감염과 연관된 '나'의 모습을 드러내지 않는 것이다. 나에 대한 일부를 비밀로 삼는 것이다. 그리고 비밀을 안고 사는 일에는 큰 고통이 따른다.

7

낙인찍힌 사람이 경험하는 고통은 과연 측정 가능할까? 나는 UNAIDS가 설계한 「HIV 낙인 지표 조사」라는 연구를 2017년 한국의 여러 연구자, 활동가와 함께 진행하면서 내재적 낙인 혹은 내적 낙인이라는 표현을 사용한 적이 있다. 이 표현은 직접적인 차별이나 배제의 경험과는 별도로 감염한 사람이 자기 자신에 대해 부정적 평가와 감정을 느끼는 상태를 의미한다. UNAIDS가 비교 연구를 위해 개발한 세계 공통 설문지에서 이러한 상태는 자기 낙인화^{self-stigmatiza-}

tion의 과정으로 규정된다. 한국에서는 총 104명을 대
상으로 설문을 진행했는데, 응답자 대부분은 스스로
를 남성 동성애자로 정체화하고 있었다. 이 설문 연구
에서는 응답자의 상당수가 자신의 감염 상태에 부정
적 감정을 느낀다고 보고한 점이 특히 두드러졌다. 전
체 응답자 중 절반이 넘는 사람들이 감염 사실에 수치
심을 느낀다고 했고, 낮은 자존감을 느낀다고 응답한
사람 역시 거의 60퍼센트에 달했다. 죄책감을 느낀다
고 응답한 사람은 64.4퍼센트, 자책의 경우 75퍼센트
에 이른다.[16]

　　한국 연구 팀은 최종 보고서에서 동일한 설문
지를 활용한 다른 나라(태국, 인도, 남아프리카공화
국, 우간다, 독일)의 연구 결과를 한국과 비교하고, 한
국 응답자들이 그 어느 나라보다 훨씬 높은 수준의 내
재적 낙인을 경험한다고 분석했다. 한국 응답자들은
내재적 낙인에 대한 거의 모든 항목에서 가장 높은 응
답률을 보여주었고, 특히 죄책감, 자책, 스스로가 벌
을 받아야 한다는 느낌, 자살 충동, 소문에 대한 두
려움을 느낀다는 항목에서 다른 나라에 비해 압도적
으로 높은 응답률을 보였다.[17] 이런 비교는 물론 미
리 정교하게 설계된 것은 아니었다. 당시 UNAIDS가

확보한 낙인 지표 연구 데이터베이스에서 검색 가능한 나라들의 조사 결과와 단순 비교한 것으로, 국가별로 응답자의 규모도 크게 달라 통계적 차원에서는 이러한 분석이 그다지 유의미하지 않을 수 있다. 그러나 당시 이런 비교의 틀을 세웠던 것은 한국에서 직접적인 차별 경험에 대한 보고가 매우 적음에도, 감염인이 자기 자신에 대해 느끼는 부정성이 매우 크다는 점을 해석할 준거점이 필요했기 때문이다.

내재적 낙인이라는 표현에는 큰 오류가 있었다. 낙인의 힘, 낙인을 찍는 힘은 이를 느끼는 개개인에게서 연원하는 게 아니기 때문이다. 후천성면역결핍증 예방법의 관점에서 바라볼 때, 이 법의 제19조 '전파매개행위의 금지'가 설정한 바에 따르면, 감염인은 마땅히 무얼 하는 게 죄가 되는지를 잘 알고 있어야 한다. 수치심, 죄책감, 자책, 벌을 받아야 한다는 느낌은 이 법과 법이 반영하는 사회 질서가 그것의 생성을 정확히 목표하고 있는 감정의 양식이다.

낙인을 작동시키는 힘은 한국 사회에서 이미 법에 내재해 있다. 전파매개행위 금지 조항은 치료를 통해 전파 위험이 없어진 상태에 있는 사람에게도 여전히 처벌을 공언해왔다. 이 법은 그 누구도 보호하지

않으면서, 타인에게 실질적인 전파의 위험을 야기할
수도 없는 사람들에게 언제든 '의도적 전파자'가 될
수 있다는 의심을 거두지 않는다. 이 법에 따르면 감
염이라는 나쁜 사태와 그에 따른 공중 보건의 위기에
대한 책임은 마땅히 감염한 사람들에게 먼저 물어야
하는 것이다.

　　언제든 심문받을 수 있는 자리에 놓일 때, 수치
심과 부끄러움, 자기혐오는 이를 느끼는 주체, '나'로부
터 나오는 것이 아니다. 내 안에 본래 있었던 것이 아니
다. 그 자리에서 놓여날 수 없는 나를 덮쳐 오는 것이다.

8

　　심문의 자리에서 벗어나려면 어떻게 해야 할
까? 먼저 함부로 심문하지 못하도록 해야 한다. 전
파매개행위 죄 폐지 운동은 바로 이를 목표로 해왔
다. 전파매개행위 금지 조항이 가진 법적 모순, 즉 어
떤 행위가 범죄인지를 명확히 규정하지 못한다는 점
을 지적해왔으며, 이에 따른 처벌이 헌법이 보장하는
모든 시민의 자유권과 행복추구권을 침해한다는 것

을 알려왔다. 이 법이 합리적 이유 없이 특정 시민만을 차별적으로 대우하고, 처벌한다는 점을 설득하고자 했다.

이 운동은 특히 2019년 관련 사건을 다루던 서울서부지법 재판부가 판결을 내리기 전에 해당 조항의 헌법 합치 여부를 먼저 판단해달라고 위헌법률심판 제청을 하면서 더욱 구체화될 수 있었다. 2022년 11월 헌법재판소에서는 이 조항이 과연 헌법의 가치에 합치하는지에 대한 공개 변론이 이뤄졌다. 헌법재판소에서 최초로 HIV 감염인의 성적 실천을 염두에 두며 '바이러스 미검출=감염 가능성 없음'에 관련한 의과학의 발전을 어떻게 법에 적용할 수 있을까에 대한 논의가 이뤄진 것이다. HIV 감염인 역시 법의 동등한 보호를 받아야 하는 시민으로, 마땅히 삶에서 자율적 영역을 확보할 수 있어야 한다는 논의가 본격화될 수 있는 중요한 계기가 생겨난 것이다.*

9

정확히 언제일지 기약할 수는 없지만, 전파매

* 2023년 10월 26일 헌법재판소는 최종적으로 이 조항이 헌법에 합치한다고 선고하였다. 아홉 명의 재판관 중 다섯 명이 미검출 상태로 타인에게 바이러스를 전파할 가능성이 없는 경우에도 금지 및 처벌의 대상으로 삼는 것은 과도한 국가형벌권의 행사로 헌법에 위배된다고 판단하였지만, 위헌 결정에 필요한 심판 정족수(6인)에 미달하여 합헌 결정이 내려졌다. 합헌 의견을 낸 나머지 네 명의 재판관들은 기존의 판결 논리를 거의 그대로 답습하였다.

개행위의 금지에 대한 조항은 사라지고 말 것이다. HIV 감염인 인권운동이 그렇게 만들 것이다. 더 큰 문제는 이 법이 근거한 도덕적 규범이 훨씬 더 상대하기 까다롭다는 점이다. 판결문의 세계에서 범죄의 실체는 마치 명확히 특정할 수 있는 듯이 상정된다. '감염인'이 법으로 금지된 '후천성면역결핍증 전파매개행위'를 하였다. 그러나 이는 사람과 사람 사이에서, 몸과 몸의 마주침 사이에서 일어나는 일이다. 죄라고 명명된 행위의 형상은 쉽게 잡을 수 없다. 미끌거리고, 흘러내리고, 컴컴한 어둠에 젖어 경계를 흐트러트리고, 말라붙었다 씻겨 나간다. 몸은 물론 기억에서도 결코 잊히지 않기도 하고 흔적 없이 사라지기도 한다.

고발당하지 않는다면, 법정에 끌려가지만 않는다면, 이것은 죄가 아니게 될까? 불합리한 금지 조항만 사라진다면, HIV 감염은 성적 위반의 결과라는 억울한 추궁은 사라지게 될까? 이 질문들이 더 다루기 어렵다.

10

HIV를 둘러싸고 위반의 문제는 두 가닥으로 꼬

여 있다. 한 가닥은 감염이 악한 결과, 즉 단순히 좋지 않은 일이 아니라 옳지 않은 일이라는 도덕적 판단에 대한 것이고, 다른 한 가닥은 성적 억압에 대한 것이다. 첫번째 가닥을 따라가면, 다음의 모순에 도달한다. 감염 사실을 알게 된 사람에게 전파매개행위라는 죄는 단지 내가 저지른 범행이 아니라 내가 이미 당한 일이기도 하다. 어떤 인간도 바이러스를 스스로 생성해낼 수는 없다. 바이러스는 감염한 내가 만들어낸 것이 아니다. 나 역시 누군가에게 전달받은 것, 전파당한 것이다. 그렇다면 나는 가해자인가, 아니면 피해자인가?

HIV 감염에 강력하게 부착된 이 가해와 피해의 감각은 물론 두 번째 가닥, 성적 억압과 예속의 문제와 끈끈하게 얽혀 있다. 여기서 억압은 예를 들어 콘돔을 사용하지 않는 성행위나 항문에 대한 '도착적' 충동 같은 욕망의 실체가 개별 행위자에게 이미 부여되어 있는데, 이를 실현하지 못하도록 억압이 가해진다는 의미가 아니다. 다른 모든 사회적 행위와 마찬가지로 성적 행위 역시 가치 체계를 구성하며, 성에 부정성이 강력하게 부여된 사회에서 이 체계는 특히나 위계적이다.[18] 어떤 성적 실천과 표현이 도착적인가에 대한 인지와 판단, 특히 이성애에 기반한 일부

일처제를 벗어난 성 행태를 어떻게 구획할 것인가 하
는 문제에서부터 권력관계가 퍼져나간다.[19] 예를 들
어 행위의 양상이 동일하고 이를 추구하는 기전이 일
면 유사해 보여도, 이성 간의 혼인 관계에서 콘돔을
사용하지 않는 성행위는 전혀 문제시되지 않으며, 오
히려 배타적 관계의 순결함을 입증하는 신뢰의 상징
으로 여겨지기도 한다. 반면 동일한 행위가 남성 동성
애자 사이에서 일어날 때, 이는 이들 집단 전체의 문
란함이나 부도덕함을 밝히는 증거로 여겨지며, HIV
에 감염한 사람이 이에 연루될 경우 사회 전체의 건
강을 위협하는 테러 행위로 처벌이 기대된다. 유사한
행위에 부여된 각기 다른 가치들은 HIV 감염의 실질
적 위험과는 무관하다. HIV는 성을 법과 금지의 관
점으로 평가하고, 그에 따라 누구의 어떤 성적 실천
이 가장 밑바닥에 놓여야 하는지 그 우열을 정하고,
지배와 예속의 관계를 설정하는 생명권력의 장치로
전환되었다. 이 장치의 가장 우선적인 기능은 성적
하층민을 만들어내는 것이다. 그리고 성적 하층민은
바로 이 장치로 인해 더욱 구속받는다.

11

　「한국 HIV 낙인 지표 연구」에서 가해와 피해에 대한 질문은 예상치 못한 순간에 등장했다. 후천성면역결핍증 예방법 개정 운동을 하면서 제19조를 삭제해야 한다는 주장을 지속적으로 이어오기는 했지만, 실제 이 조항이 사람들에게 어떤 영향을 끼치는지를 명확히 알기 어려웠다. 성행위를 한 사람이 직접 고발하지 않는 이상 처벌이 내려지기 어려웠고, 그렇기에 이 법으로 직접적인 처분을 받은 사람의 수는 많지 않았다.[20] 그러나 감염인 당사자들이 공동 연구원으로 참여하여 낙인이란 도대체 무엇인가에 대해 직접 논의하면서 우리는 이것이 단지 법적 처벌의 문제가 아니라는 걸 알게 되었다.[21] 금지의 감각은 성적 영역 전체를 관통하고, 그리하여 삶 전체에 영향을 미쳤다.

　"확진 다음에 나의 제일의 관심사는 일단 누가 나를 감염시켰는지, 그리고 내가 누굴 감염시켰는지였어. 그래서 그 사이에는 정말 아무 생각이 없었던 것 같아. 다른 생각이 없었어. 나는 내가 피해자가 된 것보다 가해자가 된 게, 가해자가 될 수 있다는 사실이 너무 못

견디겠는 거야. 나는 정말 그게 더 커가지고. 사실 그것 때문에, 나 자살이나 이런 거 별로 생각 안 하는 사람인데, 그것 때문에 '아, 내가 죽는 게 이걸 탈출하는 길인가.'까지 생각했던 최초의 순간이었던 것 같아. 내가 가해자가 될 수 있다는 사실이."[22]

"[나를 감염한 사람은] 누굴까 원망스러운 것도 있었지만, 한편으로는 나 때문에 5년이란 세월 동안, 몰랐던 시간 동안 다른 사람에게 피해를 주지 않았을까. 그런 생각을 했어요."[23]

감염이 죄가 될 때, 여기서 형성되어야 하는 도덕적 입장은 일견 단순하다. 감염을 매개하는 일은 타인에게 해를 가하는 일이다. 이를 어기는 사람은 비난받아 마땅하며, 처벌받아야 한다. 「한국 HIV 낙인 지표 연구」에서 진행한 심층 인터뷰에 응한 사람들이 가해와 피해의 구분을 떠올리는 양상은 판결을 가장 중시하는 법의 형식이 법정 밖에서도 쉽게 재생산된다는 것을 보여준다. 감염한 사람들 역시 심문자의 자리에서 되묻게 된다. 나는 피해자인가, 아니면 가해자인가? 인터뷰에 참여한 두 사람에게 이 질문은 삶의 무게중심을 뒤바꿀 만큼 무거웠다. "가해자가 될 수 있다는 사실"이 너무 견디기 어려워, 그 사실을 바꿀 수 없다면 삶은 차라리 여기서 중단되는 게 낫 겠다고 느낄 정도로, 아직 판결이 내려지지 않은 이 상황이 괴롭기만 하다. 내가 누구에 의해 망쳐진 것 인지, 나도 모르게 누군가를 망쳐놓은 것은 아닌지를 고민하게 하는 것, 누구에게도 쉽게 털어놓을 수 없 는 자책과 자기혐오의 순간을 야기하는 것이야말로 바로 낙인의 강력한 힘이라고 할 수 있다.

　　남성 동성애자에게 가해자로 몰릴지 모른다 는 두려움은 이들이 HIV 감염으로 인해 기존에 확 보하고 있던 성적 세계, 다시 말해 사회적 세계에서 언제든 배척될 수 있다는 실질적인 위협을 반영한 다. 2010년대 초반만 해도 HIV 감염인이라고 소문 난 사람은 특정 업소나 공간에 출입 자체를 거부당 하는 일이 빈번했다. 친구사이 같은 성소수자 단체에 서 단순히 콘돔 사용을 촉구하는 보건 담론이 아니라, HIV 감염인에 대한 성소수자 내부의 배제를 '커뮤니 티 이슈'로 삼고자 하는 여러 중요한 시도를 이어왔지 만,[24] 감염 사실을 인터넷상에서 저격하거나 조롱하 고 망신을 주는 일은 여전히 일어난다. 남성 동성애자

사회 내부에서도 HIV 감염은 동성애자 간에 우열을
가르고, 그리하여 '건강하고 아름답고 섹스할 만하다'
고 여겨지는 특정한 몸의 형상만을 욕망할 가치가 있
는 것으로 한정하는 장치로 오랫동안 활용되어왔다.
비규범적 섹슈얼리티 실천 내부에서 정상성의 폭압
을 정당화하는 역할을 해왔다.

                                12

    HIV와 연루된 섹스는 단순히 타인의 건강을
위협하기 때문에 위험한 것이 아니다. HIV가 정말
위태롭게 하는 것은 한 사람의 명예이다. 성적 차원
에 부여된 불명예는 가장 회복하기 어려운 종류이기
도 하다. 당시에 큰 즐거움을 주었거나 아무렇지도
않았던 행위가 HIV와 연루되었을지도 모른다고 상
상되는 순간, 그것은 더 이상 이전의 가치를 유지하
지 못한다. 미래를 잃어버리게 된다. 성적 경험이 원
천적으로는 사적 영역에 우선적으로 귀속되어야 하
고, 이를 공적으로 논의하려면 의학이나 종교적 배척,
인구 정책, 형사법 같은 특정한 담론 체계를 경유해

야 하는 세계에서 성적인 존재로서 명예를 되찾는 것
은 너무나 어려운 일이다. 수치에서 벗어나는 것, 명
예를 되찾는 것이 타자의 인정과 존중을 통해서 일어
난다고 할 때, 성적으로 완전히 배척당하는 상황에서
이러한 상호작용을 시도하고 해내는 일은 매우 힘든
도전일 수밖에 없다.

그러므로 HIV 감염과 함께 '나는 피해자인가,
가해자인가?'의 질문에 붙들려버린 사람들의 고뇌는
그저 낙인의 폭력을 입증하고 있는 것만이 아니다. 응
답자들은 피해와 가해의 질문을 자기 삶의 경로, 특
히 성적 경험의 연장선상에 가져다놓으면서, 법의 자
리에서는 조망할 수 없는 매우 다른 국면에 도달하게
된다. 한 사람의 성적 경험에서 HIV 감염은 옳고 그
름의 판단 근거가 되는 사건의 시작점을 쉽사리 명시
할 수 없는 경우가 대부분이며, 동시에 종결점도 제시
하지 않는다. 한 사람을 둘러싼 여러 관계의 길고 짧
은 매듭들 속에서, 또한 그 매듭들에 대한 기억의 중
첩과 소멸 속에서 감염은 이미 일어났을 수도 있고,
일어나지 않았을 수도 있다. 나는 가해자이기도 하고
피해자도 될 수 있지만 동시에 둘 다가 아니어도 된
다. 결국 일어난 일과 일어났을 수도 있는 일, 되돌릴

수 없는 일을 끌어안고 계속 살아가야 한다.

　이 쉽사리 답할 수 없는 질문에 휘말리면서, 이들은 판결의 자리에서 이탈한다. 되돌릴 수 없는 일이 일어났다는 사실에도 불구하고, 바로 거기서부터 어떻게 성적 존재로 살아갈 것인가의 질문에 부딪히면서 도덕적 심판의 틀이 얼마나 협애한지를 깨닫게 된다. 삶이 법을 넘어서야 하는 바로 그 지점에서, 도덕적 처분을 기다리는 존재가 아니라 윤리적 물음을 품고 있는 존재로 변형이 일어난다. 도덕과 윤리의 구별은 낙인의 영향력 안에서 일어날 수 있는 전환의 속성을 파악하는 데 매우 중요하다. 미셸 푸코는 도덕적인 것과 윤리적인 것의 구별을 통해서만 주체의 변환을 탐구할 수 있다고 여겼는데, 여기서 도덕적인 것의 영역은 규범과 규칙의 체계로 무엇이 반드시 행해져야 하는가를 규정하는 제도와 법의 공간을 뜻한다.[25] 윤리의 영역은 미정의 영역, 즉 무엇을 해야 한다가 아니라 무엇을 행할 수 있는가에 대한 탐구의 과정이며, 도덕적 규율의 가능성과 불가능성을 동시에 탐색하며 무언가 되어가는becoming 장소이다. 성적 위반자라고 낙인찍힌 사람들은 단순히 성의 도덕을 어지럽힌 이들이 아니다. 그 어지러움 속에서 어떤 윤

리적 주체가 될 것인지를 스스로 시험해야 하는, 낙
인찍히기 전에는 상상할 수 없었던 다른 삶의 가능성
에 휘말린 이들이다.

13

판결을 받아든 사람들은 어떤 표정을 지었을
까? 만약 내가 법정에 함께 있었다면 나는 어떤 표정
을 짓게 되었을까? 내가 저지른 죄가 아니니까, 나는
남성과 콘돔을 사용하지 않는 항문 성교 같은 행위는
해본 적도 없으니까, 그저 판사가 읽어 내려가는 판
결문을 차분히 들을 수 있었을까?

낙인이 법과 제도를 휘둘러 죄를 묻고, 불명예
를 강제하고, 모욕을 줄 때, 수치의 감각 역시 바이러
스처럼 전파된다. 이브 세지윅Eve Sedgwick은 수치는 얼
굴의 근육과 혈관에 산다고 쓴다.[26] 얼굴의 작은 일
그러짐, 나도 어쩔 수 없이 붉게 달아오르는 뺨, 차마
눈을 똑바로 뜨지 못하게 하는 눈꺼풀의 무게와 같은
것들. 누군가 부끄러움을 느끼는 순간이 표정으로 튀
어나올 때, 그 얼굴을 바라보고 있는 나에게도 그것

은 번져온다. 누군가의 당혹과 부끄러움, 망신과 창
피, 열패감과 좌절은 일면 나와는 전혀 관계없을 수
있지만, 그것을 목격하는 순간, 나와 전혀 관계없는
일이라고 하더라도, 내 얼굴도 비슷하게 달아오를 수
있다. 흔히 공감성 수치라고도 부르는 이 감각은 수
치심이 탈동일시와 동일시의 경계를 얼마나 빠르게
넘나들 수 있는지를 입증한다. 나에 대한 것이 아니지
만 나 역시 여기에 휘말릴 수 있다는 감각은 불안과
취약성을 잔뜩 자극한다.

　　HIV에 연루된 성적 낙인이 퀴어됨 혹은 사람
됨에 연결되지 않기를 바라는 마음에는 바로 이 수치
심의 상호작용이 자리 잡고 있다. 더럽다고 여겨지는
것 근처에 있다가는 같이 더러워질 수 있다. 모욕과
수치가 번져오기 전에 먼저 차단해야 한다. 그러나 동
시에 이 전파 가능성은 수치심을 느끼는 타자와 나 사
이의 부정할 수 없는 연결을 확인시켜준다. 수치심은
내적 감각이라는 점에서 고통의 개별화를 동반하지만
그 전파력으로 인해 타자와의 통제 불가능한 관계성
을 만들어낸다.[27] 수치는 사람과 사람 사이를 쪼개고
가르는 동시에 사이를 뛰어넘어 달라붙고 휘감는다.

14

재능 넘치는 작가이자 'HIV/AIDS인권활동가 네트워크'의 일원이기도 한 유성원의 첫 책 『토요일 외로움 없는 삼십대 모임』은 수치심을 강제하는 성적, 계급적 낙인이 몸을 어떻게 쓰게 하는지에 대한 일종의 자기기술지auto-ethnography이다.[28] 산문집의 형식으로 유성원은 30대 후반의 남성 동성애자이자 도시 주변부에 거주하는 노동자로서 자신의 몸이 특정 방식으로 사용되는 순간들을 수년에 걸쳐 성실하게 보존한다. 게이 찜질방과 사우나, 공중 화장실, 물류 공장, 출판사, 마트와 식당, 거리와 집에서, 그는 자신의 몸이 하는 온갖 행위들, 섹스하고, 씻고, 옮기고, 포장하고, 먹고, 걷고, 글 쓰고, 염려하는 순간들을 그러모은다. 작가는 자신의 몸이 매우 다른 성격을 띤다고 여겨지는 영역들, 예를 들어 육체 노동과 정신 노동, 공공장소에서의 섹스와 사회운동에 결부되는 순간들을 연속선으로 그려내며, 불안정 노동과 빈곤 경험, 게이 섹슈얼리티의 물질성이 얼마나 단단히 얽혀 있는지를 포착한다.

그의 몸이 하는 여러 일 중에서 가장 문제시되

는 건 불특정 다수와 하는 항문 성교이다. 이 책의 출간 이전에 그가 자신의 성 경험에 대해 짧게 쓴 글은 인터넷에 "[혐]", 즉 혐오스러운 내용이 포함되어 있으니 열기 전 주의하라는 표식과 함께 널리 퍼진 적이 있다. 한 유명 유머 게시판에 올라간 그의 글에는 "에이즈 걸린 게이가 쓴 수기"라는 제목이 달려 있는데, 게시물 조회 수가 7만여 회에 이른다. 동일한 내용을 복사한 다른 게시물에 달린 베스트 댓글 중의 하나는 "저 사람이랑 관계없이 모든 사람들이 에이즈 판정받고 성관계하면 옥살이하게 해주세요. 노콘노섹"이었다.* 여기서 흥미로운 점은 작가 자신이 해당 글에서 HIV 감염에 대해 전혀 이야기하지 않는데도, 그의 행위가 사람들로 하여금 그를 감염인으로 여기게 한다는 것이다. 인터넷에 남겨진 이 글의 흔적을 따라가보면, 그가 하는 행위에 대한 경멸은 남녀를 가리지 않고 솟아난다. "노콘노섹", 즉 콘돔 없이 섹스하지 않는다는 것은 한국에서 매우 중요한 여성주의 강령이며, 여기에는 여성의 성적 안전과 자기결정권에 대한 필수적인 요구가 담겨 있다. 그런데 게이 혐오와 여성주의적 행동 지침은 에이즈를 중심으로 응결하여 작가와 같은 행위를 한다고 여겨지는 존

* 해당 글은 다양한 제목으로 복사되어 웹상에 퍼진 바 있다. 인용 글은 출처를 특정하지 않기 위해 윤문했다.

재들, 감염하고도 섹스하는 '문란한' 질병 매개자들이 사회에서 어서 빨리 사라지기를, 처벌되고 추방되기를 함께 기원하기도 한다.

　　이 공개적 모욕과 추방 명령이야말로 유성원의 글쓰기를 위한 전제 조건이다. 유성원은 그의 몸이 할 수 있는 일이 불러일으키는 온갖 역겨움과 비난을 짐짓 모르는 채 무시하지도 않고, 그럼에도 불구하고 '나는 스스로에 대한 자긍심을 지닌 존재야.' 같은 자기긍정의 서사를 발랄하게 내놓지도 않는다. 작가는 다만 일상의 변화하는 흐름 속에서 그가 어떻게 콘돔을 사용하는 혹은 사용하지 않는 성행위를 다수와 반복해서 하고 있는지에 대해 쓴다. 그는 섹스 이외의 순간을 기술할 때는 종종 기쁨과 즐거움, 슬픔이나 불안의 감정을 드러내지만, 섹스에 대해 묘사할 때는 자신이 무엇을 느끼는지에 대해서 거의 기술하지 않는다. 이는 물론 그가 만족하지 못하거나 행위를 즐기지 않는다는 의미가 아니다. 작가가 이 경험에서 반드시 전달해야 한다고 여기는 것은 그가 무엇을 느끼는지가 아니라 그와 그의 상대들이 무엇을 하는지, 즉 행위의 상호 연쇄이다. 작가는 항문 섹스와 같은 행위가 도대체 어떤 쾌락을 주는지에 대해서 직접적으로 말

하지 않으며, 자신이 하는 위반이 얼마나 짜릿한지 도
발하지도 않고, 이러한 욕망도 가치 있는 것이라고 인
정을 요구하지도 않는다. 그는 이성애 규범성의 기준
에서, 또 계급과 자본, 외모와 연령, 거주 지역을 기준
으로 가파르게 서열화된 게이 섹슈얼리티의 위계하에
서도, 가장 불결하다고 분류되는 성적 실천이 자신으
로부터 산출되고 있으며 산출될 수밖에 없다는 사실
을, 그 발생 자체에는 어떠한 신비도 없다는 점을 참
을성 있게 반복적으로 보고한다. 그리하여 이 역시 사
회적 삶의 한 형식이라는 점을 입증해낸다.

유성원에게 섹슈얼리티에 대한 추구와 탐구
는 분리 불가능하고, 그러므로 어쩔 수 없이 성찰적
인 행위이다. 작가는 "친절한 설명"이라고 이름 붙인
주석에서 자신의 성적 실천의 주요한 맥락으로 HIV
감염과 예방에 이미 자리 잡고 있는 합리성, 즉 치료
받고 있는 감염인은 타인을 감염할 수 없다는 사실
과 노출전예방요법(감염 이전에 미리 예방약을 복용
하는 방법)이 활용 가능하다는 점을 설명하고, 그럼
에도 불구하고 자신과 같은 성적 행위를 하는 사람이
감염인일 경우 부여되는 처벌의 불합리성에 대해 서
술한다. 유성원에게 이 모순적 세계를 성적 존재로서

살아간다는 건 "망가지고 모욕당하고 부서진 채로 있으라는 요구들"을 받아내야 하는 것과 같다.[29] 바로 이 받아냄의 태세에서부터 유성원의 탐구는 성적 모험에 대한 것이 아니라 푸코가 말한 일종의 극기 수행修行, ascesis이 된다. 푸코는 동성애가 만들어내는 더 큰 교란은 어떤 성적 행위를 하는가의 측면이 아니라 어떤 삶의 양식a mode of life을 만드는가에 있다고 말한다. 여기서 삶의 양식을 만드는 작업은 "자기 자신을 변형시키기 위해서 자기 자신에다 대고 하는 일"이라는 점에서 수행이다. 여기에는 섹슈얼리티를 통해 어떤 관계가 성립 가능해지고, 발명되고, 복수화되고, 변주 가능해지는지를 탐구하는 일이 포함된다.[30]

유성원의 작업은 성적 낙인에 변형을 일으키는 모멘텀은 도대체 어디서 어떻게 만들어지는가에 대한 답을 더듬어가는 데 중요한 통찰력을 제공한다. 작가는 자신이 게이 사우나와 찜질방, 공중 화장실에서 온갖 연령층의 남성들과 하는 행위가 추하고 더러운 일로 여겨지도록 이미 지정되어 있다는 점을 명확히 인지하면서도, 강요되는 수치심을 느끼지 않기 위해 행위 그 자체를 중단하고 "시민권을 승인받으려면 연출해야 하는 무해하고 건강한 정체성"으로 전환하기를 기획하지 않는다.[31] 수치심이 강요되더라도, 그럼에도 이 행위의 연쇄를 자신과 타인 모두에게 안전하게 만들 방법은 정말 없는지를 되묻는다. 자신과 "노콘 항문 섹스"와 연결된, 그러나 실은 이 세 단어로 요약될 수 없는, 육체적이고 정서적으로 복잡한 행위를 함께 하는 여러 몸들에게 존엄이 부여될 수 없는 이유를 의문시하고, 존엄의 결여 속에서 발생하는 고통을 감내하면서도, 그 속에서 존중과 권리, 상호 배려와 관계 맺기의 가능성이 생겨나는 순간을 찾아내려는 시도를 멈추지 않는다. 즉 낙인을 부정하거나 회피하는 게 아니라 낙인화된 바로 그 행동을 통해 낙인의 부정성으로는 포착할 수 없는 의미와 관계를 만들어내려고 한다. 바로 여기서 균열이 생겨난다. 낙인을 맞대고 주체가 하는 일이 목격되고 파동을 일으킬 때, 모욕과 수치심을 부여하는 틀이 부서지기 시작한다.

15

　　HIV 감염에 부여된 성적 낙인을 깨트리려면, 이것이 한 인간의 삶에서 충분히 일어날 수 있다는 걸 직면해야 한다. 감염에 대한 두려움이나 혐오와 연결되어 있는 성적 행위들이 한 인간의 삶의 다양한 조건에서 일어날 수 있으며, 상대의 의지에 반하는 강제와 폭력을 야기하지 않았다면 인간 사이에 일어나는 사회적 실천의 엄연한 일부라는 걸 알아차려야 한다. 추상적 위험이 아니라 감염이라는 상황이 필연적으로 수반하는 불확실성이 모든 인간에게 공평하게 적용된다는 의미에서 취약성의 본연적 추상성을 고려할 수 있어야 한다.

　　감염 가능성 자체를 성적 낙인과 예속을 강화하는 구실로 삼지 않을 때, 실질적인 위험을 더 잘 다룰 수 있다. '엄히 처벌하겠다'는 위협은 불평등과 예속을 심화할 뿐, 더 잘 상처입고 부서지기 쉬운 사람들을 위한 보호막을 키우지 않는다. 누가 어떤 상황에서 어떻게 세이프 섹스를 해야 하는지, 원치 않는 강요로부터 벗어나 평등하게 섹스를 하려면 어떤 사회적 자원이 필요한지에 관한 문제를 다루는 사회적 역량은 법정에서 생겨나지 않기 때문이다.

　　HIV는 더 이상 보건 위기의 서사가 아니라 성평등에 관한 의제로, 특히 성적 경험을 어떻게 정치화할 것인가의 질문과 함께 번져가야 한다. 각기 다

른 몸들 사이에 어떤 교류가 이뤄지고 있는지, 모욕
과 수치심의 경험 속에서 만들어지는 변형의 에너지
가 어떻게 쾌락과 정의를 증진할 수 있도록 흘러가게
할 것인지를 모색해야 한다. 이때 '노콘 항문 섹스'와
'에이즈'를 하나로 묶는 추문의 표지와 기꺼이 함께하
는 퀴어 정치학은 무엇이든 다 안전하며 무엇이든 다
가능해야 한다는 종류의 주장이 아니다. 성적 주체
로 인간이 되어가는 일이 결코 자연적이지도 보편적
이지도 않으며, "여전히 있음직하지 않다고 여겨지는
존재 방식a manner of being that is still improbable"으로 서로에
게 인간이, 더 나아가 친구가 될 수 있다는 점을 발견
하도록 만드는 것이다.[32] 수치를 알고 수치를 뚫고
나가는 것이다. 불명예를 안겨주는 심문의 힘에 명예
롭게 맞서 멈추지 않는 것이다.

휘말림의 감촉

6

휘말린다. 감염은 서로 휘말려 일어난다. 서로의 사이에서 일어나는 일이다. 서로가 겪는 일이다. 감염을, 특히 에이즈와 같이 위중한 상태를 야기할 수 있는 HIV 감염을 그저 휘말린 상태라고 생각하는 건 어리석은 일일까? 위험한 질병에 대한 조심성을 낮추고, 그래서 위험을 더욱 키우는 무책임한 태도일까?

감염병의 유행에 대해 말할 때, 특히 예방에 대해 말할 때, 정작 우리가 주로 이야기하는 것은 개인의 책임이다. 사정이 어찌되었든 HIV 감염은 개인이 세이프 섹스를 하지 않은 결과, 예방을 철저히 하지 않은 결과이다. 이렇게 생각할 때 감염은 결국 걸린 사람의 탓이다. 전파 기전이 다르고 낙인이 훨씬 덜해진 감염병의 경우도 마찬가지이다. 예컨대 코로나19 범유행 기간 동안 방역 당국이 가장 많이 반복한 말은 "자신과 가족의 건강을 지키기 위해 개인 방역 수칙을 철저히 준수해야 한다."라는 것이었다. 질병을 예방하는 방법을 알고 실천하는 일은 매우 중요하다. 그러나 문제는 감염 경로와 기전에 대한 교육적 메시지가 두 개의 언어를 동시에 말한다는 것이다. 의과학의 언어는 바이러스의 전파 경로에 대해 말한다. 법의 언어는 규칙을 준수하는 것은 개인의 의무라고 말한다. 어법이 다

른 두 언어가 동시에 소리 높여질 때, 감염이라는 생
물학적 변화는 마치 규칙의 위반으로 생겨나는 것처럼
들린다. 이제 감염 여부는 개인의 행동 여하에 따른 결
과로 여겨지고, 그리하여 각자가 주어진 책임과 의무
를 다했는지를 알려주는 판정의 지표가 된다. 질병은
그에 따라 주어지는 징벌이고, 건강은 보상이다.

　　　감염이 야기하는 위해와 그에 따른 책임을 다
르게 구성할 수 없을까? 질병과 건강의 관계를 다르
게 설정해볼 수는 없을까? 개인과 공동체를 연결 짓
는 방식과 질병의 인과를 지금과는 다르게 개념화하
고, 그래서 다르게 겪을 수는 없는 것일까? 에이즈는
감염을 죄와 벌의 상징 구조로 사고하는 방식이 개별
인간의 삶에는 물론 공동체 전반에 걸쳐 파괴적인 영
향을 끼친다는 사실을 긴 시간 알려줬다. 지금도 무수
히 많은 사람들이 도덕적 오명이 야기하는 차별과 고
립으로, 더불어 치료받을 권리의 부재로 인해 고통받
고 있다. 특히 한국에서 에이즈는 유독 거친 비난과
박탈의 역사를 길게 이어가고 있다. 에이즈가, HIV
감염이, 우리가 이미 알고 있는 그 무엇이지 않도록
하기 위해서는 뭘 해야 할까?

　　　국제 보건 분야에 큰 영향을 끼친 인류학자 폴

파머Paul Farmer는 전 세계적으로 에이즈 유행이 절정
에 이르렀던 2001년 다음과 같이 썼다. "신종 감염병
에 대한 비판적 인식론은 여전히 발달 초기에 머물러
있다. 지금 무엇보다 중요한 일은 우리가 가진 기존의
개념 틀을 놓고 질문하는 것이다. 이런 방식으로 질병
을 개념화할 때 도대체 무엇이 가려지는가? 혹은 무
엇이 두드러지는가?"[1] 그간 HIV 감염의 성격은 크
게 바뀌었고, 새로운 감염병들은 계속 출현했다. 감염
병에 대한 우리의 인식론은 과연 얼마나 달라졌을까?
한국 사회는 30년이 넘는 시간 동안 에이즈를 겪어왔
다. 과연 이 질병에 대한 우리의 인식은 얼마나 갱신
되었는가? 한국 사회에서 에이즈에 대한 낙인과 편견
은 너무나 오래 지식의 부족에 따른 문제로 여겨져왔
다. 그러나 우리는 어떤 면에서 그 어느 때보다 질병
에 대한 지식이 넘쳐나는 때에, 누구든 원하면 방대한
양의 정보를 검색하고 제공받을 수 있는 시대에 살고
있다. 우리에게 부족한 건 어쩌면 지식 그 자체가 아
닐 수 있다. 에이즈에 대해 더 많이 안다고, 질병에 대
한 인식과 실천의 양상이 반드시 달라지는 건 아니다.
앞서 여러 차례 살펴본 것처럼 의과학자들과 의료인
들이 제공한 에이즈에 대한 지식은 한편으로는 엄청

난 수준의 사회적 제재와 박탈을 정당화하는 근거로 쓰이기도 했다. 실상 우리가 오래도록 결여해온 것은 질병에 관한 지식을 구성하는 개념 틀과 앎의 체계에 대한 비판적 인식론이다. 감염이라는 현상을 어떤 말과 생각의 도구들로 다루고 있는지, 그 사고방식이 어떤 이해와 실천을 당연시하고 동시에 불가능하게 만드는지에 대한 치밀한 논의이다.

이 장에서 나는 감염에 대해 말하는 방식을 결정하는 언어적 틀의 일부를 재검토해보고, 이를 통해 HIV 감염을 정상화하기 위해 필요한 개념적 갱신을 시도해보고자 한다. 그 시작은 감염을 동사로 쓸 때, 어떤 대립항이 도입되는지에 대한 것이다. 현대 한국어에서 감염은 되는 것, 즉 당하는 일이거나, 아니면 남에게 시키는 것으로 쓰인다. 나는 '감염하다'를 중동태로, 즉 당하는 것도 시키는 것도 아닌 상태로 말하고 생각해야 하는 몇 가지 근거를 '휘말림'이라는 움직임의 구조를 통해 제시할 것이다. 우리말 휘말림은 중동태라는 문법의 구조를 이미지화하는 데 큰 도움을 줄 뿐만 아니라 감염이라는 생명 현상의 물리적 과정을 깊이 이해하는 데도 유용하다. 이를 토대로 감염의 의미망을 구성하는 데 중요한 역할을 하는 면역 개념

을 검토하고, 완치할 수 없다고 여겨지는 HIV 감염을
정상적인 몸의 상태로 여기는 일이 어떤 인식적 전환
을 가능하게 하는지를 살펴볼 것이다. 그리고 마지막
으로 중동태로 '감염하다'를 말할 때, 이 작용이 야기
하는 취약성을 감수해야 하는 가장 기본적인 단위가
어떻게 달라지는지를 논의하고자 한다. 감염이 내가
완전히 통제할 수 없는 그 무언가에, 무수한 타자들에
휘말릴지도 모른다는 감각을 준다면, 이는 스스로를
온전히 보호하지 못할 거라는 불안이나 불완전함에
대한 것만이 아니다. 휘말림의 감각은 우리가 서로 멀
리 떨어져 있는 것처럼 보인다고 하더라도, 서로를 연
결하는 매듭의 전체를 완전히 가늠할 수 없다고 하더
라도 언제나 이미 이어져 있다는 걸 알아차릴 때 생겨
나는 윤리적, 정치적 가능성이다.

'-하다'와 '-되다'의 이분법 사이에서

생각이 언어를 오염시킨다면,
언어도 생각을 오염시킬 수 있다.
— 조지 오웰, 「정치와 영어Politics and the English Language」(1946).

　　우리말은 '감염' 혹은 '전염'이라는 명사에 접미
사 '-하다'와 '-되다'를 붙이는 것을 모두 허용한다. 즉
감염에 능동의 뜻을 더할 수도 있고, 피동의 뜻을 더
할 수도 있다. 그러나 현대 일상어에서는 '감염하다'보
다 '감염되다'가 압도적으로 많이 쓰인다. 의학 서적,
특히 번역서에서는 '감염한다'라는 표현이 여전히 쓰
이지만, 일상어에서 감염은 거의 대부분 되는 것으로
쓰인다. '(나는) HIV에 감염하였다.'라는 표현은 왠지
어색하다. 이렇게 말하면 '내'가 능동적으로 무언가를
해서 감염이라는 작용을 한 것처럼, 마치 감염을 의도
하기라도 한 것처럼 들린다. 감염은 자발적으로 한 일
이 아니기 때문에 '감염되었다'라고 말하는 게 더 정
확하게 느껴진다. 동사의 형식은 동작을 하는 주체와
동사가 하는 작용 사이의 관계를 반영한다.

　　'감염하다'라고 쓰는 것이 어색하게 느껴지는
이유는 무엇보다 우리가 이 동사가 나타내는 작용이
주어의 주체적인 발동에 따른 것이라고 더 이상 여기
지 않기 때문이다. '감염되다'라는 표현의 자연스러움
은 감염은 인간 숙주에 대한 미시기생체의 침입이라
는 특정한 종류의 앎에서 기인한다. 내가 아니라 타
자의 개입, 즉 미생물과 바이러스의 행위로 일어난

일이라는 지식이 '감염되다'라는 동사의 사용에 자연
스럽게 배어 있다. 감염은 '공부하다', '사랑하다', '생
활하다'처럼 능동적인 힘, 제 스스로 하는 일로 말할
수 없고, '(나는) 바이러스에 의해 감염되었다/감염당
하였다.'라고 말하는 것이 사건의 본질을 더 명확히
드러낸다고 느끼는 것이다.

　　이러한 생각의 틀은 우리가 감염이라는 현상에
서 바이러스라는 사물에게 인간 행위자보다 더 큰 행
위력을 부여한다는 점을 일부 반영한다. '나는 HIV에
감염되었다.'라는 문장은 감염이라는 작용이 바이러
스로부터 발동했다는 인식을 반영하며, 여기서 감염
이라는 사태의 발생 책임은 인간 숙주가 아니라 외부
병원체에게 있다. '감염되다'에서 파생하는 여러 말하
기 방식에서 바이러스 같은 비인간 사물은 이제 당연
하다는 듯이 인간과 유사한 행위력을 발휘할 수 있는
존재로 격상된다. HIV는 '잔혹하게' 면역계를 파괴하
고, 코로나19는 '교활하게' 진화를 거듭한다. 이러한
의인화된 표현 속에서 바이러스는 인간처럼, 아니 인
간보다 더 명석하게 사고하고, 더 악하게 행동하는 고
유의 의도와 인지적 능력, 도덕적 소질을 갖춘 것처럼
형상화된다.

그러나 감염은 이 '우월한' 타자로부터의 '침공'으로 설명하기에는 훨씬 더 까다로운 과정이다. HIV와 같은 병원체에 인간 숙주가 '감염되기' 위해서는 반드시 다음의 세 가지 물리적, 생물적 조건이 모두 갖추어져야 한다. 첫째 매개가 되는 체액 또는 혈액에 충분한 양의 바이러스가 있어야 하고, 둘째 충분한 양의 바이러스가 생존 가능하고 증식 가능한 신체 조직에 도달해야 하며, 셋째 숙주의 면역반응을 회피하거나 무화하면서 증식할 수 있어야 한다. 이 모든 조건을 하나도 빠트리지 않고 충족할 때 감염이 일어난다. 이 단계를 더욱 복잡하게 만드는 건 사람마다 병원체에 대해 각기 다른 수준의 감수성과 반응력을 가지고 있다는 점이다. 감염은 불확정성이 우선하는 조건부 현상이다. 어디서든 언제든 반드시 동일하게 일어나는 법칙이 아니다. 생명 현상이다.

능동과 피동, '-하다'와 '-되다'의 대립을 두고 감염이라는 작용을 생각하면 '-되다'가 사태를 더 정확하게 표현하는 듯하지만, 앞서 설명한 변수들을 고려하면 이 대립항은 석연치 않다. 능동이 자기 자신의 발동을, 피동이 주체가 아닌 것에 의한, 면역학적 용어를 활용한다면 비자기[non-self]에 의한 발동을 뜻한다고 할 때, 감염은 엄밀히 말해 인간의 관점과 바이러스의 관점, 능동과 피동 중 어느 하나를 택일하여 설명할 수 없다. 인간 숙주 홀로 감염할 수도 없지만, 그렇다고 바이러스의 작용에 의해서만 감염하는 것도 아니다. 어떤 몸에서는 감염이 일어나기도 하고, 어떤 몸에서는 일어나지 않기도 한다. 바이러스의 독단적 능력만으로 인간 숙주에 감염할 수가 없다. 바이러스와 숙주를 매개하는 환경이 적절하게 갖추어져야 한다. 다시 말해 바이러스는 숙주에 도달하기까지의 외부 환경과 숙주의 내부 환경 모두에 종속적이다. 이 조건들을 충분히 고려할 때, 바이러스라는 비인간 존재가 발휘하는 행위성agency의 속성은 크게 달라진다. 감염이라는 작용은 바이러스 고유의 의도, 능력, 소질에 따라서 성취되는 것이 아니라 바이러스 군집이 인체 내에서 처한 상황을 통해서만 발현된다.

그런데 여기서 주목해야 할 점이 있다. 우리말 동사는 능동도 아니고 피동도 아닌 상태를 곧잘 표현한다는 것이다. 예를 들어 '내 방문은 잘 열린다.' 혹은 '그 사람의 번역은 잘 읽힌다.'처럼 동사의 형태는 피동이지만 실제 동사가 전달하는 의미는 동작주주어가 어떤 작용을 당했다는 의미가 아니라 그 속성이 어편지를 전달하는 경우가 있다. 혹은 '병이 나다.', '마음이 병들다.'처럼 동사가 능동의 형태를 띠지만, 실제 그 작용을 발휘하는 주체를 특정할 수 없이 저절로 일어난 경우나 상태를 뜻하는 경우도 있다. 우리말의 이러한 유연한 동사 활용법을 염두에 두고 살펴보면, (1) '나는 HIV에 감염했다.'와 '나는 HIV에 감염되었다.' 혹은 (2) 'HIV는 조력 T 세포$^{helper\ T\ cell}$에 잘 감염한다.'와 'HIV는 조력 T 세포에 잘 감염된다.' 같은 문장에서 각 동사의 문법 형태는 다르지만, 전달하는 의미는 유사하다. (1)의 쌍은 주어에 감염이라는 현상이 일어난 상태를, (2)의 쌍은 주어가 감염이라는 현상을 일으키는 속성을 지닌다는 것을 지칭한다. 즉 '감염하다' 와 '감염되다'는 각각 능동과 피동의 문법 표지를 달고 있다고 해도 그 의미는 능동과 피동으로 이분되지 않는다. 엄밀히 말해 능동적 행위자가 직접 행하는 일도 아니고 온전히 수동적으로 당하는 일도 아니다.

이처럼 능동도 아니고 수동도 아닌 동사 형태를 고전 그리스어에서는 중동태$^{middle\ voice}$라고 부른다. 중동태는 인도유럽어에 널리 존재했다고 알려진 문법 체계로, 현대 언어에서는 이제 사라졌다고 알려져 있다. 과연 우리말에 중동태라고 부를 만한 고유의 문법 범주를 설정할 수 있을지는 언어학적으로 매우 복잡한 문제이다. 우리말은 인도유럽어와 뿌리가 다르고, 능동과 수동의 구별에서 빗겨 나가는 동사의 활용을 쉽게 살펴볼 수 있다.[2] 여기서 나는 중동태라는 문법 범주를 언어 분석에서 형태론의 차원이 아니라, 주체와 대상 사이의 관계, 행위성과 책임성의 특질을 규명하는 이론적 틀로 활용하고자 한다. 그간 인류학에서 중동태는 개별 언어에서 동사의 형식 변화에 대한 언어학적 분석과는 별개로, 인간 행위자는 물론 비인간 행위자가 발휘하는 행위력을 어떻게 파악할 것인가를 두고 주로 논의되어왔다. 즉 특정 언어에 중동태라는 범주가 성립하는지 여부를 엄격히 따지기보다는 중동태와 같은 문법적 형식이 지칭하는 상태, 즉 누가 혹은 무엇이 행위의 주체인지 아니면 행위의 대상인지가 애매해지는 상황을 이론화하기 위해 활용되어왔다.[3]

일례로 브뤼노 라투르Bruno Latour는 중동태가 행위성을 인간이 발휘하는 특정 능력으로 사고하는 방식에서 벗어나게 해준다는 점에 일찍이 주목했다. 행위력은 행위하는 인간 주체에게 있고, 비인간인 대상은 특정한 쓰임을 당하는 도구에 불과하다는 사고는 둘의 결부attachment가 어떻게 가능한지를 충분히 설명

하지 못한다는 게 라투르의 행위성 논의의 주요 요지
이다.* 이때 중동태에 대한 강조는 행위자 연결망 이
론actor-network theory이 단순히 비인간 행위자가 인간 행
위자 못지않은, 혹은 그보다 더 큰 행위력을 발휘한다
는 수준의 논의가 아니라는 점을 명확히 하는 데 매우
중요하다. 여기서 핵심은 비인간 행위자도 인간 행위
자처럼 행위력을 발휘한다는 게 아니다. 누가 혹은 무
엇이 주체로 등장하든 대상으로 등장하든 간에 양쪽
모두 서로를 완전히 통제하는 수준에서, 또 서로로부
터 완전히 독립적인 상태에서 행위력을 발휘하지 못
한다는 점이다. 감염을 예로 생각해보자. 감염이 인간
과 바이러스가 앞서 말한 세가지 조건을 모두 만족
시키는 방식으로 결부될 때만 일어난다면, 바이러스
를 행위의 주체로 놓고 인체를 대상으로 놓든, 혹은
반대로 인체를 주체로 놓든 간에 능동과 피동, 즉 행
하다와 당하다의 차원으로는 감염이 일어나는 과정을
온전히 설명할 수가 없다. 인간과 바이러스 모두 서로
의 결부로 인해 행위력을 발휘하는 주체이자, 서로의
행위력이 발휘되는 대상으로 존재하기 때문이다.

* 라투르는 흡연에
대한 짧은 만화를
예로 든다. 어린 딸이
아버지에게 무얼
하고 있냐고 묻자
아버지는 "아빠는
담배를 피우고 있어.
(I am smoking a
cigarette.)"라고
말한다. 어린 딸은
"오, 나는 담배가
아빠를 피우고 있는
줄 알았지.(Oh, I
thought the cigarette
was smoking
you.)"라고 답한다.
놀란 아버지는
담배를 모두 잘라
버린다. 라투르는
그의 당황이 인간을
유일한 행위자로
사고할 때 행위 도구
혹은 대상에 대한
지배적 통제력을
잃은 상태에 대한
인식적 거부나
다름없다고 지적한다.
그러나 흡연이라는
상황에서 행위성의 핵심은 누가 무엇을 어떻게 통제하는가의 문제가
아니라 흡연이라는 작용을 가능하게 하는 인간과 사물의 결부에 있다.
따라서 라투르는 진짜 문제는 능동도 아니고 수동도 아닌 상태를
적절히 지칭할 수 없는 점이라고 지적하면서, 사람-사물의 결부는
중동태로 말해져야 한다고 강조한다. Latour, Bruno, *On the Modern Cult
of the Factish Gods*(Durham: Duke University Press, 2010), pp. 55-57.

'감염하다'로 중동태 연습하기

중동태가 단순히 문법적 규칙이 아니라 '행하다'와 '당하다'로 규정되지 않는 상태를 지칭하는 인식적 범주라고 한다면, 이 개념을 통해 우리는 '감염하다'를 '감염되다'의 대립항, 즉 피동태의 대립항으로서 능동태가 아니라 중동태로 설정해볼 수 있다. 흥미롭게도 능동태가 아닌 중동태로 '감염'이라는 움직임을 동사화하려는 시도는 언어학자 에밀 벵베니스트^{Emile Benveniste}의 고전적인 중동태 정의와 매우 잘 들어맞는다. 벵베니스트는 능동태와 수동태의 대립이 모든 언어에서 보편적으로 발견되지 않는다는 점에 일찍이 주목하면서, 중동태를 "행위주가 행위의 과정 내부에 있는 상태^{the doer is inside the process of his doing}"라고 정의한다.[4] 중동태에서 주어는 동사를 행하는 게 아니라 동사로부터 영향을 받는, 즉 행함으로써 변형되는 상태에 있다. 중동태로 '나는 HIV에 감염했다.'라고 말할 때, 이는 감염이 '나'의 의지로 행한 일이라는 의미가 아니다. 감염이라는 과정 내부에 '나'라는 존재가 놓여 있다는 것을, 동시에 이 과정을 통해 '나'의 신체와 존재가 변형되고 있다는 것을 뜻한다. 또한 중동태로

서 '감염하다'는 '감염되다'가 강조하는 수동적 '당함'
의 의미를 배제한다는 점에서 감염이 일어나는 물리
적이고 생물적인 과정의 속성을 더 명확히 표현한다.

　　우리말 '휘말리다'는 '행하다와 '당하다'로 특정
지을 수 없는 상태, 즉 중동이 어떤 형세인지를 이해
하는 데 긴요한 상을 제시해준다. '휘다'와 '말리다'의
합성어인 '휘말리다'에는 동사의 각기 다른 두 가지 형
태가 함께 쓰인다. 즉 능동형인 '휘다'와 '말다'의 피동
형인 '말리다'가 결합되어 하나의 동사를 이룬다. 휘말
린다는 건 **행하면서 당하는** 일이라는 게 동사의 형
식에 그대로 반영되어 있다. 이처럼 중동태에서 주어,
즉 동작의 주체agent는 동작으로 인해 영향을 입어야
한다. 그 어떤 영향도 받지 않아 사건으로부터 독립적
으로 분리되어 있는 것이 아니라 그로 인해 원래의 방
향으로부터 틀어져 사건에 휩쓸려야 한다. 그러나 이
과정은 단순히 영향을 입은 상태, 당한 상태가 아니라
말려 들어가는 것, 즉 동사가 야기하는 과정 안으로,
작용의 내부로 이동하고 자리 잡는 과정을 뜻한다.

　　감염은 한편으로는 몸이 바이러스라는 타자의
작용에 영향을 받으면서, 동시에 바이러스와 접촉한
특정 세포처럼 몸의 구성 요소가 작용이 일어나는 중

심 역할을 할 때 현상한다. 휘말림은 "주어는 그 과정의 행위자임과 동시에 그 중심"이라는 뱅베니스트가 말한 중동태의 정의가 어떤 형태를 이루는지에 대한 일종의 물리적 구조를 상상할 수 있게 해준다.[5] 뱅베니스트는 고전 그리스어에서 중동태로만 사용되는 동사로 '태어나다, 죽다, 겪다, 염려하다' 등을 예로 제시하는데, 모두 휘말림의 변형적 운동성으로 그 양상을 그려볼 수 있다.[6] 우리는 우리의 의지로 태어나는 것도 아니고 억지로 태어나지는 것도 아니다. 태어나면서 무엇이 되어간다. 삶에 휘말린다. 죽는 것은 스스로 죽거나 죽임을 당하는 것이 아니라 죽는 과정이자 죽은 것이 되는 일이다. 염려하는 일은 염려의 대상에게 영향을 받아 마음을 기울이는 작용이자 그 마음이 내 안에 자리를 잡는 것이다.[7]

여기서 다시 드는 질문은 도대체 왜 감염을 피동형인 '감염되다'로 쓰는 일이 지배적인가에 대한 것이다. 우리말의 동사 체계는 영어와 달리 사물에게도 동작주, 즉 주어의 자리를 허용하고, 능동-수동/피동의 이분법을 가로지르는 유연함을 지니고 있다. 예를 들어 '회복'을 동사형으로 쓸 경우 '회복하다'는 의미상으로는 중동태에 가깝다. '너는 곧 건강을 회복할 거야.' 혹은 '너는 이 약을 먹으면 금방 회복할 거야.' 같은 문장에서 '회복'이라는 행위의 작용은 주어의 주체적인 발동에서 기인한 것이 아니다. '회복하다'는 회복을 가능하게 하는 힘이 주어^{주체} 내부에서 실현된 상태를 지칭한다. 우리말에서 '감염하다' 역시 이와 유사하게 중동태의 의미로 충분히 쓰일 수 있다. 그럼에도 불구하고 우리는 왜 감염을 '당하는' 일로 쓰기를 고집하는 것일까?

　　중동태라는 문법적 체계의 소실을 자유의지와 책임의 설정에 관한 문제로 섬세하게 고찰한 일본의 철학자 고쿠분 고이치로$^{國分 功一郎}$는 능동과 수동의 대립적 구분이 고유한 사고의 틀을 형성해왔다고 주장한다.[8] 그는 능동태와 수동태의 쌍 이전에 능동태와 중동태의 쌍이 먼저 있었다는 뱅베니스트의 추론을 적극적으로 받아들이면서, 이러한 이행이 "사건을 묘사하는 언어"에서 "행위자를 확정하는 언어"로의 전환을 반영한다고 설명한다.[9] 행위를 행하다와 당하다의 대립항으로 사고하게 하는 언어적 틀은 행위가 복수의 요소들에 의해 공유된 상태일 수 있음에도 불구하고, 도대체 이 행위가 "누구의 것이냐."를 먼저 묻도록 한다는 것이다.[10] 즉 중동태가 상정하는 행위성

의 중첩을 아예 사고의 틀 바깥으로 제외해버리는 것
이다. 그리고 이처럼 행위의 발동이 누구에게 귀속되
는지부터 특정하게 하는 언어적 형식은 모든 행위력
이 개별 행위자에게서 연원하는 것이며 거기에 일종
의 자유의지가 반영되어 있다고 전제하는 사고를 반
영한다고 주장한다.

　　고쿠분 고이치로의 중동태 논의는 '감염되다'라
는 표현이 옳다고 느끼는 사고 틀과 감염이라는 현상
앞에서 누구에게 책임을 물을지를 가장 중요하게 떠
올리는 대응 방식 사이에 훨씬 더 깊은 구조적 친연성
이 있다는 걸 파악하는 데 큰 도움을 준다. 피동태와
능동태의 대립 아래 '감염병 환자'에게는 두 개의 사회
적 지위가 동시에 부여된다. 즉 감염을 당하였다고 말
할 때는 환자-피해자로서의 위치를 점하지만, 반대로
능동성을 부여할 때는 타인을 '감염시킬' 수 있는 매개
체^{vector}이자 질병의 운반자^{carrier}로 여겨진다. 이 대립
항이 만들어내는 가장 중요한 국면은 '환자' 혹은 '감
염인'이 감염이라는 작용이 귀속되는 가장 일차적인
행위자로 일정한 책임을 부여받게 된다는 것이다. 피
해자로서는 감염을 당한 책임이, 매개자로서는 감염
을 일으킨 책임이 가장 먼저 '감염병 환자'에게 부착된

다. 감염을 중동태로 말하고 인식할 때 생겨나는 가장
큰 균열은 바로 여기에 있다. 감염을 영향을 입는 것
이자 영향을 일으키는 휘말림의 상태로 여긴다는 건
이 행위를 온전히 특정한 누구에게 귀속할 수 없다는
걸 염두에 두어야 한다는 걸 뜻한다.

그런데 이러한 책임의 귀속 불가능성을 허용한
다면, 더 큰 문제가 생겨나지는 않을지 걱정하지 않을
수 없다. 특히나 생명을 위협하는 큰 해를 야기한다고
알려진 HIV 감염이라는 현상을 앞에 두고 어떻게 이
건 그저 일어나는 일이라고, 두 손을 놓고 무방비하게
있을 수 있겠는가? 위협이 있다면 마땅히 스스로를
그리고 공동체 전체를 보호할 책임을 짊어져야 한다.
나쁜 일의 전파를 막아야 한다는 책임을 서로에게 부
여해야 한다. 감염을 중동의 범주로 사고하자는 나의
제안은 단순히 비난을 하지 말자거나 그 누구도 이 작
용을 온전히 책임질 수 없다는 주장이 아니다. 인류학
자 메리 더글러스가 일찍이 지적한 것처럼 위험과 책
임은 긴밀하게 연결되어 있는 개념이며, 책임 소재를
찾고 비난의 대상을 찾는 과정은 사회적 합리성을 구
성하는 데 필수적이다.[11] 중동태로 감염을 사고할 때
일어나는 핵심적인 전환은 면책에 대한 것이 아니다.

그 핵심은 감염이라는 생명 작용의 원리를 더 깊이 이
해하고, 바로 거기서부터 책임의 새로운 의미 구조를
도출해내는 데 있다. 우리는 어쩌면 엉뚱한 곳에서 책
임을 추궁하고 있는 것은 아닐까? 감염이라는 생명 현
상에서 행위성이 어떻게 응결되는지, 그에 따른 책임
을 서로 나눈다는 게 어떻게 가능한지를 제대로 파악
하지 못하고 있는 것일지 모른다.

적대적 위협으로 가득 찬 세계

    감염을 보다 깊이 이해하기 위해서는 면역 개
념을 간단하게나마 검토할 필요가 있다. '면역'을 무
엇이라고 규정하는지, 어떻게 작용한다고 생각하는
지에 따라 감염에 매우 다른 의미가 부여되기 때문이
다. 19세기 끝자락에서부터 형체를 갖추기 시작한 생
물학적 면역 개념은 세균론germ theory에 완전한 승리
를 가져다주었다. 근대 면역학을 이루는 근간은 다음
과 같다.[12] 각각의 유기체는 고유의 내부 환경을 가
지고 있는데, 외부 병원체가 유기체 내부로 침입하여
증식할 경우 이 내부 환경에 교란이 일어난다. 면역은

외부 병원체에 대항하여 자기를 방어하려는 작용이자 모든 유기체의 필수적인 작동 방식이다. 이제 질병의 원인은 더 이상 사람의 고유한 기질이나 환경과의 불균형에 따른 것이 아니라 병원체의 침입과 그 작용에 따른 것으로 완전히 전환되었다. 현대 의학의 발전을 이끈 백신과 소독법, 항생제의 도입은 모두 병원체를 제거함으로써 질병의 발생을 막는 방식에 기반한다. 여기서 면역이 일종의 방어 체계라면, 감염은 곧 방어의 실패를 뜻한다. 스스로를 외부의 침입으로부터 방어하는 것이 모든 유기체의 가장 기본적인 단위에서부터 작동하는 원리로 상정될 때, 감염은 나와 나 아닌 것의 휘말림으로 일어날 수 있는 일, 혹은 휘말리도록 놔두어도 되는 상태가 아니다. 여기서 감염은 내가 아닌 것에 의한, 더 나아가 나의 일부가 되어서는 안 되는 것에 의한 작용, 즉 적대적 타자의 침입과 번성을 뜻하기 때문이다.

감염과 면역은 생물학적인 작용이자 철저히 정치적인 현상이다. 면역 개념의 발전을 되짚으면서 서구 정치철학사의 핵심적 개념을 검토한 에드 코언^{Ed} ^{Cohen}은 초창기 면역학이 자기방어 개념을 제시하면서 동시에 자연 개념에 정치를 주입할 수 있게 했다고 주장한다.[13] 자기self와 비자기non-self를 나누는 면역학의 기본적인 접근은 그것이 자연 현상이기 때문에 자연히 발견된 것이 아니다. 코언은 면역학이 아군과 적군, 자아와 타자, '우리'와 우리가 될 수 없는 '그들'의 구별을 유기체의 가장 기본적인 속성으로 정의하면서 적대에 기반한 정치를 자연적인 것으로 만드는 데 핵심적인 기여를 했다고 논파한다. 역사적으로 면역이라는 말은 생물학적 용어로 쓰이기 훨씬 전부터 법적이고 정치적인 개념으로 쓰여왔다. 고대 로마법에서 면역은 법적 책임의 면제를 뜻하였다.* 코언은 특정 시민의 정치적 지위를 지칭하던 용어가 생물학적 개념으로 새로운 용법을 획득하는 데 중간 다리 역할을 한 것이 서구의 근대 정치철학이라고 분석한다. 다시 말해 '만인 대 만인의 투쟁'을 자연 상태로 보는 자유주의적 정치철학을 생물화biologization한 것이 자기방어로서 면역 개념이라는 것이다. 생물학적 면역 개념을 통해 근대적 몸과 국가 개념이 성립 가능해졌다고 해도 과언이 아니다. 신체는 피부라는 경계로 구획된 각각의 영토이며, 개인은 이 영토의 소유자이자 통치자이다. 면역을 통해 마침내 자연적 단위로 개인-신체의 성립이 가능해졌다. 역으로 이제 주권권력sovereignty은

* 한자어에서도 유사한 의미의 겹침을 찾아볼 수 있다. 생물학적 작용인 면역(免疫)의 동음이의어인 면역(免役)은 병역이나 부역의 의미를 면제받은 상태를 지칭한다. 역병을 뜻하는 한자어인 '역(疫)'이 모두가 참여하는 공역(公役)의 '역'에서 유래했는데, 사람이 대규모로 모여야 하는 토목 공사나 군역으로 인한 집단 생활로 전염병이 만연하게 되면서 두 말의 연관이 만들어졌을 것으로 추정할 수 있다. 황임경, 「자기 방어와 사회 안전을 넘어서: 에스포지토, 데리다, 해러웨이를 중심으로 본 면역의 사회·정치철학」, 《의철학연구》 제16권(2013), 119쪽.

생물과 같은 속성을 지닐 수 있게 되었다. 국경은 몸의 경계처럼 지켜져야 하고, 통치는 경계를 지키고 방어하는 것, 외부의 침입을 무찌르고 내적 질서를 유지하는 면역적 속성을 지녀야만 한다. 생명정치는 면역 작용의 생물학과 불가분하다.[14]

시점을 근래로 당겨오면, 에이즈 유행은 인구 단위의 사망률에 급격한 변화를 일으켰다는 측면에서뿐만 아니라 면역의 위기를 가시화했다는 점에서부터 생명정치적 위기였다. 미시기생체로부터의 자기 보호, 즉 인체에 들어온 병원체로부터 스스로를 보호하는 것이 가장 기본적인 몸의 작동 원리라고 상정할 때, 에이즈 유행은 이러한 몸의 통치권 자체를 완전히 무력화할 수 있는 병원체의 존재가 처음 알려졌다는 점에서 특히 위협적으로 다가왔다. 치명률만 놓고 본다면 훨씬 더 강력한 바이러스들이 존재하지만, HIV는 인간의 면역 자체를 무력화한다는 점에서 보다 근원적인 위협으로 자리매김했다. 감염과 그에 따른 면역 체계의 붕괴를 병원체의 침략에 대한 신체의 완전한 패배로 사고할 때, 에이즈는 생명 현상이면서 동시에 극도의 정치적 위기 상황에 다름 아니다.

적대에 기반한 면역 정치적 논리는 HIV 감염

을 여전히 불치병으로, 다시 말해 완치가 불가능하기 때문에 공중 보건 전체를 위협하는 중대한 사건으로 다루어야 한다는 논리에도 깊이 스며들어 있다. 5장의 전파매개행위 금지 조항을 둘러싼 논란에서 이미 살펴본 것처럼, HIV 감염을 여전히 특수한 위기로 부각하려는 입장에서는 치료를 지속하더라도 체내에서 HIV를 완전히 제거하는 것이 불가능하다는 사실을 이 질병의 가장 무서운 특징으로 꼽는다. 그러나 엄밀히 말해 HIV뿐만 아니라 대부분의 바이러스 감염에서 바이러스 자체를 완전히 제거하는 형태의 완치는 쉽지 않다.* 그런데도 유독 HIV의 경우에만 이 제거 불가능성을 강조하는 이유는 단순히 치료 방식이나 비용에 대한 고려에 있지 않다. 그것은 HIV를 결코 용납 불가능한 형태의 적으로 상상하는 방식과 긴밀히 연결된다. 여기서 주목해야 할 점은 체내 바이러스의 완전한 제거만을 완치로 규정하는 사고는 적을 완전히 제거해야만 전쟁이 종결된다는 절멸론과 크게 다르지 않다는 것이다. 이 군사적 절멸론 앞에서 HIV를 지닌 신체는 항구적 전쟁 상태에서 벗어날 수 없는 동시에 결국은 영구적으로 패배했다고 간주된다. 적을 섬멸할 방법이 없다고 여겨지기 때문이다. 의도적

* C형 간염이 거의 유일한 예외라고 할 수 있다. 이후 더 자세히 살펴보겠지만, 인체 내 바이러스의 완전한 제거 불가능성은 바이러스의 생명 형식 그 자체와 관련되어 있다.

전파자, 슈퍼 전파자에 대한 의심과 두려움 역시 전시
대응 논리의 연장선상에 있다. 감염인이 언제 누구에
게 바이러스를 전파할지 모른다는 의심은 간첩과 테
러 공격에 대한 불안, 누가 아군이고 적군인지 알 수
없는 상태에 대한 신경증적 공포와 직결된다. 모든 종
류의 질병 퇴치 운동이 군사주의적 일사불란함과 가
혹함을 동반하는 것은 결코 우연이 아니다.[15]

　　HIV는 정말 적일까? 지금 나는 바이러스를 두
려워할 필요가 없다거나, 감염이 대수롭지 않은 일이
라고 주장하려는 것이 아니다. 이 질문이 필요한 이유
는 이것을 통해 우리가 뱅베니스트의 천재적인 통찰
과 다시 마주하게 되기 때문이다. 친구와 적의 구별
이 타자를 식별하는 유일한 기준일 때, HIV는 마땅
히 적으로 분류될 수밖에 없다. 능동과 수동의 대립에
서 중동태는 소멸되어야 했던 것처럼 말이다. 우리 몸
의 필수적인 면역세포를 파괴한다고 알려진 바이러스
를 대체 어떻게 친구로 여길 수 있겠는가? 그러나 오
직 친구 아니면 적으로, 나와 나 아닌 것으로 세계를
분할하는 방식은 자연의 불변 법칙이 아니다. 인간의
역사 특수적 관점이다. 정치적인 것을 산출하는 하나
의 방식에 불과하다.[16] 면역을 적대적 형식의 방어로

만 사고하지 않는다면, 친구와 적이라는 대립항이 유
일한 구별이 되지 않는다면, HIV 역시 다른 무언가가
될 수 있다. 중동태의 세계로 진입할 수 있다.

ˋ ˋ ˋ ˋ ˋ ˋ ˋ ˋ ˋ ˋ
휘말림의 내부작용

문법과 어조, 비유는 생물학과 별개의 사항이
아니다. 면역학 교과서는 온갖 멋들어진 비유들로 가
득한데, 탐욕스러운 대식가이자 전쟁광으로 묘사되
던 면역계 세포들은 분자생물학과 유전체 연구의 발
전 이후에는 흥미롭게도 보다 지적인 활동을 하기 시
작한다. 읽기와 쓰기, 변주의 세계로 진입한다. 도나
해러웨이와 에밀리 마틴Emily Martin 같은 학자들은 면
역에 대한 지식에서 언어의 창발성이 유기체가 무엇
인지를 규정하는 데 핵심적인 역할을 하고 있으며,
에이즈는 방어와 침입에 대한 복잡한 텍스트라는 점
을 예민하게 살핀 바 있다.[17] 문법과 어조, 비유는 모
두 개념 형성에 핵심적인 도구들이며, 생물학적 지식
의 생성 역시 이에 필연적으로 영향을 받는다. 따라서
지식 생산은 생물에 대한 사실을 도출하는 과정이 아

니다. 생물학적 세계를 특정한 방식으로 짓는 과정이
다. 이는 당대의 사고방식이나 믿음 체계가 생물학적
사실을 발견하는 데 간섭한다는 의미가 아니다. 면역
작용에 대한 엄청나게 흥미로운 지식의 정교화 과정
에서 무엇을 어떻게 인지하고, 측정하고, 무엇이라고
부르는지에 따라 생명의 실재가 생겨난다.* 이는 감
염을 어떤 동사의 형태로, 어떤 비유로 설명하고, 그
리하여 어떤 지식을 만들어내는지에 따라 HIV가 세
상에 존재하는 방식이 달라진다는 것을 뜻한다. HIV
가 일으킬 수 있는 병이 무엇인지, 그 병을 앓는 사람
이 어떤 삶의 형식을 획득하는지가 달라진다.

　　의과학 분야에서 에이즈 대유행은 면역의 위
기를 실체화하는 동시에, 수많은 연구자들이 HIV와
같은 레트로바이러스가 인체에 어떤 작용을 하는지
에 주목하게 했다. HIV는 면역학의 눈부신 성장을
견인했다. 레트로바이러스는 우리말로 역전사바이러
스라고도 부르는데, 여기서 전사transcription는 '필사하
다, 베껴 쓰다'라는 뜻을 지닌다. 음악의 경우 트랜스
크립션은 편곡의 여러 방식 중 하나를 뜻하기도 한다.
한 분자생물학 교과서는 이렇게 시작한다. "전사와
번역은 세포들이 자신들의 유전체에 담긴 지시 사항

* 퀴어 철학자
캐런 바라드(Karen
Barad)는 이러한
실체 만들기, 물의
생성을 행위적
실재론(agential
realism)이라고
부른 바 있다.
바라드는 다음과
같이 쓴다. "지식의
생성은 단순히 사실
만들기가 아니라
세계 만들기에
대한 것이다. 이는
지식이 언어와
믿음, 생각으로부터
생겨난다는 의미가
아니라 세계에
특정한 물리적
형식을 줌으로써
물질적으로
관여한다는 차원에서
그러하다." Barad,

Karen, *Meeting the Universe Halfway: Quantum Physics and the Entanglement of Matter and Meaning*(Durham: Duke University Press, 2006), p. 91.

을 읽어나가는 혹은 표현하는 수단이다.Transcription and translation are the means by which cells read out, or express, the genetic instructions in their genes."[18] 이 명료한 설명을 통해 나는 프랜시스 크릭Francis Crick이 '생명의 중심 원리'라고 명명한 과정을 마치 외국어를 배우는 일처럼 상상할 수 있었다. 생명의 증식에서 가장 중요한 과정은 정보의 확산이며, 그 과정은 새로 배운 단어들을 하나하나 읽어보며 베껴 써보고, 잘못 발음하거나 철자가 틀리지는 않았는지 확인하고, 그게 무슨 뜻인지를 해석하고, 그 뜻을 표현하는 과정과 매우 유사하다. 이 배움의 과정을 통해 이전에 모르던 말의 형식을 전달하고 그 의미와 실체를 구현할 수 있게 된다.

전사, 즉 베끼기는 DNA에 있는 여러 정보 중 단백질을 합성하기 위해 꼭 필요한 지시 사항들과 그걸 이행하는 데 필수적인 인자들을 전달하는 과정이다. DNA에서 RNA를 만들 때, 이 과정이 일어난다. 레트로바이러스는 이 과정이 반대로도 가능하다는 것을 알게 해주었다. 역전사는 베껴놓은 핵심 정보로부터 거꾸로 전체를 추론하고 구현하는 과정을 뜻한다. RNA에서 DNA의 합성이 일어나는 것이다. RNA에는 유전 정보뿐 아니라 세포 내에서 화학적 반응을 야기하는 입자들이 담겨 있는데, 이것을 통해 RNA의 유전 정보에 기반해 그에 대응하는 DNA를 만드는 과정이 일어날 수 있다. 이런 원리에 따라 HIV가 숙주세포의 표면에 닿아 세포막 안으로 들어가면, RNA 유전체에서 DNA를 합성한다. 역전사가 중요한 이유는 이를 통해서만 숙주세포의 DNA 유전체 내로 HIV의 유전체 정보가 삽입될 수 있기 때문이다. 숙주세포 외부에서 온 HIV는 이 과정을 통해 숙주세포의 일부가 되고, 숙주세포가 자신이 원래 하도록 되어 있는 전사와 번역을 하는 과정 중에 자연스럽게 HIV도 증식한다. HIV의 RNA가 숙주세포가 옮겨 써야 하는, 즉 복사해야 하는 내용의 일부가 이미 되어버렸기 때문이다. 여기서 삽입은 하나의 책을 필사해서 여러 권으로 만드는 작업을 하면서 새로운 내용을 슬쩍 써넣는 것과 유사하다. 새로 추가된 이야기가 원래 이야기에 잘 섞여 들어가기만 하면 복사본에서는 원래 있던 내용과 구별되지 않게 책의 일부가 된다.

흥미롭게도, 아니 어쩌면 당연하게도 역전사바이러스의 증식은 침략보다는 휘말림의 은유를 통해 훨씬 더 깊이 이해할 수 있다. 감염은 바이러스 표면에 있는 특정한 단백질이 숙주세포의 수용체에 이끌

려 서로 닿을 때 일어난다. 바이러스는 숙주세포 안
으로 말려 들어가고, 숙주세포는 이제 증식이 일어나
는 장소이자 증식 작용 전체를 수행하는 중심 역할을
맡게 된다. 각기 다른 생명 형식이 서로 만나 새로운
작용을 일으키게 된 것이다. 감염은 온전히 바이러스
가 행하는 일도, 숙주세포가 당하는 일도 아니다. 이
들의 휘말림이 어떤 속도와 범위로 일어나는지에 따
라 서로의 삶의 경로가, 이들이 자리 잡은 인체의 내
부 환경이, 질병의 형세가 모두 달라진다.

　　레트로바이러스의 증식 원리를 이처럼 길게,
여러 비유를 들어 설명한 것은 'HIV는 면역세포를
파괴한다.'의 수준을 넘어 감염과 면역에 대해 우리가
더 풍부하게 생각해볼 여지가 있기 때문이다. HIV
는 숙주세포와의 융합과 발아를 거치는 과정에서 숙
주세포를 파괴하기도 하지만, 질병 발현에서 가장 중
요한 역할을 하는 것은 면역반응 그 자체이다. 즉 감
염한 세포를 인체가 인지하고, 대응하는 과정이 어
떻게 이뤄지는지가 매우 중요하다.[19] HIV 감염 이
후 바이러스의 완전한 제거가 어려운 것은 HIV가 특
별히 악독하기 때문이 아니라 모든 레트로바이러스
가 가지고 있는 기능, 즉 역전사로 숙주세포를 활용

하는 속성 때문이다. 바로 여기서부터 이미 적과 친구의 구별이 모호해진다. 바이러스는 정교한 정보 전달체이지만, 여기에 생명을 불어넣고 그 기능을 수행하게 하는 것은 결국 세포이다. 감염은 단순히 자기방어의 실패이자 침탈의 결과가 아니라 바이러스나 미생물과 면역의 내부작용, 즉 서로의 내부를 변화시키는 변주를 통해 생겨나는 일이다.* 번역과 해석, 해체와 재조립의 과정 속에 이전에 없던 새로운 정보, 즉 새로운 생명의 형식이 넘쳐나는 상황이다.

　　새로이 도래한 것들의 통제 불가능한 확산은 물론 파괴적인 결과를 낳을 수 있다. 기존의 정보 교환 방식과 삶의 형식에 균열을 일으키고, 결국 연결망 전체를 어그러지게 할 수 있다. 섬세하게 직조된 시의 운율을 깨버리고, 정교하게 이어져온 협주곡의 주선율을 완전히 망쳐버릴 수도 있다. 그러나 이 생명의 과정은 특정한 의도를 지닌 독립적 행위자가 주도하는 것이 아니며, 자유로운 선택이나 의지의 발현 과정도 아니며, 단일한 목적으로 완전히 환원되지 않는다는 것이 중요하다. 인체는 무수히 많은 생명체들이 동거하는 서식처이며, 모든 작용은 다수의 휘말림 속에서 일어난다. 여기서 주체와 객체는 늘 명확히 구별되지 않

* 캐런 바라드는 기존의 상호작용(interaction) 개념이 작용에 관여하는 개체들의 독립성과 자기 완결성을 전제하고 있어 각기 다른 행위성들이 특정한 작용 이전에 미리 고유한 특성을 가진 형태로 선재하지 않는다는 점을 파악하지 못하게 한다고 지적한다. 이에 내부작용(intra-action)이라는 신조어를 제안하고, 이를 "서로 얽혀 있는 행위성들의 상호 구성(the mutual constitution of entangled agencies)"이라고 정의한다. 휘말림의 구조 내부에서 일어나는 과정을 우리는 내부작용이라고 이름 붙일 수도 있을 것이다. Barad, Karen, *Meeting the Universe Halfway: Quantum Physics and the Entanglement of Matter and Meaning*(Durham: Duke University Press, 2006), p.33.

으며, 주체로서 객체를 하고 객체로서 주체가 된다.
따라서 생명의 행위성은 필연적으로 분산되어 공유된
것이다. 면역은 자기방어가 아니다. 공유 작용이다.

캉길렘과 함께 HIV 감염하기

면역이 자기방어일 때, 감염은 능동적 '행함'이
거나 수동적 '당함', 즉 해를 가하거나 해를 입는 과정
일 수밖에 없다. 그러나 면역이 '자기' 혼자 일어나는
작용이 아니고, 공격을 미리 상정하는 무조건적 '방어'
기제도 아닐 때, 감염이라는 현상의 의미 역시 다르게
그려볼 수 있다. 현대 면역학을 관통하는 핵심적인 발
견과 혁신은 모두 이러한 사고의 전환과 연결되어 있
다. 이 변화는 단지 지식이나 기술의 발전을 넘어 우
리가 질병과 건강이 어떤 상태라고 생각하고 느끼는
지에도 핵심적인 영향을 끼친다. 질병이 일종의 피해
를 입은 상태, 즉 방어의 실패로 여겨질 때, 역으로 건
강은 방어의 성공이자 성취로 여겨지기 때문이다. 건
강하려면, 병을 이기려면 면역력을 키워야 한다는 식
의 일상 어법은 면역을 개인이 각기 다르게 소지한 힘

이나 능력으로 여기게 한다. 면역이 작용하는 방식을
깊이 이해한다면, 사실 '면역력'이 자꾸 커져 작은 위
협에도 민감하게 반응해서 강력하게 대응하는 경향
이 몸에 자리 잡는 것만큼 두려운 일도 없다. 극도로
활성화된 면역반응은 매우 고치기 어려운 질병을 야
기한다. 이질적이라고 여겨지는 모든 것을 하나도 빠
짐없이 공격하여 내쫓으려고 하는 순간, 우리 몸은 더
크게 부서진다. 더 강력하게 방어할수록, 더 큰 위기
가 생겨난다. 자가면역질환이 이질적이라고 간주한
존재들을 극도로 탄압할 때 어떤 파국이 도래하는지
를 어림하게 하는 몸의 경험인 이유가 여기에 있다.

　무엇보다 감염과 면역을 중동태의 세계, 다시
말해 공유된 행위성의 영역으로 사고할 때, 질병의 정
상화가 가능하다. 질병이 정상이라는 게 도대체 무슨
의미일까? HIV 감염이 '비정상적인' 행위와 욕망의
결과라고 비난하는 방식은 질병이 결국 반드시 따르
도록 되어 있는 '정상' 규범을 따르지 못한 결과이자
실패라는 책임론에 기반하고 있다. 그러나 모든 질병
은 생명의 정상적 상태이다. 의철학자인 조르주 캉길
렘Georges Canguilhem의 빛나는 통찰을 통해 우리는 중동
태가 질병을 말하고 겪는 더 적절한 방법이라는 걸

보다 명확히 알 수 있다.

다른 사람이 병에 걸리거나 미치치 않기 위해서
는, 항상 병에 걸렸었던, 혹은 미친 사람이 있어야 한다.
[……] 병들지 않는다면 생명은 결코 완전해질 수 없다.
[……] 병적인 것으로부터는 병적인 것만이 나오는가?
얼마나 어리석은 말인가! 생명은 그렇게까지 인색하지
않으며 도덕에 개의치도 않는다. 생명은 질병의 대담한
생산물을 탈취하며, 흡수하고 소화시키고, 그것을 자신
에 통합시킴으로써 건강하게 된다. 생명의 작용 아래에
서 [……] 질병과 건강 사이의 모든 구분은 제거된다.[20]

캉길렘은 토마스 만Thomas Mann의 소설 『파우스
트 박사』의 구절들을 인용하면서, 그가 정상적인 것
과 병리적인 것에 대해 얼마나 탁월한 통찰을 지녔는
지에 감탄한다. 토마스 만의 문장들에는 캉길렘이 논
파하고자 한 생명의 핵심 작용에 대한 깊은 진실이
담겨 있다. 질병은 나쁘고 건강은 좋은 것이라고 대
립시키는 방식은, 토마스 만의 명료한 언어가 보여주
듯이 인간의 도덕적 판단하에서만 통용될 수 있다. 병
에서는 병적인 것, 곧 악한 것만이 생겨난다는 사고

에서 질병은 "가능한 모든 부정적인 가치들을 포함하는 비가치의 일반 개념"이 된다.[21] 병에 걸려서 환자가 되고 싶지 않은 것은 단순히 병으로 인해 죽을 수 있기 때문이 아니다. 병의 부정적 가치는 병이 달갑지 않은 것, 자기 자신의 영토인 몸을 지키는 데 실패한 것이자 타인에게 해로운 것, 사회적으로 무능력하거나 쓸모없다고 평가절하되는 상태일 때부터 생겨난다. 역으로 특정한 신체적, 정신적 이상異狀에 부정적 가치가 부여되지 않을 때, 우리는 환자가 되지 않는다. 건강을 선善으로, 마땅히 증진해야 하는 것으로 여길 때, 건강은 단순히 질병이 없는 개별적 상태를 뜻하지 않으며, 특정한 상태를 적절하고 모범적인 것으로 여기는 평가와 강요를 포함한다. 푸코의 생명권력 개념이 이후 제시하는 바와 같이 건강에 부여된 규범성은 특정 인구군의 평균적 상태를 이상적인 것으로 설정하고, 이를 추구하도록 하는 권력의 발현과 긴밀히 연결되어 있다.

그러나 생명의 작용은 이러한 인간화된 도덕에, 권력의 목표에 "개의치" 않는다. 캉길렘은 생명의 작용에서 정상적인 상태는 통계적 평균치나 반드시 도달해야 하는 좋은 이상적 모델을 뜻하지 않는다는 점을 생리학과 병리학의 주요 쟁점들을 통해 규명한다. 생명은 그 자체로 규범적인 활동인데, 여기서 규범적이라는 건 모든 생명체가 마땅히 따라야 할 규칙이 개체를 초월해 이미 정해져 있다는 뜻이 아니다. 생명이 규범성을 띤다는 것은 생명이 개별 존재 양식에 따라 특정한 가치를 지향하며,* 이에 따라 자신의 존재 조건을 끊임없이 규정한다는 걸 뜻한다. 다시 말해 생물학적으로 '정상적'이라는 의미는 생명체가 주어진 환경에서 자신에게 적절한 규범을 설정할 수 있다는 것이다. 생명 작용에서 정상성은 항구 불변하게 이미 정해져 있는 상태가 아니라, 오직 주어진 환경과의 관계 속에서 확립된다. 질병은 생명체가 새로운 변화가 야기하는 온갖 효과들을 감내하고 통합할 수 있는 여지가 급격히 줄어든 상태이고, 건강은 환경의 불확실성을 수용할 여지가 여전히 큰 상태이다. 양쪽 모두 규범을 세우는 힘의 반영, 다시 말해 조건에 따라 가치를 설정하고 지향할 수 있는 능력의 변형이라는 점에서 "질병과 건강 사이의 모든 구분은 제거된다."[22]

이러한 통찰을 감염에 적용하면, 우리는 감염 여부에 따라 정상과 비정상, 건강한 상태와 병적 상

* 여기서 가치에 대한 지향은 인간화된 형태의 의식적 가치 추구와는 그 성질이 다르다. 단세포 생물이든 아주 영리한 고양이든 간에 살아 있다는 것은 "어떤 것은 선호하고 어떤 것은 배제하는 것이다." 캉길렘은 다음과 같이 말한다. 물리적 작용인 "관성은 운동의 방향이나 변이에 대해 무관심하다. 그런데 생명은 그에게 주어진 조건들에 무관심할 수 없다. 생명은 극성(polarity)이다." 즉 생명의 운동성은 기계적 메커니즘을 통해서 생겨나는 것이 아니라 어떤 것에는 다가가고자 하고 어떤 것으로부터는 멀어지고자 하는 지향에서 비롯하는 것이다. 조르주 캉길렘, 여인석 옮김, 『정상적인 것과 병리적인 것』(그린비, 2018), 156쪽.

태를 규정하는 방식에서 벗어날 수 있다. 앞서 자세히 살펴본 것처럼 인간 세포의 특정한 수용체는 HIV를 끌어들이고, HIV는 숙주세포에 닿으면 역전사를 시작한다. 여기서 양쪽의 작용은 HIV와 숙주세포의 생명 형식이 각각 지닌 고유의 규범에 부합한다. 즉 정상적인 상태이다. 그리고 감염은 이 생명의 규범에 따라 새로운 효과가 창출된 상태이다. "생명의 새로운 모습"인 것이다.[23] 따라서 감염했기 때문에 그 자체로 병적인 상태가 되는 것이 아니다. 인체가 감염으로 야기된 새로운 상태, 즉 내부 환경의 변화와 그에 따른 외부 영향의 달라진 효과를 감내해낼 여지가 줄어들 때, 질병이 발현된다. HIV 감염으로 변화된 인체의 내부 환경이 그 전에는 충분히 감내할 수 있었던 여러 감염증들을 더 이상 감내하지 못하게 될 때, 병적 상태에 이르는 것이다.

캉길렘이 질병이야말로 생명의 새로운 모습이라고 말할 때, 이는 건강이 무의미하거나 공허한 개념이라는 의미가 아니다. 에이즈로 진단 가능한 질환들의 발생은 생명의 존속 자체를 위협하는 심각한 상황이다. 여기서 보다 중요한 점은 건강과 질병이 대립적 상태가 아니라는 점을 염두에 둘 때 HIV와 같

은 바이러스의 존재론, 특히 완치 없는 미래를 다르
게 구성해볼 수 있다는 것이다. 감염을 당하는 것이
자 자기방어의 실패로 사고하는 방식은 앞서 살펴본
것처럼 생명의 규범을 반영하지 않으며, 특정한 생명
정치적 질서를 설정할 때만 성립한다. 그러나 캉길렘
의 안내에 따라 사고하면, 감염은 새로운 정보의 유
입과 그것이 발휘하는 효과에 따라 인체의 내부 환경
이 변화하는 정상적인 과정이다. 따라서 건강과 질병
의 구별은 감염의 중동태적 양태를 염두에 두고 논의
되어야 한다. 여기서 질병과 건강은 HIV라는 병원체
의 유무에 따라 결정되는 것이 아니라, HIV라는 새
로운 조건에 휘말린 인체의 변화된 내부 환경이 새로
운 규범을 찾느냐 그렇지 않느냐에 따라 연속선을 이
룬다. 예를 들어 지속적인 항바이러스제 치료라는 새
로운 규범을 인체의 내부 환경에 도입함으로써, HIV
의 증식을 억제한다면 건강을 유지할 수 있다. 그러
나 치료도 하지 않고 아무런 새로운 대응도 하지 않
을 경우, 즉 새로운 생리학적 질서를 수립하지 못하
면, 질병이 생겨난다. 생명은 죽음에 더 급격히 기울
어진다. 바이러스를 완전히 없애야 완전히 건강해지
고 따라서 정상 상태로 회복되는 게 아니다.

　　건강은 그 무엇에도 감염하지 않았다고 확신할 때, 즉 육체의 청결함과 순수성, 완벽성에 대한 강박적 환상 속에서 실현되는 게 아니라, 무수히 많은 것들과 휘말린 상태를 얼마나 어떻게 감수할 수 있는지에 따라서 오로지 효과로서 등장할 따름이다. 질병은 과민성 반응처럼 "방어에 대한 열광과 집착"으로 나타나기도 하며,[24] 그 부정적 가치는 세포 수준이 아니라 유기체 전체를 볼 때만 말해질 수 있다. 건강은 면역의 한 치의 흔들림 없는 방어력이 주는 승리의 전리품이 아니라 "반응의 가능성을 조정하는 핸들"로 작동할 뿐이다.[25] 따라서 진정 "건강한 생명, 즉 자신의 존재와 가치를 신뢰하는 생명은 휘어질 수 있는 생명이자 유연한 생명, 거의 부드러운 생명이다."[26]

감염의 상황성과 퀴어 존재론

　　캉길렘의 통찰을 감염에 적용할 때, 우리는 감염 여부 그 자체가 아니라 감염이 어떤 조건과 맥락에 자리 잡고 있는지가 더 중요한 질문이라는 것을 알 수 있다. 즉 감염의 상황성situatedness을 다룰 수 있

어야 한다. 진단 기술이 발전하면서 신체적 불편이
나 이상을 경험하기 이전에 감염 여부를 알 수 있게
되었다. 감염 여부를 미리 검사하고 해당 정보를 인
구 단위로 집적해서, 그에 따라 별도의 조치를 취하
는 것을 공중 보건의 기본적인 조치로 여긴다. 이러
한 진단 기술 체계의 발전 속에서 한국의 HIV 유행은
환자 발생의 유행이 아니었다. 진단 검사로 항체 양
성인 사람들을 먼저 찾아내려는 시도를 통해 질병의
고유한 형체와 의미가 만들어졌다. 2장에서 우리가
목도한 정민숙의 혼란과 분투, 생기 넘쳤으나 부당하
게 고통받아야 했던 시간들은 오로지 병원체의 유무
만을 대응의 기준으로 삼으면서 생겨났다. 이는 감염
의 상황성을 제대로 다루지 못할 때, 어떤 부정의가
만들어지는지를 드러낸다. HIV 감염 상태를 오로지
병리적인 것으로 특정하고, 병원체를 한 사람의 몸
안에서 완전히 제거할 수 없으므로 그 사람을 사회에
서 몰아내겠다는 사고는 감염한 사람들이 이룰 수 있
는 모든 좋은 삶의 가능성을 부서뜨렸다. 앞줄에 먼
저 선 사람들은 병원체의 유무가 건강과 질병을 결정
하지 않으며, 어떤 기술적, 사회적 환경에 놓이는가
에 따라, 그 안에서 어떤 관계가 만들어지느냐에 따

라 감염이 매우 다른 결과를 낳을 수 있다는 것을 이미 보여주고 있다.

중동태로 '감염하다'를 사고할 수 있을 때, 이 작용은 한쪽이 영구히 파괴되거나 망가지는 결과에 이르지 않는다. 감염은 휘말리는 움직임이자 그에 따른 이동이다. 그리하여 새로운 상황과 관계항을 만들어내는 의미화의 생물학적 과정이다. 이 과정을 판명하는 일은 흔히 오직 진단 검사를 가능하게 하는 특정 의과학적 원칙에 따라 결정되어 있는 것처럼 여겨지지만, 이는 캉길렘이 강조한 것처럼 인식과 존재의 문제이고, 따라서 모두의 문제이다. 살아 있는 몸을 지닌 모든 사람이 관여할 수밖에 없으며 관여해야 하는 영역이다.

따라서 우리가 감염과 면역에 어떤 의미를 부여하는가는 중차대하다. 우리가 부여하는 의미에 따라 미생물과 바이러스가 몸에 만들어내는 효과의 성격이 달라지고, 그에 따라 이들의 존재론과 행위성이 다른 형태를 이루기 때문이다. 감염을 통해 몸은 끊임없이 질문하고, 질문에 대한 답을 찾고 있다. 어떻게 이 무수히 다른 것들과 함께할 수 있을까? 이 차이의 휘말림을 어떻게 다루어야 할까? 물론 이 묻고 답하

는 과정은 결코 순탄하거나 평화롭지 않다. 여기에는
늘 파열과 붕괴, 소멸의 비가역성이 도사리고 있다.
되돌릴 수 없는 변화, 즉 죽음을 예비하고 있다. 바로
그러하기에 감염은 의미 있는 타자성[significant otherness]
을 경험하는 과정이며, 이질적 대상과 위태롭게 결부
되는 유한한 상태라는 뜻에서 동반의 관계를 형성한
다.[27] HIV에 감염한 사람에게 HIV는 삶의 매우 의
미 있고 중요한 그 무엇이 된다. 단지 바이러스가 생
사를 가르는 치명력을 발휘하기 때문만이 아니다. 바
이러스 고유의 속성을 감내할 수 있는 여지가 생겨나
는 한 늘 이것과 함께해야 하기 때문이다. 죽음이 우
리를 갈라놓을 때까지 말이다. 인간이 HIV로 인해
죽는 것처럼, HIV 역시 인간과 함께 죽는다.

　　동반으로서 감염에는 분명 퀴어한 구석이 있다.
장내 미생물총처럼 인간 생존에 필수적인 유익함은
찾아볼 수도 없는, 엄청난 규모의 죽음을 낳을 수 있
는 HIV를 마치 인간에게 무언가 중요한 존재처럼 말
하는 식의 태도는 무언가 크게 엇나간[perverted] 것처럼
느껴질지 모른다. 우스꽝스럽고 괴이한, 부적절하기
그지없는 지향처럼 다가올지 모른다. 그러나 이 어긋
남이 보다 많은 삶을 허용한다. '정상적'이라고 여겨

지는 욕망들, 즉 질병의 박멸과 완치를 바라는 소망
은 몸의 시간을 똑바로 뻗은 일직선이라고 상정한다.
그리고 이 정상성의 시간성은 가혹하기 그지없다. 질
병이나 손상이 한 지점에서 시작해서 특정 지점에서
반드시 끝날 거라는 희망과 기대 속에서 회복은 오직
매끈한 절단을 통해서만 가능하기 때문이다. 다시는
되돌아가지 못하도록, 과거와 그리고 아직 낫지 않은
현재와 깨끗이 결별할 것이 요구된다. 바로 이 점에서
완치를 꿈꾸는 희망은 종말을 허용한다. 지금 현재
질병과 함께, 손상과 같이 살아가는 존재의 삶이 어
서 사라지기만을 고대하게 한다.[28]

　　그러나 생명의 작용인 감염은 언제든 "재발하
고, 휘말며, 문제를 일으킨다recurrent, eddying, *troublant*."
한 점에서 다른 점으로 똑바로 나아가지도 않는다.
"끝나지 않는 순간이자 움직임, 동기"이다.[29] 고통이
든 회복이든, 일어날 수도 있고 일어나지 않을 수도
있다는 우연성과 불확실성으로 점철되어 있다. 앞서
인용은 모두 이브 세지윅이 퀴어의 의미를 풀어내는
방식에서 따왔다. 여기서 세지윅의 퀴어에 대한 포괄
적 정의가 중동태로서 '감염하다'의 의미와 짝을 이룬
듯 부합하는 것은 결코 우연이 아니다. 세지윅은 퀴

어의 가장 중요한 속성으로 "소멸시킬 수 없음inexitin-
guishable"을 꼽는다.[30] 정상성의 세계에서 퀴어 존재
는 결코 사라지지 않는다. 없앨 수 없고, 몰아낼 수 없
다. 퀴어 존재의 소멸 불가능성은 HIV의 완치 불가능
성과 크게 다르지 않다. 우리는 사라지게 할 수 없다.
왜냐하면 우리의 존재론이 횡단에 있기 때문이다. 차
이를 가로질러 움직이며, 완전히 동화되지도 않고, 동
시에 완전히 분리되는 것 역시 거부하기 때문이다. 변
형을 멈추지 않기 때문이다. 여기에서 더 많은 생명의
형식들이, 생동하는 삶의 가능성들이 생겨난다.

감염의 퀴어 존재론은 이 이상한 동반이 어떤
성질인지를 더 깊이 탐구할 것을 요청한다. 1989년부
터 HIV와 에이즈를 주제로 하는 전시를 매해 진행해
온 비주얼에이즈Visual AIDS라는 단체는 감염인 예술가
들을 지원하고, 이들이 질병과 세계를 바라보는 방식
을 기록하고 전한다. 2022년 한국 작가로는 처음 비
주얼에이즈의 지원을 받아 전시에 참여한 김재원은
「뉘앙스Nuance」라는 제목의 비디오를 통해 소중한 타
자들과 동반할 때 생겨나는 긴장과 애정의 속성을 탐
색한다.[31] 작가는 자신과 HIV의 동반이 자신과 관
계 맺는 소중한 타인, 즉 연인에게 위태로움을 야기

할 수 있다는 점을 촛불과 어둠의 모티프로 구현한다. 스냅사진들을 교차해서 보여주는 이 작품에서 작가는 서로 아주 가까이 있는 걸 허용할 때만 볼 수 있는 친밀한 근경과 멀리 원경으로 물러날 때 나타나는 거리감을 반복적으로 대비한다. 그러면서 이 가까워질 수 있지만 떨어져 있어야 하는 상태의 대비가 야기하는 불안이 아주 부드러운 성질의 것이라는 걸 느끼게 해준다. 감염이 야기하는 위태로움이 결코 극복할 수 없는 날카로운 단절을 만들어내는 게 아니라 "서로 사랑하고 보살펴줘야 하는 사이"가 생겨나게 한다는 걸 설득한다.[32] 함께 출품된 다비나 "디" 코너Davina "Dee" Conner와 카린 헤이즈Karin Hayes의 작품에서도 감염한 사람에게 HIV와 어떤 관계를 맺을지가 삶의 형식을 결정하는 요소라는 점이 잘 드러난다. 바이러스와의 동반이 기쁨과 즐거움의 순간으로 전환될 때가 포착되어 있다. 이 짧은 다큐멘터리는 무채색으로 처리된 여러 여성들이 낙인과 차별의 고통을 말하면서 시작한다. 중반에 이르면 한 흑인 여성이 "제가 HIV랑 사는 게 아니에요. 어떤 면에선 HIV가 저랑 사는 거죠."라고 말하는 게 들린다. 이제 화면은 컬러로 전환되고 빨간 안경을 멋들어지게 쓴 여성은 싱그럽게

웃으며 덧붙인다. 이 역전된 동반의 여정은 "엄청나
게 신난다고ᵃ ʰᵉˡˡ ᵒᶠ ᵃ ʳᶦᵈᵉ."[33]

다수성과 취약성

감염의 책임을 삶의 긍정성에서 도출할 수는
없는 것일까? 책임을 개별 존재에게 귀속하고 캐묻
는 방식이 아니라 함께 나누어야 하는 공동의 몫으로
여길 수는 없을까? 감염의 진정한 파괴력은 휘말림의
나선이 엄청나게 커질 수 있다는 데서 온다. 누군가
에게 생긴 감염병이 아주 많은 사람들이 걸리는 유행
ᵉᵖᶦᵈᵉᵐᶦᶜ으로, 다시 전 지구적인 규모의 범유행ᵖᵃⁿᵈᵉᵐᶦᶜ
으로 발생의 규모가 달라질 수 있다는 바로 그 지점
에서 우리는 위험과 책임의 무게를 다르게 느낀다. 감
염이 야기하는 동반의 여정은 개별 몸에서 시작해 끝
나지 않으며, 공동체의 집합적 몸, 즉 종적 차원으로
나아간다. 그리고 이 확장을 어떻게 이해하는가에 따
라 책임의 문제는 매우 다른 형식을 띤다.

수동태와 능동태의 대립으로 이 연쇄를 바라보
면, 감염병 유행은 감염을 당한 사람이 다시 타인에

게 전파하는, 즉 감염을 '행하고' '당하는' 작용의 연속이다. 이때 전파의 인과성은 개인과 개인의 문제로 좁혀진다. 누가 누구에게 옮겼냐의 문제에 가장 먼저 촉각을 곤두세우게 되는 것이다. 이러한 관점에서 유행은 전파를 일으키는 개별 행위자들이 양적으로 크게 늘어나는 현상이다. 1980~90년대 한국에서 HIV 항체 양성이라고 특정된 사람에게 번호를 붙여 관리하거나, 코로나19 범유행 초창기에 신규 감염자에게 번호를 붙이고 그 번호들이 어떻게 연결되는지를 추적하는 방식은 모두 유사한 논리에 입각해 있다. 각 개인은 모두 동일한 값을 지닌 단위로 나열 가능해지고 합산 가능해진다. 죽음 하나에 죽음 하나를 더하고, 또 더하고, 계속 더해나가면 총 사망자 수가 된다. 감염병의 유행은 무엇보다 이 개별 단위에서 일어난 발생의 총합으로 가늠된다. 여기서 중요한 점은 수량화가 단순히 규모를 측정하기 위한 방법에 그치지 않는다는 것이다. 셈하기의 방식과 실천은 셈의 대상이 무엇인지, 그것들 간의 관계가 어떠한지를 결정하는 데도 심대한 영향을 끼치기 때문이다.[34]

　　그러나 감염을 중동태로 사고할 때, 우리는 전파의 과정이 연속적이지 않고 매우 불균질적이라는

점을 더 잘 다룰 수 있다. 감염은 서로 휘말린 상태
이며, 개별 신체에서가 아니라 신체들 사이에서 일어
나는 일이다. 한 개인이 어떤 신체적, 경제적, 사회적,
정치적 상태에 놓여 있는지에 따라 이 작용은 발생하
기도 하고 그렇지 않기도 하다. 혹은 작용의 강도가
달라진다. 감염의 취약성은 각 개인에게 등가^{等價}로 부
여되지 않으며, 어떤 환경에 또는 어떤 관계들 사이
에 놓여 있는지에 따라 그 성격과 강도가 크게 달라
진다. 휘말림으로서 감염의 가장 기본적인 속성은 비
결정성이고, 이로 인해 휘말림의 연쇄에서 복잡성은
더욱 커진다. 감염병의 유행에서 전체는 결코 부분의
합이 될 수 없다. 사회와 정치체의 성격과 특성에 따
라 감염병 유행의 양상이 매우 다르게 나타나는 이유
가 바로 여기에 있다. 특정 질병이 감염성이라는 것
과 감염병 유행은 전혀 다른 종류의 작용이다. 여기
서 감염병의 유행은 감염한 개인이 크게 늘어났다는
양적 차원에 한정되지 않으며, 공동체 전체에 영향을
끼치는 질적 변화를 뜻한다.

　　감염병의 유행은 다수성의 측면에 기인한다는
점에서 인간 공동체를 이루는 근원적 조건을 이해하
는 데 매우 중요하다. 한나 아렌트^{Hannah Arendt}는 다수

성, 즉 "지구상에 발을 붙이고 세계에 거주하는 것이
한 사람이 아니라 다수의 인간이라고 하는 사실"에
서부터 인간 존재의 기본적인 조건이 규정된다고 말
한다.[35] 사람은 다수가 함께 모여 사는 것을 주된 특
징으로 삼는 생물이며, 유행은 다수가 함께 사는 모
든 생물종에게서 일어나는 현상이다. 유행이라는 말
의 어원과 의미를 좀 더 찬찬히 들여다보면, 감염병
의 유행을 뜻하는 영어 단어 에피데믹epidemic은 '위에'
라는 의미를 가진 에피epi-와 그리스어 데모스demos에
서 유래한 데믹demic이라는 두 부분으로 이루어져 있
다. 데모스는 사람들을 뜻하는 동시에 정치 공동체에
속하는 모든 성원이라는 의미를 담고 있다. 민주주의
를 뜻하는 데모크라시democracy 역시 같은 말의 뿌리를
공유한다. 감염병의 유행은 다수의 사람들 위에 떨어
지는 일, 그래서 정치 공동체가 함께 겪는 일이다.

　　바로 이 지점에서 면역을 뜻하는 영어 immu-
nity이뮤니티의 짝을 이루는 말이 공동체를 뜻하는
community커뮤니티라는 점을 다시 생각해볼 수 있다.
두 단어가 짝을 이루는 이유는 무누스munus라는 공통
의 어근을 가지기 때문이다. 이뮤니티는 임무니타스
immunitas, 커뮤니티는 콤무니타스communitas라는 라틴어

에서 유래하는데, 없음을 뜻하는 부정 접두사 임$^{im-}$을 붙이는지, 함께 혹은 공동을 뜻하는 접두사 콤$^{com-}$을 붙이는지에 따라서 의미가 갈라진다. 여기서 두 말의 공통 부분을 이루는 무누스는 인류학에서 증여의 의무라고 부르는, 누군가에게 무언가를 꼭 주어야만 하는 의무를 뜻한다. 이탈리아 철학자 로베르토 에스포지토$^{Roberto\ Esposito}$는 공동체는 공통의 기원이 아니라 주어야 하는 의무로부터 생겨난다고 말한다.[36] 주어야 하는 의무는 받아야 하는 의무와 되돌려주어야 하는 의무의 순환 속에서 생겨나는 것이며, 공동체는 이미 받은 것을 아직 되갚지 못한 빚진 존재라는, 그리하여 서로에게 아직 그 의무를 다하지 못한 상태에 놓여 있다는 결여와 부채의 감각으로부터 성립한다. 그리고 임무니타스는 타자에 대한 증여의 무거운 의무에서 일시적으로 자유로워진 상태를 뜻한다. 이때 핵심은 이 면제의 특권이 공동체의 의무에 반대항을 이루는 것이 아니라는 점이다. 주어야 할 의무로부터의 면제는 오로지 잠정적으로만 주어지는데, 구성원 모두가 이러한 특권을 영구적으로 누릴 수 있다면 공동체 자체가 성립할 수 없기 때문이다. 즉 이뮤니티는 커뮤니티의 반대가 아니라 임계를 이룬다.

　라틴어의 고리들을 따라가면 커뮤니티는 다시 전염을 뜻하는 영어 contagion의 뿌리와 얽힌다. 라틴어 접두사 *con*-은 함께 있는 상태를 뜻하고, 뒷부분을 이루는 *tangere*는 닿기, 접촉, 촉감을 뜻한다. 서로 닿아 있어서 파생되는 여러 의무를 나누어 지고 있는 상태가 공동체이다. 전염한다는 것, 감염이 번져나간다는 것은 공동체를 이루는 생명 형식에 반드시 포함된 일이다. 유행의 기본 단위는 개인individual이 아니다. 쪼개어 나눌 수 없는 서로의 휘말림이고, 따라서 언제나 공동체이다.

　에피데믹epidemic이 엔데믹endemic으로 바뀌는 순간, 즉 질병의 유행이 더 이상 큰 위기가 되지 않는 때는 따라서 병원체를 박멸하거나 모든 구성원이 완벽한 면역을 획득하는 때가 아니다. 엔데믹은 흔히 풍토병이라고 번역되기도 하는데, 유행의 소강 상태를 뜻한다. 이 단어의 어원을 보면 그리스어 접두사 *en*-은 영어의 with 혹은 in에 해당한다. 다시 말해 유행의 잦아듦은 질병이 사람들과 '함께' 있을 수 있을 때, 그리하여 정치 공동체 '안에' 거주할 수 있게 될 때 일어난다. 이러한 전환 속에서만 위기가 정상화된다. 우리는 코로나19 범유행을 겪으면서 HIV로는 경험하지 못한 엔데믹으로의 전환을 경험했다. 그 어떤 강력한 조치에도 코로나19를 제로^{0}로, 무^{無}로, 그것이 존재하지 않던 때로 되돌리는 것은 불가능했다. 사람들 사이에서, 공동체 안에서 질병이 야기하는 부담과 책임을 나눠 지는 방법을 찾아내는 것이 오직 가능한 대응 방법이었다.[37] 백신 접종과 치료를 비롯한 의과학적 개입과 모든 사회정책적 조치는 면역의 공유를 가능하게 하는 생물학적이고 정치적인 개입에 다름 아니다. 역으로 한국의 HIV 유행은 발생의 단순 규모를 넘어 질병을 함께 살아가야 하는 것, 공동체 내부에 함께 존재할 수 있는 것으로 전환하는 데 실패했다는 점에서 여전히 거친 위기로 남아 있다.

　개념과 개념의 연결을 이루는 말의 매듭을 되짚어보면 감염병의 유행이 공동체라는 형식에 내재적이라는 점을 보다 명확히 이해할 수 있다. 감염병의 유행은 공동체를 이룰 때 반드시 생겨날 수밖에 없는 취약성의 한 속성이며, 따라서 이 취약성을 구성하는 가장 기초적인 단위는 개인이 아니라 공동체이다. 이는 각 개인이 어떤 실천을 하느냐와 무관하게 질병의 유행은 일어나고야 말 거라는 책임 무용론이 아니다. 감염병 유행이라는 현상의 속성에 부합하는 책임의 속성을 어떻게 구성할 것인가를 보다 면밀히 사고해야 한다는 뜻이다. 능동태와 수동태의 대립을 기반으로, 개인을 단위로 두고 감염병 유행에 대한 책임을 구성할 때, 실제 그 작용의 원인과 과정, 효과에 응당한 대책을 적절히 구성하기 어렵다. 다시 말해 각 개인은 감염병 유행에 응답할 능력으로서 책임성을 홀로 발휘할 수 없다.[38] 문제를 일으켰다고 가상적으로 규정하고, 그에 따라 개인이나 특정 집단의 결함을 찾아내고, 처벌하고, 쫓아내고, 고립시키고, 권리를 박탈하고, 오래 고통받게 할 수는 있지만, 이 모든 일은 유행이라는 공동체적 작용을 멈추게 하지도, 그 작용이 야기하는 위해를 줄이거나 없애지도 못한다. 감염병 유행에서 책임의 단위는 공동체이다. 함께 겪어내 서로의 필요에 응답하는 것, 그것이 유행이 요구하는 책임의 요체이다.

우리가 '감자'와 '고구마'라면

개념은 모든 생명체가 자신의 환경에 가하고, 한편으로 그를 통해 그 환경을 틀 지우는 정보 양식의 하나이다. 인간이 개념적으로 축조된 환경에 살고 있다는 사실이, 인간이 실수하여 생명으로부터 이탈하였거나 역사의 드라마가 그를 생명으로부터 분리시켰다는 사실을 증명하지 않는다. [……] 개념 형성은 살아가는 한 가지 방식이지 생명을 죽이는 방식은 아니다. 그것은 완전한 유동성 가운데서 살아가는 한 가지 방식일 뿐 생명을 고정시키는 것이 아니다.[39]

이 인용문은 푸코가 캉길렘의 『정상적인 것과 병리적인 것』을 위해 쓴 서문에서 따왔다. 우리가 감염과 면역에 대해 형성한 개념들은 모두 우리가 살아가는 방식의 일부를 이룬다. 생명에 대한 이 개념들은 유동할 수 있다. 이미 정해진 것이 아니라 변화하는 것이다. 감염과 면역에 대한 특정한 인식 틀이 때이른 죽음과 가혹한 고통을 야기한다면, 이는 결코 당연하거나 어쩔 수 없는 일이 아니다. 인식에 변형을 일으켜야 할 필요를 가리킨다.

또한 감염을 둘러싼 일견 모순되는 듯 보이는 상태를 받아들여야 한다는 뜻이기도 한다. 해러웨이의 표현을 빌리자면 모순된 입장을 가져야 하는 걸 두려워하지 말아야 한다. 감염은 누군가의 몸에서 일어나는 일이지만 반드시 누군가의 책임은 아닐 수 있다. 감염이라는 생명 현상은 잘못된 행동의 자연한 결과가 아니다. 감염과 건강은 서로 대립하지 않는다. 감염하지 않으려고 애쓰는 것과 감염으로 생길 수 있는 위해가 커지지 않도록 애쓰는 것은 다른 종류의 일이다. 병원체는 병의 유일한 원인이 아니며, 동반의 까다로움을 어떻게 다루어야 할지를 끈질기게 묻고 있다.* 질병의 예방은 병에 걸리는 사람이 없게 하는 일이 아니라 병에 걸릴 사람을 맞이하는 일에 더 가까운지도 모른다.

　에이즈에 관해서도 마찬가지이다. 내가 현재 HIV에 감염하지 않았다 하더라도, HIV가 이 세계에 있는 한, 인간으로서 나는 HIV와 함께 살아간다. 당신이 아무리 HIV에 감염한 사람과 이웃으로 살아가고 싶지 않다 하더라도, 당신의 몸은 언제나 이미 감염한 몸과 이웃하고 있다. 우리의 몸은 지금 당장 직접 닿아 있지 않다 하더라도, 감염이라는 작용이 매개하는 생명의 의미망 속에 늘 휘말리고 있기 때문이다. 몸으로 우리는 들이마시고, 만지고, 맛보고, 삼키고, 내뿜고, 그러므로 서로 드나든다. 서로의 몸에 가닿는다. 동시에 눈에 보이지도 않고, 손으로 만져지지

* 다시 한번 강조하지만 여기서 동반은 인류학적 관계 개념으로 늘 같이 있다거나 있어야 한다는 의미가 아니다. 거리 두기와 단절은 관계의 반대항이 아니라 관계의 한 양상이다.

도 않고, 피부에 스치지도 않지만, 그래도 서로 휘말
리고 있다. 감염은 바로 이 육체적이고 물질적인material
동시에 가상적인virtual 상태로 모든 생명 형식이 닿
아 있다는 걸 입증한다. 철학자 캐런 바라드는 전자기
적 상호작용을 예로 들며 물리적으로 닿지 않으나 닿
아 있는 상태야말로 "타자의 무한성에 대한 우리의
책임성our responsibility to the infinitude of the other"을 예시한다
고 말한다.[40] 생명의 영역에서 우리가 지니는 타자에
대한 책임성 역시 이와 유사할지 모른다. 바이러스는
종결의 시점을 미루어 짐작할 수 없는 쉼 없는 변형
가능성을 예시한다. 그리고 이는 우리가 생명으로서
타자의 무한성을 살아내야 한다는 것을 뜻한다. 감염
이 무한한 타자와의 유한한 휘말림을 뜻한다면, 여기
서 요구되는 책임성은 '일어나지 않게 하라'는 종류의
금지 명령으로는 충분히 발휘되지 않는다. 감염이 요
구하는 책임성은 아직 생겨나지 않았으나 언제나 이
미 우리와 닿아 있는 존재에 대한 책임성에 다름 아니
다. 예방은 생겨나지 않게 하는 종류의 일, 생성의 부
정negation이 아니라 언제든 생겨날 수 있음에 대해 깊
은 주의를 기울이는 일이다. 주의를 기울인다는 건 위
험한 타자를 미리 골라내는 것이 아니다. 아직 무엇이

될지 모르는 세계에 휘말려 들어갈 준비를 하는 일이
다. 무모하게가 아니라 사려 깊게. 문제를 염려하고,
실수에 대응하고, 오류를 받아들이는 배움의 과정이
나 다름없다. 서로를 잇는 선들이 다양해지고 유연해
지도록, 그리하여 더 잘 생겨나도록 하는 일이다.

감염이 상정하는 연결성, 끊어져 있는 듯하지
만 언제나 이미 이어져 있는 절대적 상호성의 감각을
어떻게 전할 수 있을까? 식물과 관련된 비유가 어쩌
면 부족한 상상력을 메우는 데 도움을 줄지도 모른다.

한국에서 내가 HIV와 관련해 제일 재미있다고
생각한 은어는 '감자'와 '고구마'이다. '감자'는 감염 사
실을 알고 있는 사람이라는 의미로 '감염자'라는 표현
을 피하기 위해 쓰이기 시작했다고 한다. 반대로 '고
구마'는 감염 사실을 모르는 사람, 혹은 감염하지 않
았다고 스스로 간주하거나 간주되는 사람을 뜻한다.
HIV나 에이즈를 공개적으로 입에 올리기 어려운 상
황에서 서로를 알아보기 위하여 만들어낸 은어가 '감
자'와 '고구마'이다. 지금은 잘 사용하지 않지만, 1990
년대 중반부터 남성 동성애자들을 중심으로 HIV에
감염한 사람들의 자생적인 모임이 생겨나기 시작하면
서 그 즈음에 만들어진 말이라고 한다.* 나는 이 표현

* '감자'라는 표현의 유래를 되짚어보는 데는 나누리+의 대표인 윤가브리엘이 큰 도움을 주었다.

을 처음 들었을 때는 감염 사실을 숨기게 하는 사회의
무거운 압력이 느껴져서 누군가 자신을 혹은 누군가
를 '감자'라고 부르는 게 영 달갑지 않았다. 자긍심의
언어가 아니라는 생각을 하기도 했다. 최근에는 이 표
현보다 'HIV와 함께 살아가는 사람들'이라는 영어 표
현을 줄여서 PL이라고 부르는 경우가 더 많기도 하다.

그러나 '감자'라는 말에는 초창기에 쓰이던 '에
이즈 보균자'라는 야만적인 표현이 '감염자'로 변하는
역사적 흐름이 담겨 있다. 또 자기 자신을 '감염자'로
혹은 타인을 '비감염자'라고 부르고 소개하는 일이 도
대체 무슨 의미인지에 대한 공동체의 집합적 기지wit
가 담겨 있기도 하다. 특히 나는 '감자'의 반대말이 '고
구마'라는 점이 재미있다고 생각하곤 했다. 병원체의
유무에 따라 감염자와 비감염자에게 전혀 다른 사회
적 지위를 부여하는 걸 당연시하는 사회에서, 일찍이
이 표현을 사용해온 사람들은 어쩌면 이미 알고 있
었는지도 모른다. 감염은 단순히 있고 없음의 문제가
아니라 어딘가는 같고 어딘가는 다른 상태라는 걸 말
이다. 또 소수의 감염자와 다수의 비감염자로 갈라서
생각할 문제가 아니라는 걸 말이다. 우리의 다름은 감
자와 고구마의 다름처럼 사회가 익히 받아들이고 누

릴 수 있는 그런 종류의 다름이 되어야 한다는 걸, 이
말을 쓰는 사람들은 꿰뚫어보고 있었다.

　　감염을 휘말림의 움직임으로 그려내면서, 나는
감자와 고구마가 감염이 야기하는 차이를 빗대는 말
놀이가 될 뿐 아니라, 물질적이면서도 가상적인 연결
의 존재론을 감각하는 데도 좋은 비유가 될 수 있다
는 생각에 도달했다. 감자는 가짓과이고 고구마는 메
꽃과로 사람이 열매로 수확하는 부분을 만들어내는
방식이 다르다. 감자는 땅속줄기의 일부가 덩이 모양
을 이루고, 고구마는 뿌리의 일부가 두꺼워져 덩어리
가 된다. 감자와 고구마는 수확하고 나면 한 알, 한
알 따로 나뉘어 세어진다. 그러나 감자와 고구마는
낱개로 태어나 자라는 게 아니라 여러 줄기와 뿌리의
와중渦中에 함께 큰다. 땅속에서는 모두 연결되어 있
다. 한 알 한 알 나뉘기 이전에 감자는 줄기의 일부로
고구마는 뿌리의 일부로, 양분을 함께 나누고, 줄기
와 뿌리에 감염하는 미생물을 함께 겪으며 자라난다.
그리하여 한 알의 감자를 만질 때, 우리는 본 적도 없
는 땅속줄기의 주름과 펼쳐짐을 어느새 만지고야 만
다. 고구마 한 알은 뿌리라는 전체로부터만 비롯한다.
덩이를 이루는 식물처럼 사람인 우리 역시 낱낱으로,

각자의 몸에 기거하여도, 언제나 이미 연결의 긴 자취 속에 있다. 살아 있는 생명으로서 '우리'의 상호성은 어쩌면 이처럼 만질 수 있되 만질 수 없는 모양과 감촉에 대한 것일지도 모른다.

HIV와
에이즈의 미래

7

1993년 3월 출간된 『겨울 허수아비도 사는 일에는 연습이 필요하다』는 한국에서 최초로 자신을 "에이즈 환자"*라고 밝힌 고故 김경민의 회고록이다.[1] 출간 당시 서른 살이었던 김경민은 5년 뒤인 1998년 9월에 짧은 생을 마친다. 당시 막 도입된 항바이러스제 치료는 받지 않은 것으로 추정된다. 그는 한국 최초의 동성애자 인권운동 단체로 알려진 '초동회'의 창립 멤버이기도 했고, 이후 새롭게 결성된 '한국게이인권운동단체 친구사이'에서도 중요한 역할을 한 활동가였다고 한다.[2] 성소수자 잡지인 《버디》 8호에는 오준수라는 이름으로 활동한 그를 추모하는 글이 실려 있는데, 여기서 그는 "마침내 게이였던 한국 동성애 인권운동의 숨은 주역이었으며 최초의 AIDS 운동가"라고 소개된다. 함께 실린 흑백사진에는 얇은 테의 안경을 쓴, 턱 선이 뚜렷하고 긴 입매가 시원한 인상의 남자가 눈을 반짝이며 웃고 있다.[3] '친구사이'가 그의 장례를 치렀고, 2000년에는 그를 기리는 유고집을 내기도 했다.

『겨울 허수아비도 사는 일에는 연습이 필요하다』는 여러 가지 욕망이 복잡하게 섞여 있는 다층적인 텍스트이다. 작가 김경민이자 활동가 오준수는 소

* 책 소개에는 "에이즈 환자"라고 명명되어 있지만, 출간 당시 작가는 에이즈라고 진단 가능한 질환이 발병한 상태는 아니었던 것으로 보인다.

설 형식으로 청소년기부터 자신이 경험한 성적 모험을 흥미진진하게 그려내면서 이별의 절망, 외로움, 감염에 따른 좌절을 여러 편의 시로 남기기도 했다. 책의 말미에는 에이즈에 대한 약간의 의학 지식과 성적 정숙성을 강조하는 훈계가 부록으로 담겨 있고, 앞으로의 에이즈 유행에 대한 의료인의 비관적인 분석이 실려 있기도 하다. 책의 맨 마지막 면에는 '에이즈퇴치를 위한 한국시민모임'에 참여를 희망하는 사람들이 연락을 취할 수 있도록 작은 엽서가 붙어 있다. 받는 사람의 주소는 이미 인쇄되어 있어 절취선을 따라 잘라 보내는 사람의 주소와 사연을 적어 보내기만 하면 된다. 이 책은 에이즈 환자가 자신의 성적 방탕을 참회하는 형식을 띠지만, 1980년대 후반에서 1990년대 초반 한국 도시 남성의 비규범적 성적 실천에 대한 민속 자료라고 해도 과언이 아닐 정도로 당대에 사용하던 말과 풍습을 상세히 보존하고 있다.

이 책에서 작가 김경민은 "쾌락만을 탐닉"한 자신의 삶을 깊이 반성하기도 하고, 자신과 같은 사람들이 생기지 않기를 바라며 간곡한 당부를 남기기도 한다.[4] 동시에 작가는 자신의 성적 욕망과 감염 경험이 반드시 기록할 만한 것이라는 데 한 치의 의심도 갖지 않는다. 책 전체에 자기 자신을 표현해내고야 말겠다는, 자신의 삶을 세상이 반드시 알게 하고야 말겠다는 확신이 넘쳐 흐른다. 작가는 세상이 "보갈"이자 "호모"이며, "에이즈 감염자"인 자신을 얼마나 혐오하는지를 늘 염두에 두면서도, 자신의 욕망과 삶에 대해 감출 수 없는 긍지를 품고 있다.* 이 두 힘의 충돌이 책 전체에서 휘몰아친다. 책의 출간을 후원한 에이즈 '퇴치' 시민 모임의 존재는 이 질병과 함께 살아갈 미래를 도통 그려낼 수 없었던 당대의 현실을 드러낸다. 하지만 책의 마지막 장에 붙은 엽서는 에이즈에 관해 함께 이야기할 동료를 찾고 다른 퀴어 미래를 열어가고자 했던 희망의 흔적이기도 하다.

　　작가는 책의 마지막에 지금까지 자신의 삶은 앞으로를 살아가기 위한 연습이었으며, 이제 세상을 사랑하는 방법을 깨우쳤노라고 쓴다.[5] 그리고 자신이 모두를 얼마나 사랑하고 있는지 알아야 한다고 쓴다. "모두들 얼마나 사랑하는지, 누가 모른다면 살짝 일러주세요. 경민이가 다들 사랑하고 있다구요……"라는 90년대 라디오 사연풍의 인사는 책 전체를 관통하는 고통의 토로와는 사뭇 다른 저자의 앳된 면모를 드러내기도 한다. 나는 이 대목에 이르러 작가 김경

* '보갈'은 '갈보'를 거꾸로 한 말로 1990년대 초반 주로 쓰인 남성 동성애자를 이르는 은어이다. 김경민은 스스로를 '보갈'이라고 칭하면서 남들에게는 '호모'라고도 불린다는 점을 언급한다. 예를 들어 "우리들 보갈(호모를 뜻하는 은어)"이라고 소개하면서(23쪽), "많은 사람들이 저를 호모라고 부르죠. 결코 듣기 편하고 좋은 말은 아닙니다."라고 자신을 설명하기도 한다(267쪽). '호모'의 비하적 활용에 관해서는 2장을 참고할 것.

민이자 활동가 오준수는 30년 전에 어쩌면 에이즈의
미래를 기록하고 있었는지도 모른다는 생각을 하게
되었다. 이 책이 출간될 당시만 해도 저자 김경민 혹
은 오준수는 자신이 이 책을 썼다는 사실을 함께 활
동하던 '친구사이' 동료들에게도 알리지 않았다고 한
다. 그는 당시에는 말할 수 없었던 자신에 대한 진실
과 그 진실에 기반하여 전하지 못한 사랑을 미리 기
록하고 있었다. 그가 사랑을 고백하는 "모두들"에는
그가 온몸으로 아꼈던 남자들과 그의 동료들, 그리운
어머니와 가족, 어린 조카뿐만 아니라 책을 읽을 독
자들, 그가 한 번도 만나보지 못했고 그를 모르는 모
든 이들을 이미 포함하고 있었다. 나를 포함하고 있
었다. 그는 미래에 그를 만날 사람들에게 말하고 있
었다. 미래의 우리는 그의 사랑을 알아야 한다고. 그
가 살지 못한 미래를 살고 있는 우리는 그의 사랑을
언젠가 다르게 알게 될 거라고.

*
**

　한국의 HIV/AIDS 감염인 권리운동은 여러 종
류의 억압 속에서 형성되었지만 동시에 여러 종류의

사랑을 통해서만 가능했다. 여기서 만들어진 사랑의 여러 형식은 퀴어한queer 것이자 퀴어만의 것이 아니라 퀴어하는 일doing queer에 더 가까웠다. 앞 문장의 처음과 두 번째에 쓰인 퀴어는 스스로를 퀴어하다고 생각하는 사람들이라는 의미이다. 정체성 혹은 귀속의 장소라고 부를 수도 있을 것이다. 그러나 세 번째에 쓰인 퀴어는 동사로서 '퀴어라는 작용을 하다'를 뜻한다. 우리말은 외래어에 '-하다'를 붙여 형용사로도 동사로도 쓸 수 있게 해준다. '프레시하다' 혹은 '리모델링하다'처럼 말이다. '나는 퀴어하다.' 혹은 '김경민이자 오준수는 퀴어하다.'라고 쓸 때, '퀴어하다'는 이성애중심주의가 상정하는 정상성에서 벗어난 성적 지향과 실천, 그에 따라 달라지는 삶의 양식과 태도, 방향성을 지칭한다. '퀴어하다'라는 새로운 형용사로 우리는 다름을 드러내고 말할 수 있다. 한편 '퀴어하다'를 형용사가 아니라 동사로 쓸 때는 말의 의미가 달라질 수밖에 없다. '나는 퀴어할 것이다.' 혹은 '김경민이자 오준수는 퀴어했다.'라는 말은 어떤 의미를 이룰 수 있을까?

　　여성학자인 리사 디드리치Lisa Diedrich는 미국 에이즈 운동의 역사와 페미니즘의 역동을 하나의 계보

로 엮어내면서, 병이 들어 아픈 상태^{being ill}와 앓기 혹
은 질병 겪기^{doing illness}를 구분할 수 있는 것처럼 퀴어
한 상태 혹은 퀴어 존재^{being queer}와 퀴어하기^{doing queer}
를 구별하자고 제안한다.[6] 이 제안은 한국의 맥락에
서도 꽤나 쓸모가 있다. 양국의 에이즈 운동은 각기
다른 경로를 거쳤지만, 질병을 주어진 상태가 아니라
겪어내야 하는 것으로 받아들였다는 점에서는 공통
점이 있기 때문이다. 나누리+를 만들고 여러 사람들
과 함께 한국의 에이즈 운동을 이끌어온 윤가브리엘
은 2021년 1월 HIV에 감염한 지 20년이 되는 해를
기념하는 행사를 가졌다. 이 자리에서 참석자들은 윤
가브리엘이 HIV 감염 이후 여러 질병들과 "함께 살
아냈다."라는 걸 축하하고, 앞으로 더 "살아내자."라
고 함께 외쳤다.[7] 윤가브리엘에게 HIV 감염은 주어
진 상태가 아니라 그가 살아내야 하는 것, 살아내기
위해 더 많은 일을 하도록 추동한 것이기도 했다.[8]
그와 더불어 싸워나간 사람들에게도 그러했다.
　　'퀴어'라는 외래어를 형용사가 아니라 동사로
쓰는 일 역시 어쩌면 이와 비슷할지 모른다. 디드리
치는 퀴어라는 작용을 통해 생겨나는 것은 섹슈얼리
티의 양식일 뿐만 아니라 사랑과 우정의 다른 양식이

기도 하다고 쓴다. 김경민이자 오준수에게, 윤가브리엘에게, 사랑이, HIV 감염이 섹슈얼리티의 경험과 실천에 대한 것인 동시에 세상을 살아가는 다른 방법을 배우고 제시하는 일이었던 것처럼 말이다. 더불어 디드리치는 미국 에이즈 운동사의 시작점에 서 있었던 여성들을 재조명하면서, 퀴어하기를 세상을 변화시키는 정치의 형식으로 제시한다.[9] '퀴어하다'를 특정한 누군가의 상태가 아니라 무언가에 대한 작용이라고 본다면, 꼭 형용사적으로 퀴어하지 않아도 '퀴어 러브'를 할 수 있다. 디드리치는 소속이 어디인지, 성별과 성적 지향이 어떻게 다른지, 어떤 지역과 시간에 살고 있는지에 따라 만들어지는 여러 차이를 뛰어넘는 하나의 방법으로 퀴어하기를 상상해볼 수 있다고 제안한다. 한국의 에이즈 운동을 이끌어간 힘 역시 형용사적으로 퀴어한 이들과 동사로 퀴어하는 이들 모두를 통해 나왔다.

　　나에게 두 힘이 어떻게 서로에게 이끌리고, 서로를 이끌어왔는지가 가장 잘 드러나는 순간은 이때였다. 2014년 12월 '친구사이'는 제9회 무지개인권상 수상자로 활동가 권미란을 선정했다. 선정의 변은 다음과 같다.[10]

권미란 활동가는 지난 10여 년간 나누리+의 활동 속에서 후천성면역결핍증 예방법 개정 투쟁, HIV/AIDS 감염인의 의약품 접근권 보장(푸제온 공급) 투쟁 등 한국 정부의 에이즈 정책의 문제점을 알리고, HIV/AIDS 감염인의 인권 문제가 한국 사회에 드러날 수 있도록 혼신의 힘을 다했습니다.

수상자는 지난 2013년 에이즈 환자 사망 사건을 초래한 요양병원의 문제점을 고발하고, 이후 감염인들에게 진정으로 필요한 요양병원 마련을 위해 '에이즈 환자 건강권 보장과 국립요양병원 마련 대책위'를 꾸려 증언 대회와 토론회, 국가인권위원회에 진정으로 활동을 넓혀 에이즈 환자의 의료 접근권의 문제점을 알렸습니다.

특히 수상자는 성소수자 인권 문제와 에이즈 인권 문제의 관계가 결코 별개가 아니라는 점에 주목하고, 각종 성소수자 인권운동에도 함께하여 연대의 힘을 보여주었습니다.

활동가 권미란은 수상 소감으로 이성애자 여성으로서 자신이 경험했던 폭력의 흔적을 담담히 언급하며, 에이즈 운동을 통해 성별 위계에 기대어 위

협을 야기하지 않는 "다른 남성들"을 만날 수 있었다
고 말한다. 그러면서 "우리가 만날 수밖에 없었던 데
에는 성소수자들이 '존재'를 부정당하고 '존엄'을 찾
기 위한 투쟁의 역사에 에이즈라는 큰 장벽이 있기
때문입니다."라고 쓴다.[11] 나는 "우리가"라고 시작하
는 이 대목이 좋아서 그 부분을 몇 번을 다시 읽고는
했다. 한국의 HIV 감염인 권리운동에서 '우리'는 언
제나 HIV에 감염한 사람에 한정되지 않는 단위였다.
감염 당사자인지 아닌지가 '우리'를 가르는 기준이 아
니었다. 에이즈가 낙인이 될 때, 그 앞에서 '우리'는 남
성 동성애자는 물론 성소수자 전체를 포함하는 단위
이자 언제나 그 이상을 향하고 있었다. 억압과 박탈이
라는 큰 장벽 앞에서 서로 만날 수밖에 없는 사람들
이, 이 모든 어려움 속에서도 애써 만나고자 한 사람
들이 '우리'였다. 서로의 고통과 서로의 기쁨에, 누군
가의 얼굴에 떠오른 작은 표정에 감염하고 휘말린 이
들이 '우리'였다. '우리'는 형용사적 차원의 퀴어함으
로는, 정상성 규범의 거울항으로서 고정된 몇몇 속성
을 지녔는지 그렇지 않은지로는 충분히 정의될 수 없
었다. 정체성을 견고하게 해주는 표지들을 기준으로
갈라져 모이지 않았다.

우리말 동사로서 퀴어하다는 존재를 부정하고 존엄을 억압하는 작용에 반하는, 이러한 억압을 당연시하도록 만드는 구분과 규범으로부터 이탈하여 이전에 없던 관계의 형식과 의미를 새롭게 조성하는 작용에 붙이는 새 이름이라고 해도 좋을 것이다. 이러한 정의하에서 권미란은, 그와 함께한 '우리'는 퀴어하였다. 퀴어하고 있다. 퀴어하자 청하고 있다. 이전에 없던 '우리'를 새롭게 만들어 세상에 내놓는 작용을 해나가고 있다. 미래를 생성하고 있다.

**
*

질병에게 줄 수 있는 가장 좋은 미래는 종종 소멸로 여겨진다. 이러한 관점에서 에이즈에게 주어진 유일한 미래는 에이즈가 없어지는 것, 완치제가 나와서 더 이상 이 같은 질병이 생겨나지 않는 것이다. 질병 정복의 꿈, 종식의 희망은 이처럼 사라짐을 소원하는 것이자 미래를 중단하는 일에 대한 것이다. 그리고 이 종결의 미래는 마치 온전히 의과학에 달려 있는 것처럼 여겨진다. 새로운 치료제와 백신이 개발된다면, 그렇다면 우리는 에이즈 없는 세상에서, 질병의 고통이 사라진 세상에서, 질병이 부과하는 낙인과 오명으로부터 마침내 자유로워질까? 그날이 온다면, 감염의 위험은 사라지고, 지금까지 이 책이 기록하고자 한 과거의 깊은 상처와 현재의 분투는 모두 없었던 일이 될 수 있을까? 우리가 없어지기를 희망하는 것은 과연 병 그 자체인가? 아니면 병에서 비롯하는 것들인가?

소설가 김연수는 「다시, 2100년의 바르바라에게」라는 단편 소설에서 고난과 박해, 폭력적인 빼앗김의 과거로부터 어떻게 가장 좋은 미래를 이끌어낼 수 있는지를 탐구한다.[12] 유서 깊은 천주교도 집안 출신으로 한국전쟁기에 어린 여동생을 무참히 잃은 철학자의 입을 빌려 미래를 기억함으로써 과거의 깊은 상처를 치유하고 이전에는 없던 세계를 만들어낼 수 있다고 말한다. 이 소설에서 철학자는 육체의 소멸과 정신의 지속을 대비시키며, 몸은 죽고 사라진다고 하더라도 그 몸이 이뤄낸 기억을 통해 인간은 몸의 개별성을 넘어서는 정신의 공통성에 다가갈 수 있다고 말한다. 그러면서 "이질적인 다른 사람의 세계를 받아들여 자기 것으로 만드는 것", 그리하여 "존재를 확장"하는 것이야말로 "사랑"이라고 정의한다.[13]

여기서 소설가가 제시하는 사랑의 정의는 그것을 육체와 정신, 사물과 혼의 대립으로부터 비켜놓으면 감염의 정의로도 손색이 없다. HIV를 비롯한 여타의 바이러스와 미생물은, 또한 인간은 이질적인 다른 존재의 세계를 받아들여 스스로의 존재를 확장한다. 감염한다. 감염은 전달과 증식의 방식이며, 이어짐의 방법이다. 어떠한 경우에도 미래가 생겨날 것이라는 징표와도 같다. 감염한다면, 그렇다면 달라질 것이고, 그리하여 과거와는 다른, 지금과는 같을 수 없는 미래가 생겨난다.

에이즈로 진단 가능한 여러 위중한 질환들이 발병하지 않도록 병을 다스릴 방법은 더욱 진보할 테지만, 그럼에도 불구하고 HIV는 언제나 미래를 가질 것이다. 소설가 김연수의 표현을 빌리자면, 진짜 문제는 우리가 HIV 감염이 만들어갈 미래를 어떻게 기억할 것인가에 달려 있다. 소설가가 제안한 것처럼 우리는 과거를 새롭게 앎으로써 아직 오지 않은 미래를 기억할 수 있다. 바이러스의 과거를 알고 그 생물학적이고 사회적이고 문화적이고 정치적인 변천의 과정을 깊이 이해함으로써, 우리는 우리와 바이러스의 미래를 지을 수 있다. 이야기를 짓듯이, 농사를 짓듯이 형태를 부여하고, 일굴 수 있다. 생명과학의 발전이, 바이러스와 인체의 상호작용에 대한 지식의 발전이 단순히 새로운 치료제의 개발과 그 효용의 차원으로만 수렴되지 않는 이유가 여기에 있다. 과학적 앎은 오로지 과학자들에게만 남겨두기에는 너무나 중요하다.

바이러스 감염이 바이러스가 우리 몸의 일부를 취하여 증식하는 과정이라면, 우리는 이제 그 역 역시 일어난다는 사실을 안다. 일군의 생물학자에 의하면 태반이 그 증거라고 한다.[14] 수십만 년 전에 인간 유전체에는 바이러스 감염을 통해 그 전에 없던 새로운 유전 물질이 삽입되었고, 이를 통해 태반이라는 기관이 발달할 수 있었다. 인간을 비롯한 포유류가 지금과 같은 방식으로 임신과 출산을 할 수 있는 것은 태반이라는 기관이 있기 때문이다. 태반은 서로 다른 두 존재가 한 몸에서 살 수 있도록, 둘을 나누어주는 벽의 역할을 하는 동시에 둘을 이어준다. 태반을 통해 산소와 영양소는 태아에게 이동하고, 이산화탄소와 여타의 노폐물은 밖으로 빠져나간다. 면역반응의 복잡성을 고려할 때, 이러한 상호 공존은 모체와 태아의 혈류가 서로 나뉘어 있을 때 가능한데, 이 분리를 가능하게 하는 합포체영양막이라고 불리는

태반의 고유한 구조는 인간의 유전체에서 비롯한 것
이 아니다. HIV의 계통 조상이라고 할 수 있는 고대
레트로바이러스에서 유래했다. 감염을 통해 인간 유
전체에 삽입된 레트로바이러스의 유전 물질 일부로
인해 이러한 조직의 진화와 생성이 가능해진 것이었
다. 인간 유전체의 약 8~10퍼센트는 이런 내인성 레
트로바이러스로부터 유래하는 것으로 추정된다고 한
다.[15] 까마득히 먼 고대에 레트로바이러스가 없었다
면 에이즈도 없겠지만, 그렇다면 태반도 없다. 지금과
같은 인간도 없다. 생명 그 자체가 없었을지 모른다
고 생물학자들은 말한다.

　　임신과 출산은 내가 아닌 타자를 내 안에서 길
러, 나와 공유하는 세상으로 내보내는 과정이다. 성
을 매개로 하여 감염이 일어난다는 사실은 성을 매
개로 이전에 없던 새로운 존재들이 생겨난다는 사실
과 분리될 수 없다. 이를 가능하게 하는 가장 기본적
인 신체성 역시 내가 아닌 것, 나와 다른 타자로부터
왔다. 이성애중심주의가 남성과 여성 간의 성적 결합
에 유일한 자연성을 부여할 때, 인간다움을 구성하는
생식의 가장 기본적인 구조가 심지어 인간도 아닌 존
재와의 혼성으로 형성되었다는 점은 얼마나 자연한

가.[16] 이렇게 바라보면 생식이라는 자연의 섭리야말로 언제나 동일성으로부터 이탈한다는 점에서, 그 어떤 순수한 본질도 재생산하지 않는다는 점에서 퀴어하며 퀴어한다. 상태이자 작동으로서 그러하다.*

　　HIV 같은 레트로바이러스가 끊임없이 생성과 소멸을 거듭할 수 있는 이유도, 생물로서 인간이 개체로서는 죽으나 종으로서는 다시 태어나는 이유도 여기에 있다. HIV라는 생명 형식과 인간이라는 생명 형식 사이에 아주 오래된 공통성이 있다는 사실을 통해 지금 당장 해로운 것처럼 보이는 감염도 언젠가 쓸모가 있을 거라는 이야기를 하려는 것이 아니다. HIV가 만들어낸 죽음과 고통은 거대하였고, 여전히 전 세계의 많은 사람들에게 심대한 영향을 끼치고 있다. 가난한 사람들에게 HIV 감염이 안기는 고통의 무게는 특히나 가혹하다. 그러나 우리는 지금 당장 완치의 미래 혹은 HIV가 없는 미래를 당겨오지 못하더라도, 그 부정성과 함께 현존할 수 있다. HIV가 야기하는 모든 문제를 새로 감염하는 사람만 생겨나지 않으면 사라질 것으로 다루는 것이 아니라, HIV의 현존 속에서 만들 수 있는 가장 좋은 미래를 그려볼 수 있다. 생명체의 진화를 둘러싼 긴 과거의 시간을 염두에 두고,

* 우리말은 영어와 달리 동사와 형용사가 여러 유사점을 공유한다. 두 품사의 쓰임새에 유사한 부분이 많아서, 둘을 한데 묶어 용언이라고 부르기도 한다. '퀴어하다'를 우리말 동사이자 형용사로 쓸 때, 우리는 작용과 상태가 서로에게 긴밀한 영향을 끼치는 상태를 영어보다 더 잘 표현할 수 있을지도 모른다.

가까운 과거와 현재의 모든 쓸모없는 고통을 직시하면서, 우리는 감염하는 존재의 필연성 속에서, HIV가 결코 사라지지 않아도 함께 살아갈 수 있는 미래를 그려볼 수 있다. 감염했다는 이유로 사회에서, 친족 속에서, 사람들 사이에서 존재가 지워져버리는 일이 허용되지 않는 미래를, 감염한 사람들 그리고 그들과 연루된 사람들이, 그럼에도 불구하고 혹은 그로 인하여, 서로 속에 살아갈 수 있는 지극히 평범한 미래를 열어낼 수 있다. 에이즈의 과거가 가르쳐준 역사적 과오와 부정의를 인지하고, 현재의 불평등과 억압을 깨치며, 그간의 집합적 경험을 통해 만들 수 있는 가장 좋은 공통의 미래를 생각해낼 수 있다.

　　한국에서 HIV와 에이즈의 미래는 고 김경민이자 오준수가 사랑을 전하는 이들이, 지금 퀴어로 살아가고 있는 이들과 퀴어할 이들이 앞으로 어떤 미래를 가질 수 있는지에 달려 있다. HIV와 에이즈의 미래는 지금 감염한 사람을 돌보고 있는 또 돌보아갈 모든 사람들, 의사와 간호사, 간병인, 가족과 친구, 이웃, 친족인 적 없으나 친족이 되어가고 있는 사람들이 현재를 바꾸어 맞이할 내일에 달려 있다. HIV 감염을 계기로 지금 내가 이 위기의 앞줄에 서 있노라고 당당히 선언한 청년, 청소년 감염인들이 미래를 결코 벗어날 수 없는 불운이나 재앙이 아니라 삶에 마땅히 깃들어 있는 슬픔과 기쁨으로 맞이하도록 하는 일에 달려 있다. HIV가 있는 날들을 누구나 지극히 평범하게 살아갈 수 있는 사회를 만드는 일에 달려 있다. 아미나와 키오니 같은 이들이 좋은 미래를 갖는 일에 달려 있다.

**

아미나는 2018년 여름 서울에서 태어났다. 아미나의 어머니 키오니는 케냐에서 태어나 2009년 스물한 살의 나이로 서울에 왔다. 나와 키오니는 2017년 8월 이태원에서 처음 만났다. 한국의 여성 HIV 감염인에 대한 연구 조사를 하는 과정에서 키오니를 소개받았다. 이날 나는 전철역 근처 패스트푸드점 2층에서 키오니가 어떻게 한국에 오게 되었는지, 그간의 한국살이에서 어떤 어려움을 겪었는지에 대한 이야기를 처음 들을 수 있었다. 키오니는 인터뷰 도중 어느 순간 울먹이기도 했지만, 특유의 차분함과 여유를 잃지 않았다. 키오니의 부모님은 그가 어렸을 적

에이즈로 돌아가셨고, 할머니가 어린 키오니를 키워 주셨다고 했다. 케냐에서 고등학교를 졸업한 키오니는 가족 간 분쟁이 극심해지면서 할머니의 도움으로 한국행 비행기에 타게 되었다. 키오니는 서울에 도착하자마자 유엔난민기구의 한국 사무소를 직접 찾아가 성폭력과 살해의 위협에 놓인 자신의 상황을 알리고, 난민 자격 신청을 위한 도움을 요청했다. 한국 법무부의 집요하고 긴 조사 끝에 그는 난민 지위를 부여받지는 못했지만 인도적 체류 허가를 받을 수 있었다. 한국의 난민법은 보호 대상이 국적국으로 돌아가게 될 경우 "생명이나 신체의 자유 등을 현저히 침해당할 수 있다고 인정할 만한 합리적인 근거가 있"다고 판단될 경우에만 인도적 체류자의 지위를 부여한다.[17] 인도적 체류자는 체류를 허가받은 사유가 소멸했다고 여겨질 때까지 한국에서 체류 기간을 연장할 수는 있지만, 단순 노무 직종에만 취업이 가능하며 일체의 사회보장에 관한 지원을 받을 수 없다.

　　당시 내가 키오니를 만나게 된 배경도 여기에 있었다. 키오니는 체류 자격 신청 과정에서 건강 검진을 거쳤고, 그때 자신이 HIV에 감염했다는 사실을 처음 알게 되었다. 그러나 HIV 치료를 시작할 방

법이 없었다. 당장 아프지 않았기 때문에 우선은 한
국에서 살 방법을 찾는 일이 더 급했다. 교회 청소부
터 영어 강사, 가사 도우미, 미용실 보조 등 할 수 있
는 일은 뭐든 했다. 한국에서 삶의 가장 큰 위기는 임
신과 함께 찾아왔다. 물론 어머니가 HIV에 감염했더
라도 태아는 감염하지 않도록 할 수 있다. 이를 수직
감염 예방치료라고 하는데, 산모가 출산 전에 항바이
러스제 치료를 미리 시작하고, 진통이 오기 전에 제
왕절개로 분만을 하고, 태어난 아이에게 바로 항바이
러스제 치료를 시작하면 된다.[18] 당시 키오니는 치료
를 받고 있던 상태도 아니었고, 감염 사실을 알리고
출산을 할 병원 자체를 찾기가 어려웠다. 지방 도시
에서 일하고 있던 키오니는 여러 병원을 전전한 끝에,
겨우 서울의 한 공공 병원에서 아이를 낳을 수 있었
다. 아이는 예정일보다 일찍 미숙아로 태어나기는 했
지만, 치료가 잘되어 감염하지 않았다. 아이가 18개
월이 될 때까지 감염 여부를 추적 관찰했는데, 키오
니는 이 기간이 가장 힘들었다고 했다. 이 모든 고생
이 결국 자기 때문은 아닐지, 남에게 말할 수도 없는
이 병을 아이에게 물려준 건 아닌지 걱정을 떨칠 수
가 없었다고 했다. 첫아이 아버지는 임신 소식을 듣

자마자 연락이 끊겼다.

내가 키오니를 다시 만난 건 그다음 해 여름이
었다. 캄캄하게 걱정스러운 목소리로 동료 활동가가
소식을 전했다. 키오니가 둘째를 가졌다고. 한국에서
태어난 키오니의 첫째 아들이 벌써 초등학교 3학년이
되는 해였다. 키오니는 말 그대로 천신만고하여 첫째
를 키웠다. 첫째가 태어난 지 채 한 달도 되기 전부터
아이를 맡기고 나가 돈을 벌었다. 한국 생활 10년 차
에 겨우 자리를 잡아 지방의 주한 미군 기지 주변에
땋은 머리를 전문으로 해주는 미용실을 친구들과 차
려 사업을 키워볼 요량이었다. 키오니는 둘째를 원치
않았지만, 임신중단도 원치 않았다. 결국 당장 제일
큰 문제는 어떻게 낳을지였다. 키오니는 첫째를 낳을
때 상황이 얼마나 힘들고 어려웠는지를 너무도 또렷
이 기억하고 있었다. 똑같은 문제로 두 번이나 도움을
청하는 건 면목이 없다는 생각에, 어떻게든 이번에는
활동가들에게 같은 부탁을 하지 않을 방법을 몇 날
며칠 찾았다고 했다. 그러나 의료보험도 없는 인도적
체류자 신분의 HIV 감염 여성이 수직감염을 예방하
는 치료를 받으며 출산할 병원을 찾고, 또 돈까지 마
련할 방도를 홀로 찾을 수는 없었다. 방도를 찾는 데

는 정말 여러 사람의 도움이 필요했다.

　키오니가 기댈 제도가 전혀 없었던 것은 아니다. 한국에는 보건복지부가 관할하는 '외국인근로자 등 의료지원'이라는 복지사업이 있다. 이 사업의 목적은 "건강보험, 의료급여 등 각종 의료보장제도에 의해서 의료혜택을 받을 수 없는 사람들에게 의료 서비스를 제공함으로써 인간으로서 최소한 누려야 할 건강한 삶의 질 보장"이라고 한다. 지원 자격이 있는 대상은 "노숙인, 외국인근로자 및 그 배우자와 자녀, 국적 취득 전 결혼이민자 및 그 자녀, 난민 및 그 자녀로서" "각종 의료보장제도에 의해서 의료혜택을 받을 수 없는 자"이다.[19] "외국인 근로자인데 건강보험증이 없다고요? 걱정하지 마시고 의료지원을 신청하세요." 정부가 운영하는 웹사이트 '복지로'에는 이처럼 자못 명랑한 톤으로 사업 설명이 쓰여 있다. 이어서 "대한민국에 있는 한, 인간으로서 누릴 수 있는 최소한의 건강한 삶을 지켜드리고 있습니다."라고 말한다.[20] "인간으로서 누릴 수 있는 최소한의 건강한 삶"은 대체 어떤 종류의 삶일까? 죽지는 않는다는 말일까? WHO는 건강을 "한 사람이 신체적, 정신적, 사회적으로 완전히 안녕한 상태"라고 정의한다. 최소한의

건강이 신체적, 정신적, 사회적 안녕이 최소화된 상
태라면, 그걸 과연 건강이라고 부를 수 있을지 모르
겠으나, 한국에서 이 최소한의 건강을 보장하는 제도
는 오직 입원과 수술이 필요한 경우에만 의료비를 지
원하고 있다. 즉 HIV 감염 같은 만성질환 치료를 위
한 약제비는 원칙적으로 배제되어 있다. 만성질환 치
료는 '최소한의 건강'에 포함되어 있지 않았다.

　　온갖 의문을 낳는 이 제도가 키오니에게는 어
쨌거나 유일한 기회였다. '복지로' 웹사이트는 깔끔한
레이아웃으로 "신청방법"과 "처리절차"를 안내하고
누구든 이 제도의 지원을 받을 수 있는 것처럼 소개
한다. 그러나 이걸 활용해 실질적인 지원을 받는 일은
결코 쉽지 않았다. '외국인근로자 등 의료지원' 사업
을 수행하는 공공 병원에서 오랜 기간 HIV 감염인에
대한 상담 업무를 맡은 간호사의 혜안으로 겨우 이
제도의 혜택을 받을 수 있었다. 간호사는 외국인근로
자 등 의료지원의 도움을 받더라도 치료비의 90퍼센
트만 지원되기에 10퍼센트의 본인 부담금을 마련해
야 한다는 사실을 잘 알고 있었고, 이를 마련할 수 있
도록 키오니를 민간 단체의 외국인 지원 사업에도 연
결해주었다. 당시 수직감염 예방에 필요한 항바이러

스제는 키오니 같은 인도적 체류자에게는 지원되지
않았기 때문에, 희귀 의약품 센터에서 따로 구매해
야 했다. 결국 이 비용을 감당할 또 다른 지원 사업을
찾아내야 했다. 출산 후에도 18개월까지 아이의 감
염 여부를 검사해야 하는데, 그 비용은 신생아에 대
한 다른 지원금을 찾아 헤맨 끝에 겨우 충당할 수 있
었다. 그러나 출산 후에도 키오니의 HIV 치료를 지
속할 방법을 찾기는 너무나 어려웠다. 대부분의 사업
이 한 사람당 지원 금액의 총량을 정해두고 있어서
출산 비용을 감당하기도 빠듯했다. "대한민국에 있는
한" 누구에게나 "최소한의 건강"을 보장해주는 사회
안전망은 그 폭이 너무 비좁아서 들어갈 길을 찾기도
쉽지 않았고, 가장 위급한 순간에 기대기에는 너무나
허약했다. 여러 사람이 주변에서 찾을 수 있는 온갖
사회적 자원들을 가져다 붙여야 겨우 버틸 정도였다.
이 사업을 연계해온 한 간호사는 이건 결국 "언 발에
오줌 누기"에 불과하다고 단언하기도 했다. 외국인근
로자 등 의료지원 사업에 할당된 정부 재정은 한국에
서 의료 보장의 혜택을 받을 수 없는 사람들의 수를
고려할 때, 턱없이 부족했다.[21] 지원이 누군가에게
운 좋게 흘러 들어가면, 다른 누군가는 구경도 못 해

볼 지경이었다. 누구도 그다음을 기약할 수 없었다.

키오니는 더 이상 이런 "문제"를 감당하길 원치 않는다며 둘째 출산 후에 영구적 피임 시술을 받았다. 키오니는 자신의 두 번째 임신이 누군가에게 무책임의 증거처럼 읽힐 수 있다는 걸 잘 알고 있었다. HIV에 감염한 여성이, 한국에서 그 어떤 법적 권리도 보장되지 않는 임시 체류자에 불과한 사람이, 아버지가 다른 아이를 둘이나 낳고 키우려 하다니, 누군가에게 키오니의 욕망과 바람, 시도는 어처구니없게 느껴질지 모른다. 키오니의 둘째가 태어난 2018년은 예멘 난민의 도착과 함께 이 낯선 사람들이 가족을 불리고 영구히 자리 잡지는 않을지에 대한 불안이 한국 사회에서 급격히 커지는 때이기도 했다. 이미 9년 전에 한국에 당도해 난민 지위를 신청했으나, 인도적 체류만을 허락받은 키오니는 이제 한국이 살아가는 방법을 아는 유일한 나라라고 말했다.

스물한 살에 한국에 온 키오니, 나와 겨우 세 살밖에 차이 나지 않는 키오니가 서른 살에 둘째를 가졌다. 눈빛이 깊고, 팔다리가 긴, 커다란 금색 링 귀걸이가 근사하게 어울리는 키오니는 멋진 사람이었다. 나는 둘째 임신 소식을 듣고 한 첫 전화 통화에서

엉겁결에 정말 축하한다고, 너무 기쁜 일이라고 말하
고야 말았다. 그리고 키오니의 산전 검진에 동행하면
서 3D 입체 초음파로 아미나의 얼굴을 처음 보았다.
태국에서 현장연구를 할 때, 산전 검사실을 오래 연구
했어서 초음파 검사를 100번도 넘게 보았지만 입체로
본 건 처음이었다. 조그마한 손으로 이마를 짚은 태아
의 얼굴이 스크린에 둥실 떠올랐고 가까이 클로즈업
을 하면 코와 입을 볼 수 있었다. 그날 초음파 기사는
심장의 쉼 없는 움직임을 보여주며, 그 박동도 함께
들려주었다. 태아의 심장 박동은 보통 성인보다 두 배
는 빠르다. 날갯짓처럼 파닥이는 박동 속에 아직 얼굴
을 모르는 이의 표정이 마치 싱긋 웃는 듯했다.

　　어느 날 키오니는 내게 말했다. "임신했다고 말
했을 때, 축하한다고 얘기하고 기뻐한 사람은 너밖에
없었어." 그러고는 덧붙였다. "애 낳고 키우는 게 어
떤 건지 아무것도 모르니 그런 소리가 나오지." 나는
이날 어쩌면 우리 둘의 공통점은 우리의 섹슈얼리티
와 성적 실천이 모두 사회 문제로 취급되는 데 있을
지도 모른다는 생각을 했다. 한때 한국 사회에서 아
이를 낳고 키울 것이 가장 기대되는 집단에 속했던
나는 그 바람에 응할 의향이 없었다. 반대로 한국 사

회에서 아이를 낳고 키우는 것이 가장 백안시되는 집
단의 일원으로 여겨지는 키오니는 원치 않았으나 아
이를 둘이나 낳아 키우게 되었다. 우리는 각기 다른
방식으로 금지된 행위를 계속하며, 쉽사리 축복이 허
락되지 않는 관계를 만들어가고 있었다. 한쪽은 미래
가 될 다음 세대를 만들어내지 않아 사회의 미래를
망쳐놓는다고 여겨졌고, 다른 한쪽은 사회의 일원이
되기에 부적합하다는 판정이 예약되어 있는 사람을
내놓기에 위험하게 여겨졌다. 그러나 우리 둘 다 어긋
나기를 멈추지 않았다.

키오니의 임신은 키오니가 말하지 않아도 그
가 성적인 존재라는 걸 드러내고 있었다. 키오니는
첫아이의 아버지에게 자신의 HIV 감염 사실을 밝힐
수 없었기 때문에 "너무 가까워지지 않으려고" 했다
고 했다. 임신했다는 이야기를 들은 첫아이의 생물학
적 아버지는 자기가 콘돔을 망가뜨려서 그랬을 수 있
다는 후안무치한 답변을 하고는 다시는 연락이 되지
않았다. 키오니는 결국 한국에서 자신이 비자를 바꿀
방법이 없다는 것을, 자력으로 인도적 체류자 신분을
벗어날 방법이 없다는 걸 깨달아야 했다. 주로 영어를
쓰는 미국인을 상대로 하는 일을 하기 때문에 귀화 시

험에 합격할 만큼 한국어를 배울 시간도, 자원도 없었
다. 키오니와 나는 몇 번의 통화에서 어쨌거나 국적을
취득하려면 한국 남자와 결혼하는 수밖에 없다는 다
급하지만 허탈한 결론에 도달하곤 했다. 어쨌거나 우
리에게는 이를 실현할 방도가 없었다. 둘째 아이의 아
버지는 괜찮은 사람일 것만 같았다. 키오니는 그가 좋
은 사람이기만 하다면, 감염 사실에도 불구하고 관계
가 진전될지도 모른다고, 그래서 아이들을 키우는 데
도 도움을 받을 수 있을지 모른다는 기대를 가졌다
고 했다. 그러나 그 또한 미국으로 갑자기 떠나버렸다.
성적 관계는 키오니가 맺을 수 있는 사회적 관계의 중
요한 한 축이었고, 다른 모든 사회적 관계처럼 언제나
안정적일 수도, 확신을 가질 수도 없었다. 이 모든 불
확실성 속에서 아이들이 태어났다.

    결국 나 역시 그렇게 태어나지 않았을까? 키오
니가 둘째를 데리고 퇴원하던 날, 나는 문득 그런 생
각이 들었다. 그 무엇도 확실치 않지만, 아이는 세상
에 당도했다. 나를 비롯한 여러 사람들이, 에이즈 운
동의 활동가들과 공공 병원의 의료인들이 이 과정을
도왔다. 크게 부족한 제도이지만 한국의 유일한 인도
적 의료 지원 제도가 이 새로운 삶의 시작이 안전하게

이뤄지는 데 중요한 역할을 했다. 제도의 부족함은 키오니가 한국에서 일군 사회적 관계망이 메웠다. 둘째를 데리고 퇴원하는 날, 우간다에서 한국에 온 지 5년이 넘었다는 키오니의 가까운 친구는 짐을 가지고 집에 먼저 가 있기로 하고, 나와 키오니는 보건소에 들러 국가가 무상으로 모든 신생아에게 제공하는 예방접종을 하고 가기로 했다. 가는 길에 내가 아이 이름의 의미는 무엇인지, 성은 누굴 따르는지를 물었다.

"내 성을 쓰고, 거기다 나에게 제일 큰 힘이 되어준 우간다 친구의 이름을 중간 이름으로 넣었어. 제일 귀하고 소중한 것, 한번 잃어버리면 다시는 가질 수 없는 소중한 것이라는 의미여서, 우간다에서는 아주 소중한 아이에게만 붙여주는 이름이래. 맨 앞의 이름은 아프리카 대륙에서 가장 존경받는 여성 지도자의 이름을 딴 거야. 그 사람처럼 포기하지 않는 사람, 승리자, 파이터가 되라고."

이태원에 있는 키오니의 집에 도착하니 복잡한 골목 깊숙이 들어앉은 빌라 반지하 층에는 키오니의 친구들 몇몇이 더 모여 있었다. 이웃에 사는 케냐

친구가 아이를 받아 들고 눈을 맞추며 정답게 말했다. "너는 아주 소중한 아이란다. 우리는 베스트 프렌드가 될 거야. 너는 너무나 사랑받아서 아주 버릇이 나빠질 거란다." 첫째 아이에게 손을 닦고 오게 한 다음, 식탁 의자에 앉혔다. 어느새 키가 쑥 자란 아이가 가느다란 두 팔로 동생을 조심스레 받아 들고는 환하게 웃었다. 온 가족이 집에 모였다.

**

2022년 2월 우리는 오랜만에 다시 만났다. 3월이면 키오니의 첫째는 용산구에 있는 유서 깊은 중학교에 진학할 예정이었다. 둘째는 한국 나이로 네 살이 되었다. 코로나19 범유행으로 미군의 외출 통제가 길어지면서 키오니는 결국 어렵게 차린 미용실 문을 닫을 수밖에 없었다. 다행히 대기업에 다니는 한국 부부의 아이 돌보미 일을 구할 수 있었다. 키오니는 돈 버느라 자기 아이도 남에게 맡겨 키워야 했는데, 이제는 하루 종일 애 보는 일을 한다며 그래도 이 어려운 때에 이 일이 있어서 버틸 수 있다고 말했다. 그사이에 '외국인 등을 위한 건강보험' 제도가 생겨서 보

험으로 HIV 치료도 이어갈 수 있게 되었다. 키오니
의 소득에 비해 꽤 많은 보험료가 큰 부담이지만, 그
래도 따로 늘 챙겨둔다고 했다.

　　우리가 밀린 이야기를 나누는 동안 볶음라면
하나를 금세 먹은 큰아이는 방에서 게임을 했고, 작
은아이는 팩에 들어 있는 사과 주스를 먹으며 만화
영화를 보았다. 키오니는 양파를 잔뜩 볶고 토마토
페이스트를 듬뿍 넣어 저녁에 먹을 치킨 스튜를 만들
었다. 압력솥에 밥을 넉넉히 안쳤다. 온 집 안이 저녁
밥 냄새로 가득 찼다. 5년 전에 우리가 처음 만났을
때와 지금은 너무 다른 것 같다고 내가 말했다. 우리
는 그때는 생각지도 못했던 미래에 와 있었다. 키오니
도 말했다. 자기도 어떻게 헤쳐온 건지 믿을 수 없다
고. "둘째 낳고 퇴원한 다음 날 이 10리터짜리 생수통
도 내가 들어서 끼웠다니까. 머리를 하겠다는 손님이
있어서 집에서 머리도 해주고." 그러고는 말해주었다.
"어쩌겠어. 내가 나를 살려줘야지. 나는 나한테 용기
를 주는 것밖에 모르니까. I only know encourage myself."

　　키오니가 용기를 내서 나아간다. 최소한의 삶
이 아니라 최선의 삶을 향해. 아직 어린 두 아이는 어
머니의 모든 여정을 알지 못한다. 이주의 과정에 대

해서도, HIV 감염에 대해서도. 지금까지 어떤 역경을 거쳐 자신들이 도래하였는지 아직은 어린 이 아이들은 알지 못한다. 두 아이가 이 땅에서 가장 좋은 미래를 맞이하기를, 그래서 언젠가 어머니에 대해서 더 많이 알게 되기를. 감염의 과거와 현재가 서로 기꺼이 나눌 수 있는 앎이자 기억이 될 수 있기를.

감염한 사람들이 겪어낸 모든 어려운 시간들이 내일의 소중한 기억이 될 수 있기를. 그러려면 생명의 공통성 속에서 서로 이어져 있는 우리가 함께 변화를 이끌어내야 한다. HIV에게 다른 미래를 주어야 한다.

감사의 말

      인류학자는 여러 사람들이 말을 나누어줄 때만 일할 수 있어서 홀로는 무능하다. 나 역시 많은 사람들의 인정에 기대어 이 글을 쓸 수 있었다. 연구 참여자로, 동료로, 친구로 경험을 나누어준 모든 분들에게 진심으로 감사드린다. 다음의 분들로부터 글쓰기에 특히 큰 도움을 받았다.

      소성욱의 도움으로 전체 논의를 여는 문장을 인용할 수 있었고, 2장을 작성하는 과정에서는 손문수와 윤가브리엘, 민트의 도움을 많이 받았다. 과거의 일들이 어떤 의미였는지, 어떤 정황이었는지를 이들에게 여러 번 되물어 짐작할 수 있었다. 또한 젊은 사회학 연구자이자 활동가인 이소중의 도움이 없었다면 2장을 완성하는 데 꼭 필요한 인터뷰를 하지 못했을 것이다. 앞으로 이소중의 연구를 통해 내가 충분히 밝히지 못한 에이즈 운동의 여러 일면이 전해질 수 있기를 고대한다. 3장의 상당 부분은 《경제와사회》 129호에 같은 제목으로 실린 논문을 손질한 것이고, 4장의 일부 내용은 《비판사회정책》 67호에 「한국의 HIV 낙인과 장기 요양 위기」라는 제목으로 발표된 바 있다. 두 장은 모두 권미란, 나영정, 손문수, 이인규와 함께 진행한 공동 연구에 기반하고 있다. 네 명의 공동 연구자들 그리고 해당 연구 프로젝트를 이끌어주시고 오랜 시간 한국 HIV 인권운동에서 중요한 역할을 해주신 이훈재 교수께 마음 깊이 감사드린다. 4장의 상당 부분은 지금 시점에서 에이즈 운동의 역사를 되짚은 글을 써보면 좋겠다고 청해주고 고민을 나누어준 남웅, 나영정, 유성원, 한영희, 김재천이 있었기에, 또 장애에 관해 답하기 어려운 질문을 던져주고 토론의 장을 열어준 김지영, 차명희, 전근배를 비롯한 대구의 여러 활동가들이 있었기에 쓸 수 있었다. 5장에서는 이정식, 유성원과 같은 멋진 작가들의 작품이 주는 용기에 이끌려 모험을 감행해볼 수 있었다. 6장에 인용된 비디오아트 작품들은 남웅과 이호림의 반가운 초대로 접할 수 있었다. 7장은 이종걸과의 대화에 의지해서, 또 진짜 이름을 밝힐 수 없는 당당한 사람의 사려 깊음에 근거해서 쓸 수 있었다.

　내가 HIV 운동의 여정에 들어설 수 있었던 건 김정숙의 다정함이 있었기 때문이고, 도망치지 않고 여전히 함께할 수 있는 데는 정율의 굳건함이 있다. 권미란이 없었다면, 또 에이즈 운동에 오랫동안 함께한 변진옥과의 시간이 없었다면 이 책은 존재하지 않았을 것이다. 권미란은 원고 전체를 읽고 사실 관계에서 중요한 오류를 지적해주었고, 무엇보다 이 책이 도대체 누구에게 무슨 쓸모가 있어야 할지를 함께 고민해주었다. 박광훈의 단단한 정성을 통해 어디서 어떻게 분노해야 하는지를 새로이 배울 수 있었다. 더불어 성민과 달봉, 세현을 비롯하여 나의 부족한 활동에도 불구하고 늘 반갑게 대해준 KNP+의 여러 식구들에게도 고마움의 인사를 전한다.

　이 모든 이야기들은 책을 내자고 제안해준 조은 편집자 덕분에 한자리에 모일 수 있었다. 부끄러운 마음을 한편에 밀어놓고 독자의 얼굴을 떠올려볼 수 있게 도와준 조은 편집자와 마무리에 애써주신 최예원 편집자, 나도 무엇이 될지 몰랐던 생각들을 책으로 만들어준 반비 출판사에 깊이 감사드린다. 감염에 관한 낯선 이야기를 참을성 있게 들어주고 날카로운 질문과 논평을 해준 연세대학교 문화인류학과의 '몸의 인류학', '의료인류학' 수강생들에게도 고마움을 전한다. 내가 뭐든 할 수 있게 믿어준 부모님과 동생, 나를 나로부터 지켜주는 김수경이 있어서 연구자로 일할 수 있었다.

이 많은 사람들의 도움에도 불구하고 내가 전하는 이야기들은 어딘가 조금씩 어그러져 있을 것이다. 내가 쓴 글에 대한 재인용을 포함하여, 모든 인용은 말과 글이 원래 있었던 자리를 떠나게 한다는 점에서 필연적으로 변형을 일으킨다. 또 어떤 인용은 남의 목소리를 함부로 가져온다는 점에서 납치나 도둑질이 되기도 한다. 인류학자인 비나 다스Veena Das는 인용이 꼭 절도의 시도가 아니라 누군가의 목소리에 저당 잡힌 사람이 그 빚을 갚아나가기 위해 애쓰는 법일 수도 있다고 쓴 적이 있다.[1] 나 역시 쉬이 잊히지 않는 말들, 내가 붙들린 표정과 목소리와 몸짓의 의미를 헤매는 과정에서, 여러 번 다시 옮겨 쓰고 다시 생각하기를 반복할 수밖에 없었다. 그러나 아무리 정성스럽게 하려고 하여도 틀리지 않을 수가 없다. 아무리 애써도 놓치지 않을 수가 없다.

더욱이 나는 삶의 고통이 기쁨보다 더 커지는

순간에 오래 있어야 했던 사람들과 더 길게 이야기를 나눌 수밖에 없었다. 이 책에서 내가 전하는 고통의 경험이 감염한 삶에는 결국 불행이 따르고야 만다는 잘못된 확신을 더하는 일이 될까 봐 책을 다 쓴 지금도 걱정스럽다. 낙인은 누군가의 복잡한 삶 경험을 불행한 운명에 대한 것으로 축소하면서 더 큰 힘을 발휘하기 때문이다. 그러나 이 모든 불완전함과 왜곡의 가능성에도 불구하고, 나는 고통과 사랑의 감염력에 의지해 이 이야기들을 내놓는다. 누군가 홀로 오래 감당해야 했던 외로움, 아직 가시지 않는 슬픔, 몸에 남겨진 괴로움의 감각이 다른 누군가에게로 뻗어나가, 그래서 내 마음에 그렇게 하였듯이 여러 마음에 흔적을 남기고, 이전에 생각지도 못했던 다른 생각과 실천으로 이어지기를 희망하기 때문이다. 내가 아직 만나보지 못한 싱그러운 표정들이, 환하게 웃으며 기쁘게 듣고 말할 수 있는 이야기들이 더 많이 솟아나 크게 번져가기를 힘껏 기다리고 있다.

주

* 웹사이트는 모두
2023년 9월에
마지막으로 접속함.

서문: 앞줄에서 알려드립니다

[1] 한국청소년·청년감염인커뮤니티 알, 「후천성면역결핍증
     예방법 제19조 전파매개행위금지 조항은 없어져야
     합니다: 19조 폐지를 위한 의견서」(2020년 10월 6일).

[2] 죄인이나 노예의 표식을 얼굴에 새기는 행위는 동아시아
     전통에서도 널리 기록된 바 있다. Schildkrout, Enid,
     "Inscribing the Body," *Annual Review of Anthropology* 33
     (2004), pp. 391-344.

[3] Goffman, Erving, *Stigma: Notes on the Management of
     Spoiled Identity*(New York: J. Aronson, 1963), pp. 3-5.

[4] 프란츠 파농, 남경태 옮김, 『대지의 저주받은 사람들』
     (그린비, 2004), 57쪽.

[5] 당시 한국에서 우리가 문제 제기하고자 했던 의약품 특허
     독점의 문제는 이후 지대 자본주의(rentier capitalism)라고
     명명되는 전 지구적 자본주의 체계의 작동에 대한 비판과
     개입 의지를 포함하고 있었다. Standing, Guy, *The
     Corruption of Capitalism: Why Rentiers Thrive and Work
     Does Not Pay*(London: Biteback, 2017); Christophers,
     Brett, *Rentier Capitalism: Who Owns the Economy, and*

Who Pays for It?(London: Verso, 2020). 한국의 글리벡과
푸제온을 둘러싼 의약품 접근권 운동에 관한 기록으로는
다음을 참고할 것. 송은경·김재천, 「의약품 권력의 통제」
(건강세상네트워크, 2021).

[6]   실재성과 잠재성에 대한 아리스토텔레스의 논의를 토대로,
아감벤은 잠재성을 새로운 무언가를 할 수 있는 능력을
예비한 상태가 아니라 지금 현재 부재함으로써 존재하는
상태로 규정한다. 존재 규정의 하나로서 낙인은 낙인의
대상이 무엇인지에 대한 실재성(actuality)을 구성한다.
아감벤의 잠재성 개념을 적용한다면, 낙인의 잠재성은
그것이 어떤 변화 가능성을 직접적으로 지시하지
않는다고 하더라도 '그것이 아닐 수 있음'을 언제나 이미
예비하고 있다는 데 있다. Agamben, Giorgio, Heller-
Roazen, Daniel, (trans.), *Potentialities: Collected Essays
in Philosophy*(Redwood City: Stanford University Press,
2000).

1   첫 사람의 자리에서

[1]   Haraway, Donna, *The Companion Species Manifesto: Dogs,
People, and Significant Otherness*(Chicago: Prickly Paradigm
Press, 2003), p.20.

[2]   Center for Disease Control, "Pneumocystis Pneumonia-
Los Angeles," *MMWR* 30(21) (1981) pp. 250~252.

[3]   Ibid., p. 251.

[4]   Altman, Lawrence, "Rare Cancer Seen in 41
Homosexuals," *The New York Times*(July 3, 1981).

[5]   Altman, Lawrence, "New Homosexual Disorder Worries
        Health Officials," *The New York Times*(May 11, 1982).

[6]   김정순, 「AIDS와 그 예방전략」,《보건학논집》 31(1)
        (1994), 7~8쪽에서 재인용.

[7]   Center for Disease Control, op. cit.

[8]   동성 간 성적 교류는 인류 문화에 광범위하게
        존재해왔으나, 의학적 분류 체계로서 '호모섹슈얼'은
        19세기 후반부터 20세기 초까지 동성애를 정신 병리로
        규정하고자 했던 근대 심리학 및 정신의학을 통해
        발명되었다. Storr, Merl, "Transformations: Subjects,
        Categories and Cures in Krafft-Ebing's Sexology," in
        Bland, L., Doan, L., (eds.), *Sexology in Culture: Labelling
        Bodies and Desires*(Cambridge: Polity Press, 1998), pp. 11-
        12. 엄밀하게 말해 '동성애'뿐만 아니라 그 짝인 '이성애'
        역시 근대의 발명이라고 할 수 있다. 관련해서는 Foucault,
        Michel, Hurley, Robert, (trans.), *The History of Sexuality
        Vol. 1: An Introduction*(New York: Pantheon Books, 1978);
        Katz, Jonathan, *The Invention of Heterosexuality*(New York:
        Dutton, 1995) 등을 참고할 것.

[9]   Treichler, Paula, *How to Have Theory in an Epidemic:
        Cultural Chronicles of AIDS*(Durham: Duke University Press,
        1999); Epstein, Steven, *Impure Science: AIDS, Activism, and
        the Politics of Knowledge*(Berkeley: University of California
        Press, 1996).

[10]   Shilts, Randy, *And the Band Played On: Politics, People, and
        the AIDS Epidemic*(New York: St. Martins, 1987).

[11]   더글러스 크림프, 김수연 옮김, 『애도와 투쟁: 에이즈와
        퀴어 정치학에 관한 에세이들』(현실문화, 2021),

168쪽에서 재인용.

[12] Crimp, Douglas, "How to Have Promiscuity in an Epidemic," *October* 43 (1987), pp. 237-271.

[13] Auerbach, D. M., Darrow, W. W., Jaffe, H. W., Curran, J. W., "Cluster of Cases of the Acquired Immune Deficiency Syndrome: Patients Linked by Sexual Contact," *The American Journal of Medicine* 76(3) (1984), pp. 487-492.

[14] McKay, Richard, "'Patient Zero': The Absence of Patient's View of the Early North American AIDS Epidemic," *Bulletin of the History of Medicine* 88(1) (2014), p.172.

[15] Ibid., p. 173에서 재인용.

[16] Douglas, Mary, *Risk and Culture: An Essay on the Selection of Technological and Environmental Dangers*(Berkeley: University of California Press, 1982), p. 83.

[17] McKay, Richard, *Patient Zero and the Making of the AIDS Epidemic*(Chicago: The University of Chicago Press, 2017).

[18] Ibid., p. 108.

[19] Ibid., p. 376.

[20] Worobey, M., Watts, T., McKay, R. et al., "1970s and 'Patient 0' HIV-1 Genomes Illuminate Early HIV/AIDS History in North America," *Nature* 539(7627) (2016), pp. 98-101.

[21] 애덤 쿠차르스키, 고호관 옮김, 『수학자가 알려주는 전염의 원리: 바이러스, 투자 버블, 가짜 뉴스 왜 퍼져나가고 언제 멈출까?』(세종, 2021). 쿠차르스키는 연쇄 금융 위기와 에이즈 유행의 공통점에 주목하면서 두 유행이 모두 은행과 은행, 사람과 사람을 연결하는 복잡한 연결망의 속성에서부터 비롯한다고 설명한다.

[22] 위의 책, 84쪽.

[23] 이러한 연결점의 극단적 편차와 집중은 현상은 단지 물론
      성관계와 같은 행위에서만 나타나는 것이 아니다. 트위터
      팔로어 수가 늘어나거나 페이스북 페이지의 인기가
      급상승하는 방식 역시 모두 유사한 패턴을 따른다. 모두
      "네트워크에 새로 합류하는 마디점은 먼저 기존의 인기
      마디점에 달라붙는" 경향을 보여준다. 위의 책, 84쪽.

[24] Liljeros, F., Edling, C., Amaral, L. et al., "The Web
      of Human Sexual Contacts," *Nature* 411(6840) (2001),
      pp. 907-908; de Blasio, B. F., Svensson, Å., Liljeros, F.,
      "Preferential Attachment in Sexual Networks," *Proceedings
      of the National Academy of Sciences* 104(26) (2007), 10762-
      10767.

[25] 더글러스 크림프, 앞의 책, 96쪽.

[26] 이 시기의 기념비적 저작으로는 다음을 들 수 있다.
      Boston Women's Health Book Collective, *Our Bodies,
      Ourselves*(New York: Simon and Schuster, 1973); Dreifus,
      Claudia, *Seizing Our Bodies: The Politics of Women's
      Health*(New York: Vintage, 1977); Ruzek, Sheryl Burt,
      *The Women's Health Movement: Feminist Alternatives to
      Medical Control*(New York: Praeger, 1978).

[27] HIV의 종류 중 하나인 HIV-1은 인간에게 감염할
      경우 질병을 일으키지만, 조류나 대부분의 포유류,
      곤충, 식물에서는 감염이 일어나지 않는다. 고양이
      에이즈, 꿀벌 에이즈, 소나무 에이즈로 불리는 모든
      질병은 HIV-1과 무관하다. HIV의 계통적 조상인
      유인원면역결핍바이러스(simian immunodeficiency
      virus)는 일부 원숭이 종에만 감염한다. HIV-1의 숙주

범위가 지극히 제한적이기 때문에 백신 연구가 특히 어렵다. 감염미생물 면역약학 분과학회, 『최신면역학 제2판』(라이프사이언스, 2018), 288쪽.

[28] Cheng, Jih-Fei, "Cold Blood: HIV/AIDS and the Global Blood Biotechnology Industry," *Radical History Review* 140 (2021), pp. 143-150.

[29] Shao, Jing, "Fluid Labor and Blood Money: The Economy of HIV/AIDS in Rural Central China," *Cultural Anthropology* 21(4) (2006), pp. 535-569.

[30] Zhu, T., Korber, B., Nahmias, A. et al., "An African HIV-1 Sequence from 1959 and Implications for the Origin of the Epidemic," *Nature* 391 (1998), pp. 594–597.

[31] Peeters, Martine, D'Arc, Mirela, et al., "Origin and Diversity of Human Retroviruses," *AIDS Reviews* 6(1) (2014), pp. 23-34; Pépin, Jacques, *The Origins of AIDS*(Cambridge: Cambridge University Press, 2011). 자크 페팽은 2021년에 나온 개정판에서 원주민 사냥꾼이 아니라 1차세계대전 당시 아프리카에 주둔하고 있던 연합군 군인 하나가 침팬지 사냥 중 감염했을 것이라고 가설을 변경한 바 있으나, 질병의 시발점을 특정 사람으로 추정하는 초발 환자 서사는 그대로 유지했다.

[32] King, N. B., "Security, Disease, Commerce: Ideologies of Postcolonial Global Health," *Social Studies of Science* 32(5-6) (2002), pp. 763–789.

[33] Fuentes, Agustin, "Naturalcultural Encounters in Bali: Monkeys, Temples, Tourists, and Ethnoprimatology," *Cultural Anthropology* 25(4) (2010), pp. 600-624.

[34] Rupp, S., Ambata, P., Narat, V., Giles-Vernick, T.,

"Beyond the Cut Hunter: A Historical Epidemiology of HIV Beginnings in Central Africa," *Ecohealth* 13(4) (2016), pp. 661-671; Giles-Vernick, T., Gondola, C., Lachenal, G., Schneider, W., "Social History, Biology, and the Emergence of HIV in Colonial Africa," *The Journal of African History* 54(1) (2013), pp. 11-30.

[35] Giles-Vernick, T., et al., (2013).

2   걸려들었다

[1] Comaroff, Jean, "Beyond Bare Life: AIDS, (Bio)Politics, and the Neoliberal Order," *Public Culture* 19(1) (2007), p. 197.

[2] CDC, "Current Trends Mortality Attributable to HIV Infection/AIDS: United States, 1981-1990," *MMWR* 40(3) (1991), pp. 41-44.

[3] 김정순, 「AIDS와 그 예방전략」,《보건학논집》 31(1) (1994), 15~16쪽.

[4] Treichler, Paula, *How to Have a Theory in an Epidemic: Cultural Chronicles of AIDS*(Durham: Duke University Press, 1999).

[5] 이훈재 외, 「HIV 감염인 및 AIDS 환자 인권상황 실태조사」(국가인권위원회, 2005).

[6] Alexander, Thomas, "Human Immunodeficiency Virus Diagnostic Testing: 30 Years of Evolution," *Clinical and Vaccine Immunology* 23(4) (2016), pp. 249-253.

[7] 이덕형, 「정부의 에이즈 관리대책」, 『보건의료인과

에이즈』(보건사회부, 1994).

[8] 유원하, 「후천성 면역 결핍증(AIDS)의 예방대책」,
     《한국역학회지》 7(2) (1985), 183~186쪽.

[9] 김정순, 〈AIDS와 그 예방전략〉, 《보건학논집》 31(1)
     (1994), 15쪽.

[10] 「「후천성 면역결핍증」 국내 상륙」, 《동아일보》, 1985년
     6월 28일.

[11] 「후천성면역결핍증 역학조사 벽에 부딪쳐」, 《경향신문》,
     1985년 7월 4일.

[12] 유원하, 앞의 글, 185쪽.

[13] 윤방부, 「후천성 면역결핍증 환자 경험 1례」,
     《대한역학회지》 7(2) (1985), 149~157쪽(이하 인용은
     모두 동일).

[14] 김정순, 「에이즈유행의 보건학적 의의와 효과적
     예방전략」, 《보건학논집》 34(1) (1997), 88쪽.

[15] 「AIDS징후, 귀국 중동근로자 격리수용해 감염여부
     정밀조사」, 《경향신문》, 1985년 12월 14일.

[16] 신상일, 「피와 땀으로 얼룩진 시련의 드라마: 해외
     인력파견」, '기록으로 만나는 대한민국(국가기록원)',
     http://theme.archives.go.kr//next/koreaOfRecord/
     manpower.do

[17] Kotra, 「Kotra 국가정보 사우디아라비아」(2010), http://
     dl.kotra.or.kr/pyxis-api/1/digital-files/c16960ef-f2e4-
     018a-e053-b46464899664

[18] 유원하, 앞의 글, 184쪽.

[19] 유원하, 위의 글, 183쪽.

[20] 안윤옥, 「후천성 면역 결핍증(AIDS)의 역학적 특성」,
     《한국역학회지》 7(2) (1985), 164쪽. 이 같은 논지의

근거로 제시된 참고 문헌은 성적 문란에 관해서는
전혀 언급하지 않고 있었다. 해당 문헌은 파리에 살고
있는 아이티 부부에게서 에이즈로 진단 가능한 증상이
발생했는데, 아내가 1980년 미국 뉴저지에 거주한 경험이
있으며, 당시 다른 아이티 남성과 성관계를 한 적이
있다는 내용의 짧은 보고 서한으로 에이즈가 성관계를
통해 전파 가능하다는 사실을 재확인하는 논지를 제시할
뿐이었다.

[21]   HIV의 발견 이전에는 HTLV-I이라는 바이러스가 유일한
       인간 역전사바이러스였다. 두 바이러스의 유전체를
       비교하면 큰 연관성이 없지만, 한때 HIV를 HTLV-
       III라고 명명하기도 했다. 감염미생물 면역약학 분과학회,
       『최신면역학 제2판』(라이프사이언스, 2018), 287쪽.

[22]   이원영, 「후천성 면역 결핍증(AIDS)의 원인체 HTLV-
       III/LAV에 관하여」, 《한국역학회지》 7(2) (1985), 173쪽.

[23]   백선례, 「식민지 조선의 전염병예방령 개정과 '보균자'
       문제」, 《의료사회사연구》 7 (2021), 5~33쪽; 김재형,
       『질병, 낙인: 무균사회와 한센인의 강제격리』(돌베개,
       2021).

[24]   「AIDS감염 송환 주한미병사 접촉 한국인 54명
       정밀혈액검사」, 《동아일보》, 1985년 11월 7일, 박차민정,
       「AIDS 패닉 혹은 괴담의 정치」, 《말과활》 12호(2016),
       37쪽에서 재인용.

[25]   조병희, 《섹슈얼리티와 위험 연구》(나남, 2008), 136쪽.
       당시 용산 보건소장이었던 주혜란은 언론 기고에서
       자신이 최초로 미군 내 에이즈 발생에 대해 알게 되었고,
       주한 미군 측 의사들과 함께 기지촌 주변 471명의
       여성에 대한 혈청 검사를 실시했다고 쓴다. 이를 통해 한

명의 감염 사실을 비공식적으로 확인했지만, 당시에는
공식적으로 보고되지 않았다는 것이다. 그러나 이런
검사가 당시 어떤 법적 근거를 통해 이뤄졌는지에
대해서는 언급하고 있지 않다. 주혜란, 「[기고] 에이즈,
우리 시대의 책임」, 《뉴스포털1》, 2011년 9월 7일.

[26] 이덕형, 「에이즈의 역학」, 《과학과기술》 27(11) (1994),
      53쪽.

[27] 김일순 외, 「사전관리대책 수립을 위한 전체토의」,
      《한국역학회지》 7(2) (1985), 187쪽.

[28] 이임하, 「미군의 동아시아 주둔과 섹슈얼리티」,
      『동아시아와 근대, 여성의 발견: 동아시아 정체성을 묻는
      오늘의 시각, 여성』(청어람, 2004), 259~299쪽; 캐서린 H.
      S. 문, 이정주 옮김, 『동맹 속의 섹스』(삼인, 2002).

[29] 박정미, 「한국 기지촌 성매매정책의 역사사회학, 1953-
      1955년」, 《한국사회학》 49(2) (2015), 11쪽.

[30] 위의 글.

[31] 조병희, 앞의 책, 141쪽.

[32] 박정미, 앞의 글, 24쪽.

[33] 「부산 특수업태부 에이즈 감염」, 《KBS 뉴스》,
      1987년 12월 30일, https://news.kbs.co.kr/news/
      view2.do?ncd=3677205

[34] 양용태, 『의학총서 AIDS: 본체, 현황 및 대책』(여문각,
      1988), 122쪽.

[35] Ahmed, Sara, *The Cultural Politics of Emotion*(Edinburgh:
      Edinburgh University Press, 2014).

[36] 이덕형, 앞의 글, 53쪽.

[37] 위의 글.

[38] 보건사회연구원이 펴낸 연구 보고서에 따르면 1987년

기존의 성병 검진 대상자에게 모두 HIV 검사를 실시한
것을 시작으로 1990년에는 "일반 정기 검사 대상자"에게도
검사를 확대했다. 1995년에 발행된 「성병 및 AIDS
관리사업지침」 역시 성병 검진 대상자뿐만 아니라
식품위생업자, 이·미용 종사자, 공중목욕장업 종사자까지
연 1회 에이즈 검진 대상자로 지정되어 있는 양상을
확인해준다. 이순영, 『한국의 에이즈 관리 및 감시체계의
효율적 운영방안』(한국보건사회연구원, 1995), 86쪽.
        '후천성면역결핍증 예방법'상 언급된 "감염되기
쉬운 환경에 있는 자"라는 불명확한 규정 이외에 이러한
광범위한 강제 의무 검진 대상자 선정의 근거가 되는
법적 규정이 무엇이었는지 확인할 수 없었다. 이는 강제
검진의 확대가 명확한 법적 근거 없이 지침 수준에서
광범위하게 행해졌기 때문일 것이다. 김정순에 따르면
1997년부터 HIV 의무 검진 대상자에 대한 축소 논의가
시작되기 시작했다고 하는데, 정확히 어느 시점에 성병
검진 대상자가 아닌 일반 정기 검사 대상자의 HIV 정기
검진이 중단되었는지를 확인하지는 못했다. 김정순, 앞의
글, 91쪽.
        이후 중요한 법적 변화로는 2000년
후천성면역결핍증은 2종 법정감염병에서 3종으로
변경 고시되었고, 2004년 성매매특별법의 시행으로
성매매가 불법인 상태에서 성병 검진 대상자를
지정하는 것에 대한 법적 모순점이 제기된 점을 들 수
있다. 2007년 국가인권위원회는 보건복지부가 마련한
'후천성면역결핍증 예방법' 개정 예고안을 두고 유흥업소
종사자에 대한 HIV 강제 검진 제도를 폐지할 것을
권고했으나, 강제 검진 관련 조항은 완전히 삭제되지는

않았다. 다만 2008년 전면 개정된 '후천성면역결핍증
예방법'은 익명 검진이 가능하다는 점을 고지하고, 이 경우
검진자의 정보를 익명으로 관리할 것을 명문화하고 있다.
2013년 기존의 "위생 분야 종사자 등의 건강진단규칙"이
"식품위생 분야 종사자의 건강진단규칙"과 "성매개 감염병
및 후천성면역결핍증 건강진단규칙"으로 분리되었고,
2022년 현재 후자에 따라 6개월마다 정기 HIV 검사를
강제받는 대상자를 여전히 법으로 지정하고 있다.

[39]　　김정순, 앞의 글(1994), 18쪽.

[40]　　보건복지부 혈액정책과, '검찰 혈액수사 관련 참고자료',
2004년 7월 29일, https://www.mohw.go.kr/react/al/sal03
01vw.jsp?PAR_MENU_ID=04&MENU_ID=0403&pag
e=1155&CONT_SEQ=29770&SEARCHKEY=TITLE

[41]　　한국 HIV 낙인 지표 조사 공동 기획단, 「한국 HIV 낙인
지표 조사 2016~2017」(KNP+, 2017), 31쪽.

[42]　　김정순, 앞의 글(1997), 92쪽.

[43]　　이순영, 앞의 책, 101쪽.

[44]　　박차민정, 앞의 글, 35~48쪽.

[45]　　당시 여러 보도 중 대표적인 기사 제목은 다음과 같다.
「AIDS 접대부 "충격" 전남-북 술집 전전 8년간 윤락행위」,
《조선일보》, 1994년 7월 24일.

[46]　　「AIDS 감염자 보복성 헌혈행각 충격」, 《경향신문》,
1993년 5월 1일; 「에이즈 20대 「보복」 성접촉」,
《조선일보》, 1997년 5월 21일.

[47]　　첫 수혈 감염은 헌혈액에 대한 전수 검사를 시작하기
전에 채취, 보관된 혈액에 따른 사고였다. 1995년까지
발생례에서 수혈 감염 사례의 절반은 외국에서 수혈을
받은 경우였다. 이순영, 앞의 책, 54쪽.

[48] 박정미, 「쾌락과 공포의 시대: 1980년대 한국의 '유흥향락산업'과 인신매매」, 《여성학논집》 33(2) (2016), 31~62쪽.

[49] 전원근, 「1980년대 선데이서울에 나타난 동성애 담론과 남성 동성애자들의 경험」, 《젠더와 문화》 8(2) (2015), 139~170쪽.

[50] 박차민정, 앞의 글, 40쪽.

[51] 「AIDS 감염 의혹 29명 잠적, 보건당국 의사회를 통해 병원에 수배공문」, 《경향신문》, 1991년 12월 9일.

[52] 박차민정, 앞의 글.

[53] Herdt, Gilbert, (ed.), *Moral Panics, Sex Panics: Fear and the Fight over Sexual Rights*(New York: New York University Press, 2009).

[54] 이원영, 「나는 이렇게 본다」, 《중앙일보》, 1989년 11월 28일.

[55] 이문호 편저, 『에이즈 백과: 정체와 실태에서 예방법까지』(민중서림, 1999).

[56] 위의 책, 18쪽.

[57] 위의 책, 306~308쪽.

[58] 박정미, 앞의 글, 50쪽.

[59] Rubin, Gayle, "Thinking Sex: Notes for a Radical Theory of the Politics of Sexuality," *Deviations: A Gayle Robin Reader*(Durham: Duke University Press, 2011), pp. 137-181.

[60] 해당 프로그램의 공과 과에 대해서는 다음의 논의를 살펴볼 것. Fordham, Graham, *A New Look at Thai AIDS: Perspectives from the Margin*(Oxford: Berghahn Books, 2005).

[61] UNAIDS, "UNAIDS Policy on HIV Testing and Counseling"(UNAIDS, 1997).

[62] 한국의 인구 통제 관련한 정책의 역사적 흐름과 정치적 함의에 관해서는 다음을 볼 것. 조은주, 『가족과 통치: 인구는 어떻게 정치의 문제가 되었나』(창비, 2018).

[63] Foucault, Michel, Hurley, Robert, (trans.), *The History of Sexuality Vol. 1: An Introduction*(New York: Pantheon Books, 1978); *Security, Territory, Population: Lectures at the College de France, 1977-1978*(New York: Palgrave Macmillan, 2007).

[64] Rubin, Op. cit., p. 163.

[65] 「AIDS 접대부 "충격" 전남-북 술집 전전 8년간 윤락행위」, 《조선일보》, 1994년 7월 24일.

[66] 대법원 1998.10.13. 선고 98다18520 판결.

[67] 이는 매우 합리적인 의심이었다. 원고는 1987년 효소면역측정법으로 HIV 선별 검사를 받았다. 1994년의 검사 자료를 살펴보면 효소면역측정법을 이용한 1차 선별 검사에서 HIV 항체 양성을 보여 국립보건원에서 확인 검사를 의뢰한 1661건 중 90건만 웨스턴 블롯 검사(western blot test, 확진을 위해 가장 많이 사용되는 검사법으로 99퍼센트 이상의 특이도를 가짐)를 통해 최종 양성 판정을 받았다. 이순영, 앞의 책, 86쪽. 이는 1994년에도 효소면역측정법을 활용한 HIV 선별 검사의 예측도가 현재와 같이 높지 않았다는 것을 의미하며, 1987년에는 더욱 낮았을 것으로 추정 가능하다.

[68] 이건행, 『세상 끝에 선 여자』(한뜻, 1997).

[69] 「또 에이즈 걸린 20대 여성, 남성 20여 명과 성매매, 관리 구멍」, 《중앙일보》, 2017년 10월 19일. 이러한 보도 행태에 대한 비판 기사로는 「에이즈 보도 가이드라인,

11년 전 나왔지만 무용지물」,《미디어오늘》, 2017년 10월
25일.

[70]   「"에이즈 환자 기숙사 입소", 대학교 SNS글 논란… 학교 측
"수사의뢰"」,《동아일보》, 2019년 3월 4일.

3   가운뎃점으로 삶과 죽음이 뭉쳐질 때

[1]   「국내 첫 에이즈 박모씨 지금은?」,《한겨레》, 2009년 11월
30일.

[2]   질병관리청 웹사이트의 '후천성면역결핍증관리' 정책 정보,
https://www.kdca.go.kr/contents.es?mid=a20301070504

[3]   『2022 만성질환 현황과 이슈』(질병관리청, 2022).

[4]   2021년 보건 당국에 감염이 새로 확인된 사람들을
대상으로 행한 역학조사의 응답 결과에 따르면, 자발적
검사에서 발견된 경우는 24.9퍼센트에 불과했고,
나머지는 질병 원인을 확인하기 위한 검사, 수술 입원 시
의료기관에서 실시하는 정례 검사, 검강 검진을 통해 감염
사실을 진단받았다. 한국에서 자발적 검사를 통해 자신의
감염 사실을 알게 된 경우는 지난 5년간 30퍼센트를 넘지
못하고 있다. 김고운 외, 「2021 HIV/AIDS 신고 현황」,
《주간 건강과 질병》, 15(33) (2022), 2364~2369쪽.

[5]   2020년 HIV 치료를 하는 스물여섯 개 병원에서
행해진 조사에 따르면, 치료를 시작한 신규 감염인의
57.7퍼센트가 면역 저하 상태의 후기 발현자로 나타났다.
이는 HIV 치료가 보편화된 국가들과 비교할 때, 매우
문제적인 경향으로 조기 검진을 통한 조기 치료가
한국에서 여전히 정착되지 못했다는 것을 보여준다. Choi,

J. P., Seo, B. K., "HIV-Related Stigma Reduction in the Era of Undetectable Equals Untransmittable: The South Korean Perspective," *Infection and Chemotheraphy* 53(4) (2021), p. 663.

[6] 이문영, 김홍구 사진, 『웅크린 말들: 말해지지 않는 말들의 한(恨)국어사전』(후마니타스, 2020), 576쪽.

[7] 「국내 HIV·AIDS 진단 및 치료에 관한 임상진료지침」의 변화를 살펴보면, 2013년 이전까지는 CD4+ T 세포 수가 500개/uL 초과인 환자들에게는 첫 치료로 항레트로바이러스제 치료를 권고하지 않았지만, 이후부터는 CD4+ T 세포 수에 상관없이 모든 환자에게 항레트로바이러스제 치료를 하도록 했다. 치료 시작점 설정의 중요성에 관해서는 다음을 볼 것. World Health Organization, "Guideline on When to Start Antiretroviral Therapy and on Pre-exposure Prophylaxis for HIV"(WHO, 2015).

[8] 자유주의적 세계관하에서 어린아이가 가족은 물론 사회 전체의 미래를 담보하는 대상으로 무한정한 투자와 보호의 대상이 되는 양상에 관해서는 다음을 볼 것. Edelman, Lee, *No Future: Queer Theory and the Death Drive*(Durham and London: Duke University Press, 2004).

[9] 항바이러스제 치료의 일반화와 HIV 감염 이전에 미리 항바이러스제를 복용해 감염을 예방하는 사전노출요법(pre-exposure prophylaxis)의 확대에 따라, HIV 감염 여부 자체보다는 얼마나 미검출 수준의 낮은 바이러스 부하(viral load)를 잘 유지하고, 예방의 자원을 일상적으로 확보할 수 있는가에 따라 규범적 성소수자와

비규범적, 비정상적 성소수자를 차별적으로 구획하는 양상이 고도의 HIV 치료가 일반화된 서구 사회에서 뚜렷하게 나타나고 있다. Huebenthal, Jan, "Un/Detectability in Times of 'Equality': HIV, Queer Health, and Homonormativity," *European Journal of American Studies* 11(3) (2017); Mowlabocus, Sharif, "'What a Skewed Sense of Values': Discussing PreP in the British Press," *Sexualities* 23(8) (2019), pp. 1343-1361.

[10] Duggan, Lisa, "The New Homonormativity: The Sexual Politics of Neoliberalism," in Castronovo, R., Nelson, D. D., (eds.), *Materializing Democracy: Towards a Revitalized Cultural Politics*(Durham: Duke University Press, 2002), pp. 175-194.

[11] 주디스 버틀러, 양효실 옮김, 『불확실한 삶: 애도와 폭력의 권력들』(경성대학교 출판부, 2008), 15쪽.

[12] Foucault, Michel, Hurley, Robert, (trans.), *The History of Sexuality Vol. 1: An Introduction*(New York: Pantheon Books, 1978); *Security, Territory, Population: Lectures at the College de France, 1977-1978*(New York: Palgrave Macmillan, 2007).

[13] 한국에서 요양병원에서의 사회적 입원을 의제화한 주요 기점으로는 일부 요양병원이 노숙인을 입원시켜 정부로부터 부당 진료비를 청구하고, 퇴원시켜주지 않는 상황에 대한 인권 활동가들의 고발을 들 수 있다. 이동현, 「사람 버리는 복지, 사람 삼키는 병원: 요양병원의 홈리스 장사를 고발한다」, 《오늘보다》(2015년 2월). 노인들의 요양병원 장기 입원을 사회적 입원의 일종으로 파악하는 연구로는 다음을 찾아볼 수 있다. 강군생·김정선, 「노인의 사회적 입원으로 인한 요양병원에서의 삶의 변화」,

《한국노년학회》 37(1) (2017), 103~123쪽.

[14] Biehl, João, *Vita: Life in a Zone of Social Abandonment*(Durham and London: Duke University Press, 2005).

[15] 주디스 버틀러, 조현순 옮김, 『안티고네의 주장: 삶과 죽음, 그 사이에 있는 친족 관계』(동문선, 2005).

[16] Sahlins, Marshall, "What Kinship Is (Part One)," *The Journal of the Royal Anthropological Institute* 17(1) (2011), pp. 2–19; "What Kinship Is (Part Two)," *The Journal of the Royal Anthropological Institute* 17(2) (2011), pp. 227-242.

[17] Carsten, Janet, *Cultures of Relatedness: New Approaches to the Study of Kinship*(Cambridge: University Press, 2000).

[18] 도미야마 이치로, 심정명 옮김, 「평화를 만드는 말의 모습」, 『난민, 난민화되는 삶』(갈무리, 2020), 445~465쪽.

[19] Agamben, Giorgio, Heller-Roazen, Daniel, (trans.), *Homo Sacer: Sovereign Power and Bare Life*(Redwood City: Stanford University Press, 1998).

[20] Mbembe, Achille, "Necropolitics," *Public Culture* 15(1) (2003), p. 40.

[21] Stanley, Eric, "Near Life, Queer Death: Overkill and Ontological Captures," *Social Text* 107(2) (2011), pp. 1-19.

[22] 겨레말큰사전남북공동편찬사업회, 「7장 부록」, 『겨레말큰사전』, https://www.gyeoremal.or.kr/data/pds/pds_f_1_7_2.html

[23] 주디스 버틀러, 앞의 책, 49쪽.

[24] Weston, Kath, "Families in Queer States: The Rule of Law and the Politics of Recognition," *Radical History Review* (93) (2005), pp. 122-141.

[25]   기울어짐의 형세와 돌봄이 만들어내는 권능의 속성에
        관해서는 다음의 짧은 글을 쓴 바 있다. 서보경, 「살리는
        일의 권위」,《한편》 6호 (2021), 59~78쪽.

4   차별에 맞서는 서로의 책임

[1]   다음은 에이즈환자 건강권 보장과 국립요양병원
        마련을 위한 대책위원회의 '3년간 은폐된 목소리,
        에이즈환자 장기요양사업에 대한 증언: 에이즈
        환자는 왜 사망했는가?'(2013년 11월 5일), '인권침해
        속에서 홀로 죽음을 맞이한 에이즈환자 고(故) 김무명
        1주기 추모제'(2014년 8월 21일), '요양병원 피해자
        증언대회'(2014년 8월 14일)에서 공유된 사건 보고 및
        관련 진술을 토대로 재구성한 것이다. 사망 사건 관련
        언론 보도로는 다음이 있다. 「"요양이 아니라 사육이었다"
        들어가면 바보 되는 에이즈 요양병원」,《한겨레 21》,
        2013년 11월 12일.
[2]   윤가브리엘·손문수, 「[방치된 자리, 수동연세요양병원]
        귀한 목숨이고 싶다」,《인권오름》 395호(2014).
[3]   「에이즈 환우들을 돌보다 알게 된 특이한 사실들」,
        《뉴스윈코리아》, 2016년 5월 17일.
[4]   「에이즈 환자 치료하다 반(反)동성애 운동에 나선 염안섭
        수동연세요양병원 원장: "나라 지키는 의병의 마음으로
        동성애·에이즈 확산 막겠다"」,《월간조선》 9월호(2016).
[5]   대한의사협회, 「의사윤리강령 의사윤리지침」(2017), 12쪽.
[6]   시각 예술가이자 작가인 이정식 역시 김무명의 죽음에
        천착한 여러 작품을 남긴 바 있다. 이정식, 『시선으로

사람을 죽일 수 있다면: 김무명들이 남긴 생의
흔적』(글항아리, 2021). 이정식의 작업과 HIV 인권운동의
연관성에 관해서는 다음을 볼 것. 서보경, 「재난과 무명의
죽음」,《문학들》 63호(2021), 42~64쪽.

[7]   최강원, 「에이즈와의 인연」, 『대한감염학회 50년사』
(대한감염학회, 2011), 214쪽.

[8]   위의 책, 214쪽.

[9]   위의 책, 214쪽.

[10] 위의 책, 216~217쪽.

[11] 위의 책, 217쪽.

[12] 국가인권위원회 2011년 6월 10일 자 결정, HIV 보균자에
대한 수술 거부.

[13] 국가인권위원회 2015년 12월 24일 자 결정, 종합병원의
HIV 감염인에 대한 중이염 수술 거부.

[14] 국가인권위원회 2018월 11월 21일 자 결정,
특정질환자(HIV)에 대한 차별적 처우.

[15] 국가인권위원회 2019년 1월 28일 자 결정, HIV/AIDS
감염인에 대한 입원 거부.

[16] 국가인권윈원회 2022년 8월 31일 자 결정, HIV 감염을
이유로 한 수술 거부.

[17] The Hospital Infection Control Practices Advisory
Committee, "Guideline for Isolation Precautions in
Hospitals"(CDC, 1996).

[18] 「HIV 감염인 진료를 위한 의료기관
길라잡이」(질병관리청, 2020), 21쪽.

[19] Pinching, A. J., Higgs, R., Boyd, K. M., "The Impact of
AIDS on Medical Ethics," *Journal of Medical Ethics* 26(1)
(2000), pp. 3-8.

[20]   Ibid., p. 7.

[21]   서명희 외, 「의학전문대학원 학생들의 HIV/AIDS
         관련 지식 및 태도」, 《디지털융복합연구》 13(11) (2015),
         255~265쪽.

[22]   위의 글, 262쪽. 혈액 검사 시 HIV 검사를 일반적으로
         포함하여 감염 여부를 알 수 있게 하는 방식은 질병의
         조기 발견에 크게 기여할 수도 있다. 미국 CDC는 특정
         집단이 아닌 모든 환자에게 HIV 검사를 하는 것을
         권하고 있으며, 이런 경우 옵트아웃(opt-out) 방식을
         도입할 것을 권고한다. 옵트아웃 방식 검사는 의료인이
         감염이 의심되는 특정 환자에게 검사 의사를 묻고 그에
         따라 검사하는 것이 아니라, 모든 환자에게 별도로 HIV
         검사에 대한 거부 의사를 밝히지 않을 경우, 일괄적으로
         검사가 이뤄질 것을 고지하고 검사하는 것이다. 이때
         검사 전 상담 같은 절차는 생략될 수 있으나, 검사자가
         HIV 검사를 받는다는 사실과 원하지 않을 경우 검사를
         거부할 수 있다는 사실을 구두로 혹은 문서로 설명해야
         한다고 명시하고 있다. Galletly, C., Pinkerton, S., Petroll,
         A., "CDC Recommendations for Opt-Out Testing and
         Reactions to Unanticipated HIV Diagnoses," *AIDS Patient
         Care and STDS* 22(3) (2008), pp. 189-193.
              환자가 HIV 검사를 원하지 않더라도 진료나 처치,
         수술을 거부해서는 안 되며 환자의 의사를 존중해야 한다.
         미국의사협회는 보편적 HIV 검진에 대한 윤리 지침을
         따로 마련해두고 있다. American Medical Association,
         "Routine Universal Screening for HIV", *Code of Medical
         Ethics* (2016).

[23]   앞의 글(질병관리청, 2020), 21쪽.

[24] 보건복지부 보건복지상담센터 자주하는 질문 게시판,
「진료 거부가 금지되는 범위는 어디까지인가요?」, https://
www.129.go.kr/faq/faq01_view.jsp?n=1987

[25] 「서울시 요양병원 병상 동원 행정명령에 현장 반발」,
《청년의사》, 2021년 1월 20일, https://www.
docdocdoc.co.kr/news/articleView.html?idxno=2006926

[26] 조병희, 『섹슈얼리티와 위험 연구』(나남, 2008), 157쪽.

[27] 나영정 외, 「감염인(HIV/AIDS) 의료차별 실태조사」
(국가인권위원회, 2016), 32쪽.

[28] 정형준, 「요양병원의 실태와 개선방안」, 《월간 복지동향》
189호(2014), 12쪽.

[29] 권정현, 「지불제도와 요양병원의 진료행위 변화 연구」,
《응용경제》 20(4) (2018), 61~96쪽.

[30] 이 절에 인용된 사례들은 다음의 논문에 발표된 일부를
재수록한 것이다. 권미란·나영정·서보경·손문수·이인규,
「한국의 HIV 낙인과 장기 요양 위기」, 《비판사회정책》
67호(2020), 71~111쪽.

[31] 나영정 외, 앞의 글.

[32] 국가인권위원회 상임위원회 2017년 12월 6일 자 결정,
HIV 감염인과 AIDS 환자에 대한 의료차별 개선을 위한
정책권고.

[33] 앞의 글(질병관리청, 2020), 1쪽.

[34] 국가인권위원회 차별시정위원회 2022년 7월 14일 자
결정, 병원의 HIV 감염을 이유로 한 수술 거부.

[35] 마사 C. 누스바움, 조계원 옮김, 『혐오와 수치심:
인간다움을 파괴하는 감정들』(민음사, 2015), 506쪽.

[36] 이훈제 외, 「HIV 감염인 및 AIDS 환자 인권상황
실태조사」(국가인권위원회, 2005).

[37] 다른 국가들의 HIV 감염과 장애 인정에 관한 법률에
      대해서는 다음을 볼 것. 나영정 외, 앞의 글, 38~45쪽.

[38] 장애학과 장애의 인류학은 장애를 보편적으로 정의하려는
      모든 시도가 특정한 방식으로 사람다움을 규정하여
      손상이나 결함, 기형이라고 여겨지는 요소들에 특정한
      가치와 위계를 부여하고자 한다는 점을 강조해왔다.
      사회적 정체성으로서 장애는 모든 사회에서 늘 생성
      중이다. 장애에 대한 비교문화적 접근의 한 예로는 다음이
      있다. 베네딕테 잉스타·수잔 레이놀스 휘테, 김도현 옮김,
      『우리가 아는 장애는 없다: 장애에 대한 문화인류학적
      접근』(그린비, 2011).

[39] 다음 내용은 2019년 7월 일본에서 진행한 현장연구에
      기반하고 있다. 일본의 HIV 감염인 권리운동의 현황
      일부와 진료 체계에 대한 현장 조사 내용의 일부는 다음에
      실려 있다. 이훈재 외, 「HIV/AIDS 질병맞춤형요양(병원
      및 돌봄) 서비스 모델개발 연구 최종보고서」(질병관리본부,
      2019).

[40] 수전 웬델, 강진영·김은정·황지성 옮김, 『거부당한 몸:
      장애와 질병에 대한 여성주의 철학』(그린비, 2013), 58쪽.

[41] 전국장애인차별철폐연대·장애인차별금지추진연대·장애
      여성공감·장애와인권발바닥행동·한국장애인자립생활센
      터협의회·대구장애인차별철폐연대(준), 「12월 1일 세계
      에이즈의 날 맞이 HIV 감염인 권리보장을 위한 대책마련
      촉구 성명서」(2019년 12월 2일).

[42] 장애여성공감, 「20주년 기념 선언문: 시대와 불화하는
      불구의 정치」(2018년 2월 2일).

[43] 일라이 클레어, 전혜은·제이 옮김, 『망명과 자긍심:
      교차하는 퀴어 장애 정치학』(현실문화, 2020), 157쪽.

[44]　Hotchkiss, W. S., "The American Medical Association
　　　and the War on AIDS," *Public Health Report* 103(3) (1988),
　　　pp. 282-288.

[45]　대한의사협회 의료정책연구소, 「의사윤리강령 및 지침
　　　해설과 활용방안 연구」(2020), 68쪽.

5　　　불명예 섹스를 계속하기

[1]　서울중앙지방법원 2018. 8. 14. 선고 2017고단6412 판결.

[2]　서울중앙지방법원 2016. 1. 28. 선고 2015고단5249-1
　　　판결.

[3]　대전지방법원 2018. 7. 12. 선고 2017고단4681 판결.

[4]　대전지방법원 2018. 7. 12. 선고 2017고단4681 판결.

[5]　Cohen, M. S., Chen, Y. Q., et al., "Prevention of HIV-
　　　1 Infection with Early Antiretroviral Therapy," *New
　　　England Journal of Medicine* 365(6) (2011), pp. 493-505.

[6]　Rodger, A. J., Cambiano, V., et al., "Risk of HIV
　　　Transmission through Condomless Sex in Serodifferent
　　　Gay Couples with the HIV-positive Partner Taking
　　　Suppressive Antiretroviral Therapy (PARTNER)," *Lancet*
　　　393(10189) (2019), pp. 2428-2438.
　　　　　　U=U 관련 주요 연구에 대한 개괄적인 설명과
　　　한국 맥락에서의 함의에 대한 논의로는 다음을 살펴볼 것.
　　　Choi, J. P., Seo, B. K., "HIV-Related Stigma Reduction
　　　in the Era of Undetectable Equals Untransmittable: The
　　　South Korean Perspective," *Infection and Chemotheraphy*
　　　53(4) (2021), pp. 661-675.

[7]   Barré-Sinoussi, F., Karim, S. S. Abdool, et al., "Expert
        Consensus Statement on the Science of HIV in the
        Context of Criminal Law," *Journal of International AIDS
        Society* 21(7) (2018), e25161.

[8]   서울중앙지방법원 2018. 8. 14. 선고 2017고단6412
        판결(이하 인용은 모두 동일).

[9]   대법원 2001. 1. 19. 선고 2000다12532 판결.

[10]   서울중앙지방법원 2016.1.28. 선고 2015고단5249-1
        판결(이하 인용은 모두 동일).

[11]   「노동자 죽었는데 벌금 432만 원, 끝」, 《프레시안》,
        2019년 12월 6일, https://www.pressian.com/pages/
        articles/268695

[12]   바이러스는 다른 세포와의 결합을 통해서만 증식
        가능하다. 물리적 실체로서 바이러스 입자는 유전 정보를
        운반하는 정보 단위라고 할 수 있다. 따라서 HIV가
        결합 가능한 모든 세포에서 단 하나의 세포도 HIV와
        혼성화되어 있지 않다는 것을 입증하는 것은 물리적으로
        불가능하다. HIV의 바이러스 부하 수치의 측정은 역전사
        중합효소 연쇄반응(reverse-transcriptase polymerase
        chain reaction, RT-PCR), 분기형 DNA 탐침법(branched
        DNA (bDNA) test), 등온핵산증폭(nucleic acid sequence-
        based amplification)을 통해 측정 가능한데, 이 검사법은
        모두 바이러스의 특징을 드러내는 유전자의 일부 구조
        혹은 일부 유전 물질에 반응을 유도하고 증폭하는 방식을
        사용하며, 해당 검사를 통해 파악 가능한 것은 바이러스
        조각의 흔적 혹은 그에 대한 반응이지 엄밀히 말해 인체
        내 바이러스 자체의 총량을 물리적으로 측정할 수 있는
        것은 아니다. Peter, J. B., Sevall, J. S., "Molecular-based

Methods for Quantifying HIV Viral Load," *AIDS Patient Care and STDs* 18(2) (2004), pp. 75-79.

[13] 마사 C. 누스바움, 조계원 옮김, 『혐오와 수치심: 인간다움을 파괴하는 감정들』(민음사, 2015), 507쪽.

[14] 조르주 캉길렘, 여인석·박찬웅 옮김, 『생명에 대한 인식』(그린비, 2020), 254쪽에서 재인용.

[15] 수전 손태그, 이재원 옮김, 『은유로서의 질병』(이후, 2002).

[16] 한국HIV낙인지표조사 공동기획단, 「한국 HIV 낙인 지표 조사」(KNP+, 2017), 21쪽.

[17] 위의 글, 21쪽.

[18] Rubin, Gayle, "Thinking Sex: Notes for a Radical Theory of the Politics of Sexuality," *Deviations: A Gayle Robin Reader*(Durham: Duke University Press, 2011), pp. 137-181.

[19] Foucault, Michel, Hurley, Robert, (trans.), *The History of Sexuality Vol. 1: An Introduction*(New York: Pantheon Books, 1978).

[20] 1987년 법 제정 이후 2018년 11월까지 전파매개행위 처벌 판결례를 분석한 다음의 연구에 따르면 총 23건이 기소되었고, 이 중 성 접촉으로 기소된 사례는 20건이다. 김찬, 「후천성면역결핍증 예방법상 전파매개행위 처벌의 문제」, 《공익과 인권》 19호 (2019), 163~200쪽.

[21] 해당 연구의 기획 및 해석 과정에 대해서는 다음에 기술했다. 서보경, 「역량강화(empowerment)라는 사회과학의 비전: 「한국 HIV 낙인 지표 조사」를 중심으로」, 《경제와사회》 116호(2017), 332~366쪽.

[22] 한국HIV낙인지표조사 공동기획단, 앞의 글, 43쪽.

[23]   위의 글, 43쪽.

[24]   「오픈테이블 ‹HIV를 둘러싼 다양한 ‘□’를 이야기하는
       모임› 사업보고 간담회 자료집」(친구사이, 2021).

[25]   Foucault, Michel, Hurley, Robert, (trans.), *The History
       of Sexuality Vol. 2: The Use of Pleasure*(New York: Vintage
       Books, 1990).

[26]   Sedgwick, Eve, "Shame, Theatricality, and Queer
       Performativity," in Haperin, D., Traub V., (eds.), *Gay
       Shame*(Chicago: University of Chicago Press, 2009), p. 51.

[27]   Ibid., pp. 49-62.

[28]   유성원, 『토요일 외로움 없는 삼십대 모임』(난다, 2020).

[29]   위의 책, 323쪽.

[30]   Foucault, Michel, "Friendship as a Way of Life," in
       Rabinow, Paul, (ed.), *Ethics: Subjectivity and Truth*(New
       York: New Press, 1997), p.137.

[31]   유성원, 앞의 책, 396쪽.

[32]   Foucault, op. cit., p. 137.

6   휘말림의 감촉

[1]   Farmer, Paul, *Infectious and Inequalities: The Modern
       Plagues*(Berkeley: University of California Press, 2001),
       p. 40.

[2]   우리말의 피동은 영어의 수동과 사뭇 다르다. 우리말은
       자동사와 타동사의 구별이 엄격하지 않고, 타동사라고
       해도 목적어의 생략이 자유로우며, 문장 형성에서
       주어, 즉 행위동작주의 생략 역시 문법적으로 넉넉히

허용된다. 이는 한국어에서 동사의 성격이 영어에서
동사의 성격과 사뭇 다르다는 것을 뜻하기도 한다. 따라서
한국어 문법론에서 과연 중동태를 어떻게 설정해야
하는가는 매우 복잡한 질문일 수 있다. 김영일은 한국어의
중동태에 대한 연구는 영어의 중동태에 대한 연구 성과를
한국어 문장에 적용해보는 방식으로 주로 이뤄졌다고
검토하면서, 한국어에서 중동을 구성하는 아홉 개의
특성을 제시하고 이를 통해 피동 및 반(反)사동과
구별되는 동사 활용의 특성을 중동으로 대별할 수
있다고 주장한다(「한국어 문법론에서 중동태의 설정을
위하여」, 《한말연구》 55호(2020), 35~78쪽). 김영일의
논문은 형태론적 특성에서 중동태를 구성하는 요소들에
집중하고 있으며, 의미론의 차원은 다루지 않는다. 그러나
이 논문에서 김영일은 피동 표지가 있더라도 의미론의
차원에서는 전형적인 피동과는 다른 양상을 드러내는
문법적 범주가 있다는 것에 여러 국어학자들이 관심을
기울여왔다는 점을 언급하고 있다. 일례로 백정화는
피동문을 의미에 따라 "속성 피동, 저절로 피동, 스스로
피동, 동작주 초점 피동"으로 나누기도 하고(「언어
유형론의 관점에서 본 한국어 피동사 구문의 의미적
특징에 관한 연구」(한양대학교 박사학위논문, 2018)),
김지혜는 "자연 발생, 비의도, 총칭적 속성, 비피동"으로
세분하기도 한다(「한국어 비전형적 피동문의 의미 유형
연구」(성균관대학교 박사학위논문, 2018)).

[3] 인류학자 팀 잉골드(Tim Ingold)는 행위성 없는 행위,
행위로 이루어진 삶을 이해하는 가장 적합한 방식이
중동태라고 말하기도 한다. Ingold, Tim, *The Life of
Lines*(London: Routledge, 2015), p.145.

[4]   Benveniste, Émile, Meek, M. E., (trans.), *Problems in
        General Linguistics*(Coral Gables: University of Miami
        Press, 1971), p. 149. Ingold, op. cit., 145쪽에서 재인용.

[5]   Ibid., p. 148.

[6]   Ibid., p. 147.

[7]   벵베니스트가 예로 든 단어는 라틴어 medeor, meditor인데,
        국역본 역자는 이를 '조치를 취하다'라고 번역한다. 영어
        단어 medicine의 어근 med가 이 말에서 유래하는데,
        '생각하다, 염려하다, 보살피다'의 의미를 지닌다. 에밀
        벵베니스트, 김현권 옮김, 『일반언어학의 여러 문제 1』
        (지식을만드는지식, 2012), 327~328쪽; Charen, Thelma,
        "The Etymology of Medicine," *Bulletin of Medical Library
        Association* 39(3) (1951), pp. 216-221.

[8]   고쿠분 고이치로, 박성관 옮김, 『중동태의 세계: 의지와
        책임의 고고학』(동아시아, 2019).

[9]   위의 책, 208쪽.

[10]   위의 책, 209쪽.

[11]   Douglas, Mary, *Risk and Blame: Essays in Cultural
        Theory*(London: Routledge, 1992).

[12]   면역 개념의 발전사에 대한 보다 본격적인 논의로는
        Cohen, Ed, *A Body Worth Defending: Immunity, Biopolitics,
        and the Apotheosis of the Modern Body*(Durham: Duke
        University Press, 2009)를 볼 것.

[13]   Ibid.

[14]   Esposito, Roberto, Welch, R. N., (trans.), *Immunitas:
        The Protection and Negation of Life*(Cambridge: Polity
        Press, 2011); *Terms of the Political: Community, Immunity,
        Biopolitics*(New York: Fordham University Press, 2013).

[15] 대표적인 예로 '나병 퇴치'를 목적으로 한센병 환자에게 행해진 가혹한 조치를 들 수 있다. 김재형, 『질병, 낙인: 무균사회와 한센인의 강제격리』(돌베개, 2021).

[16] 적대에 기반한 정치철학의 대표적인 논의로는 다음을 들 수 있다. Schmitt, Carl, Schwab, George, (trans.), *The Concept of the Political*(Chicago: University of Chicago Press, 2007).

[17] Haraway, Donna, "The Biopolitics of Postmodern Bodies: Determinations of Self in Immune System Discourse," *differences* 1(1) (1989), pp. 3–43; Martin, Emily, *Flexible Bodies: Tracking Immunity in American Culture from the Days of Polio to the Age of AIDS*(Boston: Beacon Press, 1994).

[18] Alberts, B., Johnson, A., Lewis, J., et al., "From DNA to RNA," *Molecular Biology of the Cell, 4th edition*(New York: Garland Science, 2002), https://www.ncbi.nlm.nih.gov/books/NBK26887/

[19] HIV 연구에서도 인체 내 증식 양상의 차이가 어디서 어떻게 기인하는지에 대한 획기적인 연구들이 속속 진행되고 있다. 예를 들어 다음과 같은 연구를 찾아볼 수 있다. Collins, D. R., Gaiha, G. D., Walker, B. D., "CD8+ T Cells in HIV Control, Cure and Prevention," *Nature Review Immunology* 20(8) (2020), pp. 471–482.

[20] 조르주 캉길렘, 여인석·박찬웅 옮김, 『생명에 대한 인식』(그린비, 2020), 262쪽.

[21] 조르주 캉길렘, 여인석 옮김, 『정상적인 것과 병리적인 것』(그린비, 2018), 141쪽.

[22] 캉길렘, 앞의 책(2020), 262쪽.

[23] 캉길렘, 앞의 책(2018), 121쪽.

[24] 위의 책, 314쪽.

[25] 위의 책, 226쪽.

[26] 캉길렘, 앞의 책(2020), 224쪽.

[27] Haraway, Donna, *The Companion Species Manifesto: Dogs, People, and Significant Otherness*(Chicago: Prickly Paradigm Press, 2003). 비록 해러웨이가 인간의 가장 오랜 친구라는 개와의 동반에서부터 이 논의를 시작하기는 하지만, 그의 용법에서 동반 혹은 반려는 관계의 긍정성만을 뜻하지 않으며, 외려 끊임없는 문제들과 함께하기를 멈추지 않으려는 시도에 가깝다. 동반의 관계 속에 있는 다수의 생물종들은 "위험한 감염"을 피하기보다는 지속하면서, 미지의 잠재력이 있는 문제들을 없애기보다는 더 크게 "유행"시키며 함께 얽힌다. 흥미롭게도 혹은 당연하게도 해러웨이에게 감염은 언제나 창발적 상태로 그려진다. Haraway, Donna, *Staying with the Trouble: Making Kin in the Chthulucene*(Durham and London: Duke University Press, 2016), p. 11.

[28] 완치의 시간성과 장애화 사이의 관계에 관해서는 김은정이 심도 깊게 논의한 바 있다. 김은정, 강진경·강진영 옮김, 『치유라는 이름의 폭력』(후마니타스, 2022).

[29] Sedgwick, Eve, *Tendencies*(Durham: Duke University Press, 1993), viii.

[30] Ibid.

[31] Jaewon, Kim, "Nuance"(2022), https://video.visualaids.org/Jaewon-Kim-Nuance

[32] 행성인, 「VISUAL AIDS 《Day With(out) Art》 Day With(out) Art 2022 Being & Belonging 토크 프로그램의

이야기들」,《행성인 웹진》, 2022년 12월 27일, https://lgbtpride.tistory.com/1781

[33] Conner, Davina "Dee", Hayes, Karin, "Here We Are: Voices of Black Women Who Live with HIV"(2022), https://video.visualaids.org/Davina-Dee-Conner-and-Karin-Hayes-Here-We-Are-Voices-of-Black-Women

[34] 수 개념과 셈하기의 수행성에 관한 흥미로운 논의로는 다음을 찾아볼 수 있다. Verran, Helen, *Science and African Logic*(Chicago: Chicago University Press, 1991).

[35] Ardent, Hannah, *The Human Condition*(Chicago: Chicago University Press, 1998), p. 7. 같은 문장이 박성관이 번역한 고쿠분 고이치로의 책(2019)에 인용되어 있는데, 여기서는 박성관의 번역을 차용했다.

[36] Esposito, (2013).

[37] 이때 얼마나 정의롭게 이 배분이 이뤄졌는지는 또 다른 문제이다. 관련한 짧은 논의로는 서보경, 「서둘러 떠나지 않는다면: 코로나19와 아직 도래하지 않은 돌봄의 생명정치」,《문학과 사회》 33(3) (2020), 23~41쪽; 「감염과 오명, 보복하지 않는 정의에 대하여」, 『마스크가 답하지 못한 질문들』(창비, 2021), 29~46쪽.

[38] 철학자 버나드 윌리엄스(Bernard Williams)는 책임 개념을 구성하는 요소를 다음과 같이 넷으로 나눈다. (1) 무엇을 해서 부정적이라고 여길 일을 벌어지게 했는지, (2) 그러한 결과를 일으키는 것을 의도하였는지, (3) 그러한 결과를 일으킬 때 행위 주체는 어떤 상태에 있었는지, (4) 결과를 수습하는 일이 누구의 일로 여겨지는지. 즉 책임 개념에는 인과, 의도, 상태, 대응이 모두 포함되어 있으며, 책임의 문제에서 어떤 요소가 부각되는지에 따라 책임의

구성 자체가 달라진다고 할 수 있다. 특히 네 번째 요소인 누구에게 혹은 무엇에 대응의 의무가 주어지느냐의 문제는 공동체와 정치체의 성격을 구성하는 데 매우 핵심적이다. 인류학자 제임스 레이드로(James Laidlaw)는 책임 소재를 배분하는 방식이 상호 연결성의 고유한 성격을 만들어낸다는 점에 주목하면서, 개별 인간 행위자 개념으로 책임의 문제를 충분히 논의할 수 없다는 것을 강조한다. Williams, Bernard, *Shame and Necessity*(Oxford: University of California Press, 1993); Laidlaw, James, "Agency and Responsibility: Perhaps You Can Have Too Much of a Good Thing," in Lambek, Michael, (ed.), *Ordinary Ethics: Anthropology, Language, and Action*(New York: Fordham University Press, 2010). pp. 143-164.

[39]   캉길렘, 앞의 책(2018), 34쪽.

[40]   Barad, Karen, "On Touching—the Inhuman That Therefore I Am," *differences* 23(3) (2012), p. 219.

7   HIV와 에이즈의 미래

[1]   김경민, 『겨울 허수아비도 사는 일에는 연습이 필요하다』(성림, 1993).

[2]   터울, 「시간 사이의 터울 #1: 어느 감염인의 이야기」, 《친구사이 소식지》, 2015년 1월 29일, https://chingusai.net/xe/newsletter/425503; 크리스, 「친구사이 20년史 톺아보기 #01: 성소수자 인권운동, 문을 열다」, 《친구사이 소식지》, 2014년 4월 18일, https://chingusai.net/xe/newsletter/397988 이 외에도 오준수

활동가와 친구사이의 역사에 관해서는 이종걸 활동가와의
대화에서 도움을 받았다.

[3] 해당 사진은 다음의 글에서 볼 수 있다. 친구사이,
「HIV 감염인 故 오준수 님이 남긴 흔적과 흔적-없음:
이강승 작가 전시 'Garden'」, 《허프포스트》, 2018년
12월 20일, https://www.huffingtonpost.kr/news/
articleView.html?idxno=78363

[4] 김경민, 앞의 책, 268쪽.

[5] 위의 책, 217쪽.

[6] Diedrich, Lisa, "Doing Queer Love: Feminism, AIDS,
and History," *Theoria* 54(112) (2007), pp. 25-50.

[7] 「윤가브리엘의 에이즈 인권 20년...잘 싸우고 함께
살아냈다!」, 《한겨레》, 2021년 1월 23일.

[8] 윤가브리엘의 삶과 활동 과정에 관해서는 다음을 볼 것.
윤가브리엘, 『하늘을 듣는다: 한 에이즈인권활동가의 삶과
노래』(사람생각, 2010).

[9] Diedrich, op. cit.

[10] 친구사이, 「제9회 무지개인권상 선정서」, 2014년 12월
13일, https://chingusai.net/xe/notice/421326

[11] 위의 글.

[12] 김연수, 「다시, 2100년의 바르바라에게」, 『이토록 평범한
미래』(문학동네, 2022), 215~245쪽.

[13] 위의 책, 235쪽.

[14] Mi, Sha, Lee, Xinhua, Li, Xiang-ping, et al., "Syncytin
is a Captive Retroviral Envelope Protein Involved in
Human Placental Morphogenesis," *Nature* 403 (2000),
pp. 785-789; Chuong, E. B., "Retroviruses Facilitate the
Rapid Evolution of the Mammalian Placenta," *BioEssays*

35(10) (2013), pp. 853-861; Chuong E. B., "The Placenta Goes Viral: Retroviruses Control Gene Expression in Pregnancy," *PLoS Biology* 16(10) (2018), e3000028.

[15]   International Human Genome Sequencing Consortium, "Initial Sequencing and Analysis of the Human Genome," *Nature* 409 (2001), pp. 860–921.

[16]   앞의 자연성이 자연과 문화의 이분법을 통해 도출된 개념이라고 한다면, 후자의 자연하다는 자연히 그러한 것, 스스로 그러하다는 의미로 구별해볼 수 있다. 김태우나 강신익 같은 학자들은 이 구별을 근대 서구의 자연 개념과 동아시아의 자연 개념의 차이로 논의하기도 한다. 김태우, 『한의학의 인류학: 몸-마음-자연을 연경하는 사유와 치유』(돌베개, 2021); 강신익, 「한국 사상과 현대 과학의 흐름 속에서 본 코로나-19와 면역」,《의철학연구》 제32권(2021), 81~111쪽. 그러나 문명(culture)의 대립 개념으로서 자연(nature) 개념으로부터 탈피하고자 하는 시도는 서구와 비서구의 구별보다는 퀴어 이론을 통해 더욱 급진적으로 사고해볼 수 있다. 생태 그 자체를 퀴어한 것으로 재전유하는 접근에 관해서는 다음을 참조할 것. Morton, Timothy, *Ecology without Nature: Rethinking Environmental Aesthetics*(Cambridge: Harvard University Press, 2009); "Queer Ecology," *PMLA* 125(2) (2010), pp. 273-282.

[17]   난민법(2016년 12월 20일 시행).

[18]   한국에서의 HIV 수직감염 치료에 대한 연구로는 다음이 있다. 이재요 외, 「사람면역결핍바이러스 수직감염 예방치료 3례」,《Korean Journal of Pediatric Infectious Disease》 18(1) (2011), 85~90쪽.

[19] 「2020년 외국인근로자 등 의료지원
      사업안내」(보건복지부, 2020), 1~3쪽.

[20] '복지로' 웹사이트, https://www.bokjiro.go.kr/ssis-tbu/
      twataa/wlfareInfo/moveTWAT52011M.do?wlfareInfoId=
      WLF00003256

[21] 2022년 한국의 미등록 이주민은 약 39만 명으로
      추산되나, 보건복지부의 '외국인근로자 등 의료지원'
      사업에 배당되는 예산은 연간 약 30억밖에 되지
      않는다. 지원이 필요한 규모에 비해 배정된 예산이 극히
      적은 형편이다. 해당 사업의 예산이 조기에 소진되는
      문제에 대한 기사로는 다음을 찾아볼 수 있다. 「[이주민
      건강권 실현을 위한 동행] ⑥ 너무 취약한 미등록
      이주민 지원 제도」, 《뉴스민》, 2022년 9월 1일, https://
      www.newsmin.co.kr/news/77189/; 「이주민들, 2배
      이상 비싼 비용에 아파도 병원 못 간다」, 《프레시안》,
      2022년 4월 22일, https://www.pressian.com/pages/
      articles/2022042211175216255

감사의 말

[1]   Das, Veena, "Language and Body: Transactions in the
      Construction of Pain," *Daedalus* 125(1) (1996), p. 69.

참고 문헌

한국어 논문 및 단행본

감염미생물 면역약학 분과학회, 『최신면역학 제2판』
    (라이프사이언스, 2018).
강군생·김정선, 「노인의 사회적 입원으로 인한 요양병원에서의
    삶의 변화」, 《한국노년학회》 37(1) (2017), 103~123쪽.
강신익, 「한국 사상과 현대 과학의 흐름 속에서 본 코로나-19와
    면역」, 《의철학연구》 제32권(2021), 81~111쪽.
고쿠분 고이치로, 박성관 옮김, 『중동태의 세계: 의지와 책임의
    고고학』(동아시아, 2019).
권미란·나영정·서보경·손문수·이인규, 「한국의 HIV 낙인과 장기
    요양 위기」, 《비판사회정책》 67호(2020), 71~111쪽.
권정현, 「지불제도와 요양병원의 진료행위 변화 연구」,
    《응용경제》 20(4) (2018), 61~96쪽.
김경민, 『겨울 허수아비도 사는 일에는 연습이 필요하다』(성림,
    1993).
김고운 외, 「2021 HIV/AIDS 신고 현황」, 《주간 건강과 질병》,
    15(33) (2022), 2364~2369쪽.
김연수, 「다시, 2100년의 바르바라에게」, 『이토록 평범한 미래』
    (문학동네, 2022), 215~245쪽.

김영일, 「한국어 문법론에서 중동태의 설정을 위하여」,
        《한말연구》 55호(2020), 35~78쪽).

김은정, 강진경·강진영 옮김, 『치유라는 이름의 폭력』(후마니타스,
        2022).

김일순 외, 「사전관리대책 수립을 위한 전체토의」,
        《한국역학회지》 7(2) (1985), 187~191쪽.

김재형, 『질병, 낙인: 무균사회와 한센인의 강제격리』(돌베개,
        2021).

김정순, 「에이즈유행의 보건학적 의의와 효과적 예방전략」,
        《보건학논집》 34(1) (1997), 85~93쪽.

_____, 「AIDS와 그 예방전략」, 《보건학논집》 31(1) (1994),
        7~19쪽.

김지혜, 「한국어 비전형적 피동문의 의미 유형
        연구」(성균관대학교 박사학위논문, 2018).

김찬, 「후천성면역결핍증 예방법상 전파매개행위 처벌의 문제」,
        《공익과 인권》 19호(2019), 163~200쪽.

김태우, 『한의학의 인류학: 몸-마음-자연을 연경하는 사유와
        치유』(돌베개, 2021).

나영정 외, 「감염인(HIV/AIDS) 의료차별
        실태조사」(국가인권위원회, 2016).

대한감염학회, 『대한감염학회 50년사』(대한감염학회, 2011).

대한의사협회, 「의사윤리강령 의사윤리지침」(2017).

대한의사협회 의료정책연구소, 「의사윤리강력 및 지침 해설과
        활용방안 연구」(2020).

더글러스 크림프, 김수연 옮김, 『애도와 투쟁: 에이즈와 퀴어
        정치학에 관한 에세이들』(현실문화, 2021).

도미야마 이치로, 심정명 옮김, 「평화를 만드는 말의 모습」, 『난민,
        난민화되는 삶』(갈무리, 2020), 445~465쪽.

디디에 에리봉, 이상길 옮김, 『랭스로 돌아가다』(문학과지성사, 2021).

마사 C. 누스바움, 조계원 옮김, 『혐오와 수치심: 인간다움을 파괴하는 감정들』(민음사, 2015).

박정미, 「쾌락과 공포의 시대: 1980년대 한국의 '유흥향락산업'과 인신매매」, 《여성학논집》 33(2) (2016), 31~62쪽.

_____, 「한국 기지촌 성매매정책의 역사사회학, 1953-1955년」, 《한국사회학》 49(2) (2015), 1~33쪽.

박차민정, 「AIDS 패닉 혹은 괴담의 정치」, 《말과활》 12호(2016), 35~48쪽.

백선례, 「식민지 조선의 전염병예방령 개정과 '보균자' 문제」, 《의료사회사연구》 7 (2021), 5~33쪽.

백정화, 「언어 유형론의 관점에서 본 한국어 피동사 구문의 의미적 특징에 관한 연구」(한양대학교 박사학위논문, 2018).

베네딕테 잉스타·수잔 레이놀스 휘테, 김도현 옮김, 『우리가 아는 장애는 없다: 장애에 대한 문화인류학적 접근』(그린비, 2011).

보건복지부, 「2020년 외국인근로자 등 의료지원 사업안내」(보건복지부, 2020).

서명희 외, 「의학전문대학원 학생들의 HIV/AIDS 관련 지식 및 태도」, 《디지털융복합연구》 13(11) (2015), 255~265쪽.

서보경, 「감염과 오명, 보복하지 않는 정의에 대하여」, 『마스크가 답하지 못한 질문들』(창비, 2021), 29~46쪽.

_____, 「살리는 일의 권위」, 《한편》 6호(2021), 59~78쪽.

_____, 「서둘러 떠나지 않는다면: 코로나19와 아직 도래하지 않은 돌봄의 생명정치」, 《문학과 사회》 33(3) (2020), 23~41쪽.

───, 「역량강화(empowerment)라는 사회과학의 비전: 「한국
    HIV 낙인 지표 조사」를 중심으로」, 《경제와사회》
    116호(2017), 332~366쪽.

───, 「재난과 무명의 죽음」, 《문학들》 63호(2021), 42~64쪽.

송은경·김재천, 「의약품 권력의 통제」(건강세상네트워크, 2021).

수전 손태그, 이재원 옮김, 『은유로서의 질병』(이후, 2002).

수전 웬델, 강진영·김은정·황지성 옮김, 『거부당한 몸』(그린비,
    2013).

안윤옥, 「후천성 면역 결핍증(AIDS)의 역학적 특성」,
    《한국역학회지》 7(2) (1985), 158~167쪽.

애덤 쿠차르스키, 고호관 옮김, 『수학자가 알려주는 전염의 원리:
    바이러스, 투자 버블, 가짜 뉴스 왜 퍼져나가고 언제
    멈출까?』(세종, 2021).

양용태, 『의학총서 AIDS: 본체, 현황 및 대책』(여문각, 1988).

에밀 뱅베니스트, 김현권 옮김, 『일반언어학의 여러 문제 1』
    (지식을만드는지식, 2012).

유성원, 『토요일 외로움 없는 삼십대 모임』(난다, 2020).

유원하, 「후천성 면역 결핍증(AIDS)의 예방대책」,
    《한국역학회지》 7(2) (1985), 183~186쪽.

윤가브리엘, 『하늘을 듣는다: 한 에이즈인권활동가의 삶과
    노래』(사람생각, 2010).

윤가브리엘·손문수, 「[방치된 자리, 수동연세요양병원] 귀한
    목숨이고 싶다」, 《인권오름》 395호(2014).

윤방부, 「후천성 면역결핍증 환자 경험 1례」, 《대한역학회지》 7(2)
    (1985), 149~157쪽.

이건행, 『세상 끝에 선 여자』(한뜻, 1997).

이덕형, 「에이즈의 역학」, 《과학과기술》 27(11) (1994), 51~55쪽.

───, 「정부의 에이즈 관리대책」, 『보건의료인과

에이즈』(보건사회부, 1994).

이동현, 「사람 버리는 복지, 사람 삼키는 병원: 요양병원의 홈리스
　　　장사를 고발한다」, 《오늘보다》(2015년 2월).

이문호 편저, 『에이즈 백과: 정체와 실태에서
　　　예방법까지』(민중서림, 1999).

이순영, 『한국의 에이즈 관리 및 감시체계의 효율적
　　　운영방안』(한국보건사회연구원, 1995).

이원영, 「후천성 면역 결핍증(AIDS)의 원인체 HTLV-III/LAV에
　　　관하여」, 《한국역학회지》 7(2) (1985), 168~176쪽.

이임하, 「미군의 동아시아 주둔과 섹슈얼리티」, 『동아시아와
　　　근대, 여성의 발견: 동아시아 정체성을 묻는 오늘의 시각,
　　　여성』(청어람, 2004), 259~299쪽.

이재요 외, 「사람면역결핍바이러스 수직감염 예방치료 3례」,
　　　《Korean Journal of Pediatric Infectious Disease》 18(1)
　　　(2011), 85~90쪽.

이정식, 『시선으로 사람을 죽일 수 있다면: 김무명들이 남긴 생의
　　　흔적』(글항아리, 2021).

이훈재 외, 「HIV 감염인 및 AIDS 환자 인권상황
　　　실태조사」(국가인권위원회, 2005).

_____, 「HIV/AIDS 질병맞춤형요양(병원 및 돌봄) 서비스
　　　모델개발 연구 최종보고서」(질병관리본부, 2019).

일라이 클레어, 전혜은·제이 옮김, 『망명과 자긍심: 교차하는 퀴어
　　　장애 정치학』(현실문화, 2020).

전원근, 「1980년대 선데이서울에 나타난 동성애 담론과 남성
　　　동성애자들의 경험」, 《젠더와 문화》 8(2) (2015),
　　　139~170쪽.

정형준, 「요양병원의 실태와 개선방안」, 《월간 복지동향》
　　　189호(2014), 12~15쪽.

조르주 캉길렘, 여인석 옮김, 『정상적인 것과 병리적인 것』(그린비, 2018).

_____, 여인석·박찬웅 옮김, 『생명에 대한 인식』(그린비, 2020).

조병희, 『섹슈얼리티와 위험 연구』(나남, 2008).

조은주, 『가족과 통치: 인구는 어떻게 정치의 문제가 되었나』(창비, 2018).

주디스 버틀러, 양효실 옮김, 『불확실한 삶: 애도와 폭력의 권력들』(경성대학교 출판부, 2008).

_____, 조현순 옮김, 『안티고네의 주장: 삶과 죽음, 그 사이에 있는 친족 관계』(동문선, 2005).

질병관리청, 「HIV 감염인 진료를 위한 의료기관 길라잡이」(질병관리청, 2020)

_____, 『2022 만성질환 현황과 이슈』(질병관리청, 2022).

친구사이, 「오픈테이블 <HIV를 둘러싼 다양한 ' '를 이야기하는 모임> 사업보고 간담회 자료집」(친구사이, 2021).

캐서린 H. S. 문, 이정주 옮김, 『동맹 속의 섹스』(삼인, 2002).

크리스, 「친구사이 20년史 톺아보기 #01: 성소수자 인권운동, 문을 열다」, 《친구사이 소식지》, 2014년 4월 18일.

터울, 「시간 사이의 터울 #1: 어느 감염인의 이야기」, 《친구사이 소식지》, 2015년 1월 29일.

프란츠 파농, 남경태 옮김, 『대지의 저주받은 사람들』(그린비, 2004).

한국청소년·청년감염인커뮤니티 알, 「후천성면역결핍증 예방법 제19조 전파매개행위금지 조항은 없어져야 합니다: 19조 폐지를 위한 의견서」(2020년 10월 6일).

한국HIV낙인지표조사 공동기획단, 「한국 HIV 낙인 지표 조사」(KNP+, 2017).

행성인, 「VISUAL AIDS 《Day With(out) Art》 Day With(out)

Art 2022 Being & Belonging 토크 프로그램의 이야기들」,
《행성인 웹진》, 2022년 12월 27일.

황임경, 「자기 방어와 사회 안전을 넘어서: 에스포지토, 데리다,
해러웨이를 중심으로 본 면역의 사회·정치 철학」,
《의철학연구》 제16권(2013), 115~143쪽.

외국어 논문 및 단행본

Agamben, Giorgio, Heller-Roazen, Daniel, (trans.), *Homo Sacer:
Sovereign Power and Bare Life*(Redwood City: Stanford
University Press, 1998).

_____, Heller-Roazen, Daniel, (trans.), *Potentialities: Collected
Essays in Philosophy*(Redwood City: Stanford University
Press, 2000).

Ahmed, Sara, *The Cultural Politics of Emotion*(Edinburgh:
Edinburgh University Press, 2014).

Alberts, B., Johnson, A., Lewis, J., et al., *Molecular Biology of the
Cell, 4th edition*(New York: Garland Science, 2002).

Alexander, Thomas, "Human Immunodeficiency Virus Diagnostic
Testing: 30 Years of Evolution," *Clinical and Vaccine
Immunology* 23(4) (2016), pp. 249-253.

American Medical Association, "Routine Universal Screening for
HIV," *Code of Medical Ethics*(2016).

Ardent, Hannah, *The Human Condition*(Chicago: Chicago
University Press, 1998).

Auerbach, D. M., Darrow, W. W., Jaffe, H. W., Curran, J. W.,
"Cluster of Cases of the Acquired Immune Deficiency

Syndrome: Patients Linked by Sexual Contact," *The American Journal of Medicine* 76(3) (1984), pp. 487-492.

Barad, Karen, "On Touching—the Inhuman That Therefore I Am," *differences* 23(3) (2012), pp. 206–223.

————, *Meeting the Universe Halfway: Quantum Physics and the Entanglement of Matter and Meaning*(Durham: Duke University Press, 2006).

Barré-Sinoussi, F., Karim, S. S. Abdool, et al., "Expert Consensus Statement on the Science of HIV in the Context of Criminal Law," *Journal of International AIDS Society* 21(7) (2018), e25161.

Biehl, João, *Vita: Life in a Zone of Social Abandonment*(Durham and London: Duke University Press, 2005).

Boston Women's Health Book Collective, *Our Bodies, Ourselves*(New York: Simon and Schuster, 1973).

Carsten, Janet, *Cultures of Relatedness: New Approaches to the Study of Kinship*(Cambridge: University Press, 2000).

Center for Disease Control, "Current Trends Mortality Attributable to HIV Infection/AIDS: United States, 1981-1990," *MMWR* 40(3) (1991), pp. 41-44.

————, "Pneumocystis Pneumonia-Los Angeles," *MMWR* 30(21) (1981), pp. 250-252.

Charen, Thelma, "The Etymology of Medicine," *Bulletin of Medical Library Association* 39(3) (1951), pp. 216-221

Cheng, Jih-Fei, "Cold Blood: HIV/AIDS and the Global Blood Biotechnology Industry," *Radical History Review* 140 (2021), pp. 143-150.

Choi, J. P., Seo, B. K., "HIV-Related Stigma Reduction in the

Era of Undetectable Equals Untransmittable: The South Korean Perspective," *Infection and Chemotheraphy* 53(4) (2021), pp. 661-675.

Christophers, Brett, *Rentier Capitalism: Who Owns the Economy, and Who Pays for It?*(London: Verso, 2020).

Chuong, E. B., "Retroviruses Facilitate the Rapid Evolution of the Mammalian Placenta," *BioEssays* 35(10) (2013), pp. 853-861.

————, "The Placenta Goes Viral: Retroviruses Control Gene Expression in Pregnancy," *PLoS Biology* 16(10) (2018), e3000028.

Cohen, Ed, *A Body Worth Defending: Immunity, Biopolitics, and the Apotheosis of the Modern Body*(Durham: Duke University Press, 2009).

Cohen, M. S., Chen, Y. Q., et al., "Prevention of HIV-1 Infection with Early Antiretroviral Therapy," *New England Journal of Medicine* 365(6) (2011), pp. 493-505.

Collins, D. R., Gaiha, G. D., Walker, B. D., "CD8+ T Cells in HIV Control, Cure and Prevention," *Nature Review Immunology* 20(8) (2020), pp. 471–482.

Comaroff, Jean, "Beyond Bare Life: AIDS, (Bio)Politics, and the Neoliberal Order," *Public Culture* 19(1) (2007), pp. 197–219.

Crimp, Douglas, "How to Have Promiscuity in an Epidemic," *October* 43 (1987), pp. 237-271.

de Blasio, B. F., Svensson, Å., Liljeros, F., "Preferential Attachment in Sexual Networks," *Proceedings of the National Academy of Sciences* 104(26) (2007), 10762-10767.

Diedrich, Lisa, "Doing Queer Love: Feminism, AIDS, and
   History," *Theoria* 54(112) (2007), pp. 25-50.

Douglas, Mary, *Risk and Blame: Essays in Cultural Theory*(London:
   Routledge, 1992).

――――, *Risk and Culture: An Essay on the Selection of Technological
   and Environmental Dangers*(Berkeley: University of
   California Press, 1982).

Dreifus, Claudia, *Seizing Our Bodies: The Politics of Women's
   Health*(New York: Vintage, 1977).

Duggan, Lisa, "The New Homonormativity: The Sexual Politics
   of Neoliberalism," in Castronovo, R., Nelson, D. D., (eds.),
   *Materializing Democracy: Towards a Revitalized Cultural
   Politics*(Durham: Duke University Press, 2002), pp. 175-
   194.

Edelman, Lee, *No Future: Queer Theory and the Death Drive*(Durham
   and London: Duke University Press, 2004).

Epstein, Steven, *Impure Science: AIDS, Activism, and the Politics of
   Knowledge*(Berkeley: University of California Press, 1996).

Esposito, Roberto, *Terms of the Political: Community, Immunity,
   Biopolitics*(New York: Fordham University Press, 2013).

――――, Welch, R. N., (trans.), *Immunitas: The Protection and
   Negation of Life*(Cambridge: Polity Press, 2011).

Farmer, Paul, *Infectious and Inequalities: The Modern
   Plagues*(Berkeley: University of California Press, 2001).

Fordham, Graham, *A New Look at Thai AIDS: Perspectives from the
   Margin*(Oxford: Berghahn Books, 2005).

Foucault, Michel, "Friendship as a Way of Life," in Rabinow,
   Paul, (ed.), *Ethics: Subjectivity and Truth*(New York: New

Press, 1997), pp. 281-302.

―――――, *Security, Territory, Population: Lectures at the College de France, 1977-1978*(New York: Palgrave Macmillan, 2007).

―――――, Hurley, Robert, (trans.), *The History of Sexuality Vol. 1: An Introduction*(New York: Pantheon Books, 1978).

―――――, Hurley, Robert, (trans.), *The History of Sexuality Vol. 2: The Use of Pleasure*(New York: Vintage Books, 1990).

Fuentes, Agustin, "Naturalcultural Encounters in Bali: Monkeys, Temples, Tourists, and Ethnoprimatology," *Cultural Anthropology* 25(4) (2010), pp. 600-624.

Galletly, C., Pinkerton, S., Petroll, A., "CDC Recommendations for Opt-Out Testing and Reactions to Unanticipated HIV Diagnoses," *AIDS Patient Care and STDS* 22(3) (2008), pp. 189-193.

Giles-Vernick, T., Gondola, C., Lachenal, G., Schneider, W., "Social History, Biology, and the Emergence of HIV in Colonial Africa," *The Journal of African History* 54(1) (2013), pp. 11-30.

Goffman, Erving, *Stigma: Notes on the Management of Spoiled Identity*(New York: J. Aronson, 1963).

Haraway, Donna, "The Biopolitics of Postmodern Bodies: Determinations of Self in Immune System Discourse," *differences* 1(1) (1989), pp. 3-43.

―――――, *The Companion Species Manifesto: Dogs, People, and Significant Otherness*(Chicago: Prickly Paradigm Press, 2003).

Herdt, Gilbert, (ed.), *Moral Panics, Sex Panics: Fear and the Fight over Sexual Rights*(New York: New York University Press,

2009).

Hotchkiss, W. S., "The American Medical Association and the War on AIDS," *Public Health Report* 103(3) (1988), pp. 282-288.

Huebenthal, Jan, "Un/Detectability in Times of 'Equality': HIV, Queer Health, and Homonormativity," *European Journal of American Studies* 11(3) (2017).

Ingold, Tim, *The Life of Lines*(London: Routledge, 2015).

International Human Genome Sequencing Consortium, "Initial Sequencing and Analysis of the Human Genome," *Nature* 409 (2001), pp. 860–921.

Katz, Jonathan, *The Invention of Heterosexuality*(New York: Dutton, 1995).

Laidlaw, James, "Agency and Responsibility: Perhaps You Can Have Too Much of a Good Thing," in Lambek, Michael, (ed.), *Ordinary Ethics: Anthropology, Language, and Action*(New York: Fordham University Press, 2010).

Latour, Bruno, *On the Modern Cult of the Factish Gods*(Durham: Duke University Press, 2010).

Leavitt, Judith W., *Typhoid Mary: Captive to the Public's Health*(Boston: Beacon Press, 1996).

Liljeros, F., Edling, C., Amaral, L. et al., "The Web of Human Sexual Contacts," *Nature* 411(6840) (2001), pp. 907-908.

Martin, Emily, *Flexible Bodies: Tracking Immunity in American Culture from the Days of Polio to the Age of AIDS*(Boston: Beacon Press, 1994).

Mbembe, Achille, "Necropolitics," *Public Culture* 15(1) (2003), pp. 11-40.

McKay, Richard, "'Patient Zero': The Absence of Patient's View of the Early North American AIDS Epidemic," *Bulletin of the History of Medicine* 88(1) (2014), pp. 161-194.

————, *Patient Zero and the Making of the AIDS Epidemic*(Chicago: The University of Chicago Press, 2017).

Mi, Sha, Lee, Xinhua, Li, Xiang-ping, et al., "Syncytin is a Captive Retroviral Envelope Protein Involved in Human Placental Morphogenesis," Nature 403 (2000), pp. 785-789.

Morton, Timothy, "Queer Ecology," *PMLA* 125(2) (2010), pp. 273-282.

————, *Ecology without Nature: Rethinking Environmental Aesthetics*(Cambridge: Harvard University Press, 2009).

Mowlabocus, Sharif, "'What a Skewed Sense of Values': Discussing PreP in the British Press," *Sexualities* 23(8) (2019), pp. 1343-1361.

Peeters, Martine, D'Arc, Mirela, et al., "Origin and Diversity of Human Retroviruses," *AIDS Reviews* 6(1) (2014), pp. 23-34

Pépin, Jacques, *The Origins of AIDS*(Cambridge: Cambridge University Press, 2011).

Peter, J. B., Sevall, J. S., "Molecular-based Methods for Quantifying HIV Viral Load," *AIDS Patient Care and STDs* 18(2) (2004), pp. 75-79.

Pinching, A. J., Higgs, R., Boyd, K. M., "The Impact of AIDS on Medical Ethics," *Journal of Medical Ethics* 26(1) (2000), pp. 3-8.

Rodger, A. J., Cambiano, V., et al., "Risk of HIV Transmission through Condomless Sex in Serodifferent Gay Couples with the HIV-positive Partner Taking Suppressive Antiretroviral Therapy (PARTNER)," *Lancet* 393(10189) (2019), pp. 2428-2438.

Rubin, Gayle, "Thinking Sex: Notes for a Radical Theory of the Politics of Sexuality," *Deviations: A Gayle Robin Reader*(Durham: Duke University Press, 2011), pp. 137-181.

Rupp S., Ambata P., Narat V., Giles-Vernick T., "Beyond the Cut Hunter: A Historical Epidemiology of HIV Beginnings in Central Africa," *Ecohealth* 13(4) (2016), pp. 661-671.

Ruzek, Sheryl Burt, *The Women's Health Movement: Feminist Alternatives to Medical Control*(New York: Praeger, 1978).

Sahlins, Marshall, "What Kinship Is (Part One)," *The Journal of the Royal Anthropological Institute* 17(1) (2011), pp. 2–19.

_____, "What Kinship Is (Part Two)," *The Journal of the Royal Anthropological Institute* 17(2) (2011), pp. 227-242.

Schildkrout, Enid, "Inscribing the Body," *Annual Review of Anthropology* 33 (2004), pp. 391-344.

Schmitt, Carl, Schwab, George, (trans.), *The Concept of the Political*(Chicago: University of Chicago Press, 2007).

Sedgwick, Eve, "Shame, Theatricality, and Queer Performativity," in Haperin, D., Traub V., (eds.), *Gay Shame*(Chicago: University of Chicago Press, 2009), pp. 49-62.

_____, *Tendencies*(Durham: Duke University Press, 1993).

Shao, Jing, "Fluid Labor and Blood Money: The Economy of HIV/AIDS in Rural Central China," *Cultural Anthropology* 21(4) (2006), pp. 535-569.

Shilts, Randy, *And the Band Played On: Politics, People, and the AIDS Epidemic*(New York: St. Martins, 1987).

Standing, Guy, *The Corruption of Capitalism: Why Rentiers Thrive and Work Does Not Pay*(London: Biteback, 2017).

Stanley, Eric, "Near Life, Queer Death: Overkill and Ontological Captures," *Social Text* 107(2) (2011), pp. 1-19.

Storr, Merl, "Transformations: Subjects, Categories and Cures in Krafft-Ebing's Sexology," in Bland, L., Doan, L., (eds.), *Sexology in Culture: Labelling Bodies and Desires*(Cambridge: Polity Press, 1998).

The Hospital Infection Control Practices Advisory Committee, "Guideline for Isolation Precautions in Hospitals"(CDC, 1996).

Treichler, Paula, *How to Have Theory in an Epidemic: Cultural Chronicles of AIDS*(Durham: Duke University Press, 1999).

UNAIDS, "HIV and AIDS: Basic Facts"(UNAIDS, 2023).

_____, "UNAIDS Guidance Note on HIV and Sex work"(UNAIDS, 2009(updated 2012)).

_____, "UNAIDS Policy on HIV Testing and Counseling"(UNAIDS, 1997).

Verran, Helen, *Science and African Logic*(Chicago: Chicago University Press, 1991).

Weston, Kath, "Families in Queer States: The Rule of Law and the Politics of Recognition," *Radical History Review* (93) (2005), pp. 122-141.

Williams, Bernard, *Shame and Necessity*(Oxford: University of California Press, 1993).

World Health Organization, "Guideline on When to Start

Antiretroviral Therapy and on Pre-exposure Prophylaxis for HIV"(WHO, 2015).

————, "World Health Organization Best Practices for the Naming of New Human Infectious Diseases"(WHO, 2015).

Worobey, M., Watts, T., McKay, R. et al., "1970s and 'Patient 0' HIV-1 Genomes Illuminate Early HIV/AIDS History in North America," *Nature* 539(7627) (2016), pp. 98-101.

Zhu, T., Korber, B., Nahmias, A. et al., "An African HIV-1 Sequence from 1959 and Implications for the Origin of the Epidemic," *Nature* 391 (1998), pp. 594–597.

인용문 출처

디디에 에리봉, 이상길 옮김, 『랭스로 되돌아가다』(문학과지성사, 2021).

Retour à Reims

By Didier Eribon

© Librairie Artheme Fayard, 2009

서보경

인류학자. 대전에서 태어나 속리산 깊은 곳에서 어린 시절을 보냈고
한국에서 제일 이름이 특이한 고등학교를 다녔다. 서울, 캔버라,
치앙마이, 베를린에서 공부하고 일했으며, 현재는 연세대학교
문화인류학과에 다닌다.

　　　　이주여성의 출산과 출생 등록 경험에 관한 연구로
미국의료인류학회에서 수여하는 루돌프피르호상을, 포퓰리즘과
민주주의를 구성하는 돌봄의 미시정치에 대한 논문으로
미국문화인류학회의 컬처럴호라이즌스상을 받았으며, HIV
인권운동과 사회과학 연구방법론의 결합 방식에 관한 논문으로
비판사회학회·김진균학술상을 받았다. 감염병의 이동성에 대한 국제
공동 연구를 진행하고 있으며, 생명과 정치 사이의 관계를 인류학의
기반 위에서 새롭게 해명하고자 한다.

휘말린 날들
HIV, 감염 그리고 질병과 함께 미래 짓기

1판 1쇄 찍음 2023년 11월 17일
1판 1쇄 펴냄 2023년 11월 24일

지은이 서보경

편집   최예원 최고은
미술   김낙훈 한나은 김혜수
전자책 이미화
마케팅 정대용 허진호 김채훈
        홍수현 이지원 이지혜 이호정
홍보   이시윤 윤영우
저작권 남유선 김다정 송지영
제작   임지헌 김한수 임수아 권순택
관리   박경희 김지현 김도희

펴낸이 박상준
펴낸곳 반비

출판등록 1997. 3. 24.(제16-1444호)
(06027) 서울시 강남구 도산대로1길 62
강남출판문화센터
대표전화 515-2000 팩시밀리 515-2007
편집부 517-4263 팩시밀리 514-2329

글 ⓒ 서보경, 2023. Printed in Seoul, Korea.

ISBN 979-11-92908-83-0 03300

반비는 민음사출판그룹의 인문·교양
브랜드입니다.